沈克勤編著

孫立人傳

下冊

臺灣學生書局印行

謹獻與

全國對日抗戰的將士們

孫立人傳　目錄

下冊

第十三章　鳳山訓練新軍……四六三
第十四章　新軍訓練的特質……五一一
第十五章　保衛金門……五三一
第十六章　台灣防衛……五六一
第十七章　陸軍建制與建軍理想……五九一
第十八章　整訓大陸撤台部隊……六一三

第十九章　重建陸軍軍事學校……六五五
第二十章　建立台灣兵役制度……六七一
第二十一章　調任參軍長……六七九
第二十二章　遭受整肅的原委……六九三
第二十三章　郭廷亮「匪諜案」眞相……七二三
第二十四章　大整肅……七四九
第二十五章　大審判……七七五
第二十六章　漢家本與功臣薄……八二七
第二十七章　台中幽居卅三年……九〇九
第二十八章　翻　案……九四三
第二十九章　九十嵩壽……九七三

第三十章　中華從此無將軍……九九一
附錄一
孫立人簡歷表……一〇二九
附錄二
中外出版有關孫立人著作書目……一〇三三
附錄三
我隨侍孫立人將軍的回憶……一〇三九
附錄四
悲劇時代　悲劇英雄……一一〇一
附錄五
英文孫立人傳 General Sun Li-Jen……一一一五

第十三章　鳳山訓練新軍

民國三十六年六月底，孫立人將軍奉准回南京述職。他從瀋陽搭機飛回南京，下機後就驅車回家。這時孫夫人在新街口沈舉人巷租屋居住，見到夫君自戰地歸來，喜出望外。

孫立人回到南京之初，分別晉見參謀總長陳誠，國防部長白崇禧及蔣總統，報告國軍在東北作戰情況。他認爲東北戰局並非不可扭轉，端在指揮官對戰略戰術的適當運用；他並請求政府補充新一軍的兵源及裝備，用以增強戰力，扭轉戰局。蔣總統要他留在南京聽候命令。

孫立人在京期間，有一段空閒時間。他每天看報，東北戰爭一天比一天吃緊，使他更加牽掛那些留在東北作戰的新一軍官兵。南京夏天燥熱，居住的房屋狹小，成天沒有事做，又不能悶在家裡。他不是在院子裡散步，就是去逛玄武湖，藉以排遣胸中的苦悶。

一、榮膺陸軍訓練司令

一天，蔣總統召見孫立人，有意要他擔任陸軍軍官學校校長，孫則認爲當此共黨倡亂國家危急之時，辦學緩不濟急，他願爲國家訓練新軍三十萬，用此新軍，開赴秦皇島，直搗佳木斯。蔣總統問：「練軍以在何地爲宜？」孫答稱：「曾文正公說過：『練兵如鷄孵卵，如爐練丹』，需要一個安靜環境，所以練兵基地以愈遠離戰場愈好。」蔣總統要孫仔細研究一個練兵地點。幾天後，國防部正式任命孫立人爲陸軍副總司令兼陸軍訓練司令官。

新命發表後，孫立人自己深感責任重大。當時大陸上陸軍有三百五十多萬，可是多半已失去戰力，現在要重加訓練，千頭萬緒，不知從何做起。他向蔣總統請示，總統說：「你帶的軍隊一定是能作戰的。」孫很慚愧地報告：「現在也不能作戰了。」蔣總統追問原因？孫答稱：「部隊經連年戰鬥，很少有集訓整頓的時間，官兵的精神體力都已疲憊，戰鬥技能那就更談不上，這種軍隊讓誰去帶，也無法作戰。」蔣總統說：「我要你負責陸軍訓練工作，就是要你趕快把這些部隊加以整訓。」孫立人進一步向蔣總統請示：「這次整訓部隊，是不是重新作徹底的訓練？」總統說：「當然。」孫說：「要徹底訓練，那就要召募新兵，一切從基本做起。」

當時各方對於整訓部隊有不同的意見，許多將領認爲國軍祇能一面作戰，一面訓練。國防部採取他們的意見，命令各軍區分區整訓部隊，由陸軍訓練司令部督訓。孫則認爲若照這樣做去，空有訓練之名，而無實際成效可言，恐怕訓練結果，還是老樣子。因此他還是照著蔣總統指示的方針，重新從基本訓練做起。因爲整訓全國陸軍，倘若各地部隊不聽調度，各行其事，就會引起許多問題。他祇能從頭做起，做一點是一點。因而他建議以台灣爲訓練基地，遠離大陸戰場，不受任何干擾，可以按照他的理想，從基本訓練開始，這樣方可練出一支勁旅。蔣總統當時對他說：「你先去看看，回來再說吧！」

孫立人隨即飛往台灣，花了三天時間，到基隆、台北、台中、台南、高雄、崗山、左營、鳳山、屏東各地詳細察看，最後他認爲台灣南部的鳳山，原是日軍一個聯隊的兵營，原有的訓練場所與營房設施，做爲新軍訓練基地最爲適宜。

當時有人主張陸軍訓練基地，應分設在南京、北平、廣州、西安、成都、重慶等大都市，認爲這些地方交通方便，調動軍隊快捷。蔣總統亦認爲鳳山距離首都太遠，最初並不同意。孫立人解釋說：「當時從南京運輸部隊到北平，還沒有從台灣運輸快。因爲那時津浦路已經不通，沒有從台灣直接用海輪運輸快。而且台灣位於我國沿海中心位置，海空運輸最爲方便，北到鴨綠江口，南到廣州灣，都極便利。經此多方解說，才獲得蔣總統批准，以台灣鳳山爲訓練基地。

蔣總統指示孫立人，積極籌備各項訓練工作，並教他儘量從新一軍中調選得力幹部協助。孫報告說：「新一軍現在東北作戰重要，部隊中各級幹部都負有重要任務，不宜抽調，祇需從新一軍教導總隊中，調撥四百名學生前來擔任教育示範。他們所使用的毛瑟步槍，仍是民國二十七年稅警總團時所發的舊槍，雖然經過印緬及東北作戰，可是現在還有七八成新，槍口未有損壞，來復線依然明顯，請求將這四百名學生攜帶這四百支舊槍，調到台灣擔任訓練部隊的示範教育就夠了。」當蒙總統核可。

過了幾天，蔣總統又召見孫立人，問他訓練一個部隊最少需要多少時間。孫回答說：「

依照國際標準，要練成一支戰力堅強的部隊，理想時間要有三年，最少也要兩年。」蔣總統認爲太慢，決定縮短爲一年。後來因爲適應戰爭的需要，決定分批調訓青年軍，時間又縮減爲半年。

二、香靈寺網羅人才

孫立人將軍於民國三十六年七月十五日在南京國防部附近的香靈寺，設立陸軍訓練司令部，開始進行籌備。首要工作在於網羅人才，甄選幹部，建立機構組織，草擬訓練計劃。

新一軍副軍長賈幼慧，因五十師師長潘裕昆升爲新一軍軍長，不宜留任，孫乃簽請調任爲陸軍訓練司令部副司令官。新三十師師長唐守治被杜聿明免去師長職務後，迄未發表新職，乃簽請調任唐守治爲陸軍訓練司令部參謀長，奉准之後，即令他們兩人飛來南京到差，積極籌設陸軍訓練司令部工作。

陸軍訓練司令部的編制，下設第一、二、三、四處及體育、新聞、軍法、副官、營務、編譯等處。任命甘毅爲副參謀長，姚駿逸、彭青雲、陳麓華、閔銘厚爲第一、二、三、四處處長，魏振武爲體育處長，張佛千爲新聞處長，周芝雨爲軍法處長，田世英爲副官處長、張明信爲營務處長，呂寶東爲編譯處長，第三處下設兩科，主管作戰與訓練，第一科科長是江無畏，第二科科長是吳燦楨。並指示各處處長，廣攬人才，多方延聘優秀幹部，充實編制員額。

當時國共內戰正熾，全國各地烽火四起，民生凋敝，人心惶惶，有志青年，報國無門，編餘軍官，走投無路。報載孫立人將軍在南台灣訓練新軍，全國有志之士，紛紛前來投効。各業科軍官中有邵光明、魏巍、鄒凱等多人，甫行返國的留美軍官有伍應煊、周應龍等，從體育界徵聘來的體育教官有周中勛、袁琮、楊懷庸、王漢超等一百餘人，臨時從各大學招考來的翻譯官有陸子甘、黃天才、陳治世、蕭樹倫、馬全忠、熊琛、方有恒等三十多人，從新一軍調來服務的有孫克剛、嚴孝章、潘申慶、蕭一葦等多人，均是一時之選。

孫立人爲進一步瞭解台灣訓練基地的實際情況，於三十六年七月廿三日，親自帶領一個視察組，內中包括有美軍顧問團、陸軍總部、聯勤總部、青年軍二〇五師及陸訓部主管營房設備及交通補給人員，先行前往台灣各地視察，就將來部隊運輸、補給、及營舍與演習場所之修建分配等項事宜，預作規劃。此行孫立人決定，先訓練幹部，再由訓練過的幹部回到部隊訓練士兵，所以要在陸訓部之下，先設立軍官訓練班，召訓部隊幹部，至於部隊訓練，交由各部隊自行實施。

孫立人飛回南京之後，再派賈幼慧副司令官偕同潘申慶秘書於七月二十九日到台灣各地考察軍事設施十幾天，他們認爲過去日軍在鳳山郊外所建的營房，佔地廣濶，共有樓房十餘棟，可作爲陸軍訓練司令部辦公場所，它的前面有一個廣平的教練場，正面約有六百公尺，的確是一個好的閱兵場所。附近灣子頭和五塊厝，有大小倉庫百餘棟，可改建爲營舍，供部隊及受訓人員居住，還有現成的步槍射擊訓練場，及適合各種訓練的地形。在這三個營區附近，建有足夠使用的眷舍，不過因乏人接管，這些營房眷舍，都顯明荒蕪破壞，需要重新修葺整理。

孫司令官接到報告後，復派賈副司令官偕同營務處人員，再赴鳳山，負責修繕營房及各項訓練設施，限期於三個月內完成初步規劃，俾便早日開始訓練工作。又在台北設立聯絡辦事處，派王廷棟上校爲主任，主持對內外聯絡工作。

三、新軍訓練基地鳳山

陸軍訓練司令部第一批官員一百餘人，於三十六年十月十一日，搭乘登陸艇離開上海，於十三日到達基隆。賈幼慧副司令官親來迎接，並在碼頭上集合全體官員訓話。他說：「台灣父老兄弟姊妹們，最敬重國軍，我們官兵到此之後，要嚴守軍風紀，自愛自重，愛護台灣同胞。」

這一批新軍幹部初到台灣，看到寶島風光美麗，無不興奮異常。當天搭火車到鳳山，下車後，整隊步行到鳳山營房（現爲中央軍官學校校址）。這時營房門窗破壞，雜草叢生，無水無電。初到第一天，大家吃不到飯，喝不到水，就在這荒蕪破落的營區，披荊斬棘，打掃房舍。又從崗山空軍單位，借來一部分老舊的桌椅，擺設起來，開始辦公，草擬各項訓練計畫及規章。

孫司令官認爲國軍部隊，經過八年抗戰，三年戡亂，從沒有整頓休補的時間，一直是在戰場上拖來拖去，弄到師老兵疲，失去戰力。而且軍隊幹部的素質水準，極不整齊，有的從各兵科學校畢業，有的是各種訓練班受短期訓練，甚至是行伍出身，一字不識的大老粗，精神動作，思想觀念，均不相同，以致影響到一個團一個師的精神不一，意志不一，動作不一，技術不一。可是「軍隊是成於一，敗於二三。」現在訓練新軍，就是要把來自不同部隊的官兵。訓練成思想一致，精神一致，動作一致，技術一致。要訓練部隊，首先要訓練幹部，因此他決定在陸訓部成立之初，首先要籌設軍官訓練班，以備調訓部隊的幹部，由訓練好的幹部，再訓練部隊。

陸軍訓練司令部遵照孫司令官此一指示，草擬部隊訓練計畫，分爲幹部訓練與部隊訓練兩大類，並分兩個階段實施，第一階段是初期教育，第二階段是正期教育。初期教育著重體能訓練，正期教育著重戰技訓練，同時實施幹部及部隊訓練。部隊先施以五週的生活及體能訓練，這是準備教育期間，在此期間，由陸訓部選派體育教官及示範隊學生，到部隊團營裡去訓練官兵體能及基本動作。同時從部隊中抽調三分之一幹部到軍官訓練班受訓，這樣不會影響部隊教育的進行。幹部訓練分爲校官、尉官及士官三隊，主要訓練基本戰鬥技術及指揮作戰能力。幹部訓練時間：校官隊爲五週一期，尉官及士官隊均爲六週一期。每個部隊每期選送三分之一的幹部受訓，待部隊初期五週訓練期滿，十三週正式教育開始，這個部隊已經有了第一批受訓完成的幹部，回到部隊教練士兵，這樣可以在十八週之內，將一個部隊的幹部及士兵同時訓練完成。

訓練計畫草擬完成之後，孫立人將軍於三十六年十一月三日偕同美軍顧問自南京飛抵台北，當夜搭火車赴鳳山，次日即與美軍顧問開會商定全盤訓練計畫，並偕同美軍顧問視察營區各項訓練設施。

此一部隊官兵訓練計畫，後來經過實驗改進，課程分爲三期，每期訂爲四週：

幹部：

第一期：學科40％，基本教練40％，體能訓練20％。

第二期：學科60％，基本技術30％，體能訓練10％。

第三期：學科80％，基本演習15％，體能訓練5％。

士兵：

第一期：學科40％，基本教練40％，體能訓練20％。

第二期：學科30％，基本教練50％，體能訓練20％。

第三期：學科20％，基本教練60％，體能訓練20％。

說明：

學科：一般學科30％，本科70％。

基本教練：姿勢、步法、隊形、口令。

基本技術：本科武器之使用20%，實用60%，研究保養20%。

基本實習：本科之實戰演習50%，對抗演習50%。

體能訓練：爬吊桿，器械操30%，障礙通過30%，團體長跑一千五百至五千公尺40%。

第一批調到台灣的教育幹部，是新一軍教導總隊第九期畢業的四百二十二名學生示範隊，他們由趙狄總隊長率領，自長春搭乘車船輾轉來到台灣，進駐鳳山營房，立即給沉寂空曠的營區帶來蓬勃的生氣。他們黎明即起，循著到屏東的公路，跑步五千公尺，才回營早餐。十月間，南台灣天氣仍是炎陽高照，他們赤膊紅短褲，在操場上操正步，排練隊形變化，動作整齊劃一，像生龍活虎一般，氣勢雄壯。有時整隊走到鳳山街頭，昂首挺胸，步伐整齊，皮鞋發出一致的嚓嚓聲，行人都站在路旁觀賞，稱讚新軍確是不同凡響！

孫司令官於十一月初到鳳山營房辦公，這時營房內尚一無所有，更談不上設備及教材。他不顧環境的艱困，下令陸訓部官員，在最短期間內，在鳳山營區內，先把軍官訓練班籌設完成。當時一門砲也沒有，在屏東籌設砲兵大隊。找到一兩部報廢的破車，在台中成立機械兵大隊。買到幾匹民用的騾馬，在嘉義內角籌設騎兵大隊。沒有兵員，他派陸訓部官員，分赴內地各大都市招收流亡學生。當時連主辦參謀人員都認爲這樣百廢俱舉，恐怕結果會一事無成。可是孫將軍目標已定，從不怕難，他帶頭去做，一天工作最少十四小時，因此他的部屬也就不敢偷懶怠惰，逐漸形成一種樸實苦幹的風氣。新軍訓練工作，就是在這種風氣帶動下，逐漸地展開起來。

四、第四軍官訓練班

陸軍訓練司令部經將設立軍官訓練班的人事編制及訓練計畫，呈奉國防部核准，即於三十六年十一月一日在鳳山正式成立。由孫司令官兼任班主任，唐守治少將爲副主任，易培薰上校爲教育組長，李邦芬少校爲教務課長，黃維良少校爲編譯課長，王景佑（後爲洪同）爲訓導室主任，段班鑫爲軍需室主任，積極規劃訓練設施及編排課程。

首先開來台灣訓練基地的是青年軍二〇五師，他們自八月二十五日至十二月期間，陸續從湖南調來台灣，分別駐進鳳山、屏東、台南各地營房，一面佈防，同時接受新軍訓練。

孫司令官於三十六年十一月十六日，在鳳山營房大操場上，主持陸訓部軍官訓練班幹部訓練總隊第一期校官隊、尉官隊及軍士大隊開學典禮，他對受訓學員們說：

幹部是軍隊的核心，幹部的優劣，影響戰力的強弱，和決定戰鬥的勝負。古人說過：『有不可戰之將，無不可戰之兵，有可勝不可敗之將，無不勝必不勝之兵。』訓練幹部爲訓練部隊的首要之圖，所以我對幹部教育極爲重視。一個部隊進入台灣訓練基地之後，分爲部隊訓練及幹部訓練兩種。幹部訓練分爲軍士、尉官、校官三個階層教育。重點在訓練每個階層的基本動作及作戰指揮能力，同時統一部隊各級幹部的戰術思想。你們受完訓之後，回到部隊，再拿自己受訓的心得和方法去訓練士兵。

第一批調到陸訓部軍官訓練班幹部訓練總隊的學員生，大部分是自青年軍二〇五師調來的。他們大多都曾受過軍校養成教育，而且在軍中擔任幹部多年，現在還要調來受短期訓練，表示無此必要。他們對於新軍訓練的嚴格，也感到吃不消。可是孫司令官認爲，過去國軍一再打敗仗的原因，都是祇重形式，趨向虛浮，而疏忽了戰鬥的基本動作。士官和尉官是直接帶兵官，本身必須具備精確的戰鬥技術，才能教導士兵如何射擊，如何打仗。那麼爲什麼要調訓校級以上軍官呢？孫司令官說：「校官去受訓，並不是要求他射擊能夠百發百中，而是要他對於各種射擊戰鬥動作，知道甚麼是對的，甚麼是不對的，那樣是重要，那樣是次要，然後他才能糾正士兵的動作，考察部隊的得失，所謂『技術領導技術』，才能正確無誤。」

三十七年一月十五日，國防部在南京召開陸軍訓練會議，決定在北平、西安、瀋陽、台灣、迪化、漢口、徐州七個地區，設立第一至第七軍官訓練班，輪流調訓作戰部隊幹部，由陸軍訓練司令部督導。陸訓部軍官訓練班改名爲第四軍官訓練班，班主任仍由孫司令官兼任，副主任改由辛鍾珂少將擔任。

第四軍官訓練班設立學生總隊，招考青年軍中優秀知識青年及大專流亡學生參加，實施短期訓練，培養軍中基層幹部。訓練期間，除了第十五期爲十七週之外，其餘四期均爲二十六週，課程以切合戰時需要者爲主，包括基本教練、兵器使用與保養及戰術等。爲彌補以往軍事教育的缺乏，特增列兩種課程，一爲統馭學，二爲軍隊教育法。

統馭學由孫司令官親自講授，以其數十年帶兵作戰的經驗，融合古今中外治兵練兵的原則，現身說法。這時鳳山營房尚無大禮堂建築，集合軍訓班各班隊學員一兩千人在大操場上課。學員生均赤膊紅短褲，戴著斗笠，坐在小板凳上，膝上放置一塊木製圖板，一面聽講，一面筆記。

當時孫司令官軍務倥傯，講課時間集中在兩天之內，一天上下午各三個小時，共計十二小時。孫司令官站在司令台前，將他一生帶兵練兵以及指揮作戰的經驗，娓娓講來，很能引起學員生的興趣。在南台灣炎熱陽光烤炙下，一天長達六個小時不停地講課，他始終神采奕奕，毫無倦容。學員生亦能體認孫司令官傳授他親身帶兵作戰的經驗，確是一個難得的機會，大家都能聚精會神聽講。

孫司令官講授「統御學」，自三十七年起，至四十年止，前後長達四年時間，聽訓學員生，包括第四軍官訓練班各班隊學員生，及駐台國軍幹部達數萬人。內容包括：一般統御和軍隊統御的原理原則，平時和戰時帶兵作戰應該注意事項，以及部隊作戰應該具備的條件，並以古今中外名將語錄及自身帶兵作戰的經驗作爲例證，諄諄告誡，殷切期望每一位學員生將來都能成爲一個卓越的指揮官。

我國練軍以來，從無成文的軍隊教育法，各級部隊長及軍事教官，講授軍事課程，大多照本宣讀，從不研究教育方法，也不顧及學員生的反應，實爲國軍教育最大缺陷。鳳山軍官訓練班特設此一課程，以爲補救，並由留美軍官吳燦禎少將參考美軍軍隊教育法，編訂「陸軍軍隊教育法」，詞句簡單明白，適合軍官及士兵閱讀，且強調軍隊教育以引起興趣爲先，戰時訓練，以簡單實用爲尚。講授課程，無論學科術科，必須嚴格遵守下列步驟：

1.準備：教官必須首先蒐集及研讀所授課程之有關資料，以求自我精通。其次依預定時間，擬訂講授計畫，並準備所需教育補助用品，如圖表模型與電影，以及示範人員與器材。

2.講授：教官首須宣示課程名稱及其目的，以引起學員生的注意，然後依據講授計畫，於預定時間內，講授課程內容及其重點，隨時注意學員生的反應，必要時得提出問題，以測知其領悟程度。

3.示範：若干課目，尤其是術科方面，須由教官示範，或由示範人員擔任，使學員生易於了解並加深印象。

4.實習：教官講授完畢，應由學員生自行操作，或至演練場自行演練，此時教官須在旁監督及指導，並當場改正學員生的錯誤。

5.測驗：爲測知學員生對所授課程的領悟程度，可於每節課末尾作簡單的測驗，亦可定期考試，務期學員生能徹底瞭解。

第四軍官訓練班自民國三十六年創建，至四十一年改制爲陸軍軍官學校，總計訓練第十

五、十六、十七、十八及十九共五期學生七千七百七十六人，此外轄訓將官班、校官隊、尉官隊、軍士教導大隊、政工隊、示範隊、騎兵大隊、砲兵大隊、工兵隊、通信隊、入伍生教導總隊、女青年大隊、幼年兵教導總隊、台灣軍士教導團、儲訓軍官班、搜索大隊、夜戰隊及體育幹部訓練班等，在短短五年期間，曾經第四軍官訓練班訓練過的軍中幹部，達四十六萬六千二百四十二人，對提升國軍幹部素質及官兵士氣有很大貢獻。❷

註釋：

❶《孫立人回憶錄》中〈鳳山訓練紀要〉，中國時報刊載。

❷朱浤源撰《黃埔軍校到台灣：從孫立人主任到羅友倫校長》第一五〇頁。

五、入伍生總隊

民國三十七年底，徐蚌會戰失利，國內局勢突變。李宗仁副總統主張和談，蔣總統被迫於三十八年一月廿一日宣佈下野。局勢不安，物價飛漲，食米一斗價值二千萬元，香煙一包二十萬元，人人恐慌，知識青年更是無所適從。

孫立人司令官為搶救大陸知識青年，充實台灣新軍幹部，派員分赴上海、南京、北平、武漢、廣州等地，招收青年學生來台從軍，先後共招收七千多人。遂在鳳山五塊厝營房成立入伍生總隊，任命趙狄爲總隊長，編成補充兵第一團，江無畏爲團長，下轄三個大隊，開始新軍訓練。

第四軍官訓練班入伍生總隊的番號及編制呈報上去，因當時行政院及國防部遷移到廣州，尚未奉准，臨時借用三十一軍補充團的番號，糧餉是從東南長官公署借來的，被服裝具則是東拼西湊，每人發給一套制式軍常服，規定在典禮或外出時穿用，日常身上只有一條紅短褲和一頂斗笠，腳上穿的草鞋還是各自編織的，餘無長物。打野外的戰鬥服，上身是日本海軍陸戰隊米黃色軍便服，下半身是日本陸軍士兵軍褲，鬆泡泡的，沒有款式還不說，腰間和褲腳都釘有白棉帶子，以供紮捆，腰間加上寬皮帶，小腿打上綁腿，將就著還不難看，如果卸下腰皮帶和綁腿，活像是日本武大郎。每月士兵薪餉只有十幾塊台幣，上街只夠看場電影，啃一根甘蔗，吃碗冰，伙食菜飯只夠塡飽肚子，加菜時才看到幾塊肉片，大家營養不良，有的患夜盲症，有的患香港腳，孫司令官在軍中提倡吃花生米、酵母片，來補充官兵營養。

這些新招來的大陸知識青年，對於軍營的艱苦生活，尚能體諒，惟把他們編爲補充兵，極表不滿。其中有兩三百名大學生，認爲他們從軍是來報國的，是來充當新軍幹部的，不是來當兵的，要求上級改善名義，經過數次要求，未得到滿意答覆，一天下午就在營房鼓噪起來，當時有人領頭衝出五塊厝營房，二三百人浩浩蕩蕩，到了高雄車站，強搭火車，開往台北，準備向東南長官公署請願。

孫司令官接到報告後，立即召集賈幼慧副司令、陳麓華參謀長等人商議如何處理。在座新聞處張佛千處長自願前往勸說他們回來，惟要求孫司令官在他們回營後不要給予處分。孫司令官表示同意，並派他的座車送張處長前往。賈副司令官問張要不要帶憲兵去，張處長說不要。他當即電話通知台中駐軍，將這批入伍生截留下來，而他則趕到台中軍營，對這批學生說：「今天你們穿上軍服，就是軍人，軍人必須嚴守軍紀，軍營不是學校，你們怎能擅自離開營房集體前往台北請願？這種行爲犯了嚴重軍紀，你們就是到了台北，陳誠長官帶兵一向軍紀嚴明，知道你們這種情形，一定交軍法嚴懲。你們也許不知道，軍人擅自離開軍營，就是逃兵，軍中抓到逃兵是要槍斃的。我來之前，特向司令官代你們求情，原諒你們入伍不久，不懂軍規，只要你們回營，這次違紀行爲，一概不予追究。你們對目前待遇不滿，有何請求，可以逐級向上呈報。現在你們可以一一提出，我可以代你們向司令官報告。我可以保證，司令官知道後，一定會給你們圓滿解決。」這批學生聽了張處長講完話，紛紛提出軍中的不滿情形，以及他們的請求事項，經過兩個多小時的溝通，這批學生才願原車回高雄。

上級對於這批入伍生也未作何處分，營房裡好像沒有發生過這件事一樣，他們情緒才稍微安頓下來。孫司令官乃召集全體入伍生官兵講話。說明他招收大陸知識青年從軍的苦心，是要爲國家保留這批精英，將來成爲新軍幹部，絕對不是把他們騙來，當補充兵使用。因爲入伍生總隊編制尚未奉核准，只得暫時借用三十一軍補充團的番號及薪餉，裝備補給都是臨時向各方挪用來的，等待國防部正式核定編制，問題就可解決了。孫司令官說：「我們是窮的國家，建軍不能期望美援。做長官的正如家庭中父兄一般，無不希望家中子弟吃好的，穿

上：孫將軍示範托槍立射姿（吳紹同攝影）

右：孫立人將軍頒獎射擊英雄後立者為賈幼慧副司令

好的，可是我們是窮家，我們要從艱苦中，建立我們國家的軍隊。」孫司令官說話的眞誠態度，感動了這批熱愛國家的青年。

當時鳳山新軍訓練正在如火如荼地進行，猶如新軍的標幟大火炬，向海內外散射著光芒。這批知識青年進入新軍基地，先要接受新兵入伍訓練三個月，將「老百姓」的習氣滌除殆淨之後，才開始正科教育。

後來入伍生總隊遷到台南三分子旭町營房，官兵住的是倉庫式的統艙，每人舖蓋一捲，小板凳一隻，便是全部家當。每日早起，要在五分鐘內着裝、洗刷，內務整理完畢集合，先來個五千米跑步，不許一個人落伍，一定要跑完爲止。出操更是緊張，絲毫馬虎不得，每一個動作都要做得正確。就以立正姿勢來說，便以一個星期時間來操練，直到人人能收緊小腹與下巴，顎下顯出七條皺紋，兩肘自然下垂，微微向前半彎，姿勢做不對的，尙須「貼牆壁」，出特別操。每天操練下來，晚間自修完了，睡在大統舖上，直覺周身骨頭都要散開似的，這批初入伍的學生，都感到吃不消。

一天下午上「刺槍」課，當全體入伍生，正持著上了刺刀的步槍，作散開隊形，跟著教官的示範口令，一面大喊「嗨！殺！嗨！殺！」「殺！嗨！嗨！嗨！」一面作前進衝刺動作時，只見老是穿一套洗褪了色草綠人字布軍常服，和腳穿光亮馬靴的孫司令官向操場走過來了。他先站在隊伍正面看每一隊的操練。但見孫司令官走到一位學生身邊，向他端持的槍，出其不意地用手猛力一擊，便將他的槍支擊落在地，又由於那位學員的槍上刺刀未上好，槍被擊落在地時，刺刀又從槍上脫落了。這一下全場官兵大驚失色。此時，孫司令官拾起了槍和刺刀，走到教官面前，他並未責備那位學生，反先斥責教官的疏忽，說他在上刺刀課以前，應該認眞好好檢查每一位同學的槍上刺刀，是否上牢。繼又向全隊學生說：「刺槍是力的表現，因此刺槍最基本要點，是持槍的握力，端槍要握得牢，拿得緊，方可衝刺有力，對敵人反刺撥擊，才不會被敵人把槍擊落。剛才這位同學的槍被我一巴掌打落在地，就是持槍握力不夠。」說時還親自作了好幾下連續的示範動作，後又命那位失槍脫刀的學生出列，還槍給他，並要他照剛才示範動作，再演練一下給大家看看是否正確，他更取了另一位學生的步槍，和那位出列的學生，對刺了幾下，又表演了幾下「防刺」方法的示範動作給大家看後，便去看別隊的操練了。當時入伍生總隊都只有二十出頭的小伙子，看到年逾五十的司令官，兩鬢飛霜，但他對於士兵戰技的刺槍動作，尙有如此熟練精湛的身手，無不敬佩的五體投地。

又有一次是全隊上「全副武裝超越障礙」的排攻擊訓練課目，正操練中，孫司令官手持一條小馬鞭，來到操場上。各隊依次逐班演練「跳躍翻過大板牆」，「走過大水坑道上獨木橋」，和「匍匐前進穿過帶刺鐵絲網」等幾道障礙，然後上刺刀衝鋒，攻佔目標。孫司令官站在大板牆附近，看學員生越過這一道障礙的訓練情形。他細看學生超越的每個動作，先一躍而上，雙手抓住板牆上面邊緣，然後再用臂力使勁攀上去，翻過上面跳下去，就算超越此道障礙了。可是有的學生，固能一躍就抓牢板牆，攀上翻過去，跳下而過關，也有人連跳躍幾次都未攀上去，更有的一躍用手抓著了板牆，但後力不濟，便吊掛在板牆上，攀不上去，最後還是落下來。孫司令官看到這種情形，便在牆旁叫「再來一次，再來一次，一定要攀上翻過去，不要氣餒！」有一位學生就是在他連叫了三遍「再來一次」，並用小鞭子在他的背包上輕打了幾下，才終於一躍抓牢板牆攀上翻跳下去了，惟頭上斗笠卻仍落在板牆這邊。就全副武裝超越障礙說，超越障礙時，身上裝備的任何一樣東西弄掉落，都非好成績。孫司令官一直看完全隊訓練課完畢，還作了簡明的獎評。他指出學員生的手力和臂力訓練都不夠，才有人躍上板牆，抓不牢上端，又攀不上去，而終落下來。他說：「今後要多做爬吊竿和單槓的運動練習才行。」從此之後，每天晚間大家就寢前，還要爬吊竿，練單槓，新軍訓練的嚴格可見一般了。[1]

入伍生總隊七千多人，經過三個月的新兵入伍訓練，在南台灣火熱的太陽下炙烤，在新軍的洪爐中鍛鍊，自立正、稍息、操練到「伍攻擊」與「班攻擊」，很快訓練成一支士氣高昂的隊伍。

當時的新軍，又稱「斗笠軍」，人人戴斗笠，著紅短褲，腰上繫著一根大約三寸寬的美軍帆布皮帶，緊紮著連手指都不能伸入。一天，一隊晒得漆黑的斗笠軍，赤膊紅短褲，肩背三零步槍，整隊高唱新軍歌：「打起背包，拿起槍刀，新中國的兒女們，光明在前頭照耀。起來！起來！起來！投向祖國和人民的懷抱！看大火炬的光芒海天普照。不要再等待，不要再徬徨，新中國的歷史，我們要創造。」他們在街道上行進，步伐整齊，精神抖擻，路人見到無不肅然起敬。一位從大陸撤退來台的老人說：「要是國軍都是這樣，大陸也不會丟了。」

三個月入伍訓練結業，舉行野外攻防大演習。天氣有意懲人，三天倒有兩天大雨，人就在泥濘裡滾，水田裡爬，死守下淡水溪右岸，溫度陡降，凍得人渾身發顫，卻趴在田梗上的泥水裡三小時不能動，內急也只得就原地姿勢不變解決，尿撒在褲子裡，那才是眞正的所謂「方便」。

也就正在這個時刻，暴雨傾盆，能見度極低，士兵從鋼盔前簷的水簾裡，看到孫司令官走了過來，田畦裡的積水差不多到了他的大馬靴口，他走起來，泥水四濺，每一步都需用力跋涉而來。

士氣是個不可捉摸的東西，官兵看到孫司令官前來察看演習，大家立刻都有了精神，也好像立刻進入了逼眞的戰鬥狀況，感覺到我們在這裡苦守待援的任務，是多麼値得誇傲。

孫司令官走上田梗，沒有穿雨衣，只是大盤軍帽換了斗笠，全身濕透，他好像沒有感覺到。只是馬靴裡水裝滿了，他在陣地前停留片刻，金鷄獨立的脫下馬靴，靴口朝下嘩嘩倒著泥水，甩了幾下再穿上，然後他就爬往陣地後面的河堤，視察另一支部隊。雨水仍不休止的下著，可是官兵們都認爲司令官都這樣辛苦，我們還有甚麼好說的。戰鬥演習完畢，孫司令官叫趙狄總隊長趕快把部隊帶回營房，用紅糖與生薑煮薑湯喝，以防感冒。江無畏團長告訴同學說：「你們的入伍教育成功了。」❷

三十八年六月十六日是陸軍軍官學校二十五週年校慶，第四軍官訓練班校尉官隊學生總隊及入伍生總隊均須參加典禮。早晨一起床，天空滿佈烏雲，卻沒有一滴雨。早晨點名的時候，趙狄總隊長集合訓話，宣佈一個令人振奮的消息：「校長蔣公今天要親自主持校慶」。趙總隊長訓話後，由營長顧正祥少校分別挑選兩個排擔任「獻火隊」，一個步兵連擔任「儀隊」。獻火隊每人手持一支「火炬」，以五千米接力跑到台南市「延平郡王祠」，點燃「革命成功聖火」，再以五千米接力跑到鳳山軍營，整個獻火隊準備在校慶典禮，向校長蔣公呈獻「革命成功聖火」。

校慶典禮在上午十點正舉行，「儀隊」在九點鐘即完成了準備，站在校門前恭候。這批入伍生經過將近半年的頭戴斗笠，打赤膊、紅短褲、足登草鞋，身穿破軍服，鞋子見底，襪子破洞的生活之後，忽然成為頭戴新軍帽，身穿斜紋布新軍服，腳穿斜紋布面的新膠鞋，裝備煥然一新，每個同學站在隊伍裡，精神煥發，大家抬頭挺胸，頭正頸直，兩目凝視向前，下顎微向後收，腰幹挺直，小腹後收，兩腳分開約六十度，兩膝併攏，保持著臂部夾緊的立正姿勢，全校官兵學員生列隊站在鳳山軍校大操場上。

九時三十分，號兵吹響了「崇戎號」，軍樂隊跟著奏起軍樂，校長蔣公身著戎裝步下轎車，目光炯炯，檢閱軍校官兵學員生，並注視每一個人的儀容、服裝和動作，頻頻頷首。蔣公的威儀，給人印象深刻。

十時正，崇戎號角再度響起，校長蔣公神采奕奕地步上司令台。八十軍軍長唐守治將軍以受校部隊指揮官向校長蔣公敬禮，報告受校部隊有陸軍第八十軍、第四軍官訓練班十七期學生總隊、入伍生總隊，校官隊、尉官隊、軍士隊五千餘人。在軍樂聲中鳴放二十一響禮砲畢，校長蔣公訓話，第一句話就親切稱呼：「黃埔的青年子弟們，我辦黃埔至今已二十五週年了，自黃埔建軍開始，我們剿平陳烱明，統一廣東，完成北伐，消滅北洋軍閥，以及抗戰勝利，打倒日本帝國主義等等都是我們過去的光榮歷史。可是到今天竟致赤匪橫行，使我們退守台灣……」校長講得很激動，他揮動雙手，加強了聲調，面露惱色，話說得更沉重。

「這是我們軍校學生最大恥辱，我們一定要誓雪恥辱，恢復過去的光榮。」

校長蔣公一口氣講了四十分鐘，台下官兵學員生依然是肅立諦聽。他在講完話之後，和以往一樣，用光芒四射的目光向全場掃視了幾遍，使人更加威服。隨後，他轉面向站在身旁的孫立人將軍低聲問道：「還有事嗎？」

「學員生代表向校長獻火。」孫答。

樂聲響起，從台南市延平郡王祠接力傳遞聖火的獻火隊已到達會場，赤胳大漢，各人手執熊熊火炬一把，列隊跑步到司令台前。由隊長顧正祥正步上前呈上「獻火頌詞」並高聲朗頌：

「這把火象徵著光明！這把火象徵著進步！這把火象徵著成功！這把火象徵著勝利！這是一把成功之火，敬獻給我們偉大的校長，偉大的領袖，並祝領袖健康。」

頌詞讀畢，顧隊長口令全體隊員高舉火炬向校長致最敬禮，然後向校長呈獻「革命成功聖火」，這是新軍官兵向領袖宣示效忠。校長蔣公走至台前，親自接受聖火，轉遞給肅立在身旁的孫司令官。這時，蔣公炯炯有神的雙目裡，閃爍著晶瑩的淚光，頻頻點頭微笑。台下雷聲轟動，高呼「領袖萬歲！」這是非常感人的場面，成群的攝影記者們紛紛擠在一起，鎂光燈閃個不停。校長蔣公用感人的語氣對獻火隊訓話：「有你們在，相信我們反共復國的使命一定可以順利完成。」孫將軍侍立在蔣公身旁，右手緊握著擴音器執向校長面前。他對蔣公的忠誠表現，在場看到此一情景的官兵，無不動容。❸

典禮結束之後，全體部隊官兵及學生在大操場上舉行會餐，六個人一桌，飯菜擺在大操場的草地上，每個人坐在小板凳上，菜飯清湯和風沙混和在一起，官兵們看到東南行政長官陳誠上將，蔣經國先生，林蔚將軍和孫司令官同坐在一起，同樣沒有餐桌，和官兵們同甘共苦。直到下午二時三十分，才恭送校長蔣公離去。

隔了不到三個月時間，入伍生總隊從

孫立人將軍和官兵在鳳山操場司令台前一同進餐。

台南三分子旭町營房，遷回到鳳山五塊厝的衛武營區，經孫司令官特准，凡是參加陸軍軍官學校二十五週年校慶的入伍生，都可參加軍訓班十八期的新生入學考試，共錄取五百七十一人，報到後編爲學生總隊，再受一年軍官教育，於民國三十九年六月十六日陸軍軍官學校第二十六週年校慶日畢業，分發至駐台各部隊充當下級幹部。

入伍生總隊的訓練，到民國三十九年九月奉命結束，除已考入軍訓班學生大隊或軍校外，其餘的，有被選入軍校教導營，大多數都被撥編爲裝甲步兵大隊。孫立人對於國防部未能善加培養這批知識青年爲軍中幹部，任意將他們撥編爲裝甲兵，深感不滿。

註釋：

❶ 胡虛一撰〈對老長官孫立人將軍的憶念〉，載於《孫立人將軍永思錄》第一八四—一九九頁。

❷ 朱西寧撰〈懷思將軍〉一文，載於《孫立人將軍永思錄》第二〇七—二一七頁。

❸ 馬全忠撰〈蔣總統鳳山誓師記〉，載於台北《紐司》周刊。

六、女青年大隊

(一)國軍婦女輔助隊

孫立人將軍鑑於第二次世界大戰中，美軍婦女輔助隊（Women's Army Auxiliary Corps，簡稱WAAC），在前線救護傷患，在後方擔負軍隊的後勤業務，成效顯著，舉世讚譽。當三十七、八年間，大陸局勢危急，青年學生流亡失所，無處投奔。他乃決定派員分赴北平、天津、南京、上海、蕪湖、漢口、長沙、廣州各地，招收年齡在十五歲到二十五歲的女性知識青年，共約三百二十人，集中到屏東阿猴寮營房，依照軍中編制，成立女青年訓練大隊，隸屬於陸軍訓練司令部第四軍官訓練班。編爲一個大隊，三個中隊，每個中隊下轄三個區隊，施以嚴格的軍事管理與訓練，期能爲新軍培養女性幹部人才。

孫將軍特別就軍中挑選一批優秀男女軍官，擔任女青年大隊的隊職官及教官。大隊長史麟生上校，是北平女高校長，副大隊長周明道，是東北清華中學教務長，第一中隊長楊映雪、第二中隊長郭文萃，第三中隊長馬雲霞，她們都是戰幹團出身，曾在軍中服務多年。輔導員賀雲鸞、黃珏，政治教官方哲然、常紹武、胡定國，國文馮百年，演劇王生善、馬澤南，舞蹈李天民，體育張艾媛、劉石猴，音樂白銀、趙子凝，軍醫幸志中，電化張必魯等人，都學有專長。他們教導有方，使這批女青年學習的興趣大增，營房裡充滿了溫馨與學院的氣息。

女青年大隊部設在屏東阿猴寮，原係日據時期日本騎兵大隊的營房，後經戰亂，至國軍接管時，已經破陋荒蕪，蔓草叢生。營區有三排六棟房子，分隔成爲宿舍及教室。第一中隊和第三中隊住靠裡面的兩棟，第二中隊住靠近大門的一棟。每一棟房一進門的房間是隊長的宿舍，再進去才是隊員住的房間，每間住八個人，大家睡地板，鋪地毯，掛蚊帳。其餘三棟作爲辦公及教室，整個營區外圍有圍牆，空地成爲操場，也有升旗台。

孫立人將軍陪同蔣夫人視察屏東女生大隊右一為孫夫人張晶英女士。

孫立人將軍指導女青年大隊射擊技術。

女青年大隊於三十八年三月八日婦女節這一天正式成立，舉行開學典禮，由孫司令官主持，他勉勵這批女青年們要效法聖女貞德，在國家危亡時，奮起救國。

女青年大隊是臨時設立的，國防部並未給予編制名額，因此根本沒有經費。女青年大隊所需的經費，都得靠孫司令官及陸軍訓練司令部節餘經費中挪用過來的。至於女兵服裝的經費，孫司令官要經理處去想辦法。經理處想出來的一個辦法是：當時每一批裝運官兵軍服的布袋子，都是從做軍服剩下來的零碎布頭布尾縫接而成。經理處將這些布袋子拆下來，洗乾淨，縫製成短裙，成爲女青年的制服，每位學員發兩套，可以換洗，這樣製成的制服是相當粗糙的，穿起來當然不好看。❶

三十八年底，孫立人夫婦陪同蔣夫人宋美齡女士到屏東探視女青年大隊。蔣夫人對這一群女兵很關心，看到她們都穿著寬鬆的男軍服，大膠鞋，很不雅觀，決定送給每人一雙高跟女皮鞋，兩套軍服，一套是冬天呢軍常服，一套夏季軍常服，大家穿起來挺神氣的，很有美軍女兵的風采。❷

女青年大隊訓練分三個階段：第一階段是生活教育，時間三個月，第二階段是養成教育時間六個月，第三階段是分科教育，時間九個月，訓練時間一共是一年半。第一二階段是不分科受訓，學科按程度分高、中、初三級。高級是大學及高中二三年級，中級是高一及初三，初級是初中一二年級。開始三個月是生活教育，學科有政治常識，國父遺教、總裁言行及國際現勢等，另外加授國文、英文、史地等普通學科。軍事課目有基本教練、軍事常識、陸軍禮節、內務規則、夜間教育等。

女兵們的生活，每天五時起床，舉行早會及早操，早餐後有四節課，直到午餐，下午二時後也有四節課及課外活動。課外活動分體育、游泳、文藝、書畫、平劇、話劇、通訊、舞蹈等，各就性之所好，自由參加，充分發揮正當娛樂，使她們生活在嚴肅與活潑的學習環境中。

女青年大隊入伍訓練，都是由軍訓班示範隊選派來的軍事教官。他們要求嚴格，除正常步兵基本操練外，還有打靶、三角瞄準、手槍射擊、步槍射擊等課目。屏東天氣酷熱，每天操練下來，人人汗流浹背。經過五週入伍訓練，這批嬌嫩的女娃，都晒成了黑妞，也鍛鍊成爲堅強的戰士。

當時孫司令官及夫人住家在屏東，對這些遠離父母的女兵，愛護備至，常到營區去探望她們，並在官邸以自助餐召宴她們，噓寒問暖，親同家長。這時孫將軍夫婦膝下猶虛，把女兵們視同自己子女一般看待，這些女兵們有何私人疑難，也會向他們夫婦傾訴，親密如同一家人。三十八年除夕，孫司令官夫婦邀請女青年大隊全體同學三百多人，到屏東孫公館吃年夜飯，大家圍坐在綠草成茵的庭院裡，以野餐方式團拜過新年，無拘無束的，盡情的歡樂。孫司令官夫婦還發給她們每人一個紅包，作爲壓歲錢，以解女兵們想家思親的鄉愁。每個女兵都享受到大家庭的溫暖，及親長的撫慰，內心深受感動。自從那日起，大家都以「乾爹」、「乾媽」，稱呼孫司令官夫婦。孫司令官也當衆交代官邸姚學智副官及警衛：「我的家就是他們的家，以後女青年隊員來訪，你們無須通報，就讓她們進來。」這一句話更溫暖了每個女青年的心，也幫助了她們以後克服思親及想家的情緒。

這批女青年初入營時，都是上等兵待遇，每月發餉老台幣十元，只夠逛一趟街使用，看一場電影，再吃一碗紅豆冰，就用光了。大家根本不知軍階如何區分，後來第二中隊來一位王珂，她曾當過兵，對軍中階級很清楚，她認爲大家都是知識青年，怎麼只當上等兵呢？就開始爭吵，還鬧到司令官面前，最後陸軍訓練司令部公文下來，全部改爲「下士」階級。

女青年大隊受完六個月軍事養成教育之後，需接受專業訓練，以便擔任軍中的服務工作。於是這三百多個女兵，按照各人的興趣，分爲軍事服務、社會服務、兒童福利及衛生護理四組，分班上課，並重新編成三個中隊。第一中隊是軍事服務組，組長常紹武，曾任新一軍政工隊長。第二中隊是社會服務組和兒童福利組，組長黃珏，曾在金陵女大社會學系專攻兒童福利，第三中隊是衛生護理組，組長幸志中，當過軍醫院院長。各組需要講授的課程，都是經由大隊長史麟生、副大隊長周明道及生活輔導處主任賀雲鸞共同策劃決定的。女兵們在課堂裡，可以接受新的教育，新的技能，滿足了她們的求知慾，大家都認眞地學習，尤其喜歡實習。每個人的身體學識都有顯著的進步，不似當初離家時那樣子的嬌弱。舉手敬禮的姿勢，中規中矩，步伐整齊劃一，個個成爲新軍中的「花木蘭」。這一群來自四面八方的女青年，經過嚴格的軍事訓練後，竟能脫胎換骨了。不但人人精神抖擻，就是舉手投足間，也都表現出新時代女兵的健美。❶

在專科教育期間，她們常到民間及軍中去實習。軍事服務組曾在屏東高雄舉辦音樂舞蹈演奏會，在教育民衆及組訓民衆方面收到很大效果。她們又輪流到新軍各個部隊去表演，使官兵在精神上得到溫暖。軍事衛生組的女兵，都到軍醫院實習，她們的服務熱忱和周到，使病患感到歡欣。社會教育組配合屏東市政府的社教工作，她們在屏東每個鄉村，創辦流動識字班，教育文盲。兒童福利組都在屏東幼稚園、托兒所及鳳山誠正小學中實習。這批新軍中的女戰士，她們在軍中所表現的成績，絕不亞於美國陸軍婦女輔助隊，爲中國婦女參加軍旅開創一個典範。❷

(二)黃氏姊妹冤情

當時在屏東女青年大隊裡，有一對姊妹，非常出名。軍營裡官兵，常在談論「大黃」「小黃」，很少人知道她倆的芳名。「大黃」是姐姐，名叫「黃珏」，「小黃」是妹妹，名叫「黃正」，她倆是湖南長沙人。三十八年夏，大陸局勢混亂，她倆和母親吳家瑛先後逃難到台北。吳家瑛是中國有史以來民主國會中第一位女參議員，與張默君、曾寶蓀齊名，同是湖南三位傑出的女性。

三十八年暑假，黃正先來台灣，預備轉進台灣大學繼續唸書，初住在她的姪女婿王啓瑞家，王曾任新六軍師長，姪女比黃年紀大，有如長姊。一天，黃正和一位女同學去逛街，從南昌街孫公館門口過，她們都認識一位中山大學的同學章超，他母親是孫立人夫人張晶英的結拜姐妹，這時章超母子二人都暫住在孫家。那位女同學一時興起，堅持拉住黃正走進孫府去看章超。

孫夫人一見到黃正，就很喜歡她，親切的接待她們，問長問短，及至知道黃正是金陵女大的高材生，就要介紹她做孫司令官女秘書，做些整理文件、安排日程及打字一類工作。那時正值暑假，黃正認爲這些工作是可以勝任的，有個暑假工作也很好，隨口就說可以。後來她隨同姪女婿王啓瑞搬家去新竹住，孫夫人又捎信要她去台北工作，她就高高興興的去上班了。

黃正來到台北，孫司令官派她擔任陸訓部上尉秘書，要她去屏東工作。這時女青年大隊在屏東成立，下設兒童福利組，一時找不到這類專業人才。黃正說，她的姐姐黃玨是專攻兒童福利的，今夏剛從金陵女大畢業，現在廣州聯合國兒童福利中心服務。孫司令官聽到後，要黃正馬上寫信，請她姐姐來台灣工作。後來黃玨和她媽媽一同來台灣，孫就令派黃玨爲女青年大隊兒童福利組少校組長。黃氏姊妹在軍中工作表現非常優異，在南部軍營裡，大家很快都曉得有個「大黃」、「小黃」。

三十八年間，大陸撤退，台灣人心惶惶。當時政府對於台灣內部的治安問題，極爲重視，對於潛伏匪諜，「寧可錯殺一百，也不輕放一人」。在軍中的情報人員，也在到處抓人。三十九年初，李朋匪諜案爆發，因爲李朋在南京曾是黃玨的追慕者，事發牽涉到黃氏姊妹。

李朋是中央通訊社的資深記者，美國時代週刊的特派員。三十九年初，他來到台北總社工作，獲悉黃珏在屏東女青年大隊服務，就以採訪鳳山新軍訓練爲名，持著中央社蕭同茲社長介紹函，去見孫將軍，要求參觀新軍訓練及女青年大隊。孫將軍派隨從秘書潘申慶陪同他。不久，李朋因匪諜案被捕，黃氏姊妹及潘申慶三人均被牽連進去。

據黃正撰寫「我的申訴」一文中，敘述這段經過說：

「一九五〇年三月二十三日下午，孫立人將軍在屏東家中收到一通電話，當時我正在那兒，知道他是在談公事，談完後，他掛上電話，怏怏的對我說：『他要妳也去。』

『誰呀？去那兒呀？』我忙問。

『剛才是蔣經國來的電話，要妳也去台北，李朋的案子現在也要問妳了。』

「我聽了好高興，一則經國先生也提我名，去問那似乎會很大的案子，二則很久沒有去台北了，趁此機會玩去。孫將軍見我如此開心，也感到輕鬆了很多，他指著桌上的一紙公文給我看，公文上是要他的隨從秘書潘申慶及女生大隊兒童福利組少校組長黃珏——我的姐姐去台北保安司令部問話。孫將軍說，要問話當然是可以的，他曾向保安司令部說明，這兩個人都有職務在身，應該由台灣防衛司令部的軍法處先訊問，若眞有問題，再送交保安司令部處理。他深知潘申慶與黃珏都與匪諜無關，但怕他們藉題發揮，故先要爭取一個合法的程序。保安司令部向經國先生報告，說孫立人的人不肯來，而且還查知黃珏的妹妹黃正是孫立人將軍的私人秘書，所以經國先生自己一通電話打來，要黃正也去。

「二十四日晚上，孫將軍派隨從參謀陳良壎陪我們三人乘夜快火車去台北。二十五日下午由陸訓部第二處處長張揚明帶我去保安司令部，在辦公室坐下時，張處長和保安處林秀鑾處長都不斷的安慰我們。當時我並不覺得有何不妥，問話也是應該的，但未曾想到就此被扣押了。這期間當然被叫去問話，他們問甚麼，我們就答甚麼，我們沒有什麼可隱瞞的，那問我們案子的法官，很快就知道我們眞是純潔愛國的青年，所以在口供上，他常自動的爲我們修飾。

「有一天晚上，問我話時，有一位全副武裝的將官進來了，那位陪我的胡小姐先已叮囑了我，說他們的副司令會來聽訊問，要我佯裝不曾見到。記得那天有三位官長問我的話，都是有關我自己的家庭背景及認識李朋的經過，也不知問過多少遍了。我正向那幾位官長說這些事，他們其中一位卻突然問道：

『孫司令官是否常罵陳誠？』

「這眞有些風馬牛不相及了，幸虧我從未聽到過孫立人罵陳誠，倒有次聽他說過陳誠是位不要錢的清官。所以我能從容的回道：『沒有，他只說過陳誠是位不要錢的清官。』

「兩星期後，突然把我們搬去保安司令部辦公室內一間小房內住下，每晚聽到那些辦案人員打人上刑，眞是夜夜鬼哭神嚎，如同地獄。後來又將我們叫去問有關陸軍副總司令賈幼慧太太的情況。據他們的情報，賈幼慧太太也是匪諜，我們力辯賈幼慧太太是一位極虔誠的基督教徒，絕對不會是匪諜。我和姐姐正每天在爲賈太太擔心，有天下午林處長卻突然把我叫去他的辦公室。他一向是位面善心和的好人，這天卻鐵青著臉，也不叫我坐，就對我吼道：

『妳與孫總司令已經有了關係，不要以爲我們不知道。是不是？是不是？老老實實的說出來！』

「我像突然被人摑了一記大耳光，只覺耳聾目眩，我聽到我自己的心在啜泣，但我仍鎮靜回說沒有。因我絕對否認，他很生氣，硬說我有，還要送我去檢查。我看得出他是奉命來這一絕招的，因此像在壯他自己膽似的，拍著茶几對我窮吼，我不禁痛哭起來，他吼夠了，就讓我回去了。

「姐姐在房內只聽到林處長在吼些什麼，而我則在歇斯底里的痛哭，見我進來忙抱著我問道：『他們是不是打了妳？有沒有打妳？』我哭泣道：『沒有打我，幸虧沒有打我，姐姐，妳知道我最怕痛，若打我定會認了。』

「九月一天下午，我們被關進保密局看守所，我們吃不下，睡不著，形容枯槁，心焦力瘁的，拖了一個多月，才被一位法官叫出去。那法官告訴我們，現在總算很平安了，原判無罪，上峯駁回，改判五年，又未獲准，最後不得已以過失洩漏軍機罪，判刑十年有期徒刑；本來判十年，只要坐一年，但現在總統已下令，判十年就要坐十年；那法官還安慰我們道：『不要緊，我們也都知道保安司令部在胡來，毛人鳳局長在想辦法替妳們

翻案。』現在想來，他也只是哄我們的，也眞謝謝他這麼哄著我們，否則想到十年之後才能出去，只怕也活不下去了。」❹

這一對姊妹，因爲沾染上一點政治風波，就被整月整年關在牢房裡，相對哭泣。她們兩人美麗的生命、寶貴的青春，就在黑牢中給葬送了；眞是最大的無辜！最大的不幸！

㈢十姊妹被捕

女青年大隊自黃氏姐妹被捕後，大家心裡都籠罩著一層陰影，惶恐不安。未過多久，一天夜裡，王珂、余國芳、樂茝軍、樂蘅軍、陳新、郭劍英、潘啓英、葉琳、陳絜心、傅蕙等十個優秀同學，又被逮捕了，還帶走了常紹武、白銀兩位教官，同時抄走她們的書信、日記等用品，關在鳳山憲兵隊裡，日夜偵詢。主要罪名是組織八姐妹小團體，實際上是這幾個年輕女孩子在一起鬧著玩而已。王珂的罪名是收集同學照片，實際她是奉令收集照片，編輯畢業同學錄用的。葉琳是在日記上發牢騷出了問題。白銀教唱軍歌，她十五歲時曾在共軍那邊做過事，當年常紹武教官救了她，拉她到中央軍這邊做政工，後來兩人結婚，成爲夫妻。他倆在女青年大隊服務，頗受同學們歡迎。

孫司令官知道此事後，大爲生氣，把陸訓部第四組組長找去，拍桌子發火：「被捕的女青年隊員，如果證據確實，眞是匪諜，你槍斃她們，我也沒話說，如果沒證據，你就給我立刻放人，否則，我就對你不客氣。」當時一般人對於這類案子，都噤若寒蟬，無人敢出面說話，以免受連累。孫司令官是非分明，既不包庇匪諜，也不怕得罪特務人員，指令他們絕不可冤枉好人。因爲找不出這十名女青年有何罪證，很快也就放了出來。只有葉琳一人被送到綠島住了一年兩個月，常紹武和白銀夫婦也關了一兩年，後來他們都到中央廣播電台做事。

㈣現代花木蘭

女青年大隊一直沒有列入陸軍正式編制，經孫司令一再呈文申請，國防部最後決定將女青年大隊全部撥歸總政治部。民國三十九年十月初，女青年大隊舉行結業典禮。這次結業典禮等於是移交典禮，由陸訓部移交給國防部總政治部，由孫立人將軍移交給蔣經國主任。

這次移交並沒有事先公布，而是當場宣佈，移交當天早上升旗時，史大隊長宣佈：「今天上午，孫司令官和蔣主任要來主持一個儀式，孫司令官要把大家移交給國防部總政治部。」大家一聽就開始叫喊反對。

沒多久，大家一看到孫司令官進來，都蜂擁而上，把他包圍住，妳一言，我一語，有人叫乾爸爸，有人問他爲何要把我們移交給總政治部，當年你不是承諾要把我們帶回大陸嗎？大家都發瘋了！蔣主任到了以後，站在一旁，沒人理會，他鐵青著臉孔，一語不發。

典禮開始，孫司令官首先上台講話，他說：「今天環顧國家的需要，妳們結業後，服務的範圍不應僅限於陸軍，應該服務陸海空三軍，所以交由總政治部統一分配大家的工作，這是很合理的事。我縱使不願意妳們離開，也要爲妳們前途著想。我把妳們帶到台灣，卻未能親自把妳們送回去，交給妳們父母，並不是我推卸責任，不要妳們，而是情勢使然。今後蔣主任一定會照顧妳們，所以妳們對蔣主任一定要如對待我一樣，不要有所分別。」當他講完話時，台下是一片哭泣聲。

蔣主任上台講話，開口就罵人：「我們現在是在軍中，一切要有軍紀法令，沒甚麼乾爸爸，乾女兒的！這是官僚，要革除，今後不得再有！」蔣主任罵得很大聲，沒想到台下哭泣聲沒了，卻換來滿堂「開汽水」聲。女兵們這一舉動，使得孫司令官愣住了，蔣主任氣得差點當場走掉。可是他停了一下，沒有走，而且還繼續講下去。他說：「孫司令官講得很正確，國軍中有女兵，可說是中國歷史的創舉，尤其是今天在台灣能夠集合訓練各省女知識青年是非常難得的事，所以要總政治部統一任命，統一分發，才公平合理，不然空軍海軍也向總政治部要人，我們沒人就很難處理。這也是總統交代的。」蔣主任講過話後，大家認爲他講得也有道理，心情平和很多，會後，大家再沒有激烈反應了。

女青年大隊移交後，國防部總政治部決定，在分發工作之前，須調她們至北投政工幹校接受兩個月政工訓練。因爲當時政工幹校尚未籌備就緒，過渡期間，陸軍總部政治部蔣堅忍主任派副主任方哲然去主持後期訓練。他從政工隊挑選了五個學員，他們是胡定國，蘇雲泉、楊寶田、陳雲青和沈宗英，組成一個訓練組，去爲她們上政治課，多半是國父思想、三民主義、大陸情勢和時事分析等。

加強政治教育結束後，女青年重新編組，按照各人意願，分爲六個工作隊，第一隊隊長張艾媛，在北部防守區服務，第二隊隊長楊映雪，在中部防守區服務，第三隊隊長郭文萃，在南部防守區服務，第四隊隊長李坤道，在左營海軍服務，第五隊隊長張淑，在花蓮東部防守區服務，第六隊隊長李吉安，在金門前線服務。

這批女青年，以戎裝持戈躍馬的花木蘭圖形，作爲隊徽，做爲臂章，配戴在肩上，稱爲「花木蘭」隊，活躍在本島及前線各個營區裡，展開巡迴服務工作，深受官兵們的歡迎。❺

註釋：

❶〈黃玨女士訪問紀錄〉，載於中央研究院近代史研究所口述歷史叢書《女青年大隊訪問紀錄》第五二—五三頁。

❷〈尤懷燕女士訪問記〉，載於《女青年大隊訪問紀錄》第二〇五—二一三頁。

❸黃玨撰〈屏東阿猴寮的女兵〉一文，載於《中國軍魂——孫立人將軍永思錄》第三四二—三四四頁。

❹黃正撰《傷痕》第二一頁〈我的申訴〉，躍昇文化公司。

❺王珂撰〈孫將軍與女青年大隊〉一文，載於《中國軍魂——孫立人將軍永思錄》第二七七—二八〇頁。

七、幼年兵

民國三十七年期間，孫司令官在視察部隊時，看到部隊中有許多幼年兒童，隨著部隊逃亡來台，在部隊中充當雜役和勤務兵，得不到正當的照顧與教育。他本於愛心，經過審慎的思考，於是下令，將部隊中十五歲以下的幼童一律調到鳳山，成立幼年兵連，集中管教。

三十八年，大陸淪陷，撤退來台的部隊，帶來更多無家可歸的幼童，幼年兵因人數增多，就擴充爲幼年兵營。後來增加到一千三百多人，鳳山營房不夠居住。於三十九年三月十八日，遷往台南三分子新營房，正式成立幼年兵教導總隊。任命徐博勛爲總隊長，于新民爲副總隊長。分成三個大隊，九個中隊，每個中隊下轄四個區隊，完全照軍隊的編制編隊。從此之後，這些從大陸來台的戰爭孤兒，才有了個安定的「家」。

爲了管教方便，幼年兵是以教育程度分班編隊。第一中隊，教育程度相當於初中學生，第九中隊相當於小學五六年級，第五中隊和第七中隊相當於小學三四年級，其餘各隊不過是小學一二年級。年長的不過十五歲，最小的十一二歲。有的夜晚常在床上撒尿，生活起居都要人照顧。孫司令官把這些小孩子集中起來，目的是要從小教育他們，培養他們成爲一個良好的軍人。

這些幼小的兒童們，穿上軍服，就算是正式軍人。按照各人入營先後，分爲上等兵、一等兵，初來的就是二等兵。幼年兵待遇同士兵一樣，發給軍服薪餉和伙食。他們出操打野外，穿著紅短褲，戴著斗笠，儼然是道道地地的小兵。

幼年兵年紀雖小，但訓練非常嚴格。隊上官長們都沒有受過師範教育，對青少年的教育方法更少有經驗，衹是把「小兵」當「大兵」來操練，小孩子們自然感到辛苦。不過幼年兵總隊成立後，軍事和體育訓練課程減少了些，學科增加了很多，幼年兵總隊成爲青少年的學兵營，也就是新軍小兵學校。

幼年兵的生活是緊湊而有規律的，每天早上天還沒亮，起床的號聲先把値星官叫醒，只要哨聲一響，每個「小兵」都得從床上爬起。五分鐘內，要把軍毯摺成像一塊切得方方正正的豆腐塊一樣，把臉洗好，把衣服穿好，到營房前面操場上集合，動作要迅速敏捷，一點慢不得。

晨起第一件事就是鍛鍊身體，大家集合在一起做團體操，跑步、跳木馬、爬吊竿、超越障礙，把身上的汗水都出完了，才回來喝稀飯。

幼年兵的主食費每月只有新台幣十八元，但他們喝的稀飯，與一般軍隊不同。有一天清晨，孫司令官看到幼年兵早餐喝稀飯，覺得小孩子正在發育期，需要營養，他就交代軍需每月爲幼年兵每人添發桶裝奶粉一罐，把奶粉放在煮好的稀飯裡，補充孩子們營養。久歷戎行的老兵們，認爲孫司令官太愛護這群孩子們，把幼年兵當成「寶貝」一般看待。其實，當時官兵吃得都不好，早餐除了稀飯，並沒有什麼菜，有時大家搶著些花生米吃，肚子總是沒有吃飽過，但是有奶粉的稀飯，吃起來味道自然要好得多。

吃過早飯，有時上學科，有時上術科。幼年兵的程度一般都很低，所有學科都由中隊裡的區隊長、指導員及中隊長分別擔任。照著小學用的課本，講授國語、歷史、地理、自然、公民及三民主義等課程。教授初中的理化課，軍中沒有儀器，教官便借用台南工學院（成功大學前身）的儀器與實驗室，使他們能從實驗中瞭解學理。軍營成了學校，小兵們學到以前沒有學過的東西，所以大家的學習興趣都很高昂。有一次，孫司令官前來講話，要他們好好讀書，與普通學校一樣，每年要升一個班級，努力充實自己。

所謂術科，除了基本射擊教練，還要學武器保養，把一支三零步槍拆來拆去，熟練到把眼睛蒙起來也能將它組合起來。此外還要負起各種勤務，擔任衛兵、哨兵、搜索兵、工兵等項工作，有時打野外，參加戰鬥演習。這些軍事技能，穿上軍服的幼年兵，都須學習。有的幼年兵身材還沒槍桿高，可是他們操練的動作，大模大樣，一點也不含糊。

由於大家有書讀，都把軍營當作學校，又因爲大家生活在一起，睡覺在一起，上課在一起，隊上長官推行愛的教育，大家互相以同學稱呼，漸漸有一種同學間相親相愛的情感。

孫司令官對這些幼年兵特別愛護，他常去台南三分子營房，看他們出操上課。每次講話都是諄諄囑咐他們要聽長官的話，努力學習上進。發現有些小兵患夜盲症，他就要隊上買魚肝油丸，發給他們當補品吃。有許多小兵患腳氣病，醫官說是缺乏維他命B。孫司令官與台糖公司總經理沈鎮南商議，利用甘蔗渣做成酵母片，含有豐富的維他命B_1 B_2，半價供應軍隊

孫將軍垂詢幼年兵生活情形。

作爲營養品。幼年兵每人每天發給三粒酵母片，用來防治腳氣病。孫司令官每次到幼年兵總隊，都要查問小兵們有沒有吃魚肝油和酵母片。從那時起，他自己每餐也吃酵母片，到老未曾間斷過。他還在幼年兵總隊推行「克難運動」，要他們學習用舊布條編織草鞋，穿上出操，既涼快又保護腳。當時軍人都穿膠鞋，不但臭氣充滿營房，而且還容易得腳氣病。他來看小兵們時，常常查問他們有沒有患腳氣病，有時還要親自檢查。

孫司令官對這群幼年兵的關懷，眞是無微不至。太陽大的時候，規定小兵們要戴著斗笠出操做運動，以免把小腦袋晒壞了。下雨天出操回來，他要各中隊煮一鍋紅糖生薑湯給每人喝一碗，以防感冒。爲了改善伙食，鼓勵各隊自力更生，去種菜養豬，還要小兵們每天輪流當採買，跟隨著伙夫去市場買菜。每個月底，伙食費有了結餘，隊上也會加菜。小兵們經年累月吃青菜，加菜時多添幾塊肥肉，大家好高興。有時能吃到魚或鷄，那就是一件大事了，歡喜雀躍。孫司令官又怕他們年紀小，夜間睡覺踢掉被子受了涼，乃改發每人一條美式睡眠袋和美國海軍用的蚊帳。這些細微末節的照顧，實不亞於父母對子女的關愛。

幼年兵總隊沒有食堂，開飯時，把兩盤菜向地上一放，一班人分成兩圈，蹲在地上，拿著碗筷，聽到開動命令，就狼吞虎嚥起來。遇到風沙飛起時，難免吃得喀喀作響。整天出操打野外，消耗太多，大家都很餓，菜飯總是不夠吃。聰明的，第一碗飯裝得少些，趕快吃完，回去裝第二碗時，把飯壓得滿滿地，回來慢慢吃。吃得慢的，只好拼命裝滿第一碗了。

三十九年，孫立人升任陸軍總司令後，軍務雖更加忙碌，但他仍常來看幼年兵總隊，有時還和他們一起吃飯，同小兵一樣，席地而坐，吃得很高興。有一次，他接受小兵們以飯代酒，向他敬飯。他也高舉飯碗，祝小兵們「學業進步」。他吃完一碗，自己又去裝一碗。他這樣與幼年兵共同在一起生活，小兵們自然感到溫暖，而他自己也感到無比的快樂，軍營眞像是一個大家庭。

幼年兵的軍紀是很嚴格的，任何小兵犯錯，都不寬宥，而且處罰的方式很多。罰立正、跑步、舉槍、兩腿半分彎、罰跪、公差、站衛兵、夜間守衛、禁足、關禁閉等等，應有盡有。幼年兵總隊的隊訓是「誠拙」，如果有人做假，說謊話，違背了隊訓，處罰起來是最嚴厲的，養成小兵們做人要誠實做事不取巧的精神。

有一天，孫總司令對幼年兵總隊訓話說：「今天我要講你們的隊訓『誠』和『拙』兩個字。『誠』就是做人要誠誠實實，不虛僞，不說假話，是甚麼就說甚麼。『拙』就是做事不取巧，要腳踏實地，一步一步地，把事做好。在戰亂的日子裡，你們失去讀書機會，今天努力還不遲。你們只要好好地按部就班去學習，將來會學會許多本領，有了本領，才能報效國家。如果你們只是取巧，不求實際，根基沒有打好，將來便沒有辦法去求高深的學識，也就沒有辦法爲國家民族做大事業。」孫總司令對這群孤苦的孩子們講話，就像是他們父兄一樣，語重心長，態度非常慈祥。

經過一年多的訓練，太陽晒多了，幼年兵一個個的皮膚晒得又黑又亮，好像是鐵打的，大家並肩站在一起，眞是一支鐵的隊伍。無論在營房內或營房外，都是衣著整齊，精神飽滿。走到台南街上，不管是三人一行、一班、一排，或是一個中隊，動作整齊劃一。走到那裡，路人都會目迎目送，讚不絕口。

幼年兵訓練的成功，在社會上雖得到普遍的讚賞，但在軍中卻引起嫉視。有人認爲孫立人是在軍中培植私人的勢力，說他把幼年兵看成是他自己的子弟兵，這種流言的散播，卻給幼年兵總隊帶來最大的傷害。

四十一年冬，蔣總統於台南空軍機場校閱南部三軍部隊，當禮車經過幼年兵總隊排面時，車速突然減緩，他對一千多名徒手站立，精神飽滿的「娃娃兵」，非常感到興趣，並詢問陪閱官，他們是何單位？答稱：「幼年兵總隊」。蔣公當即吩咐下午三時前往該總隊巡視。閱兵結束，這批幼年兵連中飯都未吃，立刻行軍回營準備恭迎總統，又預習表演科目。天公不作美，下起雨來，因而作罷。

當蔣總統親校完畢後，有人打了小報告，說幼年兵是孫立人的子弟兵，他企圖在軍中培養私人的勢力，因此國防部立刻下令解散幼年兵總隊。孫總司令接到這項命令，甚爲發火。他認爲這些幼年兵年紀幼小，不克勝任戰鬥列兵任務，他苦心要培養這支國軍幼苗，目的是從小培養他們，將來成爲國軍基幹。他確有將幼年兵總隊改爲陸軍預備幹部學校的構想，計畫將這批幼年兵完成普通高中教育後，分送各軍事學校，接受軍官養成教育，爲國軍培植優秀的幹部❶，現在幼苗還沒有長成，就有人要來摧殘它，他決心要保護它。

四十一年底，蔣總統主持南部三軍聯合校閱，中午在左營海軍軍官俱樂部與三軍將領會餐。餐後，三軍將領都在海軍軍官俱樂部裡休息。孫總司令利用這一空檔時間，與參謀總長周至柔理論。孫先說明幼年兵總隊成立經過，他訓練幼年兵的目的，以及三年多來的成效，國防部應該給予支持，怎可令其解散？孫講了許多話，周總長一概不聽，幼年兵必須遵令解散，這是命令，沒有挽回餘地。孫總司令爲了幼年兵存廢問題，在衆將領面前，與周總長爭得面紅耳赤。坐在遠處的將領，都驚訝地望著他們兩人，不知道發生了甚麼事情。坐在近處的將領，聽到他倆人的爭論，都認爲孫立人爲何要替這群小孩子的事情而與總長如此力爭呢？實在不値得。

孫總司令向周總長力爭沒有得到結果，晚間他回到屏東公館，心猶不甘，要幕僚擬妥一份簽呈，面報總統，請蔣總統親來幼年兵總隊視察，看看這些幼年兵的訓練成績，他想藉此也許可以保留這個單位。蔣總統一再說來而又沒來，拖延了幾個月，到了四十二年春，國防部停發幼年兵總隊給養，被迫於四十二年二月十六日遵令解散。遂將一千二百餘名幼年兵分送所屬各部隊，有的送至聯勤兵工廠去做學徒，有三百三十三人選送到政工幹校繼續受訓。孫總司令培訓這批幼年兵的苦心孤詣，得不到長官的信賴與支持，內心極爲痛苦。

爲了貫徹他爲國家培養人才的用心，孫總司令從幼年兵中挑選了張海洲（河南）、林忠（廣東）、朱春富（山東）、毛縉紳（浙江）和揭鈞（廣東）五人，用他私人的錢，送他們到普通學校去讀書，並請誠正中學校長王景佑代爲管教。在他們入學之前，孫總司令一一召見，要他們在校好好讀書，將來成材爲國家服務。民國四十四年八月「孫案」發生後，孫將軍的家庭生活都難維持，但他對於張海洲等五人就讀高雄中學的學雜費，仍設法籌措，照常供給，直到他們高中畢業。後來這五人中，有兩人進陸軍軍官學校，成爲優秀軍官。揭鈞從台大畢業後，進清華大學核子化學研究所，後又赴加拿大留學，獲得化學博士學位，現在加拿大滑鐵盧大學擔任教授。

孫將軍晚年看到許多幼年兵，都成了國家有用的人才，深感欣慰。而這些幼年兵從小親身受到孫將軍的照顧與教誨，他們長大後，都稱孫將軍爲「小兵之父」！❷

註釋：

A調 2/2

新軍歌

孫劍逸詞
應尚能曲

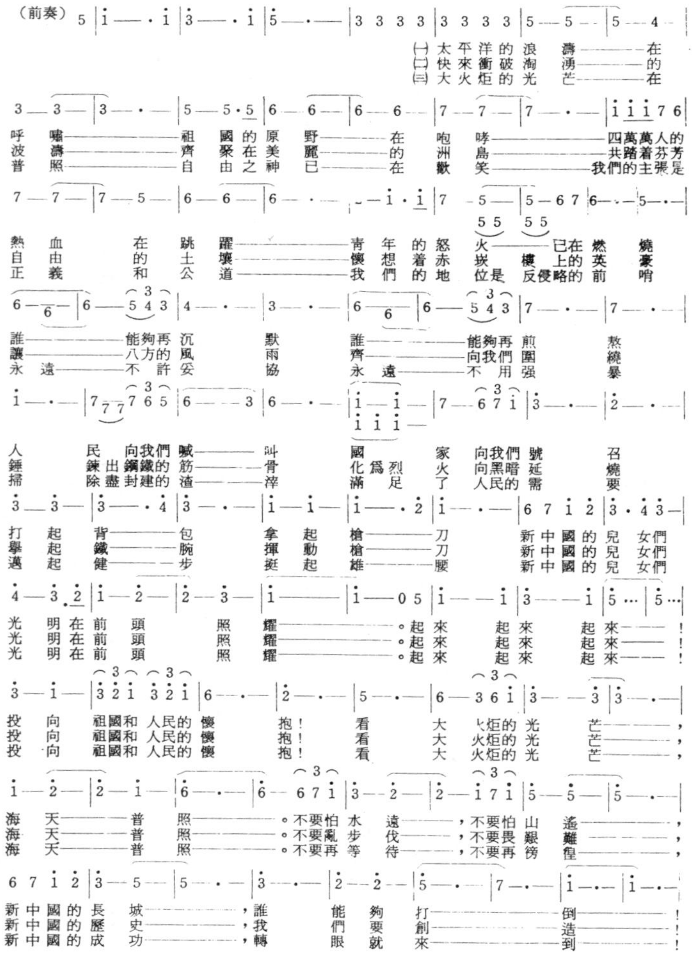

❶ 鄒岳霖撰〈敬悼幼年兵之父—孫立人將軍〉一文，載於《孫立人將軍永思錄》第三〇三—三〇五頁。

❷ 揭鈞撰《小兵之父》第一六五—一八六頁及第二二七—二二九頁，躍昇文化公司。

第十四章　新軍訓練的特質

孫司令官常告誡調來台灣接受新軍訓練的官兵們說：「新軍並不是吃好的，穿新的，住洋房，具有新式裝備，才稱爲新軍。所謂新軍，乃是樹立優良的新風氣，建立完善的新制度，把以前部隊中一切不良的惡習陋規完全革除掉，重新創建一個現代化及國家化的新軍。」

如何達成這一目標，孫立人練軍是本諸中國文化的優良傳統，刻苦耐勞和堅忍犧牲的美德，兼取德日軍隊的優點精確整齊，與英美軍隊的優點自動自發，融合成爲中國新軍訓練的方針。爲求在最短時間內，獲得最好的成果，他將新軍訓練的重點，放在體能訓練、基本射擊及戰鬥訓練，以及培養軍隊的誠實風氣。

一、體能訓練

孫立人在清華讀書時就是運動健將，籃球國手。他在美國留學時，看到美國體育普遍發達，人人都愛運動，全國充滿著蓬勃的朝氣，不像我國人民積弱成風，被歐美人譏爲東亞病夫。因而他帶兵之後，就把體育帶到軍中，平時和官兵們一起打球運動，逐漸培養官兵們愛好運動的風氣。他認爲體育不僅能使官兵的身體強壯，而且能養成官兵的優良習性，所以他練軍特重體能訓練，且把體育訓練視爲軍事訓練的基礎。

過去也有不少人在軍中提倡體育，但缺乏正確的觀念和一套完整的實施辦法，祇是各憑自身對體育的愛好，各行其事。既沒有一定的訓練方式，也缺乏完整的教材，更談不上教育計畫和課程內容，同樣走上學校體育的老路，打打球，賽跑跳遠，練練單槓，耍耍大刀，培養幾個選手而已。

孫立人認爲過去中國一般民衆祇有勞動，談不上體育，一旦當兵入伍，部隊中不是來自都市的文弱書生，便是來自農村動作呆滯的農民，二者身心都未得到均衡的發展，不能適應軍人機警和靈活的需要。因此他認爲訓練軍隊，必須從體育開始，來培養軍人強健的體能。

孫將軍對於軍中體育一向抱有一個理想，就是把體育訓練和軍事訓練合而爲一，並且把體育訓練作爲軍事教育的基礎。他曾把他這個理想，在他過去所帶的部隊中實行，獲得很圓滿的成績。就體力來說，新一軍官兵在印緬連續作戰達二十個月之久，沒有一天正式休息過，創造出世界長期不斷作戰的新紀錄，而無師老兵疲的現象。官兵們在緬北兩年半的戰地生活，飢渴勞頓，翻山涉水，始終都能保持著旺盛的戰鬥士氣，和自動自發的精神，一個連、一個排，甚至一個班，往往單獨遂行戰鬥任務於數十里乃至百里之外，這些成績，都可以說是部隊看重體育訓練得來的。

孫將軍奉命主持台灣新軍訓練，這是他可以把他過去的理想和經驗作一次全盤實驗的機

下：新軍體能訓練課程之一，武裝爬桿。

右：孫立人示範步槍射擊要領，中為美軍顧問團團長蔡斯將軍。

會，因此特在陸軍訓練司令部內專設一個體育處，羅致大批體育教官。當時他去找體育界幾位領導人幫忙，像董守義先生、袁崇禮先生、馬約翰先生。他們中有的是孫的老師，有的是和孫在一起打球的朋友。他就把他要在軍中普遍推行體育的理想告訴他們，袁崇禮先生聽了他的話，非常贊同說：「你要甚麼人我都給你。」當時魏振武先生剛從哥倫比亞大學留學回來，在北平師範學院擔任很重要的課程，孫司令官請他來擔任陸訓部體育處處長，跳高名將史麟生來擔任副處長，及剛從北師院及其他大學體育系畢業生一百四十七人爲體育教官，在駐台國軍中普遍推行體育訓練。

可是當時一般人並不認爲在軍中實施體育的重要，國防部不同意在陸訓部設立體育處，認爲世界各國軍隊裡，都沒有設立這樣一種體育機構，所以不予核准。可是孫司令官認爲政府既要我負責訓練軍隊，就應授權由我辦理。他堅定認爲體能訓練是練軍的基礎，不能因爲遇到阻礙，就停止不做，因此他不管上級批准與否，還是要堅持做下去。希望講不通的事情，讓事實來證明給大家看。因而他決定各部隊士兵的初期教育，無論是甚麼兵種，都要以體育爲訓練的重點。當時參與計畫的參謀，頗不了解孫司令官的用心，各級部隊長尤多疑慮，大家對於在軍中實施體育訓練計畫的成果，未敢置信。

士兵初期體育訓練實施時，是以連爲單位，其主要訓練項目，分爲跑步運動、草坪運動、田徑運動、爭鬥運動、接力運動、持槍運動、枕木運動、競賽運動、行軍運動和球類運動等項。目的不在培養少數選手，而在改正士兵身體不正常的發育，鍛鍊官兵堅強的體魄、機警的習性和團隊合作的精神。這些項目的實施，沒有一項是個人的活動，也沒有一項是可以表現個人的技能，完全是團隊的活動，是整體的表現。譬如越野賽跑，依照一般的慣例，是每一單位選拔選手，或者自由報名參加。新軍實施越野賽跑不是這樣，依照規定，是每一隊每一連的全體官兵都要參加，並且規定隊長或連長持隊旗跑在後面，不許任何人掉隊落伍，如果發現某隊隊員落伍，必須要該隊其他隊員扶助他跑完全程，培養隊長領先示範及官兵互助團結的精神。譬如接力賽跑，也與普通運動會不同，不是四人接力賽跑，而是四十人，最少是二十八人接力賽跑，把接力賽跑的原始意義，與團結互助的精神，充分發揚出來，以鍛鍊官兵的耐力與持久力。

在部隊開始接受新軍訓練之初，檢查士兵體格，總是強健者少，孱弱者多，而且體能非常參差，動作也多呆滯。開始施以體能訓練，經過五個星期，他們每個人的皮膚，由黃變紅，再由紅變成赤褐色了。開始時皮膚會晒起水泡，脫落了一層油皮，到後來各人看到自己漆黑光亮的皮膚，都會露出得意的笑容。到初期教育完成之後，實施體能測驗，依照美軍體能測驗的標準，每個官兵都須參加百公尺、跳遠、爬竿、手榴彈擲遠及三千公尺越野賽跑等項目的測驗。結果大家體能都有增強，達到一定的水平，而且成爲機警、堅忍、自動、進取，活力充沛的新生部隊。孫將軍鼓勵官兵運動時，要放開心情，盡情的歡樂，大聲的喊叫。在運動場上，不分階級高低，各憑本領一同遊戲玩樂。他特別提倡團體競賽，舉行全團、全師、全軍，甚至三軍聯合運動大會，參加的官兵固要拼命競賽，爭取優勝，不參加競賽的官兵也要組成啦啦隊，在旁加油吶喊，以增進互助合作及團體的榮譽。例如新軍特有的枕木運動，二十條紫黑色的臂膀，轉動著一段直徑過尺的粗長木頭。這根木頭不是一兩個人可以搬得動的，然而在十個士兵協同動作合力之下，這段粗長的木頭竟成了孫悟空的金箍棒，可以旋轉裕如了。古老的拔河比賽，也成了體育訓練的教材，而兒童騎馬遊戲，在軍隊裡玩起來更有意思。士兵分成紅藍兩隊，人數相同，各持一面隊旗，每隊四個人作為一組，兩人在前，一人在後彎弓著背做馬，另一人騎在這匹「馬」的背上，擺成一字橫列。一聲令下，兩隊兵馬齊聲高呼，奮勇前進，搶奪敵方的旗幟。兩隊接近，混戰開始，掌旗官東馳西突，而互相攻擊的「騎兵」，騎在「馬背」上扭打，誰先奪得敵旗歸隊，便是優勝。還有一種叫做「衝鋒陷陣」的遊戲，同馬戰一樣也是分成攻守二隊，攻隊守隊的隊員們都互拉著雙手，緊緊地結成一個堅強的隊伍，攻隊拼命向守隊進衝，而守隊則竭力不使突破，都奮力抱著攻隊士兵，待守隊陣線被攻破了，兩隊再更換攻守陣式，由守隊進攻，末了計數兩隊各抱到的人數多寡而決定勝負。在競賽場上的士兵，都像生龍活虎，朝氣勃勃。

孫司令官說：「中國人的習性不像美國人那樣長於競賽，但我努力去訓練他們發揮公平比賽精神及堅強獲勝的意志，並養成他們習於互助合作。」他的目的，在於把遊戲、運動、戰技三者融合為一體，平時訓練官兵，在遊戲運動中養成戰鬥的技術與精神。

由於體能訓練在軍中收到很好的成效，每當一個部隊初期教育完成，體育教官須調往其他單位時，原單位的部隊長，往往再三挽留，申請緩調，甚至有要求將體育教官納入其編制內的建議。軍中體能訓練的價值，得到普遍的認同。

部隊進入正期教育，除複習初期體育課目，並增列障礙超越，手榴彈投擲、格鬥、劈刺、水上運動、機械運動等主要課目，偏重於戰場應用，有助於戰鬥的教練和作戰的技術。教學以連、排、班爲單位，永遠保持一個戰鬥體。當時舉行各種運動，提高官兵的競爭心及榮譽感，激勵團體的互助和合作。

行軍訓練也是體能訓練的一種，由單純的行軍，到「有敵情」的戰備行軍。規定砲兵須日行四十公里，夜行三十公里，步兵和其他特種部隊，須日行五十公里，俱有連續三四日戰備行軍的能力。❶

民國四十一年五月初美國太平洋三軍總司令兼太平洋艦隊司令雷德福（Arthur Radford）上將來台訪問，孫立人總司令陪同參觀國軍野戰演習，他對國軍官兵俱有強壯的體格，甚爲讚賞。孫立人在旁解釋說，他訓練部隊，首重體能訓練，惟因缺乏良好的教材，致使效果未能普遍提升。雷德福當允將美國海軍航空隊體育訓練手冊十種送給國軍參考，其中包括㈠拳擊、㈡空手搏鬥、㈢角力、㈣美式足球、㈤英式足球、㈥籃球、㈦體操及跌打、㈧團體操、遊戲、測驗、㈨運動計畫、㈩軍中田徑賽。孫將軍收到後，當將美軍這套體育訓練手冊，交給體育處魏振武處長，要體育教官們依據他們從事軍中體育教練的工作經驗，並參考美軍及其他國家軍事體育書刊，集體編成一本「初期戰士體育訓練教材」，這是中國第一本軍事體育教科書。後來繼續編印的有「正期戰士體育教材」，「後期戰士體育教材」，以及「軍中

體育訓練手冊」等教科書。❷

在軍中實施體育訓練，由於成效顯著，逐漸得到國軍官兵的認同，和中外人士的稱讚，大家一致認爲新軍實施體育訓練是成功的。這時孫立人司令官遂向國防部建議，將體育列爲一項業科，成爲軍隊中正式編制。國防部認爲無案可循，不許設立。他們認爲體育不能改爲業科，因爲體育是人的本能，不像軍醫軍需要有專門技術。孫乃力爭說：「體育是不是能同音樂一樣，音樂是調劑人的性情，體育是增強人的健康，音樂可以成爲業科，爲甚麼體育不能成爲業科？」可是國防部仍是不准，祇許在軍事學校內設體育教官，指導學員生的體育活動。

孫司令官此項建議，遭到國防部否決之後，軍中體育教官認爲他們在軍中升遷無望，前途渺茫，紛紛求去。孫司令官集合全體體育教官講話，他說：「我爲了推展軍中體育，特請大家前來協助，經過你們的努力，已在軍中爲體育開拓一片新天地，且已獲得各方面的肯定，希望大家仍本報國初衷，不畏艱鉅，繼續在軍中服務，爲國家訓練出一支強壯的軍隊。」

新軍經過嚴格體育訓練之後，個個都是身強力壯的運動好手。孫司令官持在鳳山舉行「全軍運動大會」。各部隊選運動選手及團隊代表，集中鳳山軍營舉行競賽。運動大會開幕那一天，大操場上的運動健兒，都是赤膊紅短褲，雄壯健美，高唱運動會歌：「平日的艱苦鍛鍊，今天要來考驗，運動場就是戰場，個個要爭先，眞本事，硬工夫，當仁要不讓！勝不驕，敗不餒，越賽越要強，團結協同，堅忍從容，最後的勝利，在最後的五分鐘……」歌唱之後，孫司令官站在閱兵台上講話，他說：「強國必先強身，我們軍人尤須強身，尤其是帶兵打仗的軍官，更須鍛鍊好強健結實的體格，才能有堅強的體能和意志，去發揮優異的戰技和強大的戰鬥力，爭取戰爭的最後勝利。軍人的事業在戰場，而戰場上莫過於打勝仗。我們和敵人在戰場上拼鬥，誰的體力能夠支持到最後的五分鐘，誰就會打勝仗。所以說：最後的勝利在最後五分鐘！」

孫司令官講話畢，部隊帶開，各項競賽開始，有各類球賽，有四百公尺及一六〇〇公尺團隊接力，難度最高的是五百公尺及一千公尺武裝超越障礙競賽，由陸訓部體育教官擔任裁判，這是一場公平競賽，也是全體官兵的體能測驗，凡參加競賽的團隊或個人，在求最優異的體能表現，爭取團體的榮譽。❸

新軍的體育訓練，由於孫司令官積極倡導，與體育教官們熱心教導，官兵們在潛移默化中，由懷疑觀望，慢慢轉變爲熱烈參加，新軍營房中，每天早晨黃昏，官兵們經常光著頭，露著膊，赤著腳，穿一條紅色運動短褲，在操場上跑越野，練接力，爬吊桿，做劈刺，形形色色，五花八門，眞是緊張活潑，充滿了朝氣。官兵們個個晒得紅黑粗壯，身手矯健，正規軍隊的訓練，就在這種體能訓練的配合下，獲得了堅實的基礎，而新軍的體育制度，就在全體官兵的堅苦奮鬥中，有效的建立了起來。

註釋：

❶ 李邦芬著《血汗保台灣》第一九四頁，自抄本。
❷ 孫立人〈談軍中體育〉一文，載於新生報。
❸ 沈承基撰〈恩師仲公與新軍體育〉，載於《孫立人將軍永思錄》第二六七—二七四頁。

二、基本射擊及戰鬥訓練

鳳山軍營開始新軍訓練之後，當你走進營房附近，你就可以聽到各種槍彈聲，這是學員生在練習實彈射擊。孫司令官對於射擊訓練要求特別嚴格，他要求幹部使用科學方法，教導士兵懂得槍的性能，射擊的技巧與正確的姿勢。他常說：「我們軍人拿起一支槍，就像古代戰士使用刀槍劍戟，平素要練得很熟練才行，所謂『藝高人膽大』就是這個道理。」在士兵射擊預習時，他總是抽空親到操場，蹲身在學員生身旁，仔細觀察他們每一項基本動作，例如步槍的握槍把、扣板機及停止呼吸，均須確實做到，毫無差錯，然後依次實施箱上瞄準，三角瞄準，以及各種射擊姿勢的預習。射擊預習及格後，方准實施實彈射擊，且在實彈射擊之前，還要作射擊預習，反覆磨練，體會入微，以求射擊時彈無虛發。經過如此再三演練，確實練出不少神槍手，幾有百步穿楊的本領。在每次練習射擊時，每個士兵發給他一本自己的射擊紀錄簿，紀錄歷次射擊的成績。在那本手簿上特別繪製一個靶形圖，士兵須將每次射擊的彈著點明確記在上面，以便射手自己修正偏差，調整瞄準，因此射手成績會一次比一次進步。

初到第四軍官訓練班受訓的各級軍官，他們參加初次射擊測驗時，僅有百分之二十及格，可是經過嚴格的射擊訓練之後，他們的及格人數增加到百分之八十以上。舉行射擊比賽時，規定每個中隊百分之九十六的學員生均須參加，祇有一二名病患或是公差可以不參加，參加的學員生每人發給三粒子彈，擊中靶的中心爲十五分，擊中靶上紅心得十二分，各依彈著點距離中心遠近，記得分多少。全中隊學員生所得分數的總和，除以參加的人數，所得到的商數，就是這個中隊的射擊成績。一個中隊全體學員射擊成績平均分數能達到十三點五分，已經是最高分。普通祇要達到十分，就可以在二百公尺以外，百發百中。軍訓班的學員生射擊平均分數已達到十三點五分，怪不得個個都是神槍手，由此一端可以證明新軍訓練的成功。

美國共和黨參議員諾蘭（W.F. Knowland）曾來鳳山觀看新軍射擊演習，他看到每個士兵射靶上的彈著點都接近中心位置，使他非常驚訝。他說：「新軍的射擊技術，遠比美國士兵爲好。」因而他建議國軍應選派代表參加世界比賽。孫將軍接受他的建議，從全陸軍射擊比賽中，遴選官兵代表三十二人，分爲手槍及步槍兩隊，派張熊飛上尉率領，前往美國，參加一九五〇年世界射擊比賽，各人均有優異表現，團體成績，在六十幾個參賽國家中，名列前茅，爲國爭光。

孫司令官常引述曾文正公一句話告誡部隊：「能戰雖失算亦勝，不能戰雖勝算亦敗」。

他說：「如果一個部隊官兵基本戰鬥技術熟練精到，縱使指揮有錯，或者裝備稍差，仍可能獲致勝利。反之，一個部隊戰鬥技術不行，縱有諸葛孔明的勝算，終是枉然，結果還是要打敗仗的。」

戰鬥技術教練，包含各個士兵的射擊技能，伍班戰鬥的協調支援，以及排連的小部隊戰術，進而至戰備行軍及營團對抗演習，並利用演練場所的地形地物。每次戰鬥演習均徹夜實施，不論颱風暴雨，官兵在雨水田野中演練，狀況逼眞，整個部隊如在實戰中。

孫司令官爲訓練學員生的臨陣指揮，每一個戰鬥課目，教官講解原則後，即令學員生在預先選定的地區，根據教官給予的問題，自行現地作業。再根據作業的原案，自行實地演練，最後由教官扼要糾正學員生的錯誤。孫司令官常到演練場親自督導，從頭到尾一步不離，從指揮官的作戰指揮，到列兵的射擊動作，都看在眼裡，並作最切適的講評，學員生聽到司令官親爲講解指揮作戰的要領，無不心悅誠服。爲進一步磨練學員生適應戰場不同地形與環境的指揮能力，先由教官擬定一個標準作戰方案，再由學員生在不同地形演習，並令學員生擔任各級指揮官，以資熟練戰場地形變化，增加處置各種戰場情況的經驗。孫司令官每次於講評中，都強調作戰最難摸清敵情，因此在作戰前，須要盡力搜索敵情，才能瞭解全盤狀況，所以指揮官要養成搜索敵情的習慣。

孫司令官鑒於官兵初上戰場，往往爲逼近的槍砲聲及飛機轟炸聲所懾服，乃在鳳山營房附近，設置一個戰場心理演習場，場內裝設標定的機關槍數挺，鐵絲網數道，以及黃色藥包若干，分佈於進攻路線上，學員生在機槍聲轟炸聲之下，匍匐前進通過鐵絲網，煙霧迷漫，氣象森嚴，演習的學員生如置身戰場，以鍛練其膽量。❶

孫司令官為了促進轄訓各部隊戰鬥技能的進步，曾於三十七年四月九日，舉行第一屆戰鬥射擊競賽，共有廿四個單位，二千七百五十人參加，比賽項目特別重視步槍及輕機槍射擊兩個項目，步槍射擊比賽，各單位參加人數須有百分之八十。距離二百碼，臥姿無依托，每人射擊三發，十分及格，十五分為滿分。個人成績，以十五分者為優等，賞金牌一枚，十四分者為甲等，賞銀牌一枚，十三分為乙等賞銅牌一枚。團體成績為各單位參加人數，除各單位所得分數總和，所得之商數，即為該單位的團體成績，最優者頒給錦標一面。輕機槍射擊每射擊位置，預備三個靶架，每次射擊，不得超過十六發。號音一吹，射擊開始了。射手們都按著平日射擊預習的要領，不慌不忙，就了射擊位置，緊握槍靶，瞄準擊發。這時，那斷續而均勻的槍聲，好像敲著音樂的拍節，在射手們的心弦上，譜成了喜怒哀樂的情調，反映出射擊的成績的優劣。

陸軍的戰鬥射擊技能，經過先後六次反覆的競賽磨練，官兵們都興高采烈的在這個偉大的洪爐裡，千錘百鍊，培養戰士體魄，鎔鑄戰鬥精神，不但建立了整個戰鬥技能競賽制度，同時也將陸軍官兵鍛鍊成為鋼鐵一般的部隊。❷

註釋：

❶ 吳燦禎撰〈孫立人將軍鳳山練兵追記〉一文，自抄本。
❷ 台北中國時報連載《孫立人回憶錄》第四篇〈鳳山訓練紀要〉。

三、新軍精神「誠」與「拙」

孫將軍二十多年來帶兵練兵的一貫作風，就是本「誠」「拙」二字。他常說：「我們練兵在精神上祇講求一個『誠』字，在技術上祇講求一個『拙』字。所謂『誠』，就是『開誠心，佈公道』。大家推誠相見，沒有欺騙，沒有虛僞，做到萬衆一心。所謂『拙』，就是循名核實，按部就班，一步一步去做。不投機、不取巧，老老實實，沒有花樣。『誠』是內心責任的自覺，『拙』是對此一責任的實踐。有此『誠』字，所以一切都出於眞。有此『拙』字，所以一切都踏了實。『誠』與『拙』就是我們鳳山新軍的基本精神。而這基本精神的表現，是『說實話，做實事。』所以鳳山新軍訓練，說穿了，非常簡單，沒有一點奧妙，也沒有甚麼新奇。惟有一點我特別注意，就是一切訓練，從思想到技術，都用『實』字來鍾鍊，都要從『確實』著手。有了『確實』做基礎，才能不斷的進步。否則事事馬馬虎虎，似是而非，一切都無從談起。所以我常說：我們新軍訓練沒別的，只有『確實』。只有這樣實實在在訓練出來的軍隊，才有眞本事，硬功夫。打起仗來，眞是攻堅易於折枯，陷敵甚於湯雪。

孫將軍練軍並不重視教條式的理論灌輸，他所諄諄教誨的是要官兵發揮良心血性，所以他特地把軍中的生活檢討會，改爲『良心會』，普遍地在台灣新軍裡推行，以啓發官兵的良知良能。他認爲共產黨的小組會，強迫官兵坦白清算，雖然也可收一點效果，但不是自發的，而是被動的，是一種御用的權術，沒有人敢眞正憑良心說眞話。孫將軍提倡的『良心會』，是採取民主方式，議會作風，大家只要是憑良心，便可以毫無顧慮的說話。他鼓勵大家拿出良心血性來做事，誠懇的來檢討訓練的得失，以求部隊不斷地進步。在良心會上，不獨要自我坦白，承認自己的過錯，還要檢舉別人的缺失。不管是團體的、長官的，一律用誠懇的態度，互相檢討，互相規勸。即使部隊裡有甚麼不合理的措施，都可坦白說出來，祇要是憑良心就行。在一次良心會上，爲了長官教導士兵應不應該打罵的問題，一個士兵曾和他的隊長發生了一場熱烈的辯論，當這次會議紀錄呈送上去，孫將軍立即採納士兵的意見，因爲這個意見是對的。這是孫將軍在新軍中所倡導的民主作風，而良心會就是新軍裡的議會。在三十八年底，他還親自召集了一次擴大良心會，每個連都推選士兵參加，其情緒的熱烈和發言的踴躍，是過去部隊中所看不到的。會場上有條不亂的秩序，與眞誠坦白的言詞，眞令人恍如置身於議會場中，這是孫將軍在新軍中提倡「人人開口」所達到的效果。

孫將軍治軍一向以軍紀嚴明著稱，他在新軍中提倡民主風氣，是守法紀的民主，不是亂無法紀，任所欲爲。因爲紀律是軍隊的命脈，軍隊而無紀律，便成爲烏合之衆，無可爲戰了。因此孫將軍在三十七年元旦慶祝會上，特向各受訓部隊宣布新軍六大戒條，要求官兵「戒嫖、戒賭、戒貪、戒擾民、戒虛僞、戒驕惰」，用來革除過去軍隊裡一切不良的習氣和陋規。

孫將軍在軍中提倡六戒，要求官兵嚴守不渝。其用意是防患於未然。他常常說：「假使部下因犯罪而被槍斃，其實罪在長官，因爲長官平時未予嚴加管教，或是事前管教無方，徒然於事後嚴加懲處，等於是長官直接殺了部下。」他說：「國軍初來台灣接收的時候，台灣同胞眞是簞食壺漿，以迎王師。及至見到他們上岸，窮如乞丐一般，而且軍紀敗壞，搶劫強姦的事，不斷發生，因而引起二二八事變。後來青年軍調來台灣受訓，我們對於國軍風紀特別整頓，台灣同胞對於國軍的印象才漸漸地轉好。」孫將軍爲了改善軍民之間的關係，特別在新軍中提倡「軍愛民，民敬軍」運動，逐漸蔚成風氣，軍民相處，如同家人。

新軍官兵在操練時都是戴斗笠的，因爲他們軍紀好，從不擾民，到處受到老百姓的歡迎與尊敬，所以台灣老百姓都很親熱的稱呼「斗笠軍」爲「阿兵哥」。

談到新軍戒擾民，可以從鳳山發生的一件軍人違紀案，看出孫將軍治軍的嚴格。有一天，一位排長在鳳山附近一個車站等候公共汽車。車過站時，以車中乘客太多未停，這位排長竟拿出手槍強迫停車，此一事件爲孫所悉，立即予該排長降一級處分，並令憲兵押解該排長在肇事地點遊街示衆，背上插一木牌，上寫「強迫停車危害公共秩序」。這件事並不是太大的違紀案，由於孫將軍這樣嚴厲的懲罰，使得當時來到鳳山受訓的官兵不敢再有擾民的事件，而台灣人民對新軍風紀的嚴明，更具信心，對於新軍的駐防台灣，無不表示歡迎，新軍和台灣民衆的感情漸漸融洽了，軍民站在同一條陣線行列上，爲保衛台灣而攜手合作。

一個星期天上午，孫將軍照例要檢查直屬部隊內務，各單位都準備好應檢。孫司令官偕賈幼慧董嘉瑞二位副司令官，走出辦公室，突然宣佈：「今天不檢查部隊內務」。他竟走向軍法處看守所，檢察被關囚犯的居住環境及飲食衛生，聽取囚犯的申訴。其中有九名犯人，都是文具店老板，因陸訓部購買文具，有舞弊嫌疑而被拘留，情節輕微，且無證據，正待保開釋。孫司令官詢明原委，乃命立刻釋放。並指示軍法官，辦案須「愼拘留，愼決獄，愼刑罰」，以「三愼」爲原則。新軍在南部和人民相處和諧，很少與當地民衆發生糾紛事件。一位鳳山居民懷著感激的心情說：「新軍給我們帶來了溫暖，他們愛護我們有時勝過自己家人，眞使我們有說不出的感激。」

孫將軍最重視人才的培養與選拔，他曾在新軍中提倡「好人出頭」運動，鼓勵好人，激發好人，發掘好人，培植好人。他祇要發現任何一個官兵有任何善行，他都親自召見，予以鼓勵，甚至在大會中公開表揚，在「精忠報」上宣傳，希望大家效法。他如發現官兵中任何人有一技之長，他都予以不次地拔擢。不知實情的人，常批評他非清華人不用，非留美軍官不升。實際上，他在用人上是六親不認，最不重視關係資歷，更輕視人情非份的介紹。他考核部下，完全以才能爲主，即使是一名士兵，祇要他發現你有才能，他會不次的提拔，連升數級。

例如在大陸招收來台的知識青年中，有兩位上等兵，一位叫張洪志，一位叫吳保璋，他們兩人都是學識經驗豐富的工程師。在受訓期間，他們的才能給指導員發現了，於是就據實報到陸訓部。孫將軍知道後，就把兩人調到工兵營工作，經過一個短時間考察，成績優良，於是連陞七級，從上等兵升到上尉科員。在當科員期間，他們的工作表現優異，張洪志曾把幾次重大工程在短時間內完成，孫將軍立刻召見，除當面嘉獎外，親下條諭，將他破格升爲中校組長，吳保璋因功升爲少校股長，這種憑眞本領有成績表現的人，孫將軍一定破格拔擢錄用，使得「人盡其材」。在新軍中有許多優秀知識青年，經他培養訓練出來的人才，現在散佈在社會各階層，嶄露頭角，出人頭地的不可勝數。

三十七年十二月一日，星期天的早晨，天空非常晴朗，鳳山營房一聲號響，大操場上集合著來自各方面的部隊，孫將軍走上講台，主持週會。他從砲兵第三團的部隊裡，喚出一位炊事班長，站在台上。他向全體官兵介紹說：「這位班長姓閻名樹標，上海人，曾經讀過初中，他應國家號召，投入新軍，任勞任怨做著人家不願意做的工作，每天帶領伙伕，替全連官兵服務。一天他獨自出營買菜，從屏東市僻靜的小巷經過，拾得舊台幣一百二十萬元，以他的經濟情況而論，他一定毫無疑問的據爲己有，可是他不稀罕這筆橫財，呆呆地站在那兒等候失主。不一會，果然來了一位貧苦的老太婆，慌慌張張像是掉了命似的一路前來尋找。閻樹標看這樣子知道她一定是失主，問明了數目情由，果然一點不差。於是閻班長便將所拾得的財物原封不動還給她了。這位老太婆，感激得流出淚來，她拿出二十萬元送給閻樹標，但他堅決的不肯接受。」這一消息，孫將軍聽到了，便在週會上表揚他，並特准閻樹標免考保送到軍訓班受訓，讓好人出頭。

孫將軍精力充沛，夜以繼日地工作，他不喜歡無謂的應酬，把全部精神放在練軍的工作上。這可以說是他的嗜好，當他走到操場野外，去看官兵操練，他會感到無比的愉快。而官兵看到這位兩鬢斑白的長官，都會感到興奮，操練特別賣力。所以鳳山新軍官兵的生活，可以用緊張活潑來形容，就是官兵在緊張的生活中不失去活潑。這裡沒有階級職等的壓力，工作在一起，休息在一起，吃飯在一起，課外活動更是在一起，運動場上匯集有許多將校、學生、士兵，大家在一起玩球遊戲，做到了工作時努力工作，遊戲時拼命遊戲。

孫將軍多半利用夜間批閱公文，有時須召見承辦業務的參謀人員，詢問案情的原委，力求處理妥適，因而耗費極多時間，工作延續到午夜。當被召見的參謀出來時，常會發自內心的感嘆：「司令官這樣做事的精神，眞令吾人感動！」

孫將軍經常一天工作十幾個小時，甚至週末假日，他也照常到辦公室工作，找不到業務參謀查詢時，他總是說：「打仗時怎能有星期假日！」各單位主管知道司令官星期假日照常辦公，都不敢遠遊，有時去看親友，便把親友家的電話，告訴孫的隨從參謀，司令官有事相詢，可以隨時找到人。

孫將軍把週會訂在星期日上午，利用週會，向官兵講話。他不要幕僚給他準備講稿，祇是把一週來所看到的事情，說出來檢討，希望大家改進，有時不免過於冗長。他不善於言詞，但是他那誠懇的態度，及語重心長的教導，使受訓官兵都樂於接受。他所叮嚀囑咐的，就是期望官兵都能抱著最大的決心，革除過去軍中的積習，重新做個新軍人。

孫將軍自己就是一個典型的現代軍人，他帶兵練兵那種艱苦卓絕的精神，一直保持著平民化的生活。他不要錢，不積蓄，清廉苦幹，以身作則，領導部屬。他對於僚屬一向仁慈，但對業務的要求卻異常嚴厲，他的命令須貫徹到底，不容有絲毫折扣。他主張分層負責，對於部下充分的信任。他最討厭人打小報告，在人背後說壞話，他認爲這將破壞軍隊的團結和三信心的建立。他這種公誠的作風，得到官兵的響應，逐漸在新軍中蔚成了誠實苦幹的風氣。

第十五章　保衛金門

陸軍訓練司令部成立之初，原本奉准調訓全部青年軍到台灣接受新軍訓練。後因內戰日趨激烈，交通運輸困難，迄至三十六年底，始集中青年軍二〇五師一個師，到台灣接受新軍訓練。三十七年期間，復將青年軍二〇一師調至台灣受訓。這樣訓練青年軍一兩個師，實不足以應國內戰場的急需。

一、督訓戰略預備師

三十七年七月，蔣總統下令，在南京、北平、西安、台灣、瀋陽、迪化、漢口、徐州、廣州九個地區，設立九個訓練處，負責督訓九個戰略預備師的任務。任命孫立人兼南京第一訓練處暨廣州第九訓練處處長。當時孫立人認爲台灣訓練基地初創，雖規模初具，但工作繁忙，而一身督訓三個地區預備師任務，分身乏術，恐難達成任務，遂上書總統，請求免兼南京及廣州兩地訓練處長職務，俾能專心負責台灣新軍訓練工作。總統不但不准，反而下手諭，撤銷台灣訓練處，將台灣訓練新軍工作，歸併於南京第一訓練處。孫將軍聽到消息後，馬上趕到南京，晉謁蔣總統，懇切陳述台灣新軍訓練對國軍整軍前途至關重要，絕非是貪圖個人名位，而是爲國家前途著想，倘將鳳山訓練處撤銷，萬一大陸戰局逆轉，將來國家無可用之兵，政府亦恐無立足之地。經一再剖明利害，總統始允打消原意。當天他回家午夜反覆深思：「爲甚麼總統要這樣做呢？莫非他不信任我？怕我在鳳山生根？我自信耿耿精忠，全心全意在爲國家做事，別無他念。」輾轉反側，難以成眠。

後來孫立人感到一身兼三個不同地區的主管，實在無法分身，再度呈文懇辭南京第一訓練處處長兼職，幸蒙總統核准，派李良榮中將接替，他覺得肩上擔子輕了許多。但仍兼廣州第九訓練處處長，負責督訓廣州軍區戰略預備師第一五三師、第一五四師及一五六師的任務。因此他需要抽空從台灣飛往廣州從事督訓工作。

八月十五日，孫立人前往廣州視察第九訓練處幹訓班及三個預備師的訓練情況，發覺部隊的素質甚低，士兵體弱多病，官長管理鬆懈，欠缺責任心，部隊紀律更差，非加以徹底整訓，很難加強戰力。

一天下午，孫立人私自到營地察看，無意中發現一座學校教室外有衛兵看守，教室內有許多打赤膊的人向窗外窺看，當時孫以爲裡面關的是犯人，他就上前去問衛兵：「裡面關的是些甚麼人？」衛兵看他戴著將官階級領章，向他敬禮報告說：「裡面都是補充團新兵。」孫問：「我可以進去看看嗎？」衛兵說：「上級有命令，不許任何人進出。」這時孫就表明身分，要衛兵去叫他們的官長來，同時他就走了進去，看到屋子裡擠滿了人，每人穿件短褲，面容憔悴，身體瘦弱不堪，渾身是汗，人聲嘈雜，大家叫嚷著：「我們渴死了，沒有水喝。」當時孫對他們說：「我是司令官，你們有什麼話都可以說。」當中有兩個學生樣子的青年站出來說：「我們是華僑，志願回國參軍的，不料我們來到這裡十幾天，吃也吃不飽，三餐只有鹽水泡飯，這大熱天，水也沒得喝，澡也沒有得洗，你叫我們怎麼活下去！我們當中有好多人鬧痢疾，打擺子，也沒有醫生來看。來到這裡後，從來沒有出過操，天天把我們關在這屋裡，怕我們逃跑，把我們看得連犯人都不如！」他們兩個人說完之後，就大哭起來，其他的人也在旁邊哭哭啼啼。過了好久，來了一個官長，他說他是這個連的連長。孫就問他：「你們的營長，團長呢？」這位連長回答說：「已派人去找。」孫問：「爲甚麼把他們關在這屋裡呢？爲甚麼不給他們水喝？」這位連長回答說：「這兒供水很困難，要從很遠的地方挑來，所以只有三餐飯時有水喝。」孫責問說：「你們有這麼多人在這裡，爲甚麼不讓他們自己挑水燒水喝？」這位連長沒話可答。孫又繼續問道：「爲什麼不給他們洗澡呢？」這位連長還說：「前面那口井離這裡很遠，運水不方便。」孫有點生氣了：「你們有這麼多人，要他們每個人拿個臉盆接運，或者帶他們到井邊去洗澡，又有甚麼困難呢？」接著孫又問道：「有不少人鬧痢疾、打擺子，爲甚麼不請醫生來看呢？」這位連長說：「醫官很少，藥品又不夠。」孫又問道：「你們連上的官長都到那裡去了，爲什麼不和士兵在一起，出操上課呢？」這位連長說：「他們來了不久，還未正式開始操練。」孫責怪他說：「他們已經來了十多天了，還不算久嗎？你們當連排長的要隨時隨地和士兵們生活在一起，怎能把他們關在屋子裡不管呢！」說到這裡，他們的營長團長才趕了來，孫就責問他們：「爲何如此不負責任，把士兵們關在屋內不管，不給他們解決問題，使他們深受痛苦。假如你們易地而處，你們作何感想？他們抱著滿腔熱血回來報效國家，你們卻不把他們當人看待，他們怎肯上前線爲國家打仗呢？」

第二天，孫司令官召集預備師連長以上幹部訓話，首先說明他昨天親眼看到新兵被關的情況，要求各級幹部要與士兵同甘共苦，不得任意把新兵關閉起來，以後倘再發生類似情況，各級幹部均應予嚴重處罰！

九月二日下午，美國軍援顧問團團長巴大維（David Barr）訪問廣東訓練營區，看到士兵被關在木柵裡，沒有水喝，非常激憤。他把這件事告訴了孫立人，孫引以爲恥，但又無能爲力。

後來，孫立人覺得這樣督訓部隊，得不到良好的效果，部隊積習太深，不是他來看部隊一兩次，部隊的陋習就可以改正過來，因此他不願尸位素餐，遂把第九訓練處處長的兼職也辭掉了，專心一致的留在台灣訓練新軍。

二、二〇五師調防北平

三十七年十月間，錦州戰事激烈，華北局勢吃緊，首批在台整訓完成的青年軍二〇五師，於三十七年十一月二十日奉命調往北平近郊，擔任警備任務，該師擴編爲卅一軍，師長廖慷升任卅一軍軍長。出發前夕，孫立人司令官召見廖軍長，諄諄告誡說：「卅一軍是新軍訓練的第一批部隊，在體格、技術、精神、紀律、信心各方面，均經嚴格訓練，已有成效，惟特種兵訓練，因火炮、馬匹及工兵通信等器材缺乏，未能盡如理想。尤以運輸力全無，機動力差，使戰力無法發揮。盼繼續加強管訓，提升戰力。」同時他準備報告一份，交廖軍長面呈總統，懇請中央集中使用青年軍，俾能充分發揮戰力，成爲剿共之中堅部隊。

卅一軍開抵平津時，華北局勢急轉直下。三十八年元月初，共軍包圍平津兩地，該軍即負起保衛北平的任務。當共軍與青年軍接觸時，發覺青年軍射擊技術精確，共軍傷亡官兵，都是命中頭胸部位，因而共軍就避開青年軍，而去攻打其他軍隊，當時指揮紊亂，那裡緊急，就調青年軍往那裡填補，不能發揮統合力量。三十八年元月十五日，天津被共軍攻陷，元月二十三日，華北剿總傅作義總司令被迫接受「和平」，竟使這批在台灣整訓的生力軍，隨之被共軍吞噬了。

三、馬尾之役

三十八年四月二十三日，國軍撤離南京，孫司令官聞訊，甚感悲痛。當天集合國軍駐防高雄附近的官兵及第四軍訓班學員生講話。他說：「我告訴大家一個不幸的消息，首都南京今天失守，國父中山先生陵園蒙塵，這是我們革命軍人的奇耻大辱。在兩年前，政府任命我爲陸軍訓練司令官時，我曾建議政府訓練新軍三十萬，用此大軍，可以登陸秦皇島，直搗佳木斯。可是這兩年來，大陸局勢混亂，迄無大量兵源補充，現調來台灣受訓的部隊，僅有青年軍二〇一、二〇六、二〇七等三個師，不足以挽救狂瀾於既倒。而今言之，實感痛心。期望大家痛下決心，誓死保衛台灣，光復大陸。」官兵聞訊，認識到國家局勢的危殆，同感悲痛。

五月二十七日，上海保衛戰結束，國軍退向舟山群島及台灣。沿京杭國道南撤的國軍，由浙東向閩境退却，沿途受土共的截擊，與陳毅所部共軍的窮追不捨，多已潰不成軍。當時福建省主席朱紹良將軍手無寸鐵，已無法應付此一亂局。蔣總裁遂命湯恩伯將軍爲福建綏靖公署代主任，令他立刻趕往福建收編潰散的官兵。此時湯恩伯初由上海撤退來台，又無部隊可以調用，本不願再上前線。蔣總裁面予斥責：「這時連你都不聽命令，我還指揮誰！」湯祇有唯唯諾諾，偕同雷震、方治幾個文人，前往福州佈署。四方潰散下來的部隊，很少聽從湯的指揮。

不久，福州軍情告急，福建綏靖公署代主任湯恩伯乃向台灣防衛司令孫立人求援，孫將軍一向急人之急，對於友軍求援，總是盡力相助。他在防衛台灣有限的兵力中，抽調青年軍二〇一師六〇三團，並配屬砲兵第三團一個連，由副師長閔銘厚與團長呼之舟率領，開赴馬尾。

這一支部隊到達馬尾後，立刻給人耳目一新的感覺。台灣新軍清一色戴著斗笠，個個年輕健壯，軍容壯盛，紀律嚴明。與當時潰退入閩的軍隊相較，有顯明的不同。這支號稱「蛇」

部隊一上岸，立即構築防禦工事，並繼續從事操練。馬尾及福州一帶老百姓，對新軍守紀律不擾民的印象，無不交相稱讚。他們還傳說：「孫立人派遣蛇部隊作先鋒，他馬上就要率領大批人馬來保衛福建了。」福建老百姓把台灣新軍，看作是他們免於赤禍的救星。

六〇三團原負的任務，不是直接參戰，後因情況緊急，調往馬尾第一線，與共軍陳毅所部葉飛的卅一軍對壘。這時共軍氣焰萬丈，目空一切，從未把國軍看在眼裡。那知方一接觸，新軍士氣旺盛，射擊準確，一天戰鬥下來，擊斃共軍四千多人。第二天，共軍增援反撲，又被擊斃四千多人。自命「長勝軍的」葉飛，發現共軍被擊斃的位置，皆在頭胸腹三處，大感吃驚，而且這是卅一軍渡江以來，從未吃過這樣大虧。

青年軍六〇三團與共軍卅一軍及土共四萬之衆，拚戰三晝夜，掩護友軍四個軍，搭乘七艘運兵船，全部安全撤退。因雙方兵力衆寡懸殊，爲避免重大犧牲，在達成掩護任務後，奉命撤退回台。台灣新軍在馬尾初試鋒芒，已使共軍嚐到了苦頭。❶

註釋：

❶ 許逖著《百戰軍魂—孫立人將軍》下冊第一五〇—一五一頁。

四、古寧頭大捷

三十八年四月下旬，共軍渡江南犯，陳毅率兵攻佔上海，進軍浙贛，及至福州淪陷，廈門失守，金門告急，海峽風雲不變，台灣局勢隨之動盪，人心惶恐。就在這時，三十八年十月二十五日，台灣光復節，前方傳來金門大捷消息，人心大爲振奮。此役爲國共戰爭的轉捩點，也爲影響台灣安危關鍵之役，獲得了國軍自大陸撤出後對共軍第一次殲滅性的勝利，奠定了金門成爲保衛台灣安全的屏障。

金門大捷是怎樣打贏這一仗？這一仗是那個部隊打的？迄今時隔將及五十載，但參戰的官兵，現在仍多活著，當時報章雜誌的記載，和參戰官兵親自的敘述，給後人留下一個清晰的史實。

(一) 金門地形

金門屹立於福建東南沿海，面積約爲一二四平方公里，東西長約十六公里，南北較狹，最寬處爲官澳至料羅灣間，約十三公里，最狹處爲瓊林至沙頭，約三公里，形如啞鈴。金門西至廈門約四、三哩，控泉、漳二府海口的咽喉。東至澎湖台灣，不過百餘哩。金門島西有小金門，面積約二十里，西南有大擔、小擔二島，北有大嶝、小嶝、大伯、小伯諸島，廣皆數里。

金門無高山峻嶺，最高爲北太武山，橫亙於島東半部，拔海約三二六公尺，可以俯瞰全島。此外有獅山、鶴山、觀音亭山、雙乳山、太文山及一三二高地，均拔海約百公尺，爲軍事要地。全島多爲小起伏地，土質爲含石英之鬆土，易於構築工事，惟不甚堅固。

金門島海岸線全長約八十八公里，東部多暗礁，因秋季風浪特大，不宜登陸。中部自瓊林經古寧頭迄西部之水頭間，除古寧頭西部海岸約有三四百公尺，難於攀登之斷岩外，其餘皆為沙灘，皆可登陸。❶

金門防衛司令部判斷，共軍攻打金門，最大公算可能登陸地點，為自瓊林至古寧頭之海岸線，遂決定指派戰力最強的青年軍二〇一師兩個團擔任此一地區之守備任務。

(二) 防守部隊

(1)二十二兵團調防大小金門

在民國三十八年八月之前，金門無有國軍駐防。八月中旬，福州淪陷，金門突顯重要。蔣總裁於八月十七日派二十二兵團司令李良榮率領所轄第二十五軍沈向奎部開赴金門，第五軍李運成部開赴小金門。二十二兵團司令部是由第一編練司令部臨時於三十八年七月改編的，駐紮廈門，李良榮任兵團司令兼廈門警備司令，下轄第五及第二十五兩個軍。第二十五軍於八月間在泉州整編完成，下轄范麟之四十師與勞聲寰之四十五師，於八月十九日運達金門。四十師多為八閩子弟，進駐大嶝島，構成前進陣地，第四十五師係空衛部隊編成，並得福建保安團隊補充，兵力有五六千人，守備金門。十月九日下午六時，共軍砲兵向大嶝守軍第四十師猛烈射擊，晚間八時，共軍第八十四師及八十五師各一個團，在強大砲火支援下，向大嶝北、西兩面登陸，守軍奮勇迎擊，自九日夜至十日，戰爭激烈進行，雙方傷亡均重，血戰

至十日夜，僅剩一〇八團，奉命撤退，乘退潮先徒涉，向小嶝島轉移，再後撤金門西部地區休整。❷

(2)二〇一師防守古寧頭

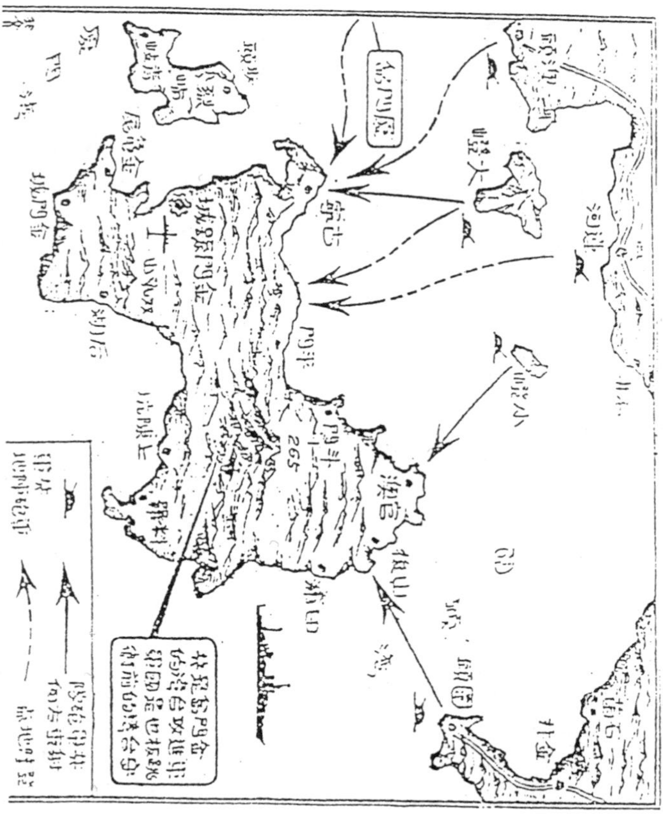

青年軍第二〇一師師長鄭果率師直屬部隊及六〇一團與六〇二團於三十八年八月十三日搭輪從高雄運往金門，配屬第二十五軍，擔任防守金門任務。

青年軍二〇一師，是在民國三十二年冬抗戰最艱危時期，重慶附近各大專學校學生，響應蔣委員長的號召「十萬青年十萬軍」而成立的，師部設在四川萬縣，素質特別優秀，士氣高昂，官兵都抱著「一寸山河一寸血」和有敵無我的決心。

三十四年抗戰勝利，青年軍中的在學青年多數復員，乃以徵集兵補充員額，於三十六年調出四川，先後駐防湖北及安徽各地。因缺乏訓練，士氣低落，軍紀蕩然，到處滋事，被劉伯誠、鄧小平部隊打得七零八落，潰不成軍。

三十七年秋調到台灣鳳山，進駐五塊厝營房，接受新軍訓練。三十八年元旦，孫立人司令官特從軍訓班十六期畢業生中挑選七十人，分發到二〇一師充當最基層幹部。

全師官兵經過一年多的嚴格訓練，從單兵基本動作，到營團的協同作戰，都圓滿地完成。官兵的體能強壯了，戰技精熟了，整個部隊脫胎換骨，成爲國軍中的一支勁旅。

三十八年夏，全師官兵調到台灣南部各地沿海擔任海防，從事實地作戰磨練。

三十八年秋，福建沿海吃緊，二〇一師第六〇三團奉命開赴馬尾，擔任掩護任務，與共軍三十一軍遭遇，激戰三天，共軍傷亡慘重，第一次嚐到了新軍的厲害。

到了三十八年八月間，二〇一師第六〇一團及六〇二團奉命調防金門前線，部隊各單位由各地海防調回鳳山基地集中訓練了幾天。孫司令官幾乎每天都要檢查裝備，好像是給出嫁女兒辦嫁粧一般，不放鬆每一個細微末節。同時分別召見師長鄭果、副師長閔銘厚，六〇一團團長雷開瑄及六〇二團團長傅伊仁等重要幹部，叮嚀囑咐，一再強調：「軍以作戰為主，提振士氣，嚴肅紀律，以及勤管嚴訓，使成一支勇敢善戰的部隊，應為當務之急。金門地處前線，環境雖極單純，惟裝備尚待充實，官兵素質參差，須瞭解週遭地形，做好海防工事。兵凶戰危，謹慎小心，提高警覺，時時備戰，始不致為敵所乘。」❸

孫立人司令官對於這支剛接受過新軍訓練，即調到前線作戰的青年軍，像慈母對於初出嫁的女兒一般的關愛，他特地寫信給金門防衛司令官李良榮將軍，請他多加照顧，善予運用。李良榮復信說：「二〇一師的精神紀律及戰鬥技術，均為今日

青年軍二〇一師整裝出發，孫將軍校閱武器，面對二人是陳良壎（右二）沈克勤（右一）（吳紹同攝影）

第二〇一師后沙至古寧頭間防禦配備要圖

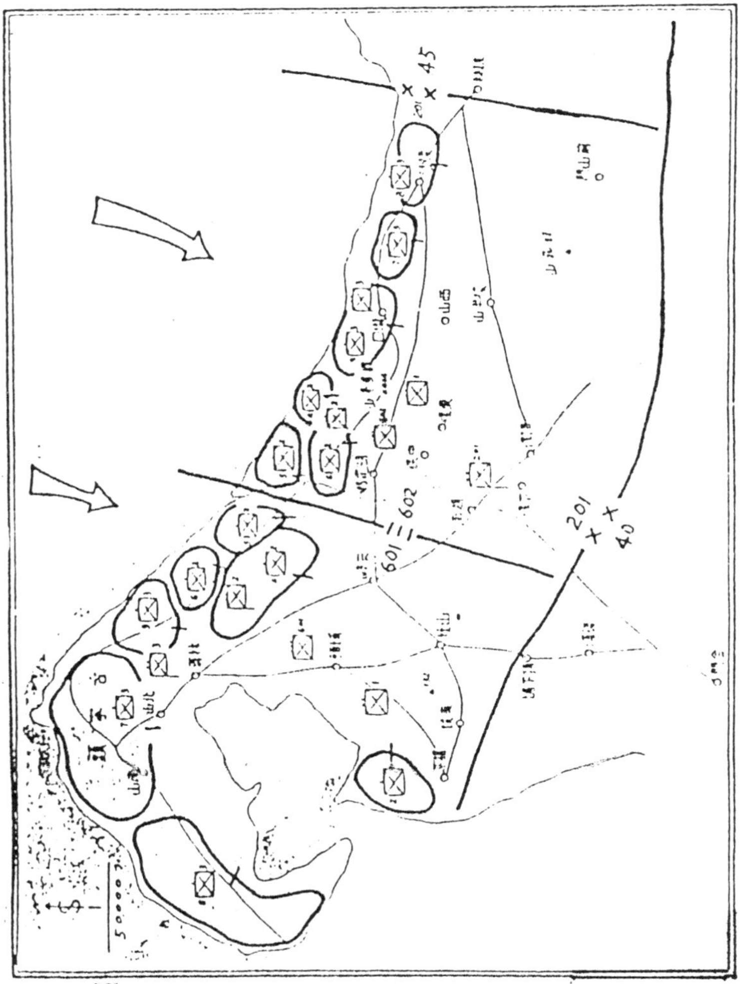

部隊中之最優越者，金門有此一師，乃敢誇言穩固，此皆吾兄忠誠與智慧所得之結果。」

二〇一師調到金門，配屬於廿五軍，開始擔任機動部隊任務。由於上級長官對敵情判斷與戰術觀點一再改變，部隊隨之一再移動。直到十月十日對岸廈門傳來隆隆砲聲了，才決定將青年軍二〇一師兩個團，由湖前地區調到湖尾鄉，擔任右自瓊林、小溪口、瓦后沙、壟口、觀音亭山至古寧頭一線海防任務。

青年軍二〇一師的戰術思想，完全根據孫立人將軍訓練時的指導原則，將敵人殲滅於登陸未穩之際。部隊到達防區之後，首先要完成兵力部署指揮系統計畫。六〇一團第三營防守古寧頭，第二營防守安岐一帶，第一營為預備隊，作為機動部隊，可以捕捉敵人的主力。六〇二團防守瓊林、觀音亭山一線。由於陣地海岸線漫長，各排用繩子丈量，分配陣地，依照地形地物，擬定防禦工事構築圖及作戰計畫。陣地工事的形狀採梅花形，每個碉堡構築成四面開眼，極力講求火力配備，以發揮各種武器特性，構成綿密的火網。每天不分晝夜，趕築工事，石頭木板都從村莊裡抬到陣地。沙地上鬆垮垮地，很不容易砌碉堡，一個碉堡須容納一班人，一個排須建築兩個碉堡，碉堡外須挖散兵坑及交通壕，費時一個星期，全部防禦工事大致完成。在陣地前敷設障礙物鐵絲網，並在海灘邊埋設地雷，用來阻敵登陸前進。又在壟口設置探照燈，以防共軍黑夜偷渡。

到了十月二十四日，一切佈署妥當。鄭果師長決定舉行步砲聯合反登陸戰演習。砲兵指揮官是石志堅上校，裝甲兵營營長陳振威調派一排戰車支援，共同做了一次成功的反登陸戰演習。官兵更加瞭解，當敵人登陸時，我軍應如何殲滅它。當晚七時，演習圓滿結束，部隊各自帶回防地，飽餐宿營，以逸待勞，等著敵人來襲。過了七八個小時，共軍果然在這一地段登陸，守軍二〇一師的實戰經過，幾與演習相同。❹

(3)十二兵團急調金門支援

民國三十八年十月十七日，廈門失守，金門吃緊，急調駐防汕頭的十二兵團，轉運到金門支援。

十二兵團所轄番號原爲第十軍、十八軍及六十七軍。十八軍曾於歷次革命戰爭中建立赫赫功勛，三十七年秋，改編爲十二兵團，人事更迭，量多質雜。同年冬，敗於宿縣蒙城間。三十八年二月，改爲第二編練司令部，收容殘部，僅八千餘人。人械兩空，氣勢蕭瑟。不得已，胡璉將軍率部入贛，得江西省主席方天將軍之支持，實施「一甲一兵」及「一縣一團」之權宜措置，至四月中，得萬餘人。十八軍及六十七軍，獲此兵員補充，粗具規模。五月十三日，第二編練司令部所在地之江西南城，被共軍攻陷。此時第二編練司令部奉命改爲十二兵團，撤銷第十軍，僅轄十八、六十七兩軍。乃於贛南南城、南豐、廣昌、寧都、瑞金間，且戰且退。適福建之長汀龍岩兩區及廣東梅縣專員李潔芝等叛變降共，其屬下縣市保安團隊紛起攻擊我軍。十二兵團倉卒成軍，訓練未足，槍彈奇缺，糧秣匱乏，又腹背受敵，前後逼迫，處境至爲困難。

三十八年八月底，贛東共軍大舉南下。十二兵團集中潮州梅縣時，得江西保安團隊與由閩來依之交警等部參加，合編爲十九軍，兵團共轄十八、十九及六十七等三個軍。十月十二日，十八軍軍長高魁元率軍由汕頭船運到達金門，守備金門東部地區。十月中，兵團司令胡璉復奉命率十九及六十七兩軍接替舟山防務。劉廉一率六十七軍先到舟山。劉雲瀚之十九軍軍部組成只兩週，於十月十九日日乘船正過金門時，廈門已失，金門告急，臨時奉命率十九軍轉向金門。船方靠岸，各部隊正下船駁卸時，共軍已向古寧頭登陸。十九軍乃在逐次下卸，各別部隊加入之情況下，走向戰場。❺

(三) 共軍渡海進犯金門

金門當面共軍爲陳毅第三野戰軍，葉飛第十兵團，下轄第二十八、第二十九、第三十一等三個軍。三十八年八月十七日入福州，九月十七日陷廈門，即以第三十一軍留駐廈門防守。第二十九軍主力即往金門以北之澳頭等地集結，準備協同第二十八軍進犯金門。

共軍第二十八軍於十月十三日攻佔大小嶝島後，積極在福建沿海各地徵集船隻，依照其原訂計畫，決定在十月二十日午夜發動攻勢，但因準備的船隻不足遲緩了五天，改在十月二十四日午夜，乘滿潮和東北風實施攻擊。共軍第二十八軍及二十九軍六個加強團，依照其作戰計畫，分爲兩支部隊。第一支部隊佔領瀨頭陣地後，從瓊林發動攻勢，由北向東南，取金門，佔領料羅灣機場。第二支部隊在古寧頭東側登陸，由東北而林厝，直取浦頭，再轉向西北，威脅水頭湯恩伯總部，然後兩路會師，包圍湯總部，席捲金門。那知它犯了戰略上的大錯誤，共軍登陸攻擊的湖尾林厝古寧頭一帶，正是國軍兵力重點所在，而且防禦工事剛做好，共軍選擇這條路是自投羅網。

共軍配備的砲兵，大磴有重砲九門，山砲二十門，小磴有山砲及迫擊砲十五門。大伯置重砲兩門。共軍登陸之先，實施重砲轟擊。❻

(四) 作戰經過

民國三十八年十月二十四日凌晨一時半左右，青年軍二〇一師六〇一團第二營突擊排排長卞立乾中尉查哨時，不知怎的，誤觸了地雷。轟然一聲巨響，引起全線警覺，東西一點紅的兩盞探照燈也就全亮了。眞巧，在探照燈的照射下，大家發現大嶝島方向的海中央，有十幾艘機帆船正疾駛過來。

接著一陣由對岸發射過來的榴彈砲，震醒了金門島上的官兵，代替了金門守軍的緊急集合號，前線所有步兵，不是鑽進碉堡，就是伏在戰壕，將堵槍眼防沙的稻草包拉開。這時天空一片漆黑，伸手不見五指，好在白天用棉花團將機槍瞄準線標定好了，槍口對準海面，槍支裡塡滿了子彈，看到岸邊有人蠕動的影子，立即射擊。此時全線陣地，槍聲齊起，猶如舊曆除夕家家戶戶放鞭炮似的，砰！砰！啪！啪！咯咯！咯咯！「古寧頭大戰」的序幕揭開了。

第一線的短兵相接，輕重自動武器密集發射，與共軍曳光彈交織成火網，在漆黑的深夜裡，天空中閃爍出美麗恐怖的紅色線條。經過台灣基地嚴格訓練的戰士們，藝高人膽大，顯

民國三十八年十月二十五日金門大捷，孫立人將軍偕八十軍軍長唐守治前往高雄碼頭歡迎青年軍二零一師戰鬥官兵歸來。

得很鎮靜，心中還記著受訓時長官的指示：看不到不打，瞄不準不打，射散兵要一彈一個，對付共軍慣用的人海戰術，幹倒得越多越好。

約十幾分鐘左右，共軍大批地登陸了，有的吹哨子，有的拍手掌，有的乾脆用嘴喊，活像一群散亂的鴨子，被趕上岸來，到處亂竄亂叫，失了陣腳。機帆船中彈後，起火燃燒，烈焰紅光，照得陣地前端通亮。這時機槍步槍齊發，祇打得那些共軍官兵狼狽竄逃。

守備右翼雙乳山那邊的六〇二團第三營陳文述幹事，居高臨下的用探照燈捕捉沙灘上共軍，密密麻麻地像野獸那樣的亂闖亂撞，海面上又是大小不齊的帆船黑影接踵而來。這時傅伊仁團長靈機一動，用電話下令第一線的兩個營長說：「只要探照燈的光芒指到哪兒，所有的自動武器就朝哪兒的敵軍掃射。」

這個處置果然生效，經過這麼一打，立刻就把共軍的陣脚打亂了。不僅打死很多人，而且共軍在混亂之中，自相殘殺，與盲目還擊的誤傷，也增加了不少寃魂。因爲共軍兵力衆多，雖然登陸時死傷慘重，搶灘增援的仍如潮水般前仆後繼地湧上來，他們趁著黑夜，鑽隙偷襲，滲透到我軍陣地後方。六〇二團第二營突擊排的何排長突然被刺傷，他屬下一個班長扭著一個陌生的士兵，摸到對方的帽子，是荷葉帽五角徽，那個班長立刻警叫：「不好了，八路軍摸進來了！」

這時雙方打得煙火沖天，突擊排的兩挺機槍，打得火紅燙手，無法用手去換，祇好用毛巾浸水敷於槍管上，依然猛打。等到敵人貼身近戰，槍彈已經不能發生作用，於是有的抓起做防禦工事的圓鍬，有的舉起十字鎬，連燒飯的伙夫也揮動劈柴火用的斧頭，猛砍一陣，經過十幾分鐘的扭打，突擊排的弟兄弄得渾身是血，而那幾個被活捉的共軍，也被打得半死不活的被捉到了。

在激烈的混戰夜裡，六〇一團和六〇二團兩連的機動部隊，在某處碰上了，黑夜之中不辨敵我，連絡不上，隔得不遠，口令叫不到，雙方都很緊張，正在一觸即發之際，六〇一團第三連官兵情急智生，高唱起新軍歌「大火炬的光芒在照耀！」對方第二連立即唱和「青年的怒火已在燃燒！」，大家才知道是一家人，兩個連就在新軍歌聲中會師了。

另外在二十四日下午演習時，拋錨在觀音亭山的那輛待修的戰車內的第一排排長楊展和幾個戰士，也不甘寂寞的從車裡邊鑽了出來，站到戰車頂上，端著機槍嘟嘟的向共軍掃射，其中一位戰士曾紹林被海邊還擊的亂槍射中死亡，另一個受了傷。他們奮不顧身的英勇作戰，阻止了敵人向前推進。

激戰兩個多鐘頭，敵人起碼也被打死三四千人。第一波共軍攻勢受阻，他們知道碰到了強敵，今日的青年軍，已非昔日的吳下阿蒙。加以共軍指揮系統被擊亂，一個連分乘兩三艘漁船，登陸時風大浪高，已不能結成一體，至於營團以上單位，更是零亂，以致搶灘登陸時，排長找不到連長，連長又連絡不上營長，部隊完全失去控制，一旦遭到岸上我軍強大火力迎頭痛擊，頓形混亂，便成群龍無首，亂做一團了。

正當戰況激烈之際，第二十二兵團司令官李良榮，接奉福州綏署代主任湯恩伯電話：「將金門所控制之守軍，均歸第十八軍軍長高魁元指揮。」這時是二十五日三時四十分，高魁元奉命後，即率軍指揮所進駐瓊林，並部署如左：

一、第一一八師配屬戰車第二連（欠一排）迅即向竄擾觀音亭山、西山、湖尾鄉、湖南、安歧之敵攻擊前進。

二、第十四師，迅由吳厝向北挺進堵擊。❼

這時，天已微微發白，鄭果師長在指揮所裡，正和友軍、砲兵及裝甲兵密切連繫，準備著拂曉逆襲的行動。

天，終於露出魚肚白了，山腳下響起轟隆轟隆的馬達怒吼聲，陳振威營長率領第一營戰車發動攻擊，六〇二團預備隊第一營跟著戰車衝上來，友軍一一八師兩個連尾隨在後面，一齊向前衝鋒。戰車部隊不管青紅皂白，祇曉得猛打。他們不知道我方守軍並未放棄前方陣地，祇看到共軍亂竄亂跑，四面八方，也分不清是敵是友，祇好亂打一通。我二〇一師官兵在情急之下，一時想出一個辦法，將一條紅色短褲和一頂斗笠，吊於竹竿上，高插於碉堡頂上。還眞靈，就這樣使得戰車部隊知道這裡還是斗笠軍堅守的陣地，就不再對我軍陣地射擊了。

天明亮了，敵軍的目標非常顯明的暴露出來，沙灘上又沒有地形地物可以利用，我軍重砲落點在沙灘上，掀起了層層的黃霧，而戰車像趕鴨子般猛追著共軍，二〇一師官兵左右夾擊，共軍被迫往一大片農地裡跑，這些步炮協同作戰的部隊就往農地裡追，雙乳山那邊的守軍也壓迫過來，共軍只有盲目地亂跑亂竄，戰場的面積越縮越小，他們的人又愈集愈密。那知新軍是有名的神槍手，大白天比不得黑夜，這邊步槍機槍齊放，共軍便一排一排的倒下去，我軍反攻的包圍一再緊縮，共軍狗急跳牆似地一窩蜂撲向大海。

這時，從台灣基地飛來支援的野馬式戰鬥機老鷹抓小鷄似的俯衝下來，彈落之處，升起高高的水柱與炸碎橫飛的肢體，頓時海浪變成了血潮。野馬式戰鬥機剛走，緊接而來的蚊式驅逐機的機關槍，也對準這一群暴露的目標，實施無情的掃射。

共軍處於既不能進又無法退的挨打困境下，這時新軍健兒們開始喊話了，共軍便成群結隊的舉槍投降了。是役從午夜兩點鐘開始激戰，到清晨七時三十分，打了五個半小時，滲透到湖尾鄉、觀音亭一帶零散的共軍，已被完全掃清，勝負的形勢已經分明。金門防衛司令部

指揮室裡已經傳出歡呼聲：「我們勝利了！」「敵人投降了！」❽

剩下來的只有滲透到古寧頭林厝附近村落裡的一股殘匪約一千四百多人，他們還有一部無線電台和後方連絡，在負嵎頑抗。

二十六日清晨三時，大嶝島上共軍再度砲擊古寧頭，掩護二十八軍第二四六團孫雲秀團長帶一營人過海增援，在古寧頭北岸登陸，雖與島上殘兵會合，但已挽回不了整個戰局，僅是火上加油，多添些海上冤魂。❾

十二兵團司令胡璉將軍偕東南長官部副長官羅卓英於十月二十五日下午乘船駛抵金門料羅灣，風大浪高，無法下船。二十六日晨，船轉航金門灣，十一時到達水頭村，湯恩伯將軍往迎。謂「已盡殲來犯之匪，殘餘即可肅清。」胡詢明戰情後，即趕至第一線湖南高地，指揮一一八師師長李樹蘭率領該師三個團及十四師之四十團，加緊掃蕩南山殘匪。

防守古寧頭海岸陣地之二〇一師六〇一團第二三兩營官兵堅守海岸沿線據點，未稍移動，第一營爲打擊部隊，在師砲兵支援下，於十月二十六日清晨由湖下徒涉古寧頭海灣成功，會合守備該地之第八連及友軍十四師之一部沿沙灘猛烈攻擊，共軍不支退竄南山，利用堅固民房作困戰鬥。十五時三十分，我軍調整部署，以一部佯攻村西，主力由南側凹地攻擊，全營官兵奮勇突入村內，展開激烈逐屋戰鬥，佔領南山高樓，殘敵三百餘人向北潰逃至金門西北角的牛角頭，繼續掙扎，後會同友軍圍剿，至二十七日上午十時，全部肅清，戰鬥結束，共歷五十六小時。

金門戰役，擊斃共軍五千餘人，俘虜七千三百四十一人，共軍全軍覆沒，無一生還，鹵獲槍砲足可裝備整個師。我軍也傷亡三千多人，其中以守第一線的青年軍二〇一師傷亡最重，陣亡五百五十四人，軍訓班十六期畢業生分發在該師擔任低層幹部七十人中，活著返回台灣的僅二十餘人。全部戰死的一千多名官兵，奉祀在大武山忠烈祠中。

(五) 檢討與影響

十月二十六日清晨，蔣總裁接到福建綏靖公署代主任湯恩伯電報略稱：「金門登陸之匪已大部肅清，並俘獲匪方高級軍官多人。」蔣總裁當即命隨侍在側的蔣經國先生，「自台北飛往金門慰勞將士，十一時半到達金門上空，俯瞰全島，觸目悽涼。降落後，乘吉普車逕赴湯恩伯總司令部」，聽取戰鬥實況簡報，並至古寧頭前線，察看青年軍二〇一師戰鬥進行情形，慰問在戰鬥中的官兵。下午四時，離開前線時，我軍尚在清掃戰場，稀疏槍砲聲，清晰可聞。蔣經國當晚飛回台北覆命，蔣公聞悉進犯金門共軍，全軍覆沒，甚感欣慰。他說：「這是我們革命轉敗為勝的開始，是我們第一次把共匪的軍隊打得全軍覆沒！」⓾

十月二十八日上午，東南軍政長官陳誠上將偕同台灣防衛總司令孫立人將軍搭軍機飛往金門視察，由福建綏靖公署代主任湯恩伯將軍等人陪同，說明金門戰鬥經過，察看古寧頭一帶的戰場。陳誠說：「這是共軍渡江以來碰到的第一個大釘子。」當陳長官一行歸途經過一三二高地附近時，突由深溝叢草中竄出共軍官兵百餘人，舉槍投降。在作戰檢討會上，陳長官聽取了湯恩伯、李良榮、胡璉、鄭果等人的戰鬥詳報之後，當場裁決說：「勝利是由二〇一師開始，勛獎分配，二〇一師應佔參戰部隊的半數」。東南軍政副長官羅卓英將軍拍著鄭果師長的肩頭說：「維盛，你替我們爭了一口氣！」[11]

隨機飛往金門目擊戰地實況的美國軍官歐文、蕭特報導說：

「我剛從跨越海峽距台灣一百英里的金門巡視回來。我陪同台灣防衛總司令兼陸軍訓練司令孫立人將軍乘C—47飛機前往金門，飛機載有水菓、糖果、點心、餅乾和急需的醫藥用品。金門戰役很可能成爲爲自由生活而鬥爭的轉捩點。這是在孫立人將軍指揮訓練下的新軍，和物質裝備充足的共軍，在勢均力敵的情況下第一次遭遇。他們是首次參加戰爭並獲得勝利，這一勝利使這裡在場的每個人大爲驚奇。他們在數量上遠被超過，而且只有小口徑砲（七五毫米）的協同支援，但他們擊退了共軍精銳部隊的一次重大進攻。」

「我在戰鬥後二十四小時實地巡視了戰場……我看到共軍俘虜在海灘上列隊等待撤離。我對這些紅軍感到驚愕，因爲過去聽到過那麼多有關這支不可思議的紅軍神話。他們軍隊質量甚至比國軍還差，而他們的裝備又是各式各樣的。所有這些裝備現都落入國軍手中。有五千多支步槍，幾百挺輕重機槍，甚至還有幾門大砲。俘獲了幾名紅軍高級軍官，其中一名的口袋裡裝著紅軍的作戰命令。雖然從命令中可以看出，共軍預料不會有甚麼抵抗，因爲他們估計在三日內可以完全控制該島。考慮到國軍剛經歷的這場硬仗，而且鑒於他們絕大多數是從未參加過戰鬥的新兵，人們認爲他們的士氣是高昂的。」

「這次戰鬥戳穿了美國廣爲流傳的國軍不肯打仗的謊言，同時表明，這些新訓練的部隊，配以有能力的軍官和良好的裝備，即使人數有限，也是能作戰的。」

當時我國駐美大使顧維鈞先生，即根據上述美國軍官親眼目睹的報導，向美國國務院提出要求，繼續軍援中華民國。⓬

當金門大捷消息傳播到世界各地時，許多人懷疑它的眞實性，直到美聯社及台北各大報社記者，於十月二十六日隨同台灣防衛總司令部舒適存副總司令率領各軍師長的軍機，飛臨金門，聽取大捷簡報，並驅車到古寧頭一帶戰場，看到二〇一師官兵正在整理陣地與碉堡，到處仍然遍佈砲火斑斑的痕跡，七千多名戰俘已經集中到料羅灣，等待船運，送回台灣，才證實這一勝利的消息。

記者們發出的報導，都說古寧頭大捷是孫立人訓練的新軍二〇一師打的。鄭果師長對記者說：

「我軍最大優點就是訓練好，共軍人雖多，裝備雖好，可是多而不精。我軍因爲訓練精良，所以能以寡敵眾。這次他們以一個團打我們一個營，可是結果被我們打敗。人海到底敵不過火海，我軍官兵槍打得準，彈不虛發，敵軍人多有甚麼用？」

戰後檢討作戰得失認爲，共軍大舉進犯金門西北海岸，正在搶灘登陸之際，遭守備部隊二〇一師以猛烈砲火，予以迎頭痛擊，打亂共軍建制，敵兵抱頭四散逃竄，激戰至天明，滲透進來之零落共軍，已成甕中之鱉，二〇一師誠然是這次戰役中爲殲滅共軍之主要作戰部隊，惟金門東部守備區司令高魁元指揮李樹蘭的第一一八師三五三團，及羅錫疇的第十四師四十二團，適時趕往前線支援，配合戰車，掃蕩殘敵，清理戰場，其功也不可沒。

孫立人將軍聽到金門軍中有人爭功，立即要他辦公室主任孫克剛，去告訴八十軍軍長唐守治，轉告其所屬二〇一師師長鄭果：「古寧頭大捷，固然是二〇一師防守第一線，但友軍適時支援，幫助也很大，勝利果實應由大家分享，不可爭功！」

十月三十日，胡璉將軍接任金門防衛司令，湯恩伯將軍與李良榮將軍同機返台，光榮脫離戰場。胡將軍在撰寫「金門憶往」書中說：「當筆者查詢四十二團李光前團長陣亡情形時，其第二營一班長告我曰：「本團之武器，乃收繳於福建廣東叛變之保安團隊中之武器，腐舊不堪用。我營只有五挺輕機槍，兩挺打不響，三挺不能連放。團長見火力不能壓制敵人，遂決計白刃衝鋒，但兵又都是新募集來的，伏地不起，團長乃身先士卒，衝鋒而上，攻至林厝村邊而亡。」這充分說明了友軍的支援功績。[13]當地民衆曾建廟紀念李光前將軍。

青年軍二〇一師堅守古寧頭前線，血戰三天三夜，傷亡最重，戰後一個多月，於十二月一日調回台灣。不久，即與其他兩個在金門作戰有功的第一一八師及十四師，一同榮獲總統頒贈的老虎旗。鄭果師長榮升八十軍軍長，副師長閔銘厚榮升二〇一師師長。在慶功會上，鄭果將軍再度強調：「訓練確實重於作戰，我們這次能打敗敵人，全應歸功於孫司令官的平時訓練。」

攻打金門的共軍主力，是共軍第三野戰軍第十兵團所轄的第二十八軍，該軍代軍長蕭鋒在檢討金門戰役時說：這是「共軍在解放戰爭三年半中最大的一次損失，也是共軍戰史上十分沉痛的一頁。」其失敗的主要原因，「爲輕敵與急躁所致。」⓮因爲共軍自三十八年四月下旬渡江南犯以來，入南京，取上海，進兵浙閩，國軍節節敗退，從未遇到抵抗。八月十七日佔福州，十月十七日攻廈門，金門外圍島嶼，亦輕易攻取，養成共軍兵驕氣盛，認爲只要派兵登陸金門，守軍非逃即降。未料共軍登陸進攻之處，正是經過嚴格訓練的青年軍守備之區，士氣旺盛，鬥志堅強，戰技高超，打得登陸共軍暈頭轉向，全軍覆沒，無一生還，這在中外戰史上亦屬少見。

共軍第十兵團司令葉飛在檢討金門失敗原因時，認爲共軍對於海島作戰沒有經驗。他體認到海島登陸戰，必須要有海空軍的配合，共軍在缺乏海空軍的支援下，登陸金門，必然遭致覆亡的命運。他們記取金門作戰失敗的教訓，中共原擬用四個軍主力積極準備攻取台灣的作戰計畫⓯，因爲共軍當時沒有海空軍，只好胎死腹中，使得台灣獲有五十年的和平，在安定的環境中，從事經濟建設。今日台灣之能有繁榮富足，說它應歸功於金門大捷，亦不爲過。

民國三十八年八月五日，美國政府發表白皮書，停止對中華民國的一切援助，台灣局勢陷於風雨飄搖之中，人心惶惶不安。光復節傳來金門大捷消息，像春雷一般，人心士氣大振。

自由中國之友美國共和黨參議員諾蘭，於三十八年十一月十九日飛來台灣，第三天到鳳山參觀新軍訓練，由孫立人陪同。他看到自由中國在困難中成長的新軍力量，感動極了。他說：等他回到美國以後，一定要把此種事實，向美國政府報告，要他們把國會已經通過的七千五百萬美元，立刻撥給自由中國使用。第四天飛金門前線訪問，他把金門大捷，視同第一次世界大戰中的色當之役。他說：「這次戰役，正可以說是中國整個反共戰爭的轉捩點。」諾蘭參議員回到美國，在國會中作證說：他在台灣的見聞，給他留下深刻的印象，他看到那裡新訓練的部隊，士氣旺盛。他認爲如果美國給予適當的援助，台灣是可以確保的。⑯

註釋：

❶ 國防部史政處編印《金門戰役》一—三頁。
❷〈李良榮與金門保衛戰〉，福州月刊社。
❸ 民國三十八年八月份《精忠報》。
❹ 侯家駒撰〈金門大捷散記〉，載於三十八年十二月一日精忠報第二版〈歡迎鷹部隊勝利歸來特刊〉。
❺ 胡璉撰〈古寧頭戰史補遺〉。
❻ 蕭鋒〈回顧金門登陸戰〉，人民出版社。
❼ 國防部史政處編《金門戰役》第二十五頁。
❽〈沈向奎筆下的金門保衛戰〉，載於《李良榮與金門保衛戰》一書第八七頁。

❾ 鄭果撰〈金門古寧頭大捷作戰之追述〉，載於《李良榮與金門保衛戰》一書第三七—四八頁。

❿ 蔣經國《危急存亡之秋》書中，民國三十八年十月二十六日的日記，國防部印行。

⓫ 裘蘊琛撰〈鄭果將軍談金門大捷〉，載於《金門古寧頭之戰史料初輯》第二〇七—二一四頁。

⓬ 《顧維鈞回憶錄》第七冊第五一一—五一二頁。

⓭ 胡璉《金門憶往》第一〇四頁。

⓮ 蕭鋒撰〈回顧金門之戰〉，載於「回顧金門登陸」書中第一五—五八頁。

⓯ 中國時報八十一年六月五日，連載〈中共五十年代攻台戰略大曝光〉專文。

據中共透露的資料顯示：三十八年六月，中共佔領上海後，即準備發動「台灣戰役」，指令第三野戰軍副司令員粟裕負責制定攻打台灣的作戰計畫。粟裕最初制定的計畫，是動用八個軍的兵力攻台。其中第九兵團的四個軍在江浙沿海進行動員和登陸作戰訓練，準備作爲「台灣戰役」的第一梯隊，該兵團還被指定爲未來鎭守台灣的主力，其中第二十軍預定駐防台南地區，第二十三軍駐防台中地區，第二十七軍駐防台北地區，第二十六軍作爲預備隊，駐防台北至台中之間，這幾個軍都是共軍「三野」的主要部隊。攻台時間原訂在三十八年十一月間。

⓰ 三十八年十一月份新聞天地雜誌，刊載記者胡爲所撰〈諾蘭滿意台灣〉一文。

第十六章　台灣防衛

一、出任台灣防衛總司令

三十七年底，徐蚌會戰，國軍精銳八十萬大軍，完全崩潰，台海局勢隨之緊張。東南軍政長官陳誠於三十八年一月五日奉命兼任台灣省政府主席，任命孫立人爲東南長官公署副司令長官兼台灣防衛司令。一月十八日，政府又任命陳主席兼任台灣省警備總司令，彭孟緝爲副總司令，台灣軍政大權操在陳誠一人之手。

民國三十八年（一九四九）一月二十一日，蔣總統宣告引退，國事由副總統李宗仁代理，進行和談。四月二十日，國共和談破裂，翌日共軍渡過長江，大舉南下，戰火迅速延燒到東南沿海，台灣已經感受到威脅。五月十九日台灣警備總司令部宣佈，自二十日起，台灣全省實施戒嚴，基隆高雄兩港實施宵禁。

蔣總裁在溪口休養期間，曾有意要孫立人擔任陸軍總司令，孫堅決辭謝。他認爲徒擁一個空銜，於大局無補，不如讓他在台灣專心練兵，或可保住東南一隅。

當上海陷共後，蔣總裁有意來台，曾派一位參軍來台試探孫立人態度。孫當即明確表示：

擁護蔣公來台，主持反攻大計。蔣總裁於三十八年五月二十五日從象山港登上太康艦啓航。行前，自舟山致電台灣省政府陳主席，告有赴台之行。二十四小時內未獲復電，太康艦在海上巡弋三天。六月一日，改航駛往高雄靠岸，孫立人聞訊前往迎接。蔣公由桂永清、蔣經國陪同，步下軍艦，面容疲憊。見到孫立人就問：「我在這裡安全吧？沒有人講甚麼吧？」孫將軍聽到，不禁亢聲答道：「我在這裡負責軍事，由我保護，誰敢講甚麼！」隨即陪同蔣公驅車至壽山官邸休息。

蔣公囑孫在鳳山覓一棟房舍，供作隨來衛士五百人的居所。孫起立答稱：「鳳山係一小鎭，難得一所寬敞房屋，容納五百人起居，可否改在高雄市另覓房屋？」蔣公頓感不悅，責備孫連這點小事都不能做到。孫立人本來有點口吃，在蔣總裁怒斥之下，更是惶恐不安，一時說不出話來。最後說：「這……這……祇好把營房騰挐出來，讓……讓……衛士們居住。」蔣公看他態度忠誠，轉顏笑著說：「你慢慢想法子好了。」蔣總裁第二天即轉往台北，去看東南軍政長官陳誠，共商挽救東南危局。

不久，台灣省政府改組，吳國楨出任省主席。孫任台灣防衛司令，兩人原是清華同學，過從甚密。一天晚間，吳主席聽孫敘述這段往事，連連搖頭。他告訴孫：「你應該說，台灣是總統的地方，當然安全，爲甚麼要說由你保護呢！有英雄氣質的人，不喜歡別人看到他狼狽情形，更不喜歡在他落難時，聽別人說可以保護他。」❶

三十八年八月十五日，政府撤銷台灣警備總司令部，另設台灣防衛總司令部，任命孫立人為台灣防衛總司令，定於九月一日在台北介壽館宣誓就職。

孫立人認為要鞏固台灣防衛，必須事權集中，不僅要統一指揮台灣地區的陸海空軍，而且要動員台灣民間的所有人力物力，始克有濟。他去晉見東南軍政長官部陳長官，報告他的此一想法。陳誠聽了之後，面露不悅，責孫事還未做，就來爭權。孫說：「你要我做事，就要授權，不然有名無權，何濟於事。」

孫立人回到台北南昌街家中，悶悶不樂，沉思良久，決定不參加明晨的宣誓就職典禮。深夜亟感不安，乃電召當天在台北開會的董嘉瑞副司令官，到官邸面商。孫說：「明晨的就職典禮決定不去參加，不就台灣防衛總司令新職。」董嘉瑞聞言甚感驚異，當即回答說：「現已深夜，距就職典禮時間僅數小時，司令官突然決定不與其禮，不就其職，對蔣總裁的命令如何交代？」孫立人聽了這番話，毫無心動。董嘉瑞乃舉出各種理由，再三諫勸。辯論許久，孫決心堅定不移，幾至無可挽回餘地。董嘉瑞最後提出兩點理由，請孫仔細考量：第一，蔣總裁現為失勢在野之人，此時違抗不從，恐遭物議，負不忠不義的惡名。第二，中共揚言血洗台灣，不就台灣防衛總司令之職，國人必以為你孫立人怕死圖逃，揚不勇醜聲。孫聽後默然，頓時表示：「好了，就照你的建議，明日去參加典禮就職。」惟面仍呈苦惱之色。❷

及至三十八年十一月，國軍所控制地區，祇有西南半壁河山，政府已遷至重慶，共軍開始從貴州進窺四川。十一月十四日，蔣總裁由台灣飛重慶，急調胡宗南西北部隊前來救援，未料不堪共軍一擊。蔣總裁於十一月二十九日飛成都，次日重慶淪陷。政府鑒於大陸局勢無可挽回，十二月七日，決定遷都台北。十二月十日，蔣總裁和蔣經國從成都飛往台北，胡宗南率殘部退往西昌。

當時台灣基隆和高雄兩個要塞砲以及澎湖馬公要塞砲，都是日據時代遺留下來的舊式火砲，殘破不堪使用。從大陸各地撤退來台的部隊，隨身攜帶的多是輕武器，重武器皆遺棄一空。這時駐防台灣的只有兩個軍，第六軍防守北部地區，第八十軍防守南部地區，都缺乏重武器的裝備。

三十九年二月上旬，美軍西太平洋第七艦隊司令白吉爾（Adm. Bulger）中將蒞台訪問，由孫立人陪同參觀鳳山新軍訓練，白吉爾看到新軍士氣高昂，軍容壯盛，大加讚賞。他在與孫立人談話中，問國軍現在缺少些甚麼裝備？孫回答說：「當前部隊最缺乏的是野戰砲」。白吉爾說：「原來美軍存有二百四十門一〇五榴彈砲，砲彈四萬發，運載車輛大小有三百餘輛，打算要運到上海供應國軍的，現正不知如何處理，可以交給你使用。」孫當即問道：「要不要辦甚麼手續？」白吉爾說：「你開一張收據給我就行了。」孫立人覺得機不可失，立即接受，事後並向上級呈報備案。

這批美軍大砲運到台灣之後，孫立人如獲至寶一般，除撥給三個要塞一部分野戰砲外，其餘火砲用來成立六個砲兵團，並由前新一軍砲兵幹部中精選四百多人，充當幹部，六個砲兵團很快的編組完成，加緊訓練了四個月，便成為一支強大的機動砲兵，擔負起防衛台灣的任務。❸

註釋：

❶《吳國楨傳》第五一九頁，台北自由時報。
❷董嘉瑞撰〈悼孫師述其逸事〉一文，載於《孫立人將軍永思錄》第一二七——一二九頁。
❸台北中國時報連載《孫立人回憶錄》第四篇〈鳳山訓練紀要〉第八章〈繼續訓練的單位〉。

二、台灣防衛佈署及戰略戰術

孫立人就任台灣防衛總司令後，選定在台北上海路軍營（現為中正紀念堂），成立台灣防衛總司令部，任命舒適存中將為副總司令，主管作戰、動員及防衛工事構築，車番如中將為參謀長。下設第一（人事）、第二（情報）、第三（作戰）、第四（後勤）、第五（訓練）等署，及政治、體育、補給、衛生、軍法等處，新成立砲兵、工兵、通信三個指揮部，主要人員由陸軍訓練司令部擴編而成。

孫總司令積極著手台灣兵力佈署，將台灣劃分為東部、南部、中部及北部四個防守區，以及澎湖防守區。任命闕漢騫為東部防守區司令，唐守治為南部防守區司令，劉安祺為中部防守區司令，石覺為北部防守區司令，李振清為澎湖防守區司令。每個防守區配備一個軍至兩個軍的兵力，擔任海岸防守任務。

孫總司令將台灣防衛作戰指揮機構設立之後，立即指示作戰署署長朱嘉賓少將，開始研擬台灣海島作戰的戰略戰術。孫本人過去在緬甸打的是叢林戰，在東北打的是平原戰，他雖沒有海島作戰的經驗，但他認爲可以吸取別人的經驗。他開始研究第二次世界大戰中有關海島的戰例，如英倫三島的防禦，以及美軍在太平洋各島嶼的作戰。當時從大陸來到台灣的各級部隊長，對於如何防衛台灣，各持不同的意見與看法。孫總司令爲溝通上下意見，統一全軍的戰略思想，曾在圓山軍官訓練團，講述「台灣防衛的戰略戰術」❶，並扼要的將他的戰法，寫成一個「作戰教令」，印發各部隊，共同研究實施。

「共軍進犯台灣，爲旦夕間事，我全軍上下，應深知台灣保衛戰，乃國家存亡民族死生之戰，務須忠勇奮發，以必死決心，爭取必勝，然『勝兵先勝，而後求戰』，故指導方針之貫徹，戰術思想之統一，與夫戰法之確定，準備之周到，實爲先勝之必要條件，茲擇要條舉於後，仰各級指揮官，悉心研究，切實遵行。」

第一關於作戰指導方面：

「海島之海岸防禦，應以絕對的攻擊手段及徹底的積極行動，以擊滅敵人於海岸前爲最高原則，故應堅強防守沿線各要點，主依火力與堅強工事，及海空軍之協力，以求殲滅敵人於水際。但對登陸或滲透之敵，則依海岸永久工事及縱深據點陣地之拘束阻擊，並配合機動部隊之適時集中轉用，徹底擊滅敵人於預想地區，各級部隊長本此方針，統一

全軍戰術思想，並盡所有手段，以佈署兵力，指導戰鬥。」❷

對於上列的作戰指導，孫總司令說，台灣海峽是敵人進犯台灣最大的障礙，也是防衛台灣最有力的屛障，我們應該充分利用這個優點，堅強防守海岸，以期殲滅來犯共軍於水際。但台灣的海岸線太長了，在這樣漫長的海岸線上，要想處處拒止共軍登陸，那是非常困難的，但是共軍在甚麼地方登陸，我們不能不知道，並且要在他們登陸未穩的時候，予以迎頭痛擊。所以我們在第一線沿海重要地帶，除了構築堅強的鋼筋水泥工事以外，同時還加上鐵絲和木柵等副防禦工事，這是第一線沿海防禦工事，也是我們的封鎖線，現已全部完成。工事構築特別堅強，目的在節省兵力加強火力。使第一線部隊在敵人登陸後能以固守海岸。第二線工事，是就過去日本軍所遺留下來的工事，加上縱深的配備，其目的在將登陸後的共軍加以阻斷，不使其蔓延，這一項工事所需要的材料較少，在四十年六月初已先後完成。第三線工事就是分段構築據點工事，這一線多半是野戰工事配合永久工事，目的在求能使機動部隊發揮其效能。總之，三線工事的構築不是割裂的，而是求其相互配合，是由小據點構成大據點，然後由據點連成線，形成面，成爲一個防禦整體。

孫總司令說：

「在我們防禦工事構築之初，有人認爲祇要把日軍遺留下來的工事修整好就夠了，何必要這樣三線配備浪費民力物力呢？殊不知道日軍與我們防禦台灣的對象不同，日軍的對象是盟軍，當第二次世界大戰的後期，美軍反攻太平洋各島嶼，她保有絕對的優勢海軍與空軍，她要攻佔某一個島嶼，總是先用海空軍，把沿海工事摧毀，把沿海陣地炸平，然後陸軍始行登陸，當時日軍的海空軍是無法與英美對抗的，爲避免無謂犧牲，不得已乃採取後退配備，就是選擇有利地帶，構築堅強工事，利用優勢陸軍，企圖殲滅敵人於登陸之後。這對我們是不合用的，因爲我們現在的對象是共軍，無論共軍是怎樣誇張他的海空軍，但是直至目前爲止，他的海空軍與我海空軍比較起來，仍是處在絕對的劣勢，是無法與我們相較量的，因此我們在沿海岸所構築的工事，是不易受到共軍的摧毀。而且我們最高的作戰指導原則，是要殲滅敵人於水際。這就需要前進配備，要把防禦工事推進到海岸邊，在敵人下船上岸之際，我第一線部隊，應該充分利用既有的固定的陣地，熾盛的火網，將敵人殲滅於海岸之前。敵人下船後，一定是拼命的往空隙裡鑽，我們要想完全把它殲滅於海岸前，那是不可能的。爲防止少數滲透的敵人蔓延擴張，我們第二線第三線的工事，必須加強縱深，加強據點，構築阻絕工事，將滲透之敵，拘束在一個地區之內，使它無活動的餘地，甚或誘導敵人進入我們的口袋陣地，然後拿我們優勢的機動部隊，將它消滅在我們預想的地區。

「我們現在沿海岸第一線的工事所建築的都是永久工事，而第二線第三線則是利用日軍遺留工事及野戰工事爲多。有人主張說：我們的防禦工事，應該是愈後愈堅固，我不同意這種看法，因爲島嶼防禦與大陸平原作戰不同，在大陸上作戰可以縮到城裡固守，而島嶼上是無處可退，祇有死守。我們要第一線部隊死守海岸，就應該替他們準備好死守的條件，就是替他們預先構築好堅強的工事，使得他有可守的條件。在大陸上作戰，有的部隊長常下令部隊：『給我死守』，對於死守的時限也不給予明確的規定，所需要的糧彈也未給予充足的準備，祇是一味要他死守，這樣他祇感到死的威脅，而無生的希望，結果士氣愈打愈低落。如果你預先替他們準備好死守的條件，然後要他給你死守多少天，這樣他多打一天，便增多一份生的希望。譬如你要他死守十天，援兵一定前來解圍，那他打了一天，便祇有九天，打了兩天，便祇有八天，打了九天，便祇有一天，這樣不管傷亡是怎樣大，精神一定是愈打愈旺盛。兵家所謂『置之死地而後生』，並不是如同古時陪葬一樣，活活把他送到墓地去死，而是要給他生路，以激勵其必死的決心，就是我們常說的『必死不死』的道理。在我們構築沿海工事時，有人主張把伏地堡的門倒鎖起來，這是我絕對不同意的。對於自己的部下，你連相信都不相信，如同活埋一般，把它鎖在伏地堡內，你怎樣能夠期望他給你拼命打仗。我們用部下一定要相信部下，你要他死守，一定得把死守的一切條件都給他，並且要用各種榮譽去激勵他，這樣再做不到，然後可用嚴法去制裁他。而且部下的困難，你一定要給他顧慮周到，你答應他的事，一定要準時做到，你要他死守十天，十天到了，你一定得派援軍趕到，上下有了信心，任務自然容易達到。」❶

孫立人對於台灣防衛的戰略戰術有他個人的獨特見解，他在台灣防衛總司令部頒發的「作戰教令」中明確規定：

「一、守備海岸的第一線部隊（師）的戰法：

1.守備海岸的第一線師，必須憑藉堅強的永久工事，輔以野戰工事，以編成濃密火網，封鎖海面及海岸，並構築縱深的障礙物（含地雷），佔領沿海各要點有利的地形，修整防區內的交通，以及其他各種周到的準備，以求彌補其兵力之不足。

2.海岸附近地區爲我軍決戰地區，故沿海岸永久的工事及據點陣地內的守兵，無論在任何狀況下，必須固守至最後一兵一彈。

3.第一線部隊遇敵來攻時，須盡量發揚步、砲、戰各種火器的威力，殲滅共軍於水際。若遭受優勢共軍攻擊時，則必須固守據點工事，牽制共軍，以待預備隊（以步、砲、戰車編成）之增援。縱一部陣地爲敵攻佔，或共軍已滲透到碉堡線之後，也必須守在永久工事及據點陣地內，堅強抵抗，以阻其後續部隊之前進。

4.若優勢的共軍，已局部突破我海岸陣地而繼續深入時，第一線部隊，應竭力局限其擴展，故我第一線師預備隊的主要攻擊目標，即爲敵之灘頭陣地，於共軍登陸後，應盡速竭力壓縮其佔領區域，並進而求擊滅登陸共軍於立足未穩之際。」❷

孫總司令向各部隊長解釋說：

「我們認爲在敵人登陸未穩的時候打擊它，是最有利的時機，絕不可因爲受登陸敵人數字龐大的眩惑，而猶豫不敢行動，譬如登陸敵人有數萬人，而我們守軍祇有一營人，我們就被敵人嚇倒。殊不知道在這時候，我們一營人要充分發揮火力，同樣可以殲滅爲數眾多的敵人。因爲我們估計敵人的戰鬥力量，不能純粹以數字多少來決定，部隊的火力，官兵的素質體力，以及指揮官的優劣等等，都是一個部隊戰鬥力的因素。共軍要想渡海作戰，因爲受種種條件的限制，在他下船上岸之際，這時是他戰力最脆弱的時候，也是我們打擊他最有利的時機，因爲共軍缺乏近代化的運輸工具，又沒有強大的海空軍掩護，坐著機帆船前來，不僅爲我海空軍所截擊，且爲台灣海峽的風浪所吞噬，縱有少數能以渡海成功，在他下船上岸之際，也必然是最脆弱的時候。體力上，他暈船疲勞，心理上，他恐懼害怕，建制破碎，指揮紊亂，地形不熟習，種種不可免的困難，都足以削弱他的戰鬥力，所以這時它登陸的人數雖多，可是它的戰鬥力卻是最脆弱。據空軍人員告訴我，當共軍在海南島初登陸的時候，我空軍前往轟炸掃射，這時共軍任憑你怎樣掃射，他動也不動，因暈船所致，仍在暈迷狀態，都像死人一樣。可是到了第二天早晨，敵人經過一夜的休息，就完全不同了，我空軍再往轟炸的時候，敵人非常活躍，甚至用步槍機槍向我飛機反擊，由這裡可以看到，純以數字來估計敵人，是絕對的錯誤。譬如有一團人，在晚上警戒不周，我們可以用一班人或一排人將他擊潰。過去我們在大陸上，看到敵人有與我相等之兵力，馬上就下令對抗，看到敵人比我較優之兵力，馬上就下令固守，看到敵人比我較劣之兵力，馬上就下令攻擊，這一套是不適於島嶼作戰的。因爲在大陸上防守一個陣地，祇要不讓敵人攻下，就算達成任務。防守大陸沿海，也是這樣，祇要把敵人打退了，就算完成任務。島嶼作戰，則完全不同，敵人不來登陸則已，既來登陸，不是你死，就是我活，沒有轉進退守的餘地。所以在我們的作戰教令上，便首先指明『海島之海岸防禦，應以絕對的攻擊手段，及徹底的積極的行動，以殲滅敵人於海岸前』，不容有絲毫猶豫消極，一切應該站在主動地位，發揮旺盛的企圖心。孫子兵法說：『凡先處戰地有待敵者逸，後處戰地而趨戰者勞，致人而不致於人也。』我們現在所處的態勢，便是以逸待勞，致人就是主動，祇要我們能充分發揮主動精神，不論來犯敵人是多少，我們一定能夠將它殲滅的。孫子兵法說過：『蓋敵求戰，而我以靜制動，以逸待勞，以整待散，必勝之道也。』

「這次海南島防禦所以失敗，就是一個最顯明的戰例。我聽到從海南撤退來台的人說：共軍是從臨高角登陸的，不知是什麼原因，上岸就把我防守部隊吃掉。這時共軍不顧疲勞，片刻不停的來一個向左旋轉，直奔海口。我方馬上派兩團兵力前往堵截，途中與敵遭遇，雙方便在大豐美亭一線展開。這裡一邊靠山，一邊靠海，是河流與高山之間的一個寬約三十里的狹長地帶，是最容易發揮火力的地帶，可是我增援部隊仍是存著畏敵心理，一遇到敵人，便馬上停下來，而共軍卻非常狡滑，看到我們的部隊來了，一槍不發。我們的部隊便異想天開的，以爲敵人投降，鬧出很大的笑話。雙方遭遇的時間是在下午二時，一直給敵人整頓休息了四個小時，我們增援部隊還未動手，到了黃昏時分，敵人開始猛烈攻擊，我軍就給打敗下來，而海口跟著也就垮了。

「根據我們的戰術構想，我們曾特別規定，守備海岸的第一線部隊，營以下不許留預備隊，必須憑藉堅強的永久工事，編成濃密火網，以封鎖海面。縱然有一部分陣地爲敵軍所佔領，甚或敵人已滲透到碉堡線之後，而在沿岸永久工事及據點陣地內之守兵，亦必須固守至最後一兵一彈，以阻止其後續部隊之增援。我這裡所謂固守，並不是消極的坐等著挨打，仍然是要主動的去打擊敵人。我們在第一線，可以伏地堡做爲工事的核心，並輔以野戰工事，使陣地有伸縮性，有彈性，並可儘量運用伍來狙擊伏擊敵人，在掩蔽地帶，還可利用埋伏，以膠著敵人，拘束敵人，不使它擴張蔓延，以待機動部隊之增援。」❶

二、至於各防守區預備隊的組成、任務及戰法，「作戰教令」中亦明確規定如下：

1.防守區預備隊的兵力，應以步兵一個師，砲兵一營，及裝甲部隊一至兩大隊組成爲原則。

2.防守區預備隊的主要任務，爲對突破或滲入我第一線之共軍予以反擊，故須以斷然攻擊爲手段，以遂行戰鬥。其反擊之唯一目的，在殲滅共軍，恢復我海岸第一線陣地。

3.防守區司令，須不失時機，在第一線師未挫敗以前，使其預備隊適時加入戰鬥，以免第一線師遭受過大的損失，而爲敵各個擊破，故預備隊之使用，必須在五小時以內，趕到戰場，參加戰鬥。

4.爲爭取時間，能適時增援第一線，並使第一線守備部隊不致潰退，防守區預備隊，應先遣裝甲機動部隊的全部或一部，先期到達，其餘部隊，再行迅速跟進。

5.防守區預備隊，應集中兵力，使用於主決戰方面。惟須避免逐次加入戰鬥，及廣正面之展開。此時勝敗之分，決於一瞬，故反擊應迅速果敢實施，不可因必須等待後方部隊之完成準備，而遲誤時間，致逸失戰機。❷

孫總司令繼續對各部隊長說：

「至於機動部隊使用，以及其能否達成殲滅來犯敵軍的任務，完全在其能否很快的趕到戰場爲定。所以，機動部隊必須經常保持高度之機動性，其行動務須要積極敏捷，以期能在第一線部隊未挫敗之前，迅速趕到戰場，立即向敵人實施反擊，不得有一點遲緩，給敵人有停留休息的時間。我前面已經說過，敵人初登陸時，一千人的戰力，抵不上一百人，如果給他休息一夜，他就是一千人的戰力。所以第一線的部隊，絕不可以因爲看到登陸的敵人來得多，而就坐以待援，失掉戰機。機動部隊，也絕不能因爲敵人數目超過我們，而就猶疑不前，延誤了打擊敵人的時間。要知道，這時敵人的數目雖然超過你多少倍，可是他的戰力，卻比你更脆弱，你一定要在這個時候，迅速的予敵人以致命的打擊，則可收事半功倍之效，因此我們特別規定，防守區的機動部隊，必須在五小時以內，趕到戰場，參加戰鬥。

「我所說機動部隊，要迅速行動，積極攻擊，並不是要你閉著眼睛瞎撞，像沒頭蒼蠅一樣，到處亂撞。抗戰之初，我們就曾犯過這樣毛病，有許多部隊長祇憑血氣之勇，不問敵情，不知地形，帶著部隊向前衝，結果投入敵人的火網而不自知。但是機動部隊因搜索敵情偵察地形而遲緩了行動，也不合我們迅速增援的要求。爲求機動部隊能以達到迅速增援的目的，我認爲必須做到兩件事。第一、對於地形，應該事先演習清楚，防守區以內之地形，固應瞭若指掌，就是偏遠地區，也應藉行軍演習的機會，與地圖比照清楚。第二、第一線守備師應該準備嚮導軍官，告訴增援部隊，那個地方有敵情，那個地方地形怎樣容易通過，使得它順利的趕到戰場，加入戰鬥。不要讓增援部隊弄不清地形敵情，遲緩了行動。圓山軍官訓練團第一期學員結業前，所舉行的陸海空軍聯合實兵演習，我就看到有這種情形。沿岸守備師被圍困在第一線，岌岌可危，情勢非常急迫，而這時增援部隊應該迅速趕赴戰場才對，可是六十七師，因爲初到，不熟習地形，不瞭解敵情，哨兵向前搜索，一步一停，部隊行動非常遲緩，如果這時守備第一線的三三九師準備有嚮導軍官，便可很快將援軍領到前線。要知救兵如救火，機動部隊增援上去，如果摸索前進，豈不是正如敵人所期望來遲滯我們自己的行動嗎？我們的機動部隊，是步兵砲兵與戰車部隊組成的。如果增援時，有嚮導軍官，對於敵情地形非常清楚，我們便可在沒有敵情的地區，步兵爬上戰車，迅速通過。到敵情不清楚地區，步兵可以下車，在前搜索，戰車再行迅速跟進，這樣既可不致於中敵人的伏擊，且可適時趕到戰場。」❶

孫總司令指出共軍攻台可能採取的方式。他說：

「爲了適切運用機動部隊，我們先得研究共軍攻台可能採取的方式。照我們的判斷；共軍可能採用兩種方式來進攻台灣：

㈠重點式的攻擊：共軍以全部力量集中於一狹小正面登陸，登陸成功後，採用釘子戰術，死不放鬆，以待後續部隊之到達。

㈡分點式的攻擊：共軍先以一部分兵力作試探性的佯攻，再以主力分成數點同時登陸，登陸成功後，採用錐形突擊的方法，越打越靠攏，以殲滅我軍主力。

「針對共軍這兩種攻擊的方式，我們對於機動部隊的運用，就決定第一線師及防守區所控制的預備隊，主要攻擊目標，即爲敵軍之灘頭陣地。於敵人登陸後，應盡速竭力壓縮敵人的佔領區域，將他的釘子連根拔掉，不使其有立足之地，迅速恢復我海岸第一線陣地。

「據我們的判斷，共軍攻台以採取分點式攻擊的公算最大，所以我們使用機動部隊，應該徹底集中優勢兵力，控制敵軍主力登陸地點，迅速果敢將敵人殲滅。然後適宜轉移兵力於其他登陸點，各個擊敗敵人。

「因此，第一線守備部隊關於敵情的報告，一定要確實，使我們判斷出那裡是敵人的主登陸點，以便適切使用機動部隊。我們在敵人行動時固然可以藉空軍偵察敵情，但是對於共軍究竟有多少登陸的確實情形，仍要靠我第一線守備部隊的報告。雖然我們沒法提出精確的數字，可是估計的數字，一定要盡力求其精確，切誡謊報軍情，誇大來犯共軍的數目，使指揮官無法判斷敵人主登陸點所在，一旦錯用了機動部隊，即將招致不可挽回的命運。

「第二次世界大戰期間，德國在沿海的防禦工事構築得非常堅固，但結果仍歸失敗了。邱吉爾在大戰回憶錄中，檢討德國失敗的原因說：希特勒把整個歐洲佈成一面蜘蛛網，但他把蜘蛛位置放錯了，結果失敗。我們知道任何一種蚊蟲，碰到蜘蛛網，就被黏著，同時蜘蛛也就得到報告，知道蚊蟲被黏在網上某一部位，立即沿著蛛絲網路，前往將蚊蟲撲殺。蜘蛛網發生拘束、通信、交通的功效，很像我們預先準備好的工事網、交通網和通信網，蜘蛛就是機動部隊。僅僅把網準備好；而沒有蜘蛛，固然不行，就是有蜘蛛，而沒有得到適切的使用，也難能達到殲滅敵人的目的。

「關於機動部隊的使用，我也有一個譬喻，雖然覺得不十分恰當，但亦可藉此說明他的性質和其關係。我們防止共軍進入台灣的戰術，等於防止蒼蠅進入一間房子一樣，我們所築的防禦工事，等於房門外面裝上紗窗紗門，但是有了紗窗紗門，並不能絕對防止蒼蠅不進入房間，不過等蒼蠅進入房間後，我們仍可以使用蒼蠅拍子去撲殺它。這種拍子，就像我們的機動部隊，要能迅速的撲滅滲透進來的敵人。所以要使得機動部隊能以靈活運用，那就得要求敵情報告確實及交通網、通信網的健全了。」❶

孫總司令爲了確保台灣的安全，他特別指定第六十七軍爲總預備隊，當共軍進攻台灣時，他可掌握一支有力部隊，一舉而將來犯之敵消滅。所以他在「作戰教令」中明白規定，「在共軍登陸後，凡未受敵人攻擊之各防守區預備隊，及其所有第一線師預備隊，均應包括在總預備隊之兵力內，故各防守區對其預備隊的使用，應有轉用於其他防守區作戰之準備，尤其第一線師之預備隊，更應預先有統一集中轉用之組織與計畫，俾能適時機動集中全力，以捕捉戰機。」

關於「總預備隊使用的要訣」，作戰教令中規定：「在徹底集中優勢兵力於敵主登陸地點，適時轉移攻勢，期能予敵以殲滅性之打擊。總預備隊的使用能否達成殲滅共軍之任務，基於其能否集中而定，故總預備隊應經常保持高度的機動性，其行動務須積極敏捷，以期能在防守區預備隊受敵主力攻擊而遭受挫折以前，迅速趕到戰場而行攻勢移轉，此時該防守區對登陸共軍，應盡諸般手段，憑藉縱深據點，橫斷陣地，與阻絕工事相輔，及不斷之逆襲及阻擊等，以遲滯並局限共軍之擴張，以爭取總預備隊攻勢移轉之有利態勢與餘裕時間。」

孫總司令綜合「作戰教令」所規定的戰法，作一結論說：

「我們可以知道，台灣防衛是整個的、一體的。雖然我們有防守地區之分，但是我們整個部隊的運用，絕不受地區所限。一切補給也應該靈活運用，不能像過去在大陸上所犯的錯誤，分割破碎，消極被動，猶豫等待，終給敵人各個擊破的機會。現在我要求部隊，一定要一百八十度的轉變過來，站在主動地位，採取斷然的攻擊手段，積極的行動，以期各個擊破敵人。對於被圍困的友軍，切不可坐視不救，讓友軍被敵人吃掉，以致到了最後，我們自己也受到莫大的危害。今日我們無論是站在道義觀點，或是爲自己部隊安危打算，我們都應緩急相救，守望相助，所以我特別規定，不論是那個部隊如有坐視友軍受危不救的情形，一定要受嚴厲的處分。

「台灣是我們最後的一塊革命基地，同時也是我們反攻大陸的根據地。今日我們大家共同生活在這一寶島上，就如同在暴風雨之夜，一隻破船漂浮在驚濤駭浪的太平洋裡，任何有一處漏水，都會影響全船人的生命安全。我們祇有同舟共濟，齊心協力，方可突破黑暗，安達彼岸。」

孫總司令爲了統一全軍對於台灣防衛的戰略戰術思想，乃召集各防守區司令及各軍師長在台灣防衛部舉行作戰會議，將星雲集，濟濟一堂。孫總司令在會中宣佈，這次會議召開的目的，在於研商台灣防衛的兵力佈置及溝通台灣防衛的戰略戰術思想，希望大家儘量提供島嶼作戰的寶貴經驗與教訓，來共同研究出一套完善的作戰計畫與方法。繼由舒適存副總司令，報告參謀總長周至柔的訓令：關於台灣防衛作戰，授權孫總司令全權指揮陸軍部隊。接著由台灣防衛總司令部各署署長分別報告：㈠敵情研判；㈡作戰計畫概要；㈢兵力佈署；㈣防衛工事構築及交接手續。席間孫總司令一再強調：「島嶼防禦，絕對是積極的，而不是消極的。加強工事，目的是在補兵力的不足。在第二次世界大戰期間，日本對美國作戰，因為美國海空軍佔絕對優勢，日本在海岸第一線站不住腳，所以不能採前進配備，只能採後退配備，運用其優勢陸軍，企圖誘敵至有利地形，殲滅敵人。我們今日情勢不同，故採取前進配備與後退配備兩種，企圖在敵登陸之際，也即是敵人力量最脆弱，建制最混亂的時候，殲滅敵人於水際。對於滲透登陸的敵人，將其殲滅於預定的地帶。所以，第一線守備部隊要絕對的守，不許撤退，而機動的預備隊，則要絕對的攻，不可遲滯。」會中並宣讀台灣防衛作戰教令，孫總司令要求各部隊長：第一要兵力配置恰當，第二要各級預備隊擺的位置恰當。規定第一線營以下沒有預備隊，須固守封鎖堡，而機動的預備隊要能迅速集中優勢兵力，予敵以致命的打擊，使敵首尾不能相顧，殲滅敵人在預想地區。並指示各防守區：㈠要指定一個步兵團與防守區配備的裝甲兵，經常演習步戰協同課目，使成為一個完整的機動部隊。㈡第一線部隊要預先準備嚮導軍官，使其熟習全盤地形，戰時教他嚮導後續部隊，不致遲滯機動部隊行動。會後放映美軍攻擊海島作戰及德軍海岸防禦的影片，使各部隊長對於台灣防衛有充分的作戰準備。

至於敵人登陸的地點，孫總司令指令第三署（作戰署）預先擬定十幾個可能方案出來，

右：孫總司令視察台灣南部海防，左一是沈克勤（吳紹同攝影）。

下：孫將軍陪同何應欽將軍視察新軍實彈射擊。

例如預先假定共軍從甲地登陸，我們就用甲案將其擊敗。如果共軍從乙地登陸，我們就用乙案將其殲滅。共軍攻台登陸地點不會超出我們預想的可能地點，我們擬定每個方案之後，先作沙盤演習，然後發交各防守區部隊，實地演練。軍訓班十八期學員生結業聯合大演習，即依作戰署預想方案，在屏東東港枋寮一帶演練登陸戰與灘頭防禦戰，雖遇颱風，整天大風大雨，孫總司令偕德籍顧問史坦因一直跟著部隊看雙方的攻防戰，步行到港子嘴海邊視察，走進三九一碉堡，見到碉堡內的機槍都未架設，他問守兵：「剛才有紅軍從此登陸，你們知道嗎？」守兵答說：「不知道。」後來孫總司令查問守備這裡的胡英傑師長：「怎麼紅軍登陸，你們的守兵都不知道？」胡師長無辭以對。孫總司令指示說：「你們不要因爲這是軍訓班的演習，與你們防守部隊無關，就把這大好磨練機會放棄掉。防守部隊應該隨時提高警覺，把握每一個機會，磨練自己。」同時孫總司令指示台灣防衛總部作戰署隨時派員突擊檢查海防部隊的防守情形。在海岸第一線的班排長，都很驚奇，爲甚麼他們的營團部都未派員前來抽查？而台灣防衛總部卻常派員前來突擊檢查，使得第一線部隊不敢鬆懈。

至於共軍可能登陸時間，孫總司令研判共軍可能利用白天渡海，黃昏時登陸，實施夜間攻擊，以避免我陸上強烈砲火，因此下令各部隊要加緊夜戰訓練。

三十九年四月，蔣總統設立圓山軍官訓練團，聘請日本教官數十人，前來講授戰術戰略，總教官白鴻亮，戰時原任日本二十三軍團參謀長。日軍在廣州投降時，白鴻亮時任華南日軍參謀長，親見孫將軍率領的新一軍軍容壯盛，裝備精良。當時他認爲日軍向如此壯盛的中國軍隊投降，沒有話說。他到台之後，就來拜會孫總司令，表達他對孫將軍多年的仰慕。孫總司令深恐日本教官對防衛島嶼的戰略戰術思想有不同的看法，將來日本教官所講的是一套，而台灣防衛部所計畫的又是另一套，形成南轅北轍，戰法不能統合。孫總司令經與白鴻亮總教官談話數小時，兩人對台灣防衛的戰略戰術思想，竟不謀而合，孫總司令這才放心，並邀請白鴻亮總教官到鳳山參觀新軍訓練。他對孫總司令所實施的部隊訓練，推崇備至，對台灣防衛工事的構築，也甚爲稱許。

註釋：

❶ 孫立人將軍於民國四十年期間在圓山軍官團講〈台灣防衛的戰略戰術〉，載於《孫立人將軍鳳山練軍實錄》第六〇九—六一九頁。

❷ 台灣防衛總司令部頒發之作戰教令。

三、台灣防衛工事構築

孫立人就任台灣防衛總司令後，首先向東南長官公署提出台灣民衆動員問題。他認爲現代戰爭是總體戰，要確保台灣安全，必須動員全台人力、物力、財力，支援軍事作戰。

可是有人持不同的看法，認爲打仗是軍隊的事，軍隊到底需要民衆配合的工作是甚麼？孫總司令說：「軍隊作戰需要老百姓配合，就是不要砲一響，後方老百姓就亂了。希望在軍隊打起仗來，老百姓不但不跑，還能成爲軍人的後盾。」有人認爲台灣地方行政辦的很好，軍方有何需求，祇要向地方政府提出，地方遵照辦理就可以了，無需再來動員民衆。當時主管民衆動員的機關有五個：東南長官公署，台灣防衛總司令部，台灣省政府，省保安司令部，省黨部。有權大家都要管，有責任大家都推諉，動員民衆問題談論了半年，還是動不起來。於是孫總司令出面邀請台灣省主席吳國楨、省議會議長黃朝琴，省政府秘書長浦薛鳳，財政廳廳長任顯群、教育廳廳長陳雪屛。物調會主席趙志垚、台灣銀行總經理瞿荊洲，省保安司令彭孟緝，聯勤總司令黃鎭球等人舉行會議。孫總司令起立報告：「目前戰事迫切，如何動員民衆防衛台灣爲刻不容緩的問題，希望各位首長通力合作，共同研究一套可行方案，以求加速實施。」會中決定成立「台灣防衛動員委員會」，負責政策的擬訂，經費的籌措與計畫的研議等事項，由國防部，總政治部，台灣防衛總司令部，台灣省政府，省保安司令部，省黨部等機關派員參加，至於工作執行分兩個系統，一是行政系統，負責民衆自衛隊的編組工作。一是軍事系統，負責民衆自衛隊的訓練指揮工作，這樣民衆組訓工作才容易收到成效。會中吳國楨主席提議先以新竹淡水兩地試驗，俟有成效，再行推廣至台灣各縣市。孫總司令認爲試驗不妨，但不可因試驗躭誤時間，因爲時不及待，應趕快全面去做。

當時孫總司令認爲，中共雖已竊佔大陸，既無海軍，又無飛機，想要大規模進犯台灣，是不可能的。但它可利用小型船艇，偷渡登陸滲透作戰，不無可能。爲鞏固台灣基地，應將台灣有限兵力，封鎖台灣海岸，使敵無隙可攻。爲達此目的，構築環島防禦工事，刻不容緩，孫命第三署策訂工事構築計畫，並在台灣防衛總司令部增設「台灣防衛工事建築督導處」，由舒適存副總司令兼任處長，嚴孝章上校任主任秘書，統籌辦理環島工事經費的籌措、材料的徵集撥配、工程的議價、工資的規定、預算的審核、款項的撥付，概由防衛工事建築督導處先行研擬辦法，提交台衛防衛動員委員會審議通過，付諸實施。

構築環島工事的主要材料，就是鋼筋、水泥、木材三種。經向有關方面查知，台灣銀行存有鋼筋成品，至於水泥、木材台灣出產豐富。經由台灣防衛動員委員會決定，水泥由物資調節委員會調配，木材由山林管理所撥配，至於所需經費，由財政廳負責籌措。會中財政廳長任顯群表示：防衛台灣基地是最重要的事，所需任何經費，他願一肩承擔，因此工作獲得順利進行。

孫總司令鑑於抗戰之初，大陸國防工事的失敗，經與舒副總司令一再研商，愼重考慮，採取下列各項措施：

㈠工事的位置和種類，射口的方向與射界，由各區的守備部隊長負責決定，務求適合戰術上的需要。

㈡每一掩體所需材料的種類與數量，經專家設計，列表規定，提交動員委員會審查通過。

㈢每種材料的價格，由動員委員會作合理評定，既不招標，也不比價。

(四)每一掩體需要人工多少，分別鐵工、泥工、木工、水工各若干名，每一工人所要工資多少，均經專家列表提交動員會審定，不用招標。
(五)環島工程，如由守備部隊自行構築，在人力上、技術上都不可能，只得招商承辦。爲防流弊，規定有合格經歷的建築商，由動員會審查，並限定每一廠商承包堡壘，不得少於五個，也不得多於十五個。
(六)材料的運輸，按距離遠近、交通狀況、運輸工具，核定運費，交由動員會審定。
(七)材料撥運與收受，印發單據，蓋章取信，以便核對，並防偷漏。
(八)規定由守備部隊長監工，材料到達工地後，必須監工部隊驗收單據。
(九)每一堡壘於核定材料及工價外，酌給管理費，也由動員會議定，各承包商不得收受回扣。
(十)將以上有關施工細則，印製施工手冊，交由工作人員及監工部隊遵照實施。
(土)要求情治人員合作，隨時注意工作人員施工狀況。
(圭)由財政廳撥交款項，概存台灣銀行，除依照合法手續支付材料價款及工資外，不得多提分文。❶

爲構築台灣防衛工事，需用木樁二百零五萬根，國防部計算利用兵工砍伐，比較採購可節省費用三分之一，遂劃定林區，令各部隊於三十九年五月二十日開始施工。孫總司令一向認爲部隊以作戰爲主，利用兵工砍伐木樁，勢將影響戰力，且不如採購經濟，遂申述此項意見，請求不要使用兵工。後奉參謀總長周至柔指示：「政策已經決定，不能變更。」可是孫總司令認爲國防部既要部隊砍伐木椿，但部隊因砍伐木椿所需要之工具，及士兵之衣食住及交通等實際問題，必須先予解決，然後才能開工。國防部同意延至六月一日開工，部隊中因砍伐木椿所遭遇的各種困難，由聯勤總部負責解決。

孫總司令經常察看部隊，他發現各部隊爲砍伐木椿尚存在很多問題亟待解決，而且影響戰力甚鉅，遂決定於六月二十一日，召集各防守區司令、各軍師長，各獨立旅旅長及各軍事學校校長舉行臨時會報，聽取各部隊長報告實際施工情況，以便向上級反映，請求解決。綜合會中各部隊長所提意見，提出以下幾項具體建議：㈠士兵砍伐木椿，原發之主副食不夠吃，請求每人每天增發主食米三兩，副食費四角。㈡士兵因砍伐木椿，傷患疾病增多，請求增發必需藥品。㈢請求增發運輸油料。㈣請求每軍增發大斧五二五把，砍刀一一〇九把，麻繩六六六〇根，帳蓬二五〇頂。㈤請求每人發給毛巾一條，工作服或軍服一套，稻草五斤。當經詢問聯勤黃鎭球總司令答稱：「除了藥品可以儘量供應外，其他事項均與經費有關，必須由聯勤請示國防部決定後發給。」

孫總司令在會中提出下列指示：㈠爲避免影響戰力，兵工不得超過部隊全額的三分之一，其餘三分之一擔任防務，三分之一加緊戰鬥訓練。㈡注意防瘧防蛇及飲水清潔，因爲在熱帶森林裡作工最影響健康。㈢部隊負責將砍伐之木椿運至公路一端，然後交由聯勤派車接運。㈣砍伐木椿時間，經已呈報總統核准可以延長。㈤林區距離防地太遠者，可以就近接洽，重新分配林區。最後孫總司令說：「部隊以作戰訓練爲主，不得把戰鬥兵當小工一樣使用。各部隊應該遵照國防部規定，士兵每天工作八小時，其中百分之七十時間，必須用作訓練。今後對於各方要求部隊擔任任何技術工，都要謝絕。各軍工兵參加養路工作，已訂合同者應把錢退回，未訂合同者不要再訂。各部隊長今後對於類似事件，應照此規定辦理，不可一味應付公事。」

砍伐木樁工作，經各部隊兩個月的辛勤努力，孫總司令在軍事會議中向總統報告說：「爲防衛工事需要之木樁全數爲二、〇五〇、〇〇〇根，截至七月底止，總計砍伐一、三九七、二八三根，內計北部防守區共伐六二一、〇〇三根，已達預定進度百分之百，尚超伐七、二二三根。中部防守區共伐四〇二、五三八根，已達預定進度百分之百，尚超伐一、七五八根，南部防守區共伐二八五、一五〇根，僅達預定進度百分之五十九。東部防守區共伐八六、六〇二根，僅達預定進度百分之四十強。請求聯勤總部迅照計畫，派車至工地，接運木樁至海岸沿線，以利構築防衛工事。總統聽到此項報告，表示滿意。

孫總司令每次到沿海岸視察部隊時，常去察看海岸防衛工事構築進行情形。一天，他到竹南附近山頂主碉堡上，瞭望良久，看到民伕正在砍斷樹木挖土溝築碉堡。他對守備的第三六三師何俊師長說：「沿岸碉堡僅是一線設立，易爲共軍登陸滲透，應有縱深配備。就是在碉堡附近，多構築野戰工事，使碉堡成爲工事核心，而不是一個孤點。陣地要有伸縮性，不要死守在山頭一點。並要他們將預備建築在山頭上的一個伏地堡，移至山腰，這樣不僅具備伸縮性，而且射輻較廣。我們構築工事，應儘量利用原有樹木做掩蔽，除了妨礙射界的樹木須砍掉外，不要隨意亂砍樹木。」三六三師陳德禮副師長這時報告防地工事構築情形，孫總司令指示說：「工事要配合戰術需要，不可戰術牽就工事。且在山地構築工事，宜用半堡，較爲省料適用。」

孫立人對防衛台灣的構想，是要以沿海岸所構築的防禦工事，阻滯敵人的登陸，及至發覺敵人主力所在，應即迅速調集機動部隊，將它殲滅。而機動部隊的調動，主要靠公路運輸。台灣在光復之初，南北祇有一條公路，許多橋樑多已損壞，不堪承載重型車輛，作戰時要調動戰車重砲，成爲一大問題。孫總司令於三十九年五月八日，特邀約中國工程專家侯家源先生午餐。侯先生原任浙贛鐵路局長，甫由香港來台，當局有意請其擔任交通部次長。他認爲在此國家危難的時候，不應做官，而要做事，所以他辭官不就，省政府聘他爲顧問，協助公路局做些實際工作。孫總司令特請他來幫忙勘修公路橋樑，他慨然允諾。次日一早，侯家源先生約同省公路局局長譚嶽泉、副局長林則彬等人，前來與台灣防衛工事督導處工程人員，研究應該先修那些道路與橋樑及工款材料等問題。孫總司令強調說：「假使仗打起來，而我們的主要公路還搞不通，那我們的仗不用打就敗了。」因此他要求在三十九年五月底前，台灣南北公路先通卡車，然後再通載重十六噸的戰車。議定之後，由侯家源先生實地去查勘，幫助公路局全力搶修。

爲配合作戰計畫，台灣全島防禦工事的構築，分三期實施。第一期於三十八年十一月十五日開工，至三十九年二月十日竣工，第二期於三十九年三月十三日開工，至五月十五日竣工，第三期於六月十五日開工，至八月十五日完成，均係永久與半永久工事。四十年六月底，完成重要海岸三十六個連的據點工事。

由於施工計畫，周到詳盡，完工後，經國防部及總統府分別派員視察，並無缺失。從此環島沿海警戒嚴密，中共滲透無法得逞，遂得確保治安，鞏固基地，使得台灣屹立至今，繁榮進步。

註　釋：

❶ 舒適存著《如此一生》，自印本。

第十七章　陸軍建制與建軍理想

一、陸軍總部在台恢復

三十八年底，大陸西南局勢，迅速惡化。這時蔣總裁駐守重慶危城，在作最後努力。隨侍在側的蔣經國，看到大局已不可挽回。十一月二十三日，致電台灣防衛總司令孫立人，詢問台灣的安危情勢。孫於二十五日復電稱：「台灣防務已按計畫積極進行，請轉報總裁安心。」四天之後，蔣經國再電孫立人，謂「重慶危急」。孫即復電：「請領袖退至台灣，願效忠忱，保護領袖安全。」三天之後，蔣經國來電致謝。同日，蔣中正飛抵高雄，人極憔悴。孫立人前往迎接，兩人密談保台計畫之後，蔣爲拯救西南危局，再度飛返大陸。十二月十日飛離成都，大陸完全陷落。

蔣總裁初抵台灣，住在高雄壽山官邸，憂心不安。一天下午，召見陸訓部副司令官賈幼慧、參謀長陳麓華及政工處處長張佛千三人，垂詢陸軍訓練情形。張佛千報告說：「孫司令官一再告誡陸軍官兵說：『在大陸上，我們祇要遵照領袖的指示，做到百分之一，大陸就不會淪亡！』」總裁聽後，甚爲動容，一再要張處長詳細的講下去。張處長請總裁親自前往鳳山視察，便可瞭解實況。

第二天上午十時，蔣總裁輕車簡從，到了鳳山營房，看到新軍隊伍分開在大操場上操練，官兵們個個赤膊紅短褲，身體強壯，朝氣蓬勃。新軍官兵看到蔣總裁蒞臨，立正敬禮，高呼「領袖萬歲！」孫立人忙從辦公室趕出來迎接，隨侍在旁說明。總裁走到之處，無不聽到官兵擁護領袖之聲，內心極爲感動，連聲說「好！」看了半個多小時，方乘車離去。

三十九年元旦，孫立人發表告官兵書，堅決擁護領袖反共復國。這時，蔣氏父子，對孫信賴有加。

三十九年三月一日，蔣總統在台北復行視事，任命陳誠爲行政院長，周至柔爲參謀總長，孫立人爲陸軍總司令兼台灣防衛總司令，桂永清爲海軍總司令，王叔銘爲空軍總司令，新聞發佈之後，國內外輿論一致好評，認爲此時升任孫立人爲陸軍總司令，顯係爲爭取美援而佈置的一著好棋。

陸軍總司令部於四月十六日以台灣防衛總司令部人員改編成立，兼理台灣防衛總司令部業務，防衛總部則不另設機構，以統一陸軍的軍令、軍政及軍訓。

陸軍總部編制，下設政治部，總司令辦公室，第一、二、三、四、五署，副官、營務（後勤總務）、軍法、軍醫等處，砲兵、工兵、通信兵三個指揮部及直屬單位，後來爲了適應軍事的進展與業務的需要，編制有局部的修訂，增設工程處、連絡官室及編譯處等單位。

二、校閱第六軍

孫立人在赴台北就任陸軍總司令新職之前，於三月二十三日，依照預訂計畫，率領陸訓部副參謀長孫成城及作戰訓練參謀等二十餘人，從高雄搭夜快車，到竹南下車，校閱第六軍部隊的戰鬥演習。第六軍軍長戴樸未來迎接，僅由副軍長蘇時前來陪同校閱。隨同參觀的有二〇六師師長邱希賀，二〇一師師長鄭果，二〇七師師長王敬瑞及受校部隊營長以上官員約五十餘人。第一天校閱三六三師一〇八七團操場基本射擊訓練，時逢大雨，一天校閱課目下來，大家的衣服都給雨淋濕透了。

第二天校閱一〇八九團野外戰鬥演習。上午十時五十五分，校閱官都站在離海岸兩三千公尺以外的一個高地上，視察第五連加強排灘頭防禦戰。孫總司令見到假設敵划木筏強行登陸，我海岸防禦部隊，彈如雨下，落在假想敵所乘的木筏前後。孫總司令指示說：「目標在水上漂浮不定，這樣射擊，危險太大……」話還未講完，站在孫司令官左側約三四尺處，有二人突然哎呀一聲，仆倒在地。孫總司令見狀屹立未動，命令陪同參觀人員全體臥下，並令演習立刻停止。僅使用號音旗語喊叫，但海邊演習部隊難以聽到，過了四五分鐘，槍聲始停。孫總司令俯視身旁受傷的兩位軍官，已是奄奄一息。一位是一〇八七團營長陳斯祿，傷勢較輕，一位是六二〇團營長劉憲成，彈中胸部，口吐白沫，命在垂危，孫總司令命人將此二人抬去急救。衆人驚惶之餘，議論紛紛，認爲此處距海岸有二三千公尺之遠，且在演習地區後方高地，不應該會有流彈，言下不勝爲孫總司令安全躭心。而孫總司令並不在意，指示部隊校閱，仍照預訂計畫進行。

下午四時四十分，孫總司令在外埔國民學校大操場對一〇八九團官兵講評，五時三十分，回到竹南國民學校，衛生處處長徐嗣興進來報告：劉憲成營長因彈穿心臟，血流在體內，已經死亡。陳斯祿營長經輸血後，已脫離危險。孫總司令官當即指示二〇七師王敬瑞師長，好好安葬劉營長，並令政工處副處長方哲然留下，明天偕同何俊師長前往湖口劉營長家裡，代表他向家屬慰問。晚間，孫總司令回到台北官邸，何俊師長爲了孫總司令受驚，甚感不安，特來面致歉疚。孫總司令官並未責備他，只是要他注意士兵的射擊軍紀。此事後來給層峰知道，不久戴樸軍長去職，由蘇時副軍長接替。

三、陸軍總司令職權

陸軍總司令孫立人將軍於三十九年三月二十五日上午十時，參加總統府宣誓就職典禮。禮成之後，孫感慨地說：「我所接到的，僅是陸軍總部一顆印信，其外一無所有，一切還得從頭做起。」就是這一顆印信，也不是當時移交給他的，事隔二十天，國防部特派胡獻群署長送來，陸軍總部的編制也於同一天頒發下來。

國防部原核定陸軍總部員額祇有五百人，經孫總司令召集幕僚人員研商，認爲員額不夠，孫遂指派董嘉瑞副總司令前往台北向國防部爭取增加。董副總司令回來報告：「赴台北機關辦交涉，是件苦惱的事。一件事情，原可三天辦完的，結果在各機關兜來兜去，兜轉了三個月還辦不好。現在各方面對總司令都還敷衍，可是專門同辦事人員爲難。他們說：『孫總司令本人非常好，都是給你們這般部下弄壞的，增加他的困難。』可是我認爲我們所爭的，是爭制度，爭公事，並不是多爭一文錢，放到自己腰包裡。經多天來爭的結果，陸軍總部員額爭到七百人。」孫總司令說：「我曾向陳誠院長報告此事。陳院長說：『國防部員額祇有九百人。』我問他夠不夠呢？他說『不夠』。最後院長答應，給陸軍總部正式員額七百人，其外寄缺多少他都不管，因爲編制太大，恐怕立法院不能通過。現在大家還要敷衍各方面，那我們還要不要打仗呢？」董副總司令說：「我曾問國防部周總長，爲甚麼陸軍總部的職權不能同海軍空軍總部一樣呢？他回答的非常妙，說爲甚麼你們不是海軍空軍呢？」孫總司令說：「揭開來說，就是陸軍管轄兵力太大，不能交給那一個人。從上到下都有這個意思，不是爭就可以得到的。」孫立人明知軍事大權是爭不來的，可是他認爲有理的事，就應該爭個是非，凡是他職責所在，從不肯退讓。

政府播遷來台之初，軍隊殘破，國庫空虛，急需美國軍經援助。此時任命孫立人爲陸軍總司令，乃一時權宜，對陸軍總部權責大加限制：㈠陸軍總部負責陸軍部隊與學校教育訓練，無權指揮部隊作戰。㈡國防部由陸海空三軍人員聯合組成，其中海空人員由海空軍總部調派，其人員仍屬海空軍總部，而陸軍人員直接由國防部自行選用，與陸軍總部無關。㈢海空軍武官均由海空軍總部遴派，而陸軍武官由國防部直接派遣。㈣陸軍團長以上人員，由總統親自核定，營長由國防部核定，連排長由其軍師長自行委派。陸軍總司令除對陸軍總部的直屬部隊營連長外，無人事委派權。且孫立人過去任陸軍訓練司令時所委派之軍官職階，均須送國防部重新審核，第四軍官訓練班副主任辛鍾珂少將，經國防部審核為中校軍官，無法續任軍訓班副主任，只有調任他職。㈤陸軍總部無技術勤務幕僚單位，如工兵、兵工、軍需、運輸等署這些單位，均屬聯勤總部管轄，俟孫立人去職後，才由聯勤撥歸陸總。陸軍總部之職權，較海空軍總部為小，孫立人深感不平，且認為對其不信任。❶

三月二十七日下午六時三十七分，副參謀總長郭寄嶠打電話告訴孫立人：「陸軍總部職權經奉核定不變，仍同過去一樣。」孫總司令聽到之後，不禁氣憤地說：「現在國防部組織系統表上，明白規定陸海空三軍總部並立，職權自應一樣。為何在這開始的時候，就不尊重制度，獨令陸軍總部沒有職權，如何能以責成事功？去年總統引退時，他曾徵求我的意見，要我幹這件事，當時我就知道這個陸軍總部是空的，不能做任何事，所以我沒答應。這次陳誠院長又同我談起這件事，他說：『過去是參謀總長做陸軍總司令的事情，總統做參謀總長的事情。這次一定要建立制度，尊重職權，參謀總長做參謀總長的事情，陸軍總司令做陸軍總司令的事情。』這樣我才答應考慮的。現在仍然是個空架子，徒然拿我出來做幌子，給國內外人好看，那我絕不做。這時，我何必要做這個官，那我太看輕了自己！這個官，關麟徵都不戀棧，難道我連關麟徵都不如。我並不是爭權爭官做，而是爭職責，爭事做，爭國家的制度。我們現在既然口口聲聲講注重制度，注重組織，就應該從制度做起。犧牲我個人沒有關係，台灣不保，國家犧牲了，我們還能再往那裡去！所以，要我犧牲甚麼都可以，但是要於公有益，否則我絕不遷就。這次我硬著頭皮出來，就是要從根本把陸軍改革一番，爲國家建立一個強大的陸軍。」郭副總長在電話中插不上話，最後說：「這件事我們以後從長計議好了。」

每逢星期四，周總長召集陸海空三軍聯席會議上，有一次討論三軍官兵薪給制度，聯勤總部報告，依照現行規定，海軍官兵待遇比陸軍高一級，空軍又比海軍高一級。孫總司令聽後，認爲這太不合理，大家都是國家軍人，爲甚麼陸軍官兵待遇最低。他就站起來質詢總長，周總長答覆說：「因爲海軍官兵的素質要比陸軍高，空軍官兵的素質比海軍更高，所以海空軍官兵待遇要比陸軍高。」孫立人聽後，認爲這是對陸軍的侮辱，氣得臉紅脖子粗：「請問總長，你憑何數據，說陸軍官兵素質不如海空軍，我們現在就舉行三軍考試，從總司令考起，同一級與同一級比，看看陸軍官兵素質是眞的不如海空軍！」弄得會議不歡而散。

一天上午，孫總司令上陽明山對革命實踐研究院講「建軍理想」，一連講了四個小時，課後，萬耀煌主任留孫總司令與學員共進午餐。萬主任說：「革命實踐研究院歷屆畢業學員中，以陸軍總部送來的學員成績最好。」孫總司令聽了，甚感欣慰。孫也自豪的說：「我這許多好部屬，是我積數十年的際遇而匯合在一起的。其他機關人員的學識能力也許比我的好，但品德不如我的好，也許其他機關人員品德比我的好，但學識能力不如我的好，我選拔人才，特別重視品學兼優的爲上選。」

一天傍晚，孫總司令公畢，拖著疲倦的身軀，回到家中。孫夫人興高采烈地迎接上來說：「今天聯勤黃鎮球總司令送來特製三顆星的金質肩領章。」說完就要給孫總司令佩戴上。孫總司令面露不悅地說：「不光復大陸，我絕不佩戴三星上將肩領章。」孫夫人被澆了一盆冷水，帶著笑容嗔怪說：「你就是這樣硬脾氣，弄得大家都不高興。」

經過一年的實驗，孫總司令在會報中，指示有關單位研究陸軍總部新編制，並要求照下列原則辦理：㈠今後陸軍總部新編制，不求員額加多，應求人事健全。㈡各署處室按業務需要而定編制員額，倘有多餘，應撥出提供其他單位需要。㈢各單位無需增設副主官，試看各國均不設副主官，其行政效率並不減低，我們各階層均設副主官，可是行政效率並不見增加。㈣特勤處與體育處應正式列入編制。㈤各單位雜兵應儘量減少，不准任意調用部隊中士兵，來部作工役當差。總之，要從總部帶頭做起，使陸軍各級部隊編制現代化、合理化。

註釋：

❶ 陸軍總部副參謀長董熙撰〈我對孫立人的認識〉一文，載於八十三年二月號《中外雜誌》四十九—五十三頁。

四、建軍理想

孫立人留美期間，當他決心棄文學武，進入維吉尼亞軍校時，他就立下一個志願，要爲他的國家建立一支強大的國防軍，來保國衛民。他回國之後，參加軍隊，在江蘇海州、貴州都匀以及印度藍伽練軍，可以說是他建軍的一個實驗階段。經此三次實驗，使他更具信心，以中國人的聰明才智，刻苦耐勞，勇敢犧牲的特質，祇要給以適當的訓練，配以現代化的裝備，一定可以建立世界上一支第一流的軍隊。

三十六年秋，他就任陸軍訓練司令時，他認爲這是他實現他多年建軍理想的時機。他請求蔣總統撥給他三十萬兵員，建立十個軍，讓他在台灣專心練軍。可惜當時大陸戰亂頻仍，政府先後祇撥給他青年軍四個師，未能成大氣候，而大陸淪亡，幸賴此新軍，得以屏障台澎金馬的安全。

三十九年春，孫立人出任陸軍總司令，適值大陸部隊紛紛撤退來台，政府交由陸軍總部整訓。這時孫立人確有雄心來實現他的壯志，把這批破銅爛鐵鎔鑄成精鋼一般的部隊。雖然他受到各方面的限制，可是他仍把握這個千載難逢的機運，全心全力，投入練軍建軍的工作。他日夜不息，南北奔走，爲的就是要把這支殘破部隊訓練成精壯之師。

他在鳳山軍官訓練班，圓山軍官訓練團，以及草山革命實踐研究院公開講述他的「建軍理想」。他說：

「中國建軍已有五十多年歷史，按理說，我國的軍隊應當有很好的基礎，但切實檢討起來，距離現代國防軍的理想，還相差很遠。這個事實與理想的距離，不是發生在今年，也不是發生在去年，更不是發生在抗戰時期，探本溯源，我們就可發現我國建軍一開始的時候，就把步伐弄錯了，從此一錯再錯，一直錯到今天，我國的建軍工作始終尚未臻於理想。

「在曾國藩練湘軍打太平天國的時候，李鴻章便在上海成立常勝軍，聘請英人戈登爲教練，教士兵學習使用洋槍，所以一般人都稱這支部隊爲洋槍隊。那時的洋槍和現在的鳥槍差不多，可是這支洋槍隊在當時已經很厲害了，眞是戰無不勝，攻無不克，所以又被人稱爲常勝軍。後來袁世凱在小站練軍，段祺瑞訓練學生軍，都是看到常勝軍的厲害，起而效尤。但是沒有想到，我們開始練兵的時候，主意就弄錯了，因爲當時一般人只見到洋人的『船堅砲利』，而沒有整個的建軍計畫，李鴻章練軍時，一切得聽命於清廷，自己又是一個書生，不諳軍事，後來雖曾派遣留學生到國外去學軍事，可是又缺乏全盤計畫，所以沒有收到很大的效果。」

孫立人認爲一個國家建軍的成敗，關鍵在於建軍的理想與整套的計畫。凡事有了理想，才能按步實施，要是沒有理想，就是沒有標準，沒有標準，一切制度均無從建立起來。他以中國兩個建軍的史實，來說明其中道理，他說：

「我們知道中日兩國是同時派遣留學生到德國去學軍事，結果日本建軍成功了，而中國一直到現在還沒有建立起來，這不是偶然的，實在是有重要因素在裡面。記得我在一本書上，看到有這樣一段記載說：在我國派遣留學生到德國去學軍事之初，德國的軍事家曾對我國派去的大員說：『我看日本建軍一定成功，你們貴國將來建軍，恐怕不能成功。』當時中國並不比日本弱，而德國人竟敢下此斷語，不是憑空瞎說，而是有所根據，是就實際情況看出來的，因爲日本是派全班人馬去學德國的陸軍，有全套的計畫，學成回國之後，再參酌他們自己的生活習慣和歷史傳統，決定取捨標準，吸取德國軍事長處，而把壞處捨棄掉。這樣按部就班做去，日本建軍成功了，而我們就沒有這一套計畫，各學各的，大家所學到的，也只是德國軍事的片斷與皮毛，回國之後，七拼八湊，拼湊不成一個完整體。其後三十年當中，有所謂西北邊防軍、教導總隊、西南幹訓團、東南幹訓團等等，其中多次練軍，迄未成功，追根究源，就是我們缺乏整個建軍的理想與計畫。」

孫立人又以中國空軍爲例，說明建軍一定要有一套完整的計畫，才能成功。他說：

「我國空軍從開始建立到現在不過十幾年，已經建立相當的規模，獲得初步的成功。原因就在開始建立空軍的時候，就有整套計畫。在抗戰期間，政府派遣了五千名學員生，分門別類到美國去學習，有的學駕駛，有的學機械通訊等等項目，都有適當的調配，學成回國之後，再按部就班做去，所以能獲得良好的成效。可是我國陸軍一開始建軍，就沒有全盤計畫，直到現在留學外國學陸軍的，仍是各學各的，互不相關，這樣怎能夠期望有成呢？」

社會上有一部分人誤解，孫立人在鳳山練新軍，是採用美式教育。對於這一類的批評，他一再鄭重否認。他說：

「一般人以爲我是美國留學生，又有美軍顧問前來協助練軍，那一定是美式的。可是我對建軍練軍，從來就不贊成摹倣他人。我認爲如果我們國家不要建軍則已，如果要建軍，一定要建立眞正中華民國的國防軍，它既不是美式，也不是德式，而應該是中式的，也就是中國本位的。」

他特別舉例說明，完全摹倣外國，是無法建立中國的國防軍。他說：

「在民國二十年前後，政府聘請德國顧問前來訓練中國軍隊，其中如范爾根豪生（Von Falkenhansen）、方賽克（Von Seecht）等人，都是德國最傑出的軍事家，尤其是方賽克將軍，當第一次世界大戰德國戰敗之後，他曾幫助希特勒建立德國國防軍，在很短的期間，他就把戰後德軍重建起來。可是他到中國來當總顧問，幫助我國練軍，幹了兩年，卻一籌莫展的回國去了。這是甚麼緣故呢？就是他個人帶來有很多計畫，但是中國情形與德國情形不同，他的計畫拿出來，我們無法做得到。換句話說，就是他們這一套計畫，不適合我們國家的文化歷史、生活習慣以及生產條件。因爲我們中國沒有經過產業革命，仍然停滯在半農業社會的狀態中，一切科學技術都趕不上工業先進國家，所以我們要建立自己的國軍，絕對不能夠完全盲從抄襲他人。」

孫立人根據他個人練兵作戰的體驗，他有充分信心可以爲他的國家建立一支強大的國防軍，其戰力甚至可以超越英美日本。他說：

「根據我國人體驗與研究的結果，我認爲世界各國的軍事，可以分爲兩大派系：一是英美派系，一是德日派系，法俄兩國可以包括在德日派系之內。我們知道英美軍隊有其長處，也有其缺點；德日軍隊有其長處，也有其缺點，所以我們建軍應該擷取二者之長，而揚棄其短。英美軍隊的長處在那裡？缺點又在那裡？德日軍隊的長處在那裡？缺點又在那裡？我們必須先研究清楚。我認爲英美軍隊的長處，是活潑有朝氣，富有自動自發的精神，他們的軍事訓練，就是本著他們自己的國民性而去發展，所以，他們的軍營裡，充滿了蓬蓬勃勃的朝氣。他們的軍隊，在作戰時，縱使失掉長官的控制與指揮，自己依然能夠單獨作戰。可是他們的缺點，就是吊兒郎當，粗枝大葉，官兵生活隨便浪漫，受不了拘束。同時因爲他們國家工業發達，有時不免浪費，吃不了苦頭。德日軍隊的長處，就是嚴肅整齊，對於一切事物的研究，都很細密精確，絲毫不苟；但是它的缺點，就是太呆板，『一個釘子一個眼』，行動遲緩，缺少機動，所以作起戰來，他們軍隊失掉了指揮官時，各自爲戰的能力就很差。同時因爲他們國家經濟條件比較差，祇有節省物力，才能維持戰力，因此事事非求精確細密不可。

「第二次大戰德國投降後，我應邀赴歐洲參觀戰場，在那裡我曾看到一部軍事影片。這是在第二次世界大戰爆發之初，美、法、德三國動員軍隊檢閱三軍的新聞紀錄片。德國這部影片，是戰後俘獲得來的。把這三部紀錄片放在一起看，很明顯的可以看到，當時德國軍隊，檢閱起來，眞像泰山一般擺在面前，大有無法撼動之勢。而法國軍隊吊兒郎當的樣子，和英國軍隊滿不在乎的態度，一看就曉得他們打起仗來，準定要吃虧。

「至於蘇聯軍隊，在拿破崙時代是學法國的，普法普奧戰爭之後，又學德國，所以追本溯源，蘇聯軍隊也是屬於德日派的。據最近美國軍方分析，蘇聯士兵最顯著的優點是兇悍、勇猛、訓練良好，具有敵愾心；缺點是無知短見，缺乏自主自動精神。由於他們終生受到共產主義宣傳教育的麻醉，以及極權統治的壓迫，事事都得盲目服從上級命令，以致在戰場上失掉官長的控制，就不能有所行動。同時因爲他們生活條件的貧乏，軍紀

下：孫立人將軍手持衝鋒槍為士兵示範操作要領。

右：孫立人將軍鳳山馳馬英姿。

苛刻與虐待，以致產生一種仇恨的變態心理，因而打起仗來，野蠻殘暴，不怕死，及至被擊潰的時候，則又驚惶失措，狼狽不堪。」

孫立人認爲中華民族的本質，絕不遜於英、美、德、日，建軍如能發揚中華民族的特性，一定可以超越他們。他說：「我個人十幾年來細心體察，深深覺得我們中華民族是現代世界上最優秀的民族。凡是軍事訓練方面所需要的條件，我們中國人全部俱備。所以我認爲我國建軍祇要能擷取英、美、德、日的長處，發揚我們本身的優點，中國軍隊甚至可以超過他們。因爲我們中國的民族性，既不像德國人的呆板機械，也不像美國人的浪漫隨便，而是介乎他們二者之間，而且我們中國人還有一個最大的優點，就是吃苦耐勞和不怕死肯犧牲的精神。這一特性，是軍人必須俱備的條件，而爲世界上任何其他文明國家的人民所趕不上。我們中國人相信『生死有命，富貴在天。』無論窮富，大家都有這種『聽天由命』的觀念。所以我國士兵在戰場上打仗，絕不怕死，誰退後就罵他『不夠種』！爲甚麼中國士兵能這樣勇敢呢？就是由於他們相信槍彈是有眼的。不應該打死的，一定不得死，該死的，跑也逃不掉。

他說：

「至於英美人民的活潑和自動自發精神，以及德日人民的整齊嚴肅精確細密的性格，我們中國人民是不是有呢？據我多年的觀察並從實際經驗中體會，我認爲中國人絕對俱有。

例如我們中國人的聰明才智，絕不會比英美德日人民差，我國留學生在國外讀書，無論學習甚麼科系，成績都是名列前茅，數理化原本是來自西洋的學科，可是中國學生學習數理化的成績絕不比洋人差。再如籃球棒球，本非我國固有，因爲我國自古以來是以打拳著稱，可是我們打起籃球棒球來，反而比英美人來得活潑敏捷。至於德日民族的整齊嚴肅精確細密的性格，更是我們的傳統，孔子主張『食不言，寢不語』，中國家庭常稱讚人『少年老成』，都是在要求整齊嚴肅。再看中國的藝術雕刻，在一個小小的桃核上，可以把蘇東坡的赤壁賦全文刻在上面，這樣精確細密，可以說是登峰造極。在北平故宮的天文儀，精巧細密，外國人驚嘆爲鬼斧神工，非人力機器所能製造。所以我認爲英、美、德、日的長處，我們中國人都可以學到，而中國人俱有的刻苦耐勞奮鬥犧牲的精神，則是他們所不及。所以我認爲今日建軍，要能取法『英美』『德日』兩者的長處，再加上中國民族本身的優點，我們一定能建立成世界上第一流的軍隊。祇要我們有決心，肯下苦功，繼續不斷向這方面做去，有二十年工夫，是絕對可以做到的。」

孫立人以他自己練兵作戰的實例，來說明他的建軍理想是可達成的，絕不是憑空虛構。他說：「我自從帶兵練兵以來，一向是向自動自發和整齊嚴肅兩方面去要求，經過歷次戰役的證明，我這個實驗是成功的。抗戰期中，我在貴州都勻訓練新三十八師時，就是以『英美』『德日』軍隊二者的優點，作爲我訓練部隊的一種試驗，後來新三十八師調到緬甸作戰，發揮很大的戰力，因此增加了我的自信心。他說：

「記得我率領新三十八師初到緬甸不久，英軍第一師有九千多人，在仁安羌被日軍第三十三師團包圍，我們奉命前往解圍的一一三團，祇有一千一百餘人，除去伙伕雜兵以外，能上火線作戰的只有八百餘人，可是經過猛烈的戰鬥，竟以不滿一千的兵力，擊敗十倍於我的敵人，救出十倍於我的友軍，這充分表現中國軍人作戰的英勇與堅強。

「還有一次，是我軍在印度開始反攻時，英國軍隊在前線擔任警戒，我軍剛從緬甸方面抄過來，日軍此時也來到了，這時英軍有一營人，見到日軍就跑，我就派前面的一連人上去堵住。英軍營長見我們這一連人上去，他就問我們有多少人？連長告訴他：『我們全連共有五十多人』。他說：『你趕快走吧！我們一營人都不成，你五十多人管啥用！』這位連長說：『你看我的！』結果他這一連人上去，就把當面五六百日軍擋住了。

「所以，在那時候，英美的官兵，見到了中國的軍隊，無不肅然起敬。我們部隊到那裡，他們就以爲那裡有了保障。可是我軍在印緬山叢林海中作戰，是非常艱苦的。而那時的日本軍隊又非常頑強，你不把他打走，他是不會後撤的，而且就是把他打走了，他還埋伏有狙擊兵拿手榴彈炸你。在這樣艱苦困難的環境中，中國的部隊總是擺在最前線，一步一步與敵人搏鬥，這樣連續戰鬥到二十個月之久。在這二十個月中，沒有得到休息和整補的機會。後來由緬甸臘戍調回廣西南寧，再由南寧開赴廣州，以後又調到東北作戰，我們的部隊還是整整齊齊，保持著堂堂正正的陣容，由此可見我們中國軍人吃苦耐勞的精神和戰鬥力的堅強。

「在反攻緬甸時，美軍配屬我們作戰的有兩個團，並沒有正面作過戰，只在側翼擔任迂迴行動。自三十一年二月參戰到五月，不過三個月光景，美軍這兩個團的戰力就完全消失，需要重新補充。其中三分之一官兵打擺子（患瘧疾），中國官兵打過七八次擺子還能作戰，而美國人禁不起發燒，打過兩回擺子，就要送回國去。此外有三分之一官兵患斑疹傷寒死去的，剩下三分之一官兵患有精神病，這是因爲他們平時生活優裕，受不了在原始森林裡戰火煎熬所致。因此在三個月之內，美軍兩團人全部調換一新。至於英軍更是不行，在原始森林裡，我們看到他們連褲子都不穿，用蚊帳圍到身上，讓蚊子叮，希望打擺子，可以藉口請調回後方休養。

「可是在這二十個月不斷衝鋒陷陣的作戰期間，中國官兵傷患的數目卻比較的少。中國官兵和英美軍人受到同樣的傷，中國官兵兩個星期便可傷癒出院，而英美軍人兩個月都不能出院。他們覺得很奇怪，時常問我們說：『你們中國人與我們同樣受傷，爲什麼好得那樣快？』殊不知道這就是中國人祖傳下來的一種強韌的抵抗力。中國人祇要等熱一退，馬上就可恢復體力，可是英美人發高燒之後，就會死去。中國士兵負傷五六次，還能上戰場繼續作戰，他們負傷一二次就認爲不得了。我們中國人身體，一般說來，比英美人矮小，但是在雨天揹著背包，扛著械彈，一天走八十華里路，滿不在乎，休息時，依然軍容整齊。英美人那樣大個子，同我官兵在一塊行軍，走不上二三十里，便喊著走不動，落得很後，一千人的隊伍，拖得有二三里路長，這是因爲他們平時生活太優裕，到了戰時就不能吃苦了。

「說到刻苦耐勞的精神，世界上文明國家，祇有日本人還可以和我們中國人一比，可是祇要我們能把我們中國軍隊練成功，日本人還是趕不上的。在緬甸作戰時，日本人說他們的軍隊是超人的軍隊，可是遇到中國軍隊，仍然被打得粉碎，而且我國軍隊常能以少勝多，甚至比他們少五六倍的兵力，中國軍隊還能打勝仗。

「記得在民國三十一年開羅會議之前，英國人瞧不起我們，說中國軍隊不能打仗。這時正值長沙撤退衡陽吃緊的時候，他們主張不要把武器送給中國軍隊，認爲武器一到我們的手，就會喪失給敵人。可是到開羅會議之後，他們看到中國軍隊在緬甸英勇作戰的事蹟，論調就不同了。在英美各大報章雜誌上常說：『中國軍隊若有良好的訓練，良好的裝備，再加上卓越的指揮，可成爲世界上第一流的軍隊。』

「這次南北韓戰事發生，美國軍事評論家說：『北韓軍隊中戰鬥力最堅強的，是中共訓練的，其次是蘇聯訓練的，再其次是北韓本身訓練的。』他又說：『中共訓練的戰鬥力最強的部隊，並不是北韓人，而是派去北韓參戰的中共部隊，因爲他們吃得苦，耐得勞，不怕死，肯犧牲。』這些話與我所得到的結論，不謀而合。

「我說這段話的意思，是要大家認識我們中華民族是世界上最優秀的民族。今日我們建軍，祇要能本著我們中國本身的歷史精神與文化特質，再取法『英美』『德日』二者的長處，我們絕對可以把中國軍隊訓練成爲世界上最優秀的軍隊。」❶

孫立人到處講述他的「建軍理想」，目的在鼓舞大家共同努力來建立國防軍，但也引起不少人的議論與批評。蔣總統聽到這件事，一天下午四時許，親自到草山革命實踐研究院禮堂，坐在後面聽孫立人講「建軍理想」，約三十餘分鐘，始行離去。又有一天下午，蔣總統知道孫立人在草山講課，他要人通知孫立人，課後到士林官邸。蔣總統與夫人特備下午茶，慰勉孫總司令，那天陰雨連綿，氣候寒冷，言談間充滿溫馨氣氛。

孫立人的建軍理想，抱持有兩大目標：一是軍隊國家化，一是軍隊現代化。他的終極目標，是要爲中國建立一支現代化的國防軍，所以他反對軍隊作爲私人爭權奪利的工具，他也不贊成以黨領軍，軍隊成爲政黨維持政權的工具。在當時一黨專政之下，他要爲國家建立一支現代化國防軍的理想，終其一生，迄未獲得實現；但他在四年總司令任內，已爲現代化國防軍奠下了良好基礎。

保密局偵防組組長谷正文先生事後對孫立人的評價說：「民國三十九年，老總統對他很相信，讓他當四年陸軍總司令，還兼台灣防衛總司令及陸軍訓練司令。孫主張徹底把軍隊體制改變，完全西化，可是黃埔系的人腦筋跟不上。所謂軍隊國家化，是老總統最不願聽的話，誰講軍隊國家化，老總統就認爲這是要奪他的兵權。」❷

註釋：

❶ 孫立人於民國四十年三月三十日在草山革命實踐學院講〈建軍理想〉，全文載於《孫立人將軍鳳山練兵實錄》第一——六頁。

❷ 《谷正文回憶錄》，載於《獨家報導》周刊。

第十八章　整訓大陸撤台部隊

三十八年一月二十一日，蔣總統宣佈下野，大陸局勢日見惡化。三月四日，參謀總長顧祝同函告陸軍訓練司令孫立人：「目前在台各軍及以後開台部隊，歸陸訓部統一訓練，尚望加緊實施。」孫將軍奉令後，即擬訂統一訓練計畫，呈奉核准，開始對駐防台灣北部的第六軍所轄的二〇七師及三六三師，與駐防台灣南部的第八十軍所轄的二〇一師、二〇六師及三四〇師加緊訓練，這是當時陸訓部在台灣直接轄訓的部隊。

一、第一次整編

(一)　整頓大陸撤台部隊

三十八年五月二十七日，上海失守，京滬杭警備總司令湯恩伯所屬的各種部隊，紛紛撤退來台，從基隆上岸，軍紀渙散。少數散兵游勇，持著銀元劵，在街頭強迫商家購買物品，引起民怨。大批部隊突然湧到，一時又沒有足夠營房可以收容，借住民房，人民更感不安。

孫立人將此實情呈報蔣總裁，蔣命令孫立人趕緊騰出營房，安置湯部。孫回報說：「台灣所有營房，現已住滿軍隊，一時實在騰不出空的營房。」蔣公聞言不悅，令孫將鳳山五塊厝營房騰出，讓湯部去住。孫立人認爲不能這樣做，當即報告說：「誰不知道湯恩伯是總統愛將，湯部撤退來台，鈞座還如此給予優待，將來誰還肯爲總統拼命打仗？」蔣公聞言默然，和顏對孫說：「你去同辭修研究辦法。」孫即去向陳長官請示，陳令湯部暫住台灣北部各地國民學校，並命臨時在台灣各地，搭蓋「克難營房」，收容大陸沿海撤退來台的部隊。

及至十月間，閩浙沿海部隊撤退來台，殘兵敗將，多數軍紀敗壞，影響台灣社會治安甚鉅。廈門撤守，西北軍劉汝明部隊乘輪駛抵高雄。東南長官公署爲安全著想，命令該部「徒手登陸」，交台灣防衛總部負責執行。適孫總司令在台北處理公務，賈幼慧副總司令遂將此事，交由南部防守區司令唐守治處理，經數度會商，致搭載劉汝明部隊的輪船不能進港，停在港外已有三日，官兵鼓噪不安。賈副總司令派副參謀長董熙偕政工處處長張佛千前往協助，張處長並代表孫總司令前往歡迎劉總司令。董、張向高雄港務局要了一隻小船，出港去接劉總司令。港外風大浪高，小船靠不上海輪，張處長乃大聲喊叫：「孫立人總司令派我們前來歡迎劉總司令。」劉汝明站在輪船頂層高聲答道：「不要歡迎了！我們船上都快餓死人啦！我們馬上下去好了。」劉汝明偕同他的參謀長及福建省代省長方治與省府委員雷震，利用拖網吊下船來。小船駛回途中，方治低聲問張處長：「到底是怎麼回事？」張處長回答說：「東南長官公署命令，要把劉汝明送到屏東看管。」方治一聽大怒：「他們是在前方作戰有功的人，怎能這樣對待？我們去打官司好了。」船靠岸後，大家下船，先到高雄警備司令部。劉汝明坐下來就問：「你們到底要怎麼樣？」高雄警備司令胡英傑就把東南長官公署命令交給劉汝明看，劉隨手遞給他的參謀長，要他宣讀：東南長官公署命令劉部「徒手登陸」。劉汝明反應很快說：「那就是繳械！」轉身又對高雄警備司令胡英傑說：「你就上船宣佈好了！」張處長恐怕劉部反抗，乃請劉總司令派其參謀長一同上船宣佈，然後用小船分批將部隊接運下來。有些官兵氣憤，遂將隨身攜帶的槍械扔到海裡。

三十九年四月底，駐防海南島的部隊全部撤退來台。孫總司令奉到命令，撤台部隊交由陸軍訓練司令部整編訓練，遂召集會議商訂接待辦法，規定來台部隊，須嚴格遵守下列事項：

㈠部隊官兵下船，須按規定接受查驗。

㈡隨部隊來台的零星人員及穿便服攜帶槍械人員，其所攜帶的武器一律收繳，並由各地區戒嚴司令部出具收條。

㈢隨部隊來台的零星人員，其身份不明或無人作保者，須依聯合檢查組的規定辦法處理。

㈣部隊須切實清點，嚴防匪諜混入其內。

㈤來台部隊上岸，必須依照進入台灣部隊慣例及規定，一律不准攜帶彈藥，應將所有攜帶的彈藥，按指定地點存放，並由各該部隊派員看守。

㈥部隊下船即予點驗，並發予給養後，即按指定地點，乘車進入營地，切勿久停港內，或自行進入市區，妨礙後續部隊登陸。

㈦撤台官兵切勿單獨遊散市區，以免有人不自檢點，予台胞以不良的印象。

孫總司令於五月二日下午四時二十分，召見先行來台的海南防衛部李副總司令，向他說明以上各項規定，請他轉知海南部隊遵照辦理。同時用電話告知在台北的舒副總司令及在鳳山的董副總司令：對於海南撤台部隊，應動員有關人員前往港口迎接。在執行上，應貫徹上述命令，接待人員的言語態度應和顏悅色，來台部隊有不了解的地方，應該詳細講解，務使接待工作辦得越和諧越好。孫總司令感慨地說：「他們退到台灣來，還要講歷史背景，誰是陳濟棠的部隊，誰是余漢謀的部隊，誰是薛岳的部隊，這些人把廣東搞垮，又把海南島搞垮，現在來到台灣，還要講這些關係，勢將把台灣搞垮。今天我們只有這一塊最後的國土，絕不容許他們再胡搞。我是不管部隊是那一個人的，我一定要把他們整訓好，成爲國家的軍隊。」

孫立人嚴格整頓自海南島撤退來台的部隊，自然遭受到軍頭的反對。劉安琪在七十八年接受訪問時猶有餘恨地說：「我帶領二十一兵團自海南島回到台灣的時候，台灣已經是孫立人的天下了，上岸時把我們當敵人一樣，百般刁難，一個一個檢查，這眞不是人幹的事。」

❶

孫總司令爲了整訓大陸撤退來台部隊，特召集各部隊軍師長舉行員額調整會議。他在會中宣佈說：「整訓來台國軍工作，要比他在台訓練新軍工作，更爲艱難。因爲新建一個部隊，猶如在一張白紙上繪畫，畫家可以依照自己理想去畫，而整訓工作，是要在畫過的白紙上繪畫，則須經過兩道手續，先得把原畫塗成白底，然後畫家才能下手去畫，其難度自比訓練新軍困難得多。我們要把整訓工作做好，首要之圖就是要把部隊中過去一切壞的積習改正過來，然後才能加強訓練官兵的精神體力及戰鬥技能。要革除積習，第一要絕對不許任何部隊吃一個空缺。如何才能做到？第一步由各部自行清查人數，備好清冊向上級呈報。第二步憑清冊照像，第三步由上級憑像片清點發給薪餉。我既不許部隊吃空缺，凡部隊經核實之後，我一定要負責提供部隊最低需要的經費。所謂一個部隊最低需要的經費，乃是指像窮家過日子一樣，缺少這幾文錢，就不能夠開伙，否則，我負不起這重大的擔子。」同時要求各部隊將裁減員額的人數統計出來，並將每一個軍或獨立師或團的最低需要的經費計算出來，由陸訓部呈報國防部撥發。從此之後，國軍吃空缺的積習，完全掃除。

註釋：

陸軍總司令部負責整編大陸來台的殘缺部隊，第一次計編成十二個軍，三十八個師，於民國三十九年六月三十日完成。至於整編之後部隊的訓練，仍照過去方式，分為兩個階段：第一階段是初期教育，為期五週，施以基本動作及體能訓練；第二階段是正式教育，為期十三週，施以基本射擊及伍班戰鬥教練。總部負責幹部訓練，士兵由部隊自行訓練。過去一個軍的全部幹部訓練，需要六個月訓練完成，現有十二個軍的幹部需要訓練，預計最快要兩年時間，始能完成校尉官的訓練。至於軍士的訓練，兩年只能完成三分之一。

(二) 儲備軍官訓練班

大陸撤退來台的部隊，經過第一次整編之後，多出編餘軍官兩萬多人，沒有軍職可以安置，各軍遂將多餘的軍官三千多人編入戰鬥團。孫總司令為整訓這許多編餘軍官，特在鳳山灣子頭營房，設立儲備軍官訓練班，任命周鑑少將為班主任，趙霞少將為副主任，下轄三個總隊，九個大隊，三十二個中隊。第一總隊長是楊廷宴少將，第二總隊長劉梓皐少將，第三總隊長是唐去非少將，從編餘軍官中挑選年輕體壯學術較優的前來受訓，為期半年，前三個月前，著重體能及射擊技術訓練，後三個月，著重戰鬥技能及小部隊指揮。

儲訓班的學員，都是各部隊編餘下來的軍官，可以說是各部隊的破銅爛鐵。現在孫總司令把他們收入到新軍洪爐裡，目的是要他們從浴火中重生，鍛練成國軍的精銳幹部。因此，孫總司令對於儲訓班的訓練，要求特別嚴格，他自己祗要一有時間，就從辦公室走到灣子頭操場，察看儲訓班的操練，發現學員有不瞭解的地方，他親為講解其中道理，甚至親自示範，要求學員每一個動作都做到確實，合乎要領。

一天下午，他看到校官隊演練基本劈刺，動作太生疏，連轉彎刺槍都不一致。孫總司令看到這種情形，立即不要他們再做。告訴他們說：「大家不要認為劈刺是士兵的動作，可以不必去學，諸位都是幹部，最低應該知道，那些動作是對的，那些是錯的，這樣你才能去教導人。」接著他指示負責教育的班附郭立上校說：「戰鬥行進、火戰、近戰、陣內戰，這是作戰的一套法寶，缺一不可，而你們儲訓班的教育，對於這四者接不上氣，怎麼可以！」

繼續看到十四中隊的隊伍沒有站整齊，孫總司令當即教隊長做一個連的整頓法，經好久沒有整頓好。孫總司令說：「你們這樣整頓到晚上也整頓不好，因為各人的立正姿勢不正確，如何能夠求得全體隊伍的整齊。」

孫總司令在視察儲訓班學員步槍射擊預習時，常詳細詢問學員各種問題，目的在使學員能夠瞭解射擊各項動作的所以然。他常抽問一個學員：「打靶後擦槍的程序怎樣做？擦槍布應該用油多少？可不可以用乾布擦？打過靶槍擦好之後，第二天還要不要擦？為甚麼要擦？不擦為甚麼會生

新軍體能訓練課程持槍跑步。

銹？」有學員答不出來，他就問區隊長，區隊長再答不出，他會一直追問到大隊長。最後他向大家解釋：「這是因爲打靶後，槍雖然擦過，裡面仍存有瓦斯，第二天如果不擦，經過化學變化，槍管內便會生銹，以後很難擦掉。」遇到每一個問題，他都追問到水落石出。

他又問學員：「呼吸應該怎樣配合擊發？吐出多少氣然後停止呼吸？」有位學員答道：「吐氣多少，以吸氣多少而定，總之吐到不多不少身體感到最舒服時，然後停止呼吸，使得擊發在不知不覺中去做。」他繼續追問下去：「怎樣才能快放？」有位教官答道：「瞄準差不多就放。」孫總司令告訴他說：「第一要開關機柄迅速，第二兩眼不要離開目標，第三要瞄準熟練。快放目的是要以最短時間求最多命中，如爲求快放而放棄精確，那快放沒有意義。」

有一次視察十五中隊60迫擊砲操作，孫總司令看到砲的橫軸上有紅銹，他立即令周鑑主任查出這門砲是那一隊使用，隊長應受處分。有人回答說：「因爲昨天下雨。」孫總司令嚴詞責備說：「祇要我們人沒死，就應該把槍砲管擦拭好。」因爲孫總司令平時督導嚴格，隊上官長及學員都不敢有一點怠忽。

儲訓班學員受訓期滿，孫總司令親往視察第五中隊「排攻擊」演習。全隊發射五百六十四發子彈，命中六十一發。共有三十二個靶子，中十七個靶子，脫十五個靶子，命中率一〇·八%，接著看第十中隊「排攻擊」演習，全隊發射五百三十二發子彈，命中六十五發。共有三十四個靶子，中二十四個靶子，脫十個靶子，命中率一二·二%。孫總司令看到這樣成績，大爲不滿。認爲學員們不肯虛心下工夫學習，一切基本動作似是而非，不夠確實，要他們痛自反省，切實檢討，迅速改正過來。一直講了三個半小時，喉嚨都講乾了，眞是恨鐵不成鋼。

第二天，孫總司令繼續視察儲訓班學員的體能測驗，他先站在司令台前看二百公尺接力賽及障礙超越，學員們個個赤膊紅短褲，身手矯健，操場上瀰漫著熱烈活潑的情緒。他看了一會，走下司令台，去看第六中隊手榴彈投擲，一組二十人中，有四人投至五十公尺以上，孫總司令面露笑容，甚表滿意。

儲訓班第一期學員畢業，孫總司令分批一個中隊接著一個中隊點名。點名之前，要每一中隊造好名冊。名冊上除塡列學經歷及成績外，並分列「熱誠」、「學識」、「品德」、「體格」、「能力」、「智慧」、「毅力」、「果敢」八項，要隊長詳加評語。孫總司令一手持著名冊，一手拿著紅藍鉛筆，點到每個人姓名時，他看得很仔細，從頭看到腳，從動作看出精神，再對照點名冊上評語，然後評定等次。一般都給B等，其次是B^-，較好的是B^+，要想得個A，頗不容易。有時他點完這個人之後，他還回過頭來，再考量一番，然後在B上面添個加號。遇到有瘦弱的或面色飢黃的學員，他一定要問這個學員最近有無生病？平均每分鐘約點七個半人，上下午各點一個中隊。他對於點名冊上，隊長所給的評語，常嫌其空洞，不夠詳實，指示各隊長要加改善。

孫總司令花費許多時間與精力，對儲訓班學員逐一點名，目的是要從中挑選優秀軍官，先行分發到各部隊中，充實基層幹部，加強整編部隊的戰力。

從大陸各地撤退來台的部隊，在台灣經過一年的整編與訓練，不僅員額充實了，而且戰力也增強了。孫總司令指示各部隊，按照預定計畫進度，於四十年四月中旬，舉行春季校閱。這次校閱分爲四大項目：㈠作戰準備，㈡部隊訓練，㈢政工，主要是人事、經費、意見、獎懲四大公開，㈣衛生，包括官兵健康、預防治療及環境衛生等項。作戰準備、政工、衛生三項，均是關於業務方面，分由作戰、政工及衛生小組分別校閱。孫總司令要親自校閱各軍師的戰鬥訓練，每一天看一個軍，因無時間全部校閱，規定從一個師中抽出一個營，再從一個營中，臨時由總司令指定一個班，演習「班攻擊」這個項目，目的是在考查部隊基本戰鬥射擊動作。所以一個師中眞正看到的，祇是一個班的戰鬥動作，但從一個班的演習中，約略可以看到一個師的教育進度。這次校閱預先訂有一定的標準，例如「班攻擊演習」，預設十四個靶子，每班規定發射一百五十發子彈，步槍兵每名十發，機槍手六十發，卡賓槍十發，演習完了後，檢查命中彈數，有無脫靶，命中率是多少。這樣具體考核，才有一個公平客觀的標準，部隊也無法做假。同時規定總部派員校閱，一切膳宿自理，絕對不接受招待，一改過去校閱部隊就去騷擾部隊的陋習。

㈢ 校閱班攻擊演習

第一天本來校閱駐防宜蘭的第十八軍，尹俊軍長認爲該軍甫從外島調回來，部隊整訓時間較短，恐影響全軍成績，請求把校閱該軍時間，延至最後，以便爭取較好成績，報請陸軍

孫將軍校閱軍隊，隨後左一是沈克勤（吳紹同攝影）

總部核准。孫總司令於四月十五日清晨八時，抵達淡水校閱第六軍，蘇時軍長及基隆要塞司令譚鵬來迎，先檢閱儀隊，開始閱兵，受校單位是前三天中籤的一個營。總司令閱兵後，即召見中籤單位的團長，指定兩個演習班，第一個班是二〇七師六二〇團第二營第四連第一班，第二個班是三三九師一〇一五團第三營第七連第二班，然後由陪校官對照薪餉手冊檢查人數，部隊即帶往演習場，陪校官再檢查地形靶子，一切符合規定，即開始實施班攻擊，由班長率領全班士兵實施攻擊，一面依照地形匍匐前進，一面發現目標（靶子），立即射擊，直到攻佔敵人陣地爲止。再由陪校官檢查命中彈數及脫靶數目。孫總司令一步一步跟著看，看到優缺點地方，隨時指出，受校單位營長以上部隊長及各部隊參觀人員隨後參觀。演習完畢，孫總司令與營長以上人員會餐，下午繼續再看兩個班攻擊演習，看畢，召集營長以上部隊長及演習單位連長點名，最後就其所見，作扼要講評。他認爲第六軍班攻擊行進時，能夠疏散開，是一大進步。

第三天，在新竹校閱五十二軍，孫總司令指定由第二師第四團第三營第三連第九班擔任「班攻擊演習」。在班長下達攻擊命令時，同時宣佈三件事：㈠三級代理人，班長陣亡，由副班長代理，副班長陣亡，由第一伍伍長代理，依此類推。㈡三不打，看不見不打，瞄不準不打，打不中不打。㈢全面督戰，在火線上，誰退人人都可以打死他。這是五十二軍打仗的三件法寶，並舉出過去很多戰例，證明收效很大，因此在演習時，加入課程內實施。演習完畢，這一班射擊成績特優。全班攻擊行進中發射彈數一百五十發，命中一百一十六。十四個靶子，沒有一個脫靶，命中率是七七·三%，陪校官看到這樣成績，都大爲驚喜，認爲沒有部隊再能出其右者，可是該師官兵全無矜驕之色，認爲沒有獲得全分，好像還不滿意的樣子。

第一個班看畢，驅車到第四十師師部，校閱第四十師第一一八團第二營第二連第五班實施「班攻擊演習」。孫總司令緊跟著部隊，一步一步都不放鬆，劉玉章軍長體胖年高，跟在總司令後面往山上爬，大感吃力。每當孫總司令他顧時，劉軍長便偷空坐一下，不一會，見總司令走，馬上便站起來，其態度恭謹若是，毫不擺老資格，而其練兵打仗，眞是有一套。據郭棟副軍長說：「平時訓練，軍長並不嚕囌，各項課目進度，有一定要求標準。戰時明白向官兵宣佈，立幾功升幾級，獎懲嚴明，故軍官中有許多是因功升上來的行伍。」又說班長教導士兵射擊預習，絕不敢馬虎，因爲軍長規定，到士兵實彈射擊時，規定班長要站在靶子旁邊，士兵射擊沒有學好，就會傷中班長，班長是誰也不敢掉以輕心。

孫總司令講評時，對該軍射擊成績優異，大爲嘉許。他說：「五十二軍在春季射擊比賽時，輕機槍射擊前九名，都給你們軍裡弟兄包辦了，這樣好的成績，已經把你們軍的名譽打響了，當時我曾要求全軍向你們看齊。今天我看到你們戰鬥動作確實，精神旺盛，我感到無限快慰與興奮。你們許多動作，例如利用地形地物射擊姿勢的正確，躍進後運用呼吸扣板機擊發姿勢之合乎要領等，都是我帶兵幾十年所要求而未能完全做到的，你們都已做到，足見你們平時下的苦功。有許多部隊長對我說：『他們部隊原來底子壞，所以沒法弄好。』我就舉第四十師爲例子，告訴他們：『第四十師從上海撤退下來，成甚麼樣子，新補的兵連槍都不會拿，而經此短期訓練，一切均跑在別的部隊前面。』足證汗不會白流，一切努力都是有代價的。」孫總司令從來沒有這樣稱讚一個部隊，五十二軍有如此之好，全體官兵無不感奮，認爲他們平時的苦幹，今天眞正得到行家的賞識。

孫總司令花了半個月時間，校閱台灣全島及澎湖駐軍十個軍的戰鬥訓練，甚爲滿意，認爲這些從大陸撤退來台的部隊，在台灣經過一年多的整訓，已經今非昔比，無論那一個師的班攻擊，擺出來都很像個樣子，顯示每個部隊都有堅強戰力。士兵的射擊，班長的指揮，排連長的管教，一般說來，都有很大進步。

(四) 準備率師援韓

三十九年六月二十五日，一個安靜的星期天，夜晚九時三十分，孫總司令剛上樓休息，突然接到台灣省政府主席吳國楨打來電話說：「韓戰爆發了！」北韓部隊已越過三十八度線，向南韓進攻，南韓部隊倉促應戰，開始敗退。孫總司令聞訊，認爲這是北韓受俄共指使，向南擴張，將會影響整個遠東局勢。台灣應該加強戒備，以防中共乘隙攻台。

接著駐在日本的盟軍統帥麥克阿瑟將軍奉命率領聯合國軍隊，支援南韓軍隊，抵抗北韓侵略。由於盟軍事前沒有充分準備，開戰之初，戰事極不順利。麥帥看到遠東國家，能有力量援助盟軍在韓國作戰的，祇有中華民國的軍隊。因此麥帥於七月三十一日下午一時，乘巴丹號專機，飛抵台北松山機場。下機後，即赴總統府晉謁蔣總統，說明此行任務。下午四時在國防部舉行中美高級將領軍事會議，由蔣總統主持，參加會議人員，美方隨同麥帥來華的有美國遠東艦隊司令卓伊中將，第七艦隊司令史樞波中將，美國遠東航空隊司令斯特拉特梅耶中將，盟軍總部參謀長亞爾謨少將等高級幕僚，陣容之盛，爲其訪問盟國以來所罕見。我方有參謀總長周至柔、海軍總司令桂永清、陸軍總司令孫立人、空軍總司令王叔銘及國防部各廳廳長等人，會中麥帥希望瞭解國軍的現狀，以及如何加強國軍的作戰火力？詢問國軍需要那些裝備？麥帥表示：美方願意提供一百門一〇五大砲裝備國軍。他問：國軍如果支援韓國盟軍作戰，以何種戰略及戰術最具效果？孫立人表示：我國可出兩軍精銳部隊，開赴韓國，支援盟軍作戰。蔣總統說：「國軍出兵可以，但是武器裝備，則需美國提供。」孫立人說：「國軍換用美軍新武器裝備，需要一段訓練時間，不能貿然換用新裝備後，立即上陣作戰。」會談兩個多小時，麥帥決定派一個聯絡組常駐台灣，名稱是「軍事考察團」，與中方從事軍事聯絡與合作事宜。

會後，蔣總統召見孫總司令，決定派劉廉一軍長率六十七軍及鄭果軍長率八十軍援韓，要孫積極準備。孫立人當晚回到家中，立即召來第一署署長田世英，連夜趕工，把麥帥所要的國軍現況及我方最急需的武器裝備等項資料準備好，次晨交其帶回東京。同時召見劉廉一軍長，令其加速準備率軍援韓工作。

次日送走麥帥之後，孫總司令搭夜快車趕回高雄，當即驅車前往鳳山軍營，召見八十軍軍長鄭果及其所轄的二〇一師師長閔銘厚等人，要他們積極準備率軍援韓工作。

當天下午，孫總司令召集第四軍官訓練班學生總隊隊職官點名並講話，指示他們在兩天之內，從軍訓班十八期畢業生中，挑選俱備下列五項條件的學生四百名：㈠忠誠，㈡勇敢，㈢機警，㈣強壯，㈤統馭力強，以備充實援韓部隊的基本幹

麥克阿瑟將軍蒞台訪問，孫立人將軍趨前握手歡迎。

部。

第六十七軍及第八十軍是在台灣訓練的精銳之師，官兵聽到政府要他們開赴韓國打仗，他們無不歡欣鼓舞，躍躍欲試，認爲這是他們一個最好表現的機會。有些官兵甚至把自己一點私有物品，都拿到街上賣掉，決心要從韓國打回東北老家去。

期待開拔的日子，遲遲不來，官兵等得有點不耐煩了。後來聽到美國政府顧忌國軍部隊援韓，恐將引起中共軍隊參戰，未能採納麥帥此一卓見，使韓戰陷於膠滯狀態。在韓戰期間，孫立人將軍一直在策劃著國軍登陸中國大陸以支援美軍在韓國軍事行動的計畫，企圖打開僵局，光復大陸。在他與美軍高級將領及美國政要交談時，他總是要抓著每一個機會，說服美國軍政當局，衹要美國給予後勤支援，國軍絕對有此戰力。民國四十年（一九五一）初，孫將軍獲悉美國駐華代辦藍欽即將離華返國述職，就去拜訪他，剴切陳述國軍登陸大陸沿海的可行性。事後藍欽在他「使華回憶錄」中，有下面一段記述：

「中華民國的陸軍總司令孫立人將軍來拜訪我，也就同樣的自南中國沿海登陸的計畫和我商討。自南中國沿海登陸的計畫，乃是在韓國的軍事活動進行時，被認爲一項可能的計畫。孫立人將軍認爲：只要有足夠的軍隊，他將可以在四個月內完成準備行動。但是他指出：美國海軍和空軍的掩護將是必不可少的，此外還要加上後勤支援。」❶

美國太平洋區三軍總司令兼太平洋艦隊司令雷德福（Arthur Radford）上將於四十一年五月初第一次到台灣訪問，孫立人於五月七日陪同雷德福參觀陸軍部隊野戰演習，雷德福看完之後，對於陸軍部隊訓練的精良，大為稱讚。他認為這次演習充分證明，國軍俱有堅強的戰鬥力。而國軍之所以能具有這樣高昂的精神與士氣，完全應歸功於統御者之領導有方，因而他對孫立人的軍事才能極為欣賞，從此兩人成了很好的朋友。

民國四十二年（一九五三）十一月底，美國副總統尼克森（Richard Nixon）偕夫人赴東南亞各國訪問，到達台灣，由孫立人總司令陪同，前往林口北部訓練中心，檢閱國軍儀隊，並參觀逼真的野外戰鬥演習，他看到國軍官兵強壯的體格和高超的戰技，認為它是遠東安全的堅強屏障。

註釋：

❶《藍欽使華回憶錄》第一〇一頁，《徵信新聞》報五十三年十月譯載出版。

二、第二次整編

(一)精簡部隊淘弱留強

三十九年春，孫立人就任陸軍總司令後，面臨兩大任務：一是確保台灣，反攻大陸，一是建立現代化國軍。

當時陸海空三軍共有八十萬人，因爲政府撤台，財政不足維持，決定裁減十萬人。經開軍事會議商定，海空軍各裁現有人員百分之五，陸軍裁減百分之十。孫總司令在軍事會議上主張，裁軍的主要目的在淘弱留強。依照此項原則，凡是已經核實的部隊，應該少減，沒有核實的部隊，應該多裁。可是會中，駐防金門、舟山、海南島的軍事首長們，都主張按照現有原額平均裁減，爭執很久，最後仍決定，依照陸軍現有員額平均裁減百分之十。

當時駐防台灣有五個軍，十五個師，舟山四個軍，十二個師，金門三個軍、九個師，海南島四個軍，十二個師，陸軍現有總額，共計十六個軍，四十八個師。

孫總司令認爲這樣平均裁減員額，失去裁軍的原意，而且當此兵員短缺的時候，就這樣好壞不分硬性裁員，影響官兵素質。裁了之後，又沒有適當安置，必將影響士氣，削弱戰力。最後他在不得已的情況下，要求暫時保留本案，讓他與各部隊長研商更妥適的裁減辦法。

三十九年四月初，孫總司令召集各部隊長開會，繼續商討陸軍人員裁減問題。大家議論紛紛，迄無結果。最後孫總司令宣佈裁減員額三大原則：第一、裁掉空額，第二、裁減老弱，第三、裁減不堪造就的官兵。各部隊先把這三種人員清查出來，然後實行照像點名，徹底清除吃空缺的惡習。這兩項工作，規定在十日內完成，待十日之後，再召開員額調整會議，看各部隊究竟可以裁減多少人，然後再決定裁減辦法，以免影響戰力。

嗣後，孫總司令召集各軍副軍長及戰鬥團團長，討論部隊中老弱處理辦法。他在會中指示：「各軍戰鬥團及各砲兵團教導營中的老弱人員，因其老弱，不能繼續在軍中服務，倘任其留在軍中，影響軍中訓練工作。經呈奉國防部核准，將他們集中起來。從五十軍、六十七軍及九十六軍三個軍的戰鬥團中各撥出一個大隊名額，分別安置他們，全部撥交聯勤總部安養管理。爲徹底達到淘弱留強的目的，孫總司令規定：第一，各軍師尚有老弱人員，乘這次合併予以淘汰。第二，各部隊中老弱人員數字，可從新核報，第一署必須據以核對清楚。第三，各部隊中超薪士兵薪餉仍應照額支給，這是他們應得的待遇，不應予以免除。第四，各部隊首先把老弱名冊造好，等候命令，在同一時間撥編；審核時，務須做到嚴格公平。經過這次嚴格的淘汰，陸軍部隊中的老弱問題，始獲解決。

(二) 美國軍援顧問團

韓戰爆發後，美國政府決定協防台灣，並派遣軍援顧問團來華協助訓練國軍部隊。民國四十年（一九五一）五月一日，美國在台正式成立「駐台美國軍事援華顧問團」（U.S.Military Assistance Advisory of China on Taiwan），首任美國軍援顧問團長蔡斯少將（Maj. Gen. William C. Chase），矮小精幹，蓄短髫鬚，手持馬鞭，趾高氣揚。他到任之初，由台北乘車南下，沿途接見各軍師長，頤指氣使，不免有點氣勢凌人。他和孫總司令爲了美援裝備運用問題，兩人各持己見，常有爭執，每次爭執到最後，他都是順從孫總司令意見。而且他在中美最高軍事會議中常爲孫立人說話，認爲國防部給孫授權太少，使孫不能發揮所長。

四十一年初，蔡斯團長回美國述職，他向各方報告說：「雖然中國陸軍給他的合作，少於海空軍，但他還是對他所得到的合作甚表滿意，對於中國軍隊士氣的旺盛和素質的改善，尤爲讚許。」❶

美國軍援顧問團陸軍組組長魏雷准將（Brig. Gen. Willey），是一位瘦長型的軍人，舉止文雅。初到任時，仍是上校，不久升爲准將。由蔡斯團長和孫將軍在總司令辦公室內，爲他左右肩上各佩戴一顆金星肩領章，孫總司令並贈送他一顆象牙中文印章，祝賀他榮升。

美軍顧問團陸軍組的辦公室，設在台北上海路陸軍總部內，與孫總司令同一層樓辦公，孫總司令辦公室在西邊，魏雷辦公室在東邊，聯絡非常方便。美軍顧問要見孫總司令必須事先通報，不得擅自推門進去。魏雷准將在緬戰時曾任孫部聯絡官，以對長官之禮對待孫總司令，兩人相處甚爲融洽。爲了增進雙方相互的合作，陸軍總部與美軍顧問團於每週二下午三時舉行聯席會報一次。在第一次會中，商定美軍顧問團協助國軍訓練方式：美軍顧問僅負責教育計畫，從旁協助國軍訓練，至於特種技術訓練，始由美軍顧問直接擔任教官，負責教導。孫總司令提出此一方案的用意，在加強中美雙方的軍事合作，共同提升部隊的教育訓練。並著重我方是主，美軍顧問是客，不要主客顚倒，有失國格。

當時有許多高級將領對美軍顧問特別客氣，不按照軍中階級禮節，和他們平起平坐，以示討好。孫將軍對美軍顧問交往，特別注重禮節，美軍顧問團任何人進他辦公室應該要先敲門，得他許可，才能進去。有一次一位美軍顧問冒失的衝進孫總司令辦公室，孫將軍請他出去，先在門外敲門，等他喊進後，才許進去。從此之後，美軍顧問對孫將軍再不敢怠慢了，每當孫將軍出現時，不論是在甚麼場合，甚麼情況，美軍顧問都立即向他敬禮，唯唯諾諾，誰也不敢在他面前大聲張揚了。

有一次孫總司令陪同蔡斯團長南下鳳山，視察陸軍軍官學校，並與全校主管人員舉行座談，聽取校務報告。報告員開始用英語報告，孫總司令當即予以制止。他對報告員說：「今天你是對我報告，不是對美軍顧問報告，所以你應該先說中文，然後用英文翻譯，才合主客道理。」接著赴鳳鼻頭視察海防工事，蔡斯團長看到一〇二〇團官兵都穿著草鞋，甚爲驚奇，詳細詢問編織草鞋及穿著方法，當即答應，由美援提供軍用皮鞋，給全體國軍官兵穿用。

第二天清晨，孫總司令偕蔡斯團長同赴台南旭町營房，視察三四〇師體操及基本教練、兵器使用及射擊預習。一位指導官報告：今天課目是「美式刺槍」。孫總司令立予糾正：「直接稱刺槍就是了，以後不要再說『美式』、『日式』，我們學會就是中式了。」繼至三分子射擊場看戰鬥教練及步槍射擊。中午回到旭町營房，與官兵會餐。孫總司令與蔡斯團長席地圍成一桌，同吃大鍋菜。當時官兵副食費每月十八元，菜飯質量都差。蔡斯團長吃後，認爲官兵吃這樣伙食，全天操練下來，營養不夠。蔡斯說：「貴國部隊官兵體格都很強健，並且具有吃苦耐勞的精神，只要在營養方面加以改善，體能必定更好。」因而他建議由美方

孫立人將軍陪同蔣總統中正視察新軍訓練，左一是周至柔總長，左二是美軍顧問團團長蔡斯。

右：孫立人將軍與美軍顧問團蔡斯團長合影

選派營養軍官，至各部隊中教導伙伕的烹飪方法，以改善官兵伙食，增加營養。

四十年秋，美軍特派來一位衛生營養顧問，在彰化花壇開辦一個「炊事人員講習訓練中心」，調訓中部防衛司令部所轄各軍師主辦伙食人員。孫總司令一天特地前往視察。中防部副司令官施中誠，五十軍軍長鄭挺峯，八十七軍軍長鄒鵬奇等高級將領陪同。由美軍營養顧問引導，參觀「中心」的大廚房各種炊具設施，和受訓人員正在分組學做蛋糕西點的訓練。接著由美軍營養顧問簡報「中心」的講習課程，和訓練的食點項目。孫總司令聽完美顧問所作簡報後，即席指示受訓人員應該注意下列事項：㈠要加強炊事人員的個人衛生教育，如常洗澡、理髮、勤換衣服、多剪指甲等，使他們能養成個人愛清潔的生活習慣，㈡要加強炊事人員如何管理廚房的知識和方法，㈢學習新的烹飪方法，要能推陳出新，㈣更要研究戰時攜帶方便的簡速食品。簡報之後，受訓人員便把他們剛學會做好的蛋糕，拿來招待高級將領品嚐。一位師長笑著說：「現在部隊官兵以米爲主食，每人麵粉配量，每天早餐連吃一個饅頭都不夠，那有多的麵粉做蛋糕點心，我看我們的炊事兵，學會了這套新手藝，恐怕巧手難做沒有麵粉的蛋糕呢！」說得大家都笑了。孫總司令知道美軍顧問教軍中伙伕做蛋糕，不切實際。乃叮嚀囑咐各部隊長，要官兵每天吃台糖生產的酵母片，既可補充營養，又極便宜，一元可買五百粒，每天吃十幾粒，可替代肉類。他又把台灣水產管理局贈送的魚肝油，分配給患夜盲症的官兵吃，效果很好。

孫總司令看到國軍部隊長對待美軍顧問過份客氣，總是以貴賓之禮相待，反而給美軍顧問瞧不起。有一次，他在與各軍軍長開會時，特別指示說：「今後美軍顧問無論到那個單位，我們不要擺上糖果、香煙、西餐、大菜招待。中國人向例很客氣，克己厚人，可是美國人不明瞭，以爲我們部隊官長只講享受，不顧士兵溫飽。美國人一般習慣，兩個好朋友在一起吃飯，各人付各人的飯錢。我們招待他們，愈簡單愈實在愈好。他們以後到部隊裡去，最好我們吃甚麼，讓他們也吃甚麼。如果菜不夠吃，可以加一個炒鷄蛋，並同他說明，這樣菜是臨時加的，不要給他認爲我們士兵天天有鷄蛋吃。」

有一次，中央通訊社邀請美國各報社新聞記者一行二十三人，前往高雄鳳山、左營、崗山參觀訪問陸海空三軍訓練情形。孫總司令特別指示隨從參謀曾日孚少校負責接待：「我們祇是把平時訓練的情形，拿給他們看，絕不要擺場面，更不要舖張招待，飲食愈簡單愈好，但要衛生乾淨，不許招待煙酒，飯後吃點西瓜就夠了。」美國新聞記者在南部看完陸海空三軍，大家一致認爲陸軍招待最差，可是他們向美國各媒體的報導，獨對中國陸軍訓練大加讚揚。其中北美報業聯盟報導稱：「孫總司令訓練的軍隊，頗有成效。美國軍方一致認爲，孫總司令若不受牽制，則他訓練出的軍隊一定不錯。」

另一位美國新聞記者，初次見到孫的印象。他報導說：

「我們這一行，至少有好幾位同業，對他的底細明瞭得很清楚。這次來看他，心裡也早已有數，他是一位優秀軍人。但沒有想到孫立人卻也是那麼和藹可親的人。他處理公事的時候，臉上一本正經，兩唇緊閉，兩眼定神。但逢人介紹與某人會晤時，嚴肅的面孔，立即變成親切的微笑，兩眼充滿愉快，而且他和人握手的熱烈，便足以證明他的眞誠友好。他招待我們一頓好的中飯，飯後，便對我們致詞歡迎，說到中途，忽然忘記了要說的話，在一句話的半中間，冷場片刻，在那一霎那，好像很難過，然後他向全場掃了一個感動的微笑，便坐下了。結果他獲得的喝采，不成問題的比他以空洞的漂亮話來塡充那個破綻要熱烈得多。」

孫總司令在軍營中，總是同官兵共甘苦，他到那裡，官兵吃甚麼，他吃甚麼。官兵出操打野外，在南台灣炙熱的太陽下，官兵戴斗笠，他也戴斗笠，遇到颱風暴雨，官兵冒著風雨演練，他絕對不穿雨衣。他在家裡，生活也非常簡單。平常和家人及隨從人員同桌吃飯，四餐一湯，粗菜淡飯。一天約賈副總司令來家吃晚飯，孫夫人知道後，臨時上街買了一盤滷菜，作爲加菜。因爲孫總司令去看省府吳主席，回來遲了。住在孫府裡的王國華參議便邀賈副總司令在他家裡先吃了。孫總司令回到家中，看到桌上的菜比平常多了一樣，就很不高興的和孫夫人說：「我們今天又不是請客，何必要這麼多菜。以後應該減少一點。要知道我們部隊裡現在只吃十八塊錢一個月的伙食，而大陸上的同胞連飯都沒有得吃。」正說到這裡，女傭雪青又送上一盤青椒炒苦瓜。孫二小姐寧人看到祇搖手，叫她不要再送上桌來。而孫夫人知道總司令喜歡吃辣椒，便叫雪青拿上來，告訴總司令說：「這樣菜很好吃。」他面色顯得越發不好看了，停了半晌，才指著擺在面前的一小碟泡菜及香腐乳說：「小菜是最下飯的，有這幾樣小菜就夠了。」

三十九年，美國恢復軍援。孫總司令報准參謀總長周至柔同意，依照下列三項原則，向美方申請美援裝備：㈠要有優越的火力，㈡要有優越的機動力，㈢各部隊要有單獨作戰能力。並按照十六個軍四十八個師計算，請求增加百分之五十的裝備。並以一年會戰四次計算，把彈藥武器消耗量也計算在內。至於裝甲兵旅請求增加戰車一千多輛，車輛四千多部，數量過多，孫總司令核准以對折計算，照此數額申請，美方倘能如數援助，足可裝備兩倍現有的國軍。

一天下午，物資供應局江杓局長電話通知孫總司令說：「美國有關方面來電報，已允撥賣武器彈藥供給孫將軍部隊，即將裝運來台，任由你選用。」孫總司令問他價款多少？江局長回答：「運來再講。」孫總司令繼續又問：「這事我們應該怎樣向上級報告？雖然買來的東西，不是給我個人，但是應該把腳跟站穩，免得讓人說話。」江局長說：「沒有問題，一切由我負責。」孫總司令說：「還是讓我到台北，親向蔣總統報告。」並請江局長代復美方一電，請美方立即運來。這是大陸淪陷後，第一批美方核准給予我國的軍援，孫將軍得知後，精神至為振奮。下班後，與魏振武處長打了半個小時網球，繼又練習投擲棒球，心情極為愉快。

(三)國軍編制裝備現代化

為配合美援裝備，孫總司令決定擴大軍師現行編制，以增強國軍戰力。因此，孫總司令指示陸軍總部有關單位，依照美軍編制標準，訂出一個軍和師的新編制草案，再與美軍顧問反復討論，最後定案。呈奉國防部核准實施。

孫總司令惟恐此次所訂的軍師新編制，不能切合作戰實際需要，建議先以一個軍，實驗三個月，再看實驗結果如何，作最後修訂，以求完善。原想以五十二軍為實驗，因為該軍擔任重要海防任務，不能將部隊完全集中起來作實驗，乃改由六十七軍為實驗軍，六十七師為實驗師，依照新訂的編制改編整訓。

四十年七月二十六日，孫總司令召集六十七軍副軍長許朗軒、五十六師師長沈莊宇、六十七師師長張莫京與總部參謀長車番如及第五署署長鄭為元，就實驗軍師的新編制及其實施，作詳細的會商。會中決定六十七師不足的員額，由該軍五十六師補充，另以砲兵第八團，作為六十七軍的軍砲兵團，從砲兵第十三團調一個營作為六十七師的砲兵營，從裝甲兵旅調裝甲部隊配屬實驗。孫總司令認為軍和師的理想編制，步兵與砲兵之比，最好能達到三與一之比，最少也要達到四比一。他並認為作戰最重要在敵情搜索，指示實驗軍新編制增加一個搜索營，實驗師增加一個搜索連。指派二十名曾受過搜索訓練的軍訓班十八期畢業生前來協助訓練。

孫總司令對於軍和師新編制的實驗，非常重視，認爲這是他爲國家建軍的第一步。所以在實驗軍師實施之前，他數度偕同美軍顧問前往桃園視察六十七軍訓練設施及進度。四十年九月四日清晨，孫總司令偕同美軍少校楊帝澤驅車赴大楠，視察六十七軍實驗訓練情形。楊少校是革命先烈楊鶴雲的孫子，已入美國籍，現任美軍第二師營長，韓戰中驍勇善戰，兩次因功授勳。這次休假返美，美軍顧問團蔡斯團長特邀請他來看看國軍訓練情形，向其提供建議。楊少校住在中國甚久，能說流利國語，對中國極爲友善。

當日上午九時到達大楠營房，全軍官兵已在操場集合，並按照軍師的實驗編制排列。孫總司令逐排一一檢閱，並就檢閱所看到的缺失，提出來要他們改正：第一，實驗編制固定之後，不要遷就形式，臨時抽調人員作其他使用。第二，現在六十七軍是標準軍，六十七師是標準師，那就是六十七軍每個官兵都要做標準軍人。第三，六十七軍已按實驗編制完成，從九月九日開始訓練。所謂訓練，不僅是加強操場野外的訓練，而且要包括一切內務、衛生、禮節、經理等方面，都要煥然一新。這次實驗能不能夠成功，就看大家實幹苦幹的精神如何。希望大家每個人要把身體鍛鍊強壯，把基本的戰鬥技術練好，伍班的戰鬥動作嫻熟，進而修養排連的戰術，由易而難，由簡而繁，勤修苦練，才能達成這次實驗的任務。

孫總司令講話之後，要每團派出四個士兵到司令台上，給他們講解鋼盔的戴法。他說：「這次新運到的銅盔發給你們，希望你們好好使用。你們知道鋼盔外殼是鋼的，加強抗力，內殼是膠的，用以防止冷熱。過去部隊上士兵爲求戴上舒服，都把外殼去掉，祇戴內殼，甚至拿外殼去洗臉燒飯，這是最壞的習慣，一定要改正過來。」並一一指點他們如何戴法。

孫總司令繼召集各團團長直屬營連長舉行座談會，先逐一點名，接著問他們對實驗師的教育實施有何問題，對他們所提出問題一一解答後，並指示數點：㈠六十七軍在實驗期間的教育計畫大綱，係陸軍總部與美軍顧問團共同擬訂，其間經過七八次修訂，斟酌再三，始行定案。㈡這次實驗的教育訓練時間爲三個月，課程從士兵的射擊戰鬥技術，進度到「加強營的聯合戰鬥」，在時間上很緊湊，希望大家要有效利用訓練時間，以求達到實驗目的。㈢過去軍隊實施夜戰訓練，都沒有排定上課時間，由部隊長臨時指定。今後夜戰教育至爲重要，不僅須排在上課時間內實施，而且應增加夜戰教育的時間。㈣這次實驗沒有將政治教育列入正課時間，惟可利用休閒時間實施。㈤每個班的士兵，除步槍手榴彈要人人熟練外，對於輕重機槍、槍榴彈、迫擊砲都應訓練三個射手。㈥原望美軍顧問前來直接訓練特種兵，現因美方無此大批人員，僅派十四名顧問前來協助訓練特種兵。㈦陸軍總部選派教育輔導五組，分別派在軍和師及三個團，擔任教官工作，協助部隊一般訓練，務須做到教育方法一致，士兵動作劃一。㈧實驗教育一定要研究方法。各種操練動作，可按照步兵操典、操科實施法及伍班範例實施。希望各部隊長站在主動立場，一方面實驗，一方面研究，這樣才能收到實驗效果。

會後在團部聚餐。下午，孫總司令回到總部，召集美軍顧問團陸軍組長魏雷、總部參謀長趙家驤、副參謀長龔愚、劉德星及第五署署長鄭爲元等人，研討六十七軍的實驗教育計畫有關問題。

這次陸軍新編制的實驗，除了由六十七軍依照美軍編制實驗外，另由三十二師依照日軍編制實驗，兩者實驗結果的優劣，作爲我國陸軍新編制的依據。

三十二師依照日軍編制實驗，是由圓山軍官訓練團主持，聘有大批日本教官，教練官兵日式操作，蔣總統極爲重視。第一期教育時間三個月，業已訓練完畢。第二期教育時間五個月，正在進行。該師官兵全部集中在湖口訓練，教育經費充足，訓練場所優良，在師長張柏亭及日本總教官白鴻亮主持下，積極進行訓練，成績顯著。

六十七師實驗美軍編制，由陸軍總部主持，美軍顧問團協助，人員臨時湊合，器材深感不足，經費沒有增加。從四十年九月九日開始實施，預定在三個月內，完成到加強營的訓練。六十七軍全體官兵接到這一光榮任務，深知責任重大，戰戰兢兢，期能迎頭趕上。六十七師師長張莫京每天起床號響，就去操場看官兵操練，直到操課完畢，才回辦公室處理公事，各級部隊長都有這種拚命幹的精神。陸軍總部派去的教育輔導組人員的教導，及美軍顧問的協助，都俱有認眞的精神，期望有好的成績表現。

孫總司令認爲六十七軍及六十七師實驗新編制，對其因實驗所需要的人員及經費，必須適當提供始能收到成效。他在參加每週總統召集的軍事會議中，曾就六十七軍、師新編制的教育計畫與準備情形，提出報告，請准增發十萬元，作爲教育設備費，專供其購置教育用的訓練器材、印發新編教材及演習場所的設備。

至於教育輔導組人員，孫總司令指令由軍校幹部訓練總隊學員擔任，並調北部防守區輔導組組長魯廷甲兼任六十七軍教育輔導組組長，大隊長江雲錦兼任副組長，下設五個小組，由金本、吳鴻昇、顧傑海、周正光、馮浩分任小組長，另派三十名體育教官負責體育訓練，由王漢超任組長，分別配屬六十七軍及六十七師直屬部隊及三個團，負責教育訓練工作。孫總司令對他們說：「組長在師裡的地位等於副參謀長，各小組長在團裡地位等於副團長，美軍顧問是負協助訓練輔導教育的責任，六十七軍各級部隊長是主管，直接對部隊教育負責，輔導組祇是主持教育訓練工作，充當教官及助教的任務，去做無名英雄，不要去與部隊長爭風頭，要把說實話、做實事、實幹苦幹的新風氣帶到部隊中去，把部隊中舊有的官僚腐化的壞習慣完全革除掉。希望大家氣要足、心要熱、志要堅，使六十七軍這次實驗獲得成功。」訓話之後，隨即命令全組人員分兩批搭車前往桃園六十七軍報到。

九月二十九日六十七師實驗新編制已實施了三週，孫總司令偕同賈幼慧副總司令及第五署署長鄭爲元等，前往桃園林投店，視察六十七師二〇一團的教育訓練，由徐朗軒副軍長及張莫京師長陪同，到野外看班的戰鬥訓練。中午回到軍部駐地桃園初中，午餐後舉行座談會，軍師營長以上部隊長均參加，徐汝誠軍長患足疾初癒，也從台北趕來參加，檢討實驗新編制的操作及教育方法所發生的問題，並由各團營長及教育輔導組分別報告教育實施情況。大家一致認爲訓練進度太快，各個伍班的基礎動作不夠，士兵動作也跟不上，官長缺乏教育準備時間。孫總司令向他們解釋說：「美國顧問不瞭解我們部隊的實際情形，他們以爲我們部隊在台訓練一年多，士兵基本動作，及伍班戰鬥教練已經熟練，希望在這三個月實驗期間，完成到加強營的訓練，自不免有許多勉強之處。惟望在準備連營教練時，偏重連營長的戰術指揮，同時可繼續加強士兵的戰鬥教練。」

這次訓練的目的，主要在實驗新編制與裝備是否適合，藉以確定完善的軍師編制與裝備。同時完成各種戰鬥技能，與加強團以下部隊的聯合戰鬥訓練，及師以下的幕僚勤務演習，使能運用其新編制，熟練其新裝備。

自四十年九月開始，直至年底，在這段實驗期間，孫總司令經常去桃園督訓，尤其喜歡聽取部隊的檢討，隨時給予他們指示，解決他們的困難，可說是集中了全副精力，參與這次具有創新意義的實驗與訓練。這種躬親的推動，自然會發生無比的力量，不但對陸軍的編裝，實驗出一個良好的典型，同時對這種典型編裝的訓練，也樹立了一個有效的規範。

陸軍總部這次爲了配合美國軍援裝備，先將新的軍師編制，交由六十七軍依照美軍編制實驗，同時由三十二師依照日軍編制實驗。孫總司令指示陸軍總部主管人員，就實驗的結果，續與美軍顧問團及日本顧問，詳加檢討美日編制裝備的優劣，採取美日兩者之長，配合國軍現況，研訂出一套新的國軍編制裝備人員車輛完整方案，呈奉國防部核定後，於四十一年五月，頒發給台澎部隊，按照新的編制實施。第二次整編，計將十個軍三十一個師，整編爲十個軍二十一個師，於四十一年十一月底全部整編完成。

台澎陸軍部隊經過此次整編後，戰力大爲增強。四十一年國慶閱兵後，美軍顧問團蔡斯團長大爲讚賞。他說：「中國在建立一支強大的軍事力量過程中，已經有了很好的基礎，這在今晨閱兵時，得到了最好的保證。在檢閱時我們所看到的部隊，不愧爲世界上第一流部隊。」

美國總統候選人杜威先生於民國四十年（一九五一）來台訪問，回國後，撰文誇獎孫立人在台灣訓練的部隊。他說：「我曾到台北附近孫立人將軍的部隊中參觀，孫氏是一個眞正的軍人，儘管他遭受到困難，他仍在他的權限和能力範圍內，積極地建立了一支眞正的作戰部隊。」❶

註釋：

❶《顧維鈞回憶錄》，第九冊第五一三頁，中華書局印行。

三、第三次整編

民國四十三年五月，陸軍總部爲配合準備反攻，頒令全台所有部隊，實施第三次整編，以現有的各個軍師與聯勤一部分後勤補給單位，混合編成兩個具有強大攻擊力的野戰兵團。每個兵團下轄四個軍，每個軍轄三個火力強大的師，共有八個軍，二十四個師，於同年六月底全部整編完成。

這次整編是將原有的十個軍，精簡混合編成八個軍，每個軍編爲三個員額充足的師，加強全軍的作戰火力，以及大部隊運動的機動力，並著重夜間作戰與情報搜索，以及聯合協同作戰。

經整編後的軍師，均賦予新的番號，表列於後：

整編後的新番號	整編前的原有部隊
第一兵團下轄	
第一軍	第五十軍全部、與十九軍及九十六軍各一部分混合編成。
第二軍	第六十七軍全部、與九十六軍一部分混合編成。
第三軍	第八十七軍全部與三十二師合編而成。
第四軍	第五軍全部與十九軍一部分混合編成。
第二兵團下轄	
第七軍	第十八軍全部與第六軍一部分混合編成。
第八軍	第五十二軍全部與第六四軍一部分混合編成。
第九軍	第七十五軍全部與五十四軍一部分混合編成。
第十軍	第八十軍全部與五十四軍一部分混合編成。

陸軍各部隊經整編後，爲了使各級幹部和戰士們，能夠在新編制的崗位上，發揮他們有效的作戰功能，又實施「十三週整編訓練」，使戰鬥力強大的野戰兵團，能夠達成大軍協同作戰任務。

孫總司令自己不辭勞怨，不避跋涉，經常帶著參謀，來去穿梭於各部隊之間，督導各軍師切實依照計畫實施訓練。另外還派遣督訓小組，代表他常駐在各部隊，糾正實施上的偏差，並替部隊解決困難。他更要求美軍顧問團的陸軍組，分別派遣顧問，在戰術和技術方面去協助各部隊，積極的進行新課程的訓練。這次訓練的重點，在加強「班、排、連、營、團戰鬥教練」，「連、營、團諸兵種協同訓練」，「排、連夜間攻擊及營、團攻防戰鬥」，和「現有裝備各種輕重武器訓練」。

在整編訓練中，孫總司令鑒於部隊駐地分散，缺乏良好的訓練場所，不能集中訓練。而且所預定的訓練時間，因爲情況的需要，也比較短暫，無法達到爐火純青的境地，只能算是一個新的初期訓練。他爲了建立第一流的陸軍，不能不尋求更有效的途徑，來達到他的建軍理想。於是經過多方研究和愼重考慮，採納美軍顧問的建議，選定三個適當地點，建立三個設施完備的訓練基地，可集中一個軍的部隊，實施大部隊協同作戰訓練。

陸軍第一訓練基地，設於楊梅，轄訓台北、桃園、新竹一帶駐軍。基地裡設置有「教育管制室」、「步兵靶場」、「駕駛教練場」、「假城鎭示範演習場」、「營堅固陣地」等訓練設施。第二訓練基地，設於彰化附近的烏日，轄訓后里和烏日一帶駐軍，基地裡設置有

「步槍基本射擊場」、「連堅固陣地」、「團堅固陣地」、「假村落演習示範場」等訓練設施。第三訓練基地，設於嘉義附近的內角，轄訓嘉義台南一帶駐軍，基地裡設置有「汽車駕駛教練場」、「渡河演習場」、「砲兵射擊場」、「村落戰示範演習場」及「山地戰示範演習場」等訓練設施。並在每個訓練場所俱備各種教育補助器材。這些訓練場地，都是適應預先擬訂的基地集中訓練計畫而設置的。它們也和各兵科學校一樣，利用各種標準場地和器材，來實施標準化的部隊教育。

這三個基地，每一處可容納一個軍。集中訓練時間爲十五週，孫總司令預計把整個陸軍，分做四批輪流集訓完畢。

在基地集中訓練最後一個科目，實施一個師的對抗演習，使全軍的特種部隊，以及各級幕僚，都能全部參加，作最後一次綜合性演習，不特使訓練成熟的營團，連結成一個堅強的戰術單位，尤其對指揮官與幕僚，給他們一個近乎實戰的體念與考驗。演習課目爲「攻擊」、「攻佔目標後的整頓」、「防禦」、「撤退」以及「長距離的運動」。在每次演習中，因爲部隊有了精實的基礎訓練和營團協同訓練，一個連一個師地圓滿地完成了訓練。❶

孫將軍在他四年陸軍總司令任期之內，他已把從大陸撤退來台的殘破之師，訓練成一支精銳的現代化國防軍，軍容的壯盛，戰力的堅強，堪與世界上任何國家媲美，他一生矢志要爲中國建立一支第一流的軍隊，初步達成了。

註釋：

❶ 李邦芬《血汗保台灣》第三三一—三五一頁，自印本。

四、加強搜索與夜戰訓練

孫總司令本其多年作戰經驗，認爲作戰最應重視敵情搜索。孫子兵法所謂「知己知彼，百戰不殆」，就是要在作戰之前，盡一切手段，去瞭解敵情。因此他主張國軍新編制，軍應增設一個搜索營，師應增設一個搜索連，團應增設一個搜索排。他爲實現此一理想，在四十年初，特在鳳山成立一個搜索組，任命余伯泉將軍兼任搜索組組長，並請德國顧問史坦因協助，研究步兵搜索動作。經過五個月的研究與實驗，獲得顯著的成效。後來又在第四軍訓班設立搜索訓練班，指令各部隊選送機警、果決、堅忍的年輕軍官，前來接受搜索訓練，結業後，分發各部隊，擔任搜索部隊的各級幹部。

現代戰爭，趨向夜間戰鬥。孫總司令在湖口視察三十二師戰鬥演習時，看到日本教官對於每個官兵的夜戰動作，要求非常確實。第一，部隊行動不聞聲息，確實做到了靜肅。第二，部隊分段行動，使得相互關係位置，各人知道很清楚。第三，部隊運動採取最低姿勢，士兵一次能匍匐前進五百至一千公尺，這是一般部隊不易做到的。因此他認爲各部隊都應該學習，遂在軍校設立夜戰訓練隊，召訓各部隊夜戰幹部。並請日本總教官白鴻亮選派對夜戰有專長的日本教官池步先、治士熱、宮炳成三位擔任該隊教官。孫總司令曾召見池步先教官，商談夜戰訓練隊的教育計畫，問他夜戰教育完成到連的教練需要多少時間？池教官說：「約四週可以完成。」孫總司令又問：「從黎明攻擊到白晝戰鬥，隊形應如何轉換？」池教官說：「在教育方面可分爲兩個階層：第一，班排長要領悟各種明暗天候，如何掌握指揮部隊。第二，連長以上部隊長是對部隊如何運用問題，目前學員素質都還不夠。至於隊形轉移，可在各種課目中配合教授。」孫總司令對其答覆表示滿意，對池教官說：「我已告訴軍校，夜戰訓練隊由你負責教授。」夜戰隊設有一位隊長，六十名學員，主要課程爲班、排、連的夜間戰鬥訓練及戰術運用。訓練方式：晝伏夜出，上午睡覺，下午上課，晚上打野外。從四十年七月初開始集訓，共有八週課程。

四十四年八月八日，軍校夜戰訓練隊結業，舉行夜戰演習。孫總司令偕同軍校校長羅友倫、南部防守區司令唐守治及儲備軍官訓練班主任周鑑於晚間七時，前往高雄大埤湖（澄清湖），校閱夜戰隊的黃昏攻擊，接著看夜間攻擊，至翌晨一時許返部，間歇兩小時，再去看拂曉攻擊，通宵不休。第二天下午，在軍校禮堂，召集夜戰訓練隊全體隊職員生講評。他認爲這次演習：第一軍紀好，大家認眞演習，都不偷懶。第二，每個動作做得確實。最後孫總司令闡述夜戰的重要，他說：「我們看中外戰史，夜戰給敵人的襲擊最大，成功機率也最大。第二次世界大戰之後，由於近代科學發明，武器進步，不僅砲火的殺傷力大，而且精確性也強，白日作戰，必然招致很大傷亡，所以今後戰爭，必然是向夜戰發展。希望各位學員回到部隊後，要繼續努力研究，以加強部隊的夜間戰鬥訓練。」他並指示軍校編寫一部「夜間戰鬥訓練綱要」，提供各部隊，作為夜間戰鬥訓練的教材。

最後孫總司令告訴學員們說：「這次夜戰訓練，公家一文錢都沒有出，都是從牙齒縫裡刮下的（是他從自己公費中節省下來的），目的是要讓大家多學點東西。」

孫總司令離去時，跟日本教官握手致謝，日本教官簡直受寵若驚。池步先說：「有人說孫將軍是東方的『隆美爾』，我覺得他比隆美爾更出色，隆美爾以善用兵見稱，孫將軍除了善用兵之外，還善練兵，以他看演習為例，他完全跟我們一樣，把自己當作演習中的一員，全程參與，這就是孫將軍的偉大處。」❶

註釋：

❶ 王連清撰〈緬懷恩師德澤—記述一個鮮為人知的「夜戰訓練隊」〉，載於八十二年元月十日《火炬離誌》第三十二頁。

五、修訂步兵操典

孫總司令為統一各部隊的訓練，建立中國式的國防軍，在他就任陸軍總司令之初，就在陸軍總部內設立一個「步兵操典修改委員會」，任命吳子鶴上校主持，並從各部隊中挑選對步兵操典有研究的參加，對步兵操典進行逐條修改。他在首次會議中，很沉痛地說：「我國建軍數十年來，迄今尚無一部眞正是中國軍隊自己的步兵操典。過去軍中所使用的步兵操典，都是盲目抄襲他人的，祇是把外國的步兵操典翻譯過來，換成「中國」兩個字，就認爲是我們的。例如在民國十八、九年間，部隊中使用的最新武器是自動步槍，聘請德國顧問教授，所有操場野外，一切動作，全是依照德國步兵操典來訓練。後來成立步兵學校，主持人多半是日本留學生，於是棄用德式操典，而改用日本步兵操典。及至教導總隊成立，訓練總監部又將日式操典推翻，復聘德國顧問，重新改用德國步兵操典。抗戰後期，西南及東南訓練團成立，部隊使用美式裝備，部隊訓練遂採用美國步兵操典。由此看來，我們整個部隊的訓練，既沒有理想，也沒有標準，祇要看見那一個國家打了勝仗，他們的操典就在我國吃香了，也不管它是否適合我國軍隊的需用，就如同貨物一般，完全隨著市價而起跌。今天聘用德國顧問，就是德式操典價格漲了，明天改用美國顧問，就是美式操典價格漲了，這樣學來學去，而我們自己始終沒有一部標準的操典。一直到現在還是這樣，美國留學生說美式好，德國留學生說德式好，而日本留學生又說日式好，結果抄來抄去，一樣都不是我們自己的。其實眞正一部中國的步兵操典，應該是自己民族一滴血一滴汗寫成的，而不是盲目抄襲過來的東西。所以我主張我國的步兵操典，應該根據國軍八年抗戰的寶貴經驗，一點一滴的重新修改，方能適合國軍的需要。」

他另指示各軍事單位成立「步兵操典研究委員會」，由陸軍總部派員指導，加強操典研究，並限定日期，完成某一條某一部的修改，以期綜合全軍的心力，完成步兵操典的修改工作。

在步兵操典修改過程中，孫總司令祇要有時間，他必定參加研修，字斟句酌，一條一條的修改。其中對士兵及軍官的基本教練、立正、稍息和各種步法，均有詳盡的說明，必要時用圖形解說。對於各級部隊長的權力和職責，亦有明確的規定。對於伍、班、排、連、營、團的編制與戰鬥，也作了詳細的規劃。

步兵操典草案完成之後，孫總司令指示印發給各部隊遵照實施。部隊中排長以上軍官，各軍事學校每個學生，人手一冊。因爲修改時，限於時間及人力，不可能盡善盡美，惟望各級軍官在實施時，要能不斷研究，檢討改進，這樣一點一滴，用自己血汗寫出來的東西，才是眞正中國的步兵操典。

孫總司令指令余伯泉將軍，從軍訓班十八期留校同學中，挑選六十人，賦予一個臨時番號，「陸軍總司令部示範大隊」，編成五個小組，分赴北、中、南、東部及澎湖五個防守區示範新修訂的步兵操典，經過半年時間，順利完成任務。

孫總司令在視察部隊時，對於伍班的編制是否按照新步兵操典實施，非常重視。有一次，他在校閱八十七軍的班攻擊時，特別向全軍官兵解釋說：「新修訂的步兵操典第一部中規定，班由十二人編成，分爲三個伍，第一二三名是搜索伍，第四名是聯絡兵，第五六七名是破壞伍，第八九十名是火力伍，把全班每個人的職位都固定起來，就如同打籃球足球一樣，誰是前鋒，誰是後衛，個個都是熟手，比賽自能相互配合。現在各部隊，固然都依照新修訂的步兵操典編成班伍，把每個人的位置確定，但有一個缺陷，就是每班人數不夠，平均只有七八個人，在這種情況下，如果能把伍長及聯絡兵固定，保持一個班的骨幹，少一兩個兵不要緊，到了戰時，有新兵甚至戰俘都可補充進去，馬上加入作戰。」

經他一再研修實驗，重新編成步兵操典一至六部，包括步兵連、重機槍連、迫擊砲、戰防武器、步兵營和步兵團。野戰砲兵操典一至三部，包括砲兵連、營、團各部，裝甲兵操典戰車之部，以及「夜間教育實施法」與「搜索教育紀實」等訓練教材，分發給各部隊及學校遵照實施。

孫總司令爲統一陸軍部隊的戰術思想，指示在第四軍官訓練班設立一個戰術小組，由儲備軍官訓練班及軍訓班學員中，考選四十人，對戰術思想有研究及學術根基好的學員，集中訓練研究，詳細辦法由德國顧問史坦因主持，楊鑄九副組長計畫執行。經過一年多的研究，擬訂一部「作戰綱要草案」，其中包括班、排、連、營、團、和師軍的作戰計畫。

陸軍訓練教材及作戰計畫確定以後，陸軍各軍事學校，在孫總司令的指導下，慢慢在軍事學術上建立了權威。陸軍軍官學校，主持陸軍幹部的養成教育，各兵科學校，主持各該兵科團以下戰術及兵器訓練，陸軍指揮參謀學校，主持師軍及兵團戰術的研究。陸軍戰術思想的統一，也就建築在這個良好基礎上，陸軍各級幹部，依序接受有系統的階層教育和陶冶，在戰術思想一貫的教育體制中，自然會把他們所學到的戰術思想，傳播到整個陸軍。

第十九章　重建陸軍軍事學校

一、中央軍官學校在台復校

三十八年夏，國防部擬議將成都中央軍官學校遷至台灣，孫立人得悉後，鑒於大陸局勢危急，遂於四月二十八日，致函參謀總長顧祝同，建議「黃埔軍校如欲遷移來台灣，則鳳山第四軍官訓練班，可改爲中央軍官學校，無需另覓地址。」翌日，他再函東南軍政長官陳誠稱：「鳳山第四軍官訓練班已具訓練成績，卓有規模，改爲軍分校，定收事半功倍之效。」時值國軍撤守南京兵荒馬亂之際，軍校遷台之議，無暇顧及。及至三十八年十二月十日，成都陷落，中央軍校全體師生與共軍激戰，壯烈犧牲，軍校生命史隨之中斷。

三十九年初，政府播遷來台，陸軍各軍事學校，除了裝甲兵學校有部分人員及設備遷運來台外，其他學校完全給掉光了。

孫立人出任陸軍總司令之後，他要爲國家建立一支現代化國軍，首先就須重建陸軍軍事教育體制。他想仿照美國西點軍校及維吉尼亞軍校制度，在台恢復陸軍軍官學校，招收高中畢業生，實施四年大學軍事教育，結業時授以學士學位，提升軍中基層幹部的素質。而且他認爲鳳山「陸軍軍官學校第四軍官訓練班」，經兩年多的開闢規劃，學校的教育設備、訓練場所及教官教材等，都已粗具規模，以此爲基礎，恢復陸軍軍官學校，成爲陸軍軍官養成教育之所，最爲適當可行。他遂備文呈報國防部，提出此項建議。周至柔總長認爲陸軍基層幹部，祇要具備戰鬥技能爲滿足，無需高深學識。若是每個基層幹部都是大學畢業生，誰還願意去打仗。孫立人此一高瞻遠矚的計畫，遂遭擱置。

三十九年六月韓戰發生後，美援恢復，美國軍援顧問團來台協助訓練國軍，孫總司令復提出重建陸軍軍事教育體制之議，獲得美軍顧問團支持，再度呈文國防部，建議先在鳳山恢復陸軍軍官學校。三十九年八月二日奉命核准，就把已經設施完好的「陸軍軍官學校第四軍官訓練班」的招牌，去掉「第四軍官訓練班」七個字，陸軍軍官學校在台復校的任務就完成了。

當時羅友倫將軍甫自美歸來，得知黃埔軍校要在台復校，有意謀求校長職位。他遂向各方活動，也來晉見孫總司令。孫堅持他在軍中的一向理念，任命職位應該論功行賞，不應該大家看到美國來協防台灣了，台灣沒有危險了，就回來搶官做，因此他不願簽羅爲校長。可是當局認爲羅能於此時回國效力，應予鼓勵，遂任羅友倫中將爲在台恢復的軍校的首任校長。

孫總司令自三年前任陸軍訓練司令官以來，就在鳳山軍校進門左邊日式營房內設一辦公室，到羅友倫就任軍校校長之日，孫立人就將他在鳳山的辦公室，移交給羅友倫，作爲軍校校長辦公室。羅校長住進之後，認爲設備太簡陋，還使用往年日軍所建的公共廁所，既不衛生，又不方便。羅乃指示營務處，將其改裝修繕，略具現代規模的辦公處。

孫總司令在南台灣住了兩年多，很喜歡鳳山的單純生活環境。他很想把陸軍總部設在鳳山，專心從事陸軍部隊的訓練及軍官學校的教育。政府遷台之後，台北成爲臨時首都，中央機關集中台北辦公，陸軍總部奉命遷到台北上海路，與台灣防衛總部合署辦公。孫總司令來到台北辦公，最使他感到厭煩的，就是人事上的無謂應酬和冗長的會議。他在台北每週最少要參加兩次軍事會議，一是星期四舉行的陸海空三軍聯席會議，和週六總統召開的最高軍事會報。其外週日在陽明山舉行的總理紀念週，他也得參加。這樣一來，他必須在星期三搭夜快車到台北，住到星期天晚上才能回鳳山。孫立人一生最大的志趣就是練軍，平時當他走到操場野外，看到部隊在操練演習，他便感到樂趣。他把在鳳山的辦公室交出去後，仍常常回到南部看部隊，就在鳳山灣子頭營房一個倉庫內，擺了一張桌子，作爲他的臨時辦公室，連隔間都沒有，更無電風扇，但他並不嫌其簡陋悶熱，祇要有部隊看，他就滿足了。

羅友倫校長就職之後，對於軍校人事大加整頓。原先「陸軍軍官學校第四軍官訓練班」，下設學生總隊及入伍生教導總隊，入伍生總隊的學員都是從大陸各地招收來的知識青年。一天，羅校長命令入伍生總隊趙狄總隊長將駐在台南旭町營房的入伍生集中鳳山訓練。趙狄回答說：「未有奉到孫總司令命令之前，別人不能任意調動部隊。」羅校長聞言甚爲氣憤，前往台北，將此事報告蔣總統。總統指示：凡不聽命令者，均予免職。羅校長回校之後，遂將入伍生總隊長趙狄連同學生總隊長楊廷宴予以免職。同時國防部下令將入伍生總隊解散，全部入伍生編爲裝甲步兵。孫總司令在鳳山慘澹經營的第四軍官訓練班，至此完全改觀了。

一天，孫立人到南部視察部隊後，回到屏東家裡，聽到羅校長撤換趙狄及楊廷宴兩位總隊長職務，他根本不知道，非常生氣。晚上他在屏東家中，找羅校長前來詢問經過情形。孫將軍大聲的說：「我是總司令，你是軍校校長，軍校有甚麼事，總要經過我，這是公事上的程序，人事調動公文，總要先給我看，才能向上呈報。」羅校長爭辯說：「我不須要經過你，我直接報給蔣總統就行了。」兩個人在院子裡大聲理論。

孫立人不會講話，他常講不過人家，尤其是和人生氣的時候，根本講不出一句話來。他是個直性的人，每次把心中的氣話講出來就完了，從不記恨在心。事後他仍照常親自前往軍校，督導教育訓練，要求羅校長貫徹他所擬訂的軍官教育計畫，爲國家培養優秀的陸軍幹部。孫總司令雖常去軍校督導訓練，可是羅校長總是避不見面。❶

陸軍軍官學校在鳳山復校之後，於三十九年開始招生，成爲軍校二十四期，延續黃埔系統。孫總司令對於陸軍軍官養成教育，極爲重視。他邀請中外有名的學者教授，前往鳳山軍校演講，以提高軍校師生的素質。有一次，孫總司令邀請留英經濟學家周培智教授對軍校演講，周教授看到國家這批青年精英，發自內心的對他們說：「二十年後，你們這批青年軍官，將來都成爲捍衛國家的將領。」

註　釋：

❶《陸軍軍官學校史》，第三—二五三頁。

二、重建步兵學校

陸軍軍官學校的恢復，是建立軍官養成教育。孫總司令爲要培訓陸軍各級軍官的專科技能，接著籌劃陸軍各兵科學校的重建。開始他的構想，是在鳳山灣子頭儲備軍官訓練班班址，設立「聯合兵種訓練中心」，經將此意與美軍顧問團研商，顧問團同意派浦禮上校（Col. Pooley）先往鳳山灣子頭察看營房設施及訓練場所是否適宜。孫總司令乃指示陸軍總部第四署對於灣子頭營房及訓練和演習場所，先作全盤研究，經規劃妥善之後，再向美軍顧問團詳爲說明。同時指派第五署署長鄭爲元及聯絡官室主任雲鎮陪同美軍顧問浦禮上校，於四十年七月三十日前往鳳山實地察看。經過中美軍官多次研商，認爲灣子頭營房的現有設施，僅夠訓練步兵科之用，尚不敷訓練其他兵科之需。孫總司令遂決定將鳳山灣子頭「儲備軍官訓練班」，改建爲「陸軍步兵學校」。

陸軍步兵學校奉准設立，孫總司令指示副官處處長龔至黃簽報校長人選。副官處簽報的人選，都是過去老人，孫看了之後，至表不滿。嚴責龔處長說：「我一再告訴你們，要多方延攬人才，可是你們主辦人事，幾年來對於人事沒有考核，好壞優劣不分，從沒有看到你們推薦新的人才。」龔處長無言以對。孫總司令經過一個多月縝密的考慮，提出步校校長人選五人：南部防守區副司令林森木。國防部總聯絡官黃占魁，聯勤總部兵工署署長唐君鉑，圓山軍官團教育長王化興，及儲備軍官訓練班主任周鑑，這五位將領都不是跟隨孫的人，而在當時可說是一時之選。孫總司令指示龔處長簽報，並對他說：「選人唯才，不可有『你的人』『我的人』之分。」經呈報總統核定，在台復校的首任校長爲林森木中將。

林校長到任之後，經短期籌備，陸軍步兵學校於四十一年一月在鳳山灣子頭營房復校，原在軍校受訓的陸軍幹部訓練總隊的學員撥交步校，成爲步校在台復校後的第一期學員。

孫將軍訓練軍犬（吳紹同攝影）

三、重建砲兵學校

第二次世界大戰期間，孫將軍率軍與英美盟軍在印緬戰場並肩作戰，深感盟軍砲火威力強大，每次實施攻擊，先以砲火摧毀敵陣，繼由步兵攻佔，所以砲兵是陸軍的骨幹。三十六年，孫立人奉命來台練兵之初，即留意多方物色優秀砲兵軍官，要訓練一支火力強大的砲兵。他在鳳山開設陸軍軍官學校第四軍官訓練班的時候，就在屏東營房成立砲兵第三團，任命留美砲科軍官伍應煊上校爲團長，經過一年多的操練，砲三團官兵士氣高昂，技術高超。孫將軍多次前往視察，對該團火砲射擊精確，表示滿意。三十八年秋，砲三團曾派砲兵一營，配屬青年軍二〇一師駐防金門古寧頭，曾給來犯的共軍迎頭痛擊，摧毀共軍所乘的機帆船，締造金門大捷，共軍全軍覆沒。砲三團在這一次戰役中所發揮的火力，功不可沒。

金門戰役之後，孫將軍認爲陸軍中砲兵幹部不僅缺乏，而且現有砲兵幹部的訓練也不夠，需要積極加以補充訓練。乃於三十九年在高雄五塊厝建軍營房，成立砲兵訓練處，任命留法砲科軍官王觀洲少將爲處長，下設軍官隊、軍士隊及轉科大隊，召訓陸軍各部隊中現有砲兵軍官及軍士，並從編餘的步兵軍官中，挑選學術優良的幹部，進入轉科大隊，接受砲兵訓練，這樣可使步砲協同作戰更加密切。並指派砲兵第三團中一個砲兵營，擔任砲兵訓練處的示範營，供作訓練示範。

砲兵訓練處成立時，設有車輛駕駛班，孫將軍從美國技術顧問團中聘請一位顧問尤英中校（Lt. Col. Ewing）爲教官，教導各隊官兵的車輛駕駛技術。尤英中校專長交通運輸，個性爽直，俱有美國西部牛仔（Cow-boy）之風，熱愛自由中國，對孫將軍極爲欽佩。他原在美國技術顧問團服務，美國軍援顧問團來台後，技術顧問團撤銷。他晉見孫將軍時表示：願義務留在自由中國軍中服務，供孫將軍馳驅。孫爲其熱忱所感，遂聘他擔任砲兵訓練處教官。

四十年，美國軍援恢復之後，孫將軍於八月二十一日邀請美軍顧問團團長蔡斯同往高雄五塊厝視察砲兵訓練處，當由王觀洲處長報告該處砲兵訓練概況之後，赴各隊課室視察上課情形，並至砲三團示範營看火砲操作，蔡斯團長認爲示範營火砲擦拭乾淨，惟裝備仍嫌落後。孫將軍遂建議在台南新建營房，開闢砲兵演練場，以砲兵訓練處爲基幹，恢復砲兵學校，蔡斯團長甚表贊成，並願提供設備及教官。

陸軍砲兵學校在台復校計畫，經呈奉國防部核准後，於四十年三月在台南重建，婁紹鎧出任校長，負起訓練陸軍砲兵幹部的任務。

四、裝甲兵學校遷台復校

三十六年，孫立人將軍初來台灣練軍的時候，他想到在台灣訓練完成的新軍，將來一定要調到大陸作戰，大軍到平原作戰，少不了要用騎兵。因而他到台灣各地巡視，認爲嘉義內角適合訓練騎兵，遂在內角開建騎兵訓練場，成立騎兵大隊，任命留學義大利騎兵科出身的譚展超上校爲騎兵大隊長，將部隊中所有的騾馬及騎兵幹部，集中在內角加強訓練，計畫擴增設備，添購騾馬器材，成立騎兵訓練中心。

大陸淪陷之後，騾馬來源斷絕，且因台灣氣候炎熱，騾馬生存繁殖不易。三十九年，美國軍援恢復，供應國軍坦克戰車，部隊機動運輸，不再依賴騎兵。孫將軍在台成立騎兵部隊的構想，未獲實現。

自大陸撤退來台的特種兵，以裝甲兵較爲完整。國軍中原有的裝甲兵，除一部分參加徐蚌會戰被毀之外，大部分官兵及裝甲車輛，均由裝甲兵司令徐庭瑤及副司令蔣緯國上校率領來台，司令部設在台北上海路營房，與陸軍總部相隔爲鄰。裝甲兵學校由蔡慶華校長率領一部分官兵及訓練器材遷移來台，初設在新竹湖口營區，後來移到台中，並在市區設立一個裝甲車輛修護廠，供受訓官兵教學實習之用。

三十九年七月一日，裝甲兵司令部改編爲裝甲兵旅，蔣緯國上校晉升少將旅長，有意請孫總司令爲其主持佈達式，並請總部副參謀長劉德星代爲轉達。適値孫總司令公忙，一直抽不出時間。迄至八月十三日，總部舉行擴大週會，裝甲官兵參加。行禮如儀後，孫總司令即席宣讀蔣緯國旅長晉升少將命令，並親爲配戴少將星章，蔣旅長甚爲感奮。他向舒適存副總司令說：「事前我一點都不知道。」會後，孫總司令召見蔣旅長，他執禮甚恭。孫總司令垂詢裝甲兵作戰補給等項準備情況外，並指示裝甲兵要嚴守軍風紀，操練不可鬆懈怠忽。

美國軍援恢復後，裝甲車輛大增，裝甲兵員額不足，國防部指令將少年兵總隊及入伍生總隊部分官兵，撥交給裝甲兵旅，改編為裝甲步兵。為訓練這些轉科的步兵，需要擴充裝甲兵學校的班隊及設備。

孫總司令曾數度前往台中視察裝甲兵學校的訓練場所，認為裝甲兵學校設在台中市區內的校址，場地太小，不夠教練裝甲車輛使用，且四週皆是水田，無法擴展。他認為台中效外公館營房，四週場地空曠，適合裝甲車輛教練，指示蔣旅長及蔡校長早作計畫，準備遷移。不久，裝甲兵學校即遷至台中清泉崗，並增添設備，為裝甲兵學校奠下良好基礎。

四十一年一月，陸軍裝甲兵學校奉命在台正式復校，任命趙國昌兼任校長，負責訓練陸軍裝甲兵幹部，使裝甲兵成為國軍中機動力最強的鐵軍。

五、傘兵工兵通信兵

傘兵總隊，原屬空軍，最先撤退來台。至三十九年五月一日，改隸陸軍，總隊部設在屏東營房，總隊長是黃超少將，利用屏東機場，實施跳傘訓練。經過一年多的步兵基本訓練，在四十年春季校閱中，傘兵總隊官兵精神飽滿，操練動作正確，惟步槍射擊成績，在陸軍各部隊中名次殿後。傘兵第一大隊第一中隊第六班擔任班攻擊，發射彈數一百五十發，祇命中十六發，擊中率是百分之十·六，十四個靶子，竟脫靶几個，成績比基隆要塞都不如，孫總司令表示不滿。

四十年四月一日，陸軍總部令派陸軍訓練司令部參謀長陳麓華接任傘兵總隊長，經與空軍總部協商，將傘兵總隊調往小港機場，加強戰鬥技能及跳傘訓練。

四十一年十月十日，傘兵總隊與東南沿海游擊隊合併，編爲游擊傘兵總隊，任命顧葆裕爲傘兵司令，曾參加東山島游擊戰役。

孫總司令認爲陸軍各兵種中，以野戰工兵最弱，既缺乏現代化機具，又無良好的訓練，他有意建立一支技能高超的野戰工兵。在陸軍各部隊從大陸撤退來台之初，少數工兵，奉命擔負修築海防工事及克難營房的工作，更少訓練時間。

四十年秋，國防部命令各部隊：㈠全省公路由部隊中工兵承約保養，㈡使用工兵修建公路橋樑，㈢部隊保養及修建公路所得，可用來津貼士兵副食費。孫總司令接到此項命令後，立即召集賈幼慧副總司令、趙家驤參謀長、龔愚、劉德星、胡獻群三位副參謀長、及工程處副處長嚴孝章等人，研商使用部隊工兵來保養修建公路問題。最後孫總司令指示：「部隊的任務以作戰爲主，目前部隊中工兵最迫切需要的是充實機具器材，加強技術訓練，俟基本技術訓練完成後，可以利用修築公路機會，作爲實習，增強工兵技能。至於公路保養問題，那是公路局的業務，軍隊不能越俎代庖。國軍部隊中，野戰工兵一點基礎都沒有，若不加強充實，把現有的一點工兵，拿去做修橋補路的工作，那麼將來工兵都成了粗工，如何去打仗。」陸軍總部照此指示，簽報國防部，始將工兵用來保養及修建公路之議打消。

孫總司令對於工兵本科技能訓練，甚爲重視。四十年八月十二日，他去湖口視察三十二師，看到日本顧問所教的官兵攀登懸岩絕壁的技能，巧妙高超，甚爲欣賞，遂指派陸軍總部工兵營蕭營長率領一部分工兵，前往該師，將這一套新技術學習回來，並照樣倣製一套攀登教育器材，以便向陸軍部隊推廣應用。

美國軍援恢復之後，孫總司令即洽商美軍顧問團，提供現代化工兵機具器材。四十一年六月一日，陸軍工兵學校在台北內湖復校，由劉雲瀚任校長，加強訓練陸軍中工兵幹部的本科技能，使工兵成爲國軍中的開路先鋒。

通信兵是指揮官的耳目，現代的戰爭是陸海空三軍聯合作戰，通信益顯重要。孫總司令特於四十年秋，舉辦陸海空三軍聯合通信演習，發現陸軍中通信人員缺乏，通信技術訓練不夠，影響作戰勝負至鉅。他在對各部隊長講評時說：「國軍過去作戰失敗，都是由於通信不靈，所以各級指揮官要隨時檢查通信工具的功能，有了故障要隨時修復。現在台灣全島通信是以有線電話爲主，但在緊急時必須使用無線電話，尤其是在部隊運動時，隨時利用無線電話，查詢各部隊所在的位置。這次演習，三軍通信聯絡得很好，空軍在戰術支援時，通信必須確實，要能聯絡到營，否則怕傷到自己人員。希望海軍每一艘艦艇，也能夠與海岸上每個營聯絡，以免海岸防禦砲因通信不確實，反而打傷自己的海軍。」

陸軍通信兵學校於三十八年六月遷台，初隸屬聯勤總部，後改屬陸軍總部。美國軍援恢復後，孫總司令指派陸總通信兵指揮官吳燦楨少將，積極與美軍顧問研商，通信兵學校在宜蘭正式復校，校長是李昌來，增添各項通信器材，積極召訓各軍師中的通信人員，使能嫺熟現代化的通訊工具，眞正成爲部隊長的耳目。

六、陸軍參謀學校

陸軍各兵科學校，在台一一復校，召訓國軍中級軍官，講授營團戰術及專科業務技能，粗俱規模。爲了進一步完成陸軍整體教育系統，孫總司令於四十年夏，建議國防部設立陸軍大學。經國防部核定，陸軍大學分爲兩個學校辦理。㈠陸海空三軍聯合大學，由國防部籌辦。㈡陸軍參謀學校，由陸軍總部籌辦，限期於四十年十二月一日開辦。

陸軍總部奉命後，即成立陸軍參謀學校籌備委員會，孫總司令兼任主任委員，賈幼慧副總司令兼任副主任委員，實際籌備業務由龔愚副參謀長主持。四十年七月二十六日舉行第一次籌備會議，會中通過陸軍參謀學校組織規程及教官任用條例，並決定下列重要事項：㈠確定教官待遇標準，會中各委員均主張提高教官地位，並優厚其待遇。孫總司令指示：教官生活一定要予保障，不使其為生活憂慮，俾能安心工作。對於最優秀的教官應予獎勵，選送其赴國外進修。㈡教官的人選，呈請國防部由陸軍大學第二十三期畢業學員中選派。㈢陸軍參謀學校分設將官班、正科班及選修班。正科班招考軍中上校級軍官入學，選修班分為人事、情報、作戰、補給、訓練等業務組授課。調訓現職人員，予以短期在職訓練。㈣課程範圍，從營團戰術，一直到兵團指揮。至於陸軍參謀學校編制，先行擬定，再提下次會議決定。

孫總司令於九月二十二日召見龔愚副參謀長，垂詢陸軍參謀學校籌備進度情形。龔副參謀長報告：陸軍參謀學校預定在四十年十二月成立，現因校舍尚未決定，經費尚無著落，教官短缺，教材也沒編定，將延期到四十一年二月成立。

孫總司令指派陸軍總部聯絡官室主任雲鎭協同美軍顧問，積極在台北近郊尋找適當校址，最後選定台北圓山省訓團爲陸軍參謀學校校址。孫總司令原意洽請美軍顧問團選派一批顧問前來擔任參校教官，並完全仿照美國陸軍參謀學校的教育制度與方法施教，後因美軍顧問團派不出這許多教官，僅可提供美國參校的全部教案。大部分教官乃從陸軍大學第二十二及二十三兩期新近畢業的學員中選派，由他們依據美國參校的教案，自行編寫教材。

四十一年一月，陸軍參謀學校在台北圓山成立，首任校長是黃占魁，繼由唐君鉑擔任，他們兩位學養深厚，都在聯勤總部擔任要職，爲孫總司令所賞識，極力推薦他倆先後擔任校長，爲陸軍參謀學校開創規劃，奠下良好基礎。

當陸軍參謀學校正科班開始招生時，孫總司令規定：凡軍官經由機關部隊保送入學，均須經過嚴格考試，不得有任何例外。當時總統府保送參軍三人，請求免試入學，簽報到孫總司令面前，批示不准。總統侍衛長俞濟時將軍，打電話給賈副總司令，要求免試。爲了此事，賈與孫總司令爭辯許久，仍是不准。孫總司令說：「我們不僅要建立良好軍事教育制度，更要在陸軍中建立公平競爭的精神。」賈幼慧深知孫老總的脾氣，不再說下去。

四十一年五月五日，陸軍參謀學校正科班開學，學員多為部隊中團長級軍官，受訓期間為六個月，講授大軍指揮的戰術戰略，為國軍培養未來的將帥人才。

七、考選軍官留美

陸軍各軍事學校在台復校後，孫總司令洽請美軍顧問團在每個學校多派教官，講授現代軍事學科及專業技能。美軍顧問團派不出大量人手，僅在每個學校派駐一兩位顧問，提供顧問意見及訓練教材。孫總司令復與美軍顧問團蔡斯團長洽商，由陸軍中考選優秀軍官，保送到美國各軍事學校受訓，畢業回國，規定派在其所學的兵科學校，擔任教官二年，在此期間，不得調任他職，期望將他在美所學的課程，帶回來傳授給國軍官兵，以提高國軍官兵的素質。蔡斯團長對於這一構想，甚表贊同，並同意陸軍首批留美軍官名額為四十八名，所有費用，包括來往旅費及在校生活津貼，全部由美方提供。

孫總司令於四十年十月三十一日在三軍聯席會議上提出報告，會中決定凡是兵科留美軍官由陸軍總部考選，凡是業科留美軍官由聯勤總部考選。俟後國防部來文核定，兵科中的工兵及通信兵也交由聯勤總部考選，而交由陸軍總部考選的兵科，祇有步兵科三名，砲兵科三名，裝甲兵科一名，總共七名。孫總司令知道後，甚表不滿。派員向國防部查詢，為甚麼工兵及通信兵科留美軍官也要交由聯勤總部考選？國防部答覆說：這是聯勤總部美軍顧問的建議。孫總司令不同意這樣變更，立即與美軍顧問團陸軍組魏雷組長協商，魏雷組長說他尚不知情。孫總司令說：「希望今後聯勤總部美軍顧問有關陸軍的建議，應先與陸軍總部美軍顧問組研商，陸軍組顧問倘有不明白的地方，可先徵詢陸軍總部有關主官的意見，以免職權混亂。」

留美軍官考選辦法，經多次與美軍顧問研商定案。四十一年夏，陸軍總部會同美軍顧問團陸軍組共同舉辦留美軍官考試，甄考各兵科業務及英語能力。這是國軍在台舉辦的第一次留美軍官考試，當時報考的軍官甚多，錄取之後，名冊呈報國防部。國防部經過長時間審核，認為考取的軍官中，有的不具備正式軍官的資格，不予錄取，重新再考。隔了三個月，舉辦第二次留美軍官考試，考取名冊，經國防部核定後，函請美軍顧問團安排赴美國各軍事學校受訓及行程。

第一批留美軍官有四十八名，行前，蔣總統召見，一一點名，並訓勉大家努力學習美軍長處，帶回來改善國軍教育訓練。自此之後，國軍每年均考選軍官留美，受訓回來，分派在各軍事學校擔任教官，對陸軍各軍事學校教育水準的提升，自有很大的貢獻。

第二十章　建立台灣兵役制度

一、台灣在鄉軍人訓練班

三十七年初，孫立人將軍有鑑於大陸局勢惡化，備文向蔣總統建議：「根據正確的統計，台灣在鄉軍人的數目，共有一萬七千五百八十三人。以這樣龐大而曾經受過日本嚴格軍事訓練，且富有作戰經驗的潛在武力，應該要把他們好好組訓起來，作爲民衆武力的核心，以適應戡亂時期總體戰的要求。」經總統核可，於三十七年四月，飭令台灣師管區負責辦理徵召。按照在鄉軍人的數目，以一與十二的比例，即召訓一人管理十二個在鄉軍人，計畫召訓一千五百人。分三期辦理，每期訓練兩個月。成立「台灣在鄉軍人訓練班」，任命劉放吾上校爲班主任，負責訓練工作。

台灣在鄉軍人訓練班第一期，於三十七年十一月開始，招訓台北市縣、基隆市、新竹及花蓮縣的在鄉軍人二〇四人，第二期招訓台南縣、高雄市縣、屏東及台東縣的在鄉軍人四七六人，第三期招訓全省各縣市的在鄉軍人六八二人，三期總共招訓一三六二人，歷時半年。他們接受新軍訓練之後，不但體力戰技增強了，而且俱有了保國衛鄉的意志。結訓之後，各人回到自己的家鄉，成為台灣在鄉軍人的核心，對當時台灣社會的安定，發生了很大的作用。

二、台灣軍士教導團

陸軍訓練司令部辦完三期「台灣在鄉軍人訓練班」之後，孫立人將軍為了準備徵集三十九年度台籍新兵三萬四千五百人，成立「成功軍」，需要先行徵集一批優秀適齡壯丁四千五百人，予以軍士訓練，備作「成功軍」的基層幹部，充當班長。遂以「台灣在鄉軍人訓練班」的一切設備和人員，於三十八年十月，請准設立「台灣軍士教導總隊」，任命胡焜為總隊長，吳南山為政治部主任，楊振漢為台灣軍士教導第一團團長，蘇醒為台灣軍士教導第二團團長，其餘各級幹部，都是孫將軍從第四軍官訓練班學員生中挑選的優秀軍官擔任。

三十八年十月二十一日，第一批台籍國民兵應徵入伍，編為「台灣軍士教導團」，接受為期半年的新軍訓練。這在當時是件大事，社會上非常重視。新兵入營，佩掛彩帶，親友打鑼打鼓，排隊相送。三十九年一月二十九日，在鳳山孫立人將軍親自主持這批台灣軍士入營典禮，指示有關單位作好各項特別安排。

當時國語在台灣尚未普及，山地同胞連台語也聽不懂，官長向軍士們講話，須用日語傳譯，大操場上也用日語廣播。可是他們模仿學習的情緒很高，在山地同胞入營後的一天清晨，一位教育班長偶然拿了一張小板凳到外面去，不料他班上的山地同胞，每人都拿著小板凳跟在後面跑，姿勢也和班長一模一樣。起初營裡官兵看到，弄得莫明奇妙，不知他們在做甚麼，後來才弄清楚，山地同胞以爲班長教他們這樣做，所以跟著學。這樣認眞學習的態度，令看到的人感覺到山地同胞是多麼誠實可愛。❶

新軍訓練原本沒有週日假期，可是爲了方便台籍軍士們家人前來探視，鳳山五塊厝營房，特別在星期天下午開放。這一天是台灣新入伍士兵最歡樂的日子，家人、愛人、朋友，從全島各個角落前來慰問他們，帶來了他們平時愛吃的東西，也帶來了他們需要的情感溫暖。車水馬龍，營房比市場還要熱鬧，一掃往日的緊張嚴肅的氣氛，使有家歸不得的外省籍官兵弟兄們看了，有說不出的羨慕。

台籍新兵進入營房後，在整整半年的受訓期中，除了逢年過節，他們還享有特別假，可以回家團聚。此外都沒有離開營房一步，整天在接受

孫立人在高雄西子灣海邊參加官兵拔河比賽。

訓練，從基本教練、持槍操練、實彈射擊、打野外，直到戰鬥教練，課目與新軍訓練完全相同，軍紀要求也一樣嚴格，很快的這一批台籍新兵，皮膚從白色變成古銅色，人人身強力壯，鍛鍊成爲鋼鐵雄師了。

三十九年七月三十日，第一批台灣軍士教導團在鳳山大操場舉行結業閱兵大典。孫將軍爲使台灣民衆瞭解新軍訓練情形，特邀請台灣各縣市長、議會議長及議員以及受訓軍士的家長們前來觀禮。每人發給一頂斗笠，站在閱兵台前觀看。這次結業閱兵典禮，是和軍訓班學員生的畢業典禮合併舉行，共有二十八個中隊，以連縱隊隊形，一字排開，橫看過去，從這一頭看不到那一頭。當孫將軍走上閱兵台，指揮官一聲立正口令，全軍像一座山一般屹立不動。孫將軍偕同各縣市長及議員們走到隊伍每個排面，檢閱官兵的儀容和動作。在炎熱的烈日下，一遍走下來，孫將軍穿的軍常服的背面已經濕透了一大片，縣市長及議員們都已氣喘吁吁，落後很遠，跟不上了。接著閱兵分列式，受校官兵踢著正步，一排一排走過閱兵台，步伐整齊，軍容壯盛，雄赳赳，氣昂昂，這群新兵已練成爲一支鋼鐵雄師了。在場的台灣父老們，看到他們的子弟兵如此壯大強盛，對新軍的訓練有了信心，對台灣的安全也認爲有了保障。孫將軍講話時，鼓勵他們要效法先賢鄭成功，爲確保台灣安全及反攻大陸而戰鬥。

當天下午，孫將軍利用這個機會，與台灣各縣市長及議員們舉行座談會，徵詢他們對新軍訓練及台灣徵兵的意見。他們對於新軍訓練的成績無不稱讚，並認爲台灣同胞對於保國衛民應負有相同的責任，支持政府繼續在台灣徵兵，用來保衛台灣的安全。這是台灣實施公平徵兵制度的開端，使得台海四十年來獲得了安全的屏障。

後來政府決定暫緩實施「成功軍」計畫，迄至三十九年七月三十一日，第一批台籍軍士結業後，被分派到各縣市，回到他們自己的家鄉，擔負地方組訓工作，教導義警義消軍事訓練，動員民眾共同來肩負起保衛台灣的使命。

三、建立預備軍官制度

陸軍孫總司令為了建立國民兵制度，經過一年多的規劃，於民國四十一年（一九五二）八月二十五日，在鳳山陸軍軍官學校，召集本屆大專畢業生一千一百多人，接受預備軍官訓練，他親自前往主持開訓典禮，並說明建立預備軍官制度，對國家長治久安的重要。他說：

「每個國民都有服兵役的義務，預備軍官役便是國民兵役的一種。兵役法按照國民的程度，規定服役的種類，有軍官役、軍士役、兵卒役的分別。諸位是專科以上學校畢業學生，所以要受預備軍官養成教育的訓練，以備國防緊急需要時動員召集之用，這是現代民主國家所採用的一種優良軍制。在第二次世界大戰期間，美國軍中的預備軍官數目，佔軍官總數的百分之七十，按照規定的服役期限，輪流更替，所以軍隊始終能保持旺盛的士氣，戰爭終了，便能迅速復員，各回各人原來的生產行業。我國過去因為種種條件的限制，始終沒有能夠建立這樣一個良好的制度。在軍中服役的都是常備軍官，沒有預備軍官，平時感到軍官太多，國家負擔太重，戰時又感到軍官太少，不夠應用。戰後又因爲那些常備軍官脫離他們的原有生產行業過久，已失去其生產技能，無法復員。因此產生兩個嚴重的問題：一是社會上到處充滿了無職軍官及失業軍人，使政府難於處理。一是軍中沒有預備軍官補充調整，失去新陳代謝作用，師老兵疲。如果我們能建立預備軍官制度，則可獲致三種優良的效果：第一、平時不多消耗國家財力，減輕人民負擔；第二、戰時軍隊得到優良的預備軍官的源源補充，足以保持幹部較高的水準；第三、戰後容易復員，各人很快的就可回到他們原來的工作崗位，繼續發展各人的事業。所以在今天確立預備軍官制度，實在是我們建軍的必要措施，也是我國走上現代化的一個重要步驟。諸位是第一批接受預備軍官訓練的大專畢業生，負有開創風氣，建立制度的重大使命，這在大家自身更是可引以爲榮，值得自豪的。」❷

從此以後，台灣每年大專畢業生都要接受預備軍官訓練，爲國軍現代化建立了良好制度。

四、建立國民兵役制度

孫立人一生帶兵練兵，最感困難的問題，就是兵源的補充和幹部的訓練。尤其是在抗戰期間，由於我國沒有建立良好的兵役制度，爲了兵源補充，到處強迫拉壯丁，形成各種弊端，使得「好男不當兵」，部隊逐漸腐化，不堪作戰了。

孫立人在四十一年二月全軍整編訓練完成之後，經他熟思考慮，建議政府建立兵役制度，分三個階層實施。

第一實施儲備預備軍官訓練，於四十一年秋季開始，在陸軍軍官學校成立預備幹部訓練班，召集大專畢業的男生，施以一年的軍官教育，結業後，退伍還鄉，戰時隨時徵集，成爲部隊軍官主要的來源。

第二實施軍士儲訓制度，於四十一年冬，設立台北、台中、台南和台東四個師管區，召集高中畢業的男生。在台中師管區，設立「預備軍士訓練班」，於四十二年十月十九日開始訓練，施以四個月的軍士教育，培養成爲軍中的優秀班長，迄至四十三年二月十五日結業，開創了國民兵預備軍士的儲訓制度。

第三，於四十二年二月開始召訓各縣市的適齡壯丁一萬人，分派在台南、台北師管區各兩個步兵團，台中師管區三個兵步團，和台東師管區一個步兵團。並在各師管區，分別設立補充兵訓練基地，以團爲單位，實施十七週的新兵訓練，教育他們成爲良好的戰鬥兵。

這一批國民兵儲備訓練的開始，奠定了國家長治久安的兵役制度。今日國軍官兵素質的提高，與兵役制度的公平與完善，在中國歷史上開創了一個新局面。

註釋：

❶《中央日報》駐高雄特派員陸震廷撰《時代尖兵》一書第十四——二十四頁〈八方英豪會鳳山〉，寰球文化服務社。

❷民國四十一年八月二十六日台北《新生報》，報導孫立人闡述預備軍官制度重要性。

第二十一章　調任參軍長

一、連任陸軍總司令

三十九年政府遷台後，蔣經國出任國防部總政治部主任，在軍中推行國軍將領任期制，規定三軍總司令的任期爲兩年，得連任一次，四年任滿，必須調職。

四十一年三月，孫立人擔任陸軍總司令第一屆任期屆滿，他在軍中雖得到中下級軍官及士兵的愛戴，可是他受到黃埔將領的排擠。蔣總統認爲孫在這兩年任期內，對於練軍建軍，整訓部隊以及鞏固台灣防禦工作方面，頗有建樹，囑他繼續連任。

孫立人連任陸軍總司令的正式命令發表之後，遭到國軍中黃埔將領的反對。蔣總統獲悉後，曾召見他們，嚴厲斥責他們不應該反對。蔣公說：「孫立人從士兵動作，到大軍指揮，無不精通，你們那一位能比他強，請站出來，我一定任命你當總司令。」當面雖然沒人敢說話，退後仍然憤懣不平。未過幾天，蔣總統又召見這批將領予以安撫，婉言規勸他們說：「從前曾國藩率領湘軍，戡定太平天國之亂後，兵疲士衰，不能再戰，乃令李鴻章訓練淮軍，清朝賴以中興。今天國軍經八年抗戰，四年戡亂，多已疲憊，因此我要孫立人在台灣訓練新軍。希望各位將領，能深體校長苦心，多予孫支持，共同完成第三期國民革命任務。」

自此之後，軍中反對孫的聲浪雖然減少，但他在軍中所受到的排擠，日見加劇。四十一年農曆九月十五日，是蔣總統華誕，總政治部主任蔣經國每年都在這天晚間，邀請高級將領餐會，爲總統暖壽。孫總司令決定於前一天晚上搭夜快車南下看部隊，賈幼慧副總司令與辦公室主任孫克剛同來勸孫在台北多留一天，給總統拜完壽後再走。孫很不高興的問他們兩人：「是看部隊重要？還是參加暖壽餐會重要？」他不聽勸告，仍照原訂計畫，於當晚搭車南下。次日清晨八時，抵達高雄車站，下車後，聽說總統已來高雄西子灣避壽。孫立人當即趨車到西子灣官邸拜壽，蔣總統看到孫後，甚爲喜悅，邀孫進入餐室，同進早餐，餐後繼續長談至午間，又留孫吃午餐，對孫慰勉有加，孫亦甚感欣慰，認爲總統還很信任他。

二、萌生退志

民國四十二年期間，孫立人與參謀總長周至柔之間的衝突，已經到了彼此不能相容的程度，周總長對孫的職權，刻意多方削減，孫在陸軍的各項改革設施，均遭到制肘。總政治部主任蔣經國在軍中推行的政工制度，是要以黨領軍，以政工監軍，與孫要建立的國家化現代化軍隊的理想，亦常發生牴觸。他深深感覺到自己屈志難伸，不如趁早脫離軍職，免除內心苦痛。

孫總司令乃於四十二年十二月二十三日上書總統，請求短期離職。他在呈文中說：「職回國後，趨侍階前，二十餘年，鈞座提挈裁成，洊至今職……遇事從不敷衍因循，更不肯飾非自是，祇以鈞座意旨爲依歸，不忍效流俗面阿心違之習氣……惟近日體力頗感不支，精神常覺疲倦，經醫診斷，謂係多年於役工作過勞所致……現值環島防衛工事初告結束，各軍事訓練亦近完成，而反攻大計已在中樞部署之中，此際倘獲短期休息，暫離現職，似不致有所貽誤，可否仰懇……准予短期離職，稍事休養，再返行列……」。

這份報告，送呈周總長，周轉請總統府秘書長王世杰代呈。蔣總統閱後，至爲不悅，當即批示：「孫總司令近年於練軍等工作，勞績卓著，由王秘書長代爲慰勉，並退還報告原件。現值反共抗俄嚴重時期，嗣後一切高級將領，不可自由請求解職，務各遵此旨，樹立新範。」總統府第一局局長黃伯度將總統的批示，親自送交孫立人。孫當著黃面，大發一頓牢騷，認爲上峯既不授權給他做事，又不准他辭職，要他尸位素餐，他是幹不下去的。

三、建議收復海南島

孫總司令既然辭不了職，他又不會敷衍塞責，上峯要他做一天，他就要盡力做一天事。當時國府的政策是反攻復國，他認爲「國軍官兵年齡漸長，海內外同胞咸盼反攻，大陸同胞渴望自由，翹望王師，在此反共高潮時期必須有所行動。如我能主動收復國土，不獨可激勵士氣民心，且可瓦解共黨軍心。」因此他召集舒適存，賈幼慧兩位副總司令及車番如參謀長，研究派軍收復海南島計畫，經多次研商獲得結論，由車參謀長執筆，撰寫「收復海南意見書」，於四十三年三月六日呈報總統。

當時越南戰爭正熾，孫總司令認爲「收復海南島後，美國可利用（海南島的）海空軍基地，作爲太平洋防線中之一環，並利用海南島可對越南支援，故海南島之作戰，易獲得美國物資及精神上之援助。收復海南島可減輕越戰之危險，及共產勢力對東南亞之威脅，因而亦易獲得英法之同情與支持。」

孫總司令收復海南島所提出的辦法如下：

㈠ **作戰使用兵力**——

陸軍六個師、裝甲兵一個總隊爲基幹，及海空軍主力。

㈡ **防衛台灣兵力擴編**——

動員台灣常備兵及補充兵，擴編九個師，使接替防衛台灣任務，及對海南島方面作戰之支援。

㈢ **作戰準備時間**——

作戰部隊裝備改進及戰力充實（如充實員額），爲適應預想戰場上之地形敵情所必需之特種訓練之加強，情報之蒐集，作戰計畫之擬定，運輸船舶之籌配，及後勤補給之籌備與集結等各種作戰準備，概於預期三個月內完成。

㈣ 作戰開始時期——

預期於本年七月以後開始實施。

㈤ 先與美方妥商請支援事項——

實施前需與美方妥商之主要事項如左：

1.全力協防台灣——

國軍抽出有力部隊使用於海南島後，台灣防衛力量，勢必減輕，請美軍全力協防，期策萬全。

2.增援裝備——

商請美方增援九個師之裝備及經費。

3.協力運輸——

運輸兵員及軍品不足之船舶，及海上機動期間之掩護，請美海空軍儘力協助。

4.後勤支援——

攻勢作戰期間及收復後之確保作戰所需重要之軍需品補給，請美軍支援。

5.協防海南島——

收復海南島後，請美以海空軍協防共軍進犯。

當時蔣總統不贊成派軍收復海南島，他對孫立人說：「海南島縱使能以收復，也不是我的。」孫聽到後，心灰意懶，覺得中央根本就不想光復大陸，他的苦心練兵有何用途。❶

註釋：

❶《孫立人鳳山練兵實錄》第六二一——六二四頁〈收復海南意見書〉。

四、普渡大學頒授榮譽博士學位

孫將軍在二次世界大戰期間，遠征緬甸的顯赫戰功，及在台灣練兵的成績，早已為母校普渡大學教授們所關注。他們認為把榮譽博士學位授予這樣一位傑出的校友，不但是應該，而且是給在校和未來的學生一種莫大的鼓勵。

普渡大學土木工程學系的系主任回憶說：「一九五三年，我們覺得孫將軍是很好的榮譽博士人選，系裡提名之後，本來要經過工學院的評審委員會，才向校方提出，然後經校長圈定。不過孫將軍的情形很特殊，我們從系裡提出後，直接向校長豪伏德（Frederick L. Hovde）報告，他立刻贊同。那時我們土木工程系有一批人在台南工學院（成功大學的前身）幫助他們發展科學及工程教育，所以去函在台灣的普渡人，從側面去了解孫將軍的情況。」

民國四十二年（一九五三）十二月十六日，普渡大學工學院院長賀京士（G. A. Hawkins）致函在台南工學院擔任客座教授的雪萊夫（R. W. Shreve），要他從側面調查孫將軍的思想言行，看是否適合接受榮譽博士學位。次年（一九五四）六月六日，雪萊夫復信說明孫將軍的確是合適的人選。十六日，他又補寫了一封信，進一步表示支持提名孫將軍爲榮譽博士候選人。到二十六、二十七兩日，雪萊夫又致函賀京士說：「中國軍人認爲孫將軍不是軍閥式的將領，中國人認爲他是新式而誠實的將領。」一九五四年三月六日，在台南工學院任教的普渡大學教授保曼（J. Bawman）致函賀京士，支持雪萊夫的提議，主張把榮譽學位授予孫將軍。

普渡大學副校長賀克瑪（F. C. Hockema）受校長豪伏德之囑，於四十三年（一九五四）三月十六日致函詹京斯（G. I. Jenkins）教授，請他召開教員升等及榮譽學位委員會，並表示校長若得到委員會之贊同，會進行授予榮譽學位給孫立人將軍之交涉。詹京斯遂於三月二十四日召開該委員會午餐會議，審核授予榮譽博士學位給孫立人的建議案，並於四月五日下午二時正式會議中，通過決議授予榮譽博士學位給孫立人，同日發出電報給美國駐華大使藍欽（K. L. Rankin）、孫將軍及雪萊夫，正式通知普渡大學要授予榮譽工程博士學位給孫立人將軍。

雪萊夫得到訊息後，當天寫給保曼教授一封信，希望保曼教授儘量設法協助孫將軍成行，並聲明他必須親自出席，普渡大學才能頒發這個榮譽學位。保曼教授知道孫立人是一位清廉將領，恐怕他沒有路費，特別提供孫將軍及一位隨員往返美國的全部旅費。

孫將軍認爲美國普渡大學頒發榮譽博士學位給他，不僅對他個人是一項榮譽，也是美國大學對一個中國留學生在事業方面的成就予以肯定。他得悉之後，非常歡喜。立即備文簽呈總統請假。出國前往領取。同時命溫哈熊參謀隨行，先作各項準備。

四月二十二日，普渡校長豪伏德電報孫立人，正式通知普渡大學要授榮譽工程博士學位給他，以表揚他的事業成就。同時說明，按普渡大學的規定，他必須親自出席，才能頒發學位，希望他於五月三十日到普渡大學接受。可是他請假出國的公文，遲遲未獲批准，內心萬分著急。經向總統府方面探詢，知道總統對於他要赴美接受榮譽博士一事，甚爲不悅，公文迄未批示，時日迫近，雪萊夫教授也很著急，函請藍欽大使代爲查詢。四月二十三日，藍欽大使復函雪萊夫表示：孫將軍非常感激普渡大學的好意，但卻抱歉無法參加。因爲孫總司令的任期雖在三月底屆滿，但因蔣總統第二屆連任關係，必須延至七月一日始行調動。在此期間，孫將軍無法前往美國。

孫將軍一直希望此事能有轉機，遲至五月三十日，一切絕望了，他才發出回電，向豪伏德校長表達歉意。但校方一再表示，隨時歡迎孫將軍返回母校訪問。但他迄無赴美機會，這

是他終身難忘的憾事。❶

註　釋：

❶ 揭鈞著《小兵之父》第五一——五五頁〈受阻的榮譽博士〉。

五、調任參軍長

民國四十三年三月十七日，孫總司令第二屆任期屆滿，因爲蔣總統當選連任，訂於五月二十日就職，國軍高級將領人事調動，延至七月一日實施。

在人事調動之前，軍中盛傳陸軍孫總司令必定會升任三軍參謀總長。新聞媒體亦有報導說，總統蔣公曾召見孫立人，要他出任參謀總長，孫本人也認爲總長職位非他莫屬。傳說，黃埔系將領得知此一訊息，聯袂連夜晉見蔣總統，列舉各項事例，說明孫藉美國人撐腰，掌握軍權，有不軌意圖，請求總統對於總長人選，愼重考慮。

七月一日，命令發表：海軍總司令桂永清升任參謀總長，黃杰接任陸軍總司令，孫立人調任總統府參軍長。此一消息傳出之後，陸軍官兵大失所望。

孫總司令本應在七月一日移交離職，因駐韓美軍第八軍軍長符立德將軍當天飛來台灣訪問，蔣總統爲接待外賓，要孫仍以陸軍總司令身份，陪同符立德將軍視察陸軍部隊，乃下令孫的陸軍總司令職務，延後三天移交新任。

七月四日上午，在台北上海路陸軍總部大操場上，舉行新舊任陸軍總司令交接典禮，陸軍總部全體官兵都參加了，由新任參謀總長桂永清監交，孫立人將陸軍總部的印信交給黃杰。禮成後，官兵列隊門前，歡送孫將軍離開陸軍總部，充滿依依之情。

當天晚間，孫將軍在南昌街官邸，設宴歡迎黃杰將軍，並介紹陸軍總部各單位主官與新任黃總司令見面。同一天晚上，蔣總統宴請外賓，要孫將軍作陪。因此筵席開始不久，孫向在座賓客敬酒之後，告罪先行離席。餐會繼續進行，酒過三巡，第二署署長林文魁空軍少將站起身來，向黃總司令敬酒。他說：「我決定明天不幹了，這杯酒是向黃總司令告別的！」席間歡笑熱烈氣氛，頓時冷峻起來。陸總政治部主任蔣堅忍忙站起來說：「我曉得林署長早就要辭職，今天他是利用這個機會向總司令報告一聲。」林署長還不肯坐下，繼續地說：「抗戰期中，我曾擔任美國十三航空隊情報處處長，大陸淪陷，我逃到香港，本不想來台，承蒙孫將軍一再電邀，格於情義，我才束裝來台，現孫總司令既去職，我也決定不幹了。」這番話弄得筵席不歡而散。林文魁深究命理，脫離軍職後，到大學教書去了。

總統府設秘書長及參軍長，分掌政治及軍事業務，過去總統府幕僚開會，一向由秘書長與參軍長共同主持。到桂永清任參軍長時，總統府內開會，秘書長與參軍長並肩而坐，不分軒輊。孫立人到差後，首次參加總統府內會議，當衆宣佈：「張群秘書長爲資深元老，依照

大陳島撤退時，參軍長孫立人將軍赴前線與（右）蔣經國主任，（左）劉廉一司令官合影。

政治倫理，以後開會，應以秘書長爲主，他本人則坐在秘書長的右側，以示對張秘書長的尊重。」府裡同仁過去都聽說孫立人將軍爲人驕傲，現今聽到他這番話，都很讚賞他重視中國傳統倫理。

孫立人到總統府上班，坐不慣冷板凳，更不習慣逢迎應酬。有時他不去上班，開始去練習打高爾夫球，與趣來時，陪同孫夫人上西門町看場電影，生活過得極爲悠閒自在。

蔣總統對孫參軍長上班情形，非常注意。一天，他找孫參軍長，孫不在辦公室。總統問他爲何不上班，孫答：「無事可做。」總統說：「你過去訓練部隊很有成績，現在仍可去督訓陸軍。」說畢即下了一道手諭：

「派孫立人參軍長兼任陸軍督訓官。」孫立人接到總統手諭，當眞要到部隊去督訓，他指示隨從參謀余海峰與參軍們研商督訓陸軍的計畫與日程。

陸軍高級將領，都怕孫將軍前來視察部隊，因爲他要求嚴格。現今黃杰出任陸軍總司令，他與孫立人作風迥然不同。黃總司令視察部隊，祇到軍部或師部，聽聽簡報，然後擺開宴席，開懷暢飲，談笑風生，官兵都很輕鬆。現在聽說孫立人又要來督訓陸軍，大家紛紛批評。有人說孫不甘寂寞，有人說孫野心不死，當然黃總司令也不願見孫立人再來督訓陸軍，指令陸軍中有任何操練和演習，都不讓孫知道，孫也就無法督訓陸軍了。

孫立人多年帶兵練兵，無不全心全力爲國效力，日夜忙得不停。而今正當盛年，突然被調到一個終日無所事事的參軍長職位，不免有失落感，自然心氣難平。加以他又不善辭令，平日談人論事，多直言無諱，所招怨忌，日益加深。一天，他和徐復觀教授談話，發了許多牢騷，徐懇切的勸慰他說：「在總統心目中，我不過是一個有點愛鬥嘴的孩子，算不了甚麼，但你是一個有能力的孩子，總統還會用您的。」他聽了，天眞地笑得像孩子樣。❶

孫將軍調離陸軍總司令的職位之後，陸軍中他的舊部以及第四軍官訓練班畢業的學員生，受到種種歧視與排擠，因而感到前途渺然，有的甚至受到政工和特務人員的監視，弄得軍中人心惶惶。他們在失意中互相想念，希望能從長官朋友間，得到一點溫暖和訊息。有的直接去見老長官孫將軍，告訴他現在軍中士氣低落，軍訓班同學能調的請調，有能力的要離開軍隊，去他處謀生，不能退伍的，就開小差逃跑。孫將軍聽到，心裡很難過。他辛苦練出來的軍隊，眼看著未戰而就士氣低沈，使他那強烈的愛國心受到很大打擊。可是他還是慰勉來看望他的部下：「你們要忍耐，大家要運用同學的情感，互相聯絡，互相勉勵，爲國家好好幹下去。」於是「聯絡同學」這句話，給政工人員聽到了，就成爲詆毀孫立人的話柄，說孫立人在軍中搞小組織。遂以跟踪監視的辦法，去對付孫將軍的舊部。甚至孫將軍陪同總統至南部校閱，事前事後都傳出「孫立人兵諫」或「孫立人兵變」的謠言，在部隊裡及社會上散佈開來。

註釋：

❶ 徐復觀撰〈謀人之心？謀人之迹？——記孫立人將軍〉一文，載於《名將孫立人》書中第一六四——一六九頁，群倫出版社。

第二十二章　遭受整肅的原委

一、美國人的偏愛

在國共內戰後期，民國三十八年初到三十九年六月二十五日韓戰爆發這一段期間，美國執政當局眼看著蔣總統領導的國民政府，兵敗如山倒，大勢幾已無可挽回。美國政府的決策高層，對華政策分成兩派意見。杜魯門總統和艾奇遜（Dean Achson）國務卿，因厭惡國民政府官員貪污無能，並不主張繼續支持蔣在台灣統治而與中共對抗。另一方面，遠東盟軍統帥麥克阿瑟將軍及時任國務院助理國務卿魯斯克（Dean Rusk）及政策計畫處主任肯南（George F. Kennan）等人，則力主保衛台灣，因為台灣的戰略地位重要，可以成為遏止共黨勢力擴張的一個據點。

根據美國國家安全會議、國務院和中央情報局的解密檔案顯示：美國國家安全會議於一九四九年（民國三十八年）初，經多次會商美國對於台灣的政策，一致認為：㈠中國大陸在西北、西南及東南各省的反共武力將於一九五〇年（民國三十九年）被中共完全消滅，台灣亦將不保。㈡台灣這艘不沉的航空母艦，對美國在西太平洋的防禦極俱戰略價值，美國應運用一切外交及經濟途徑，阻止共黨控制台灣（to deny Communist domination of Formosa），但美軍不可直接介入。㈢美國不希望大陸的混亂情勢帶到台灣，願以經援協助台灣當局成爲一個清廉而有效率的自立更生的政府，鼓勵台灣人參政，謀求台灣人民的福祉。❶

當時蔣總統在國內外的聲望低落，如果美國要保衛台灣，在策略上有三種可能的選擇：㈠由聯合國託管，㈡台灣獨立，㈢以軍事政變推翻蔣政權。在當時中國局勢迫在眉睫的危急情況下，經美國國家安全會議商討的結論，認爲由聯合國託管之途行不通，且違背美國在開羅會議的承諾；台灣獨立當時似乎也不俱備條件，因爲缺乏政治領袖和在野反對勢力；餘下的選擇就是軍事政變了。

美國政府當局再進一步審愼研究，認爲以軍事政變推翻蔣政權，在原則上亦不可行，而且會給美國帶來嚴重的不利後果。其理由如下：㈠任何政變必須獲得台灣武裝部隊的全部支持，否則必然引起兩派軍力的流血衝突，最後導致共軍提早攻打台灣。㈡美國政府既已決定不以武力介入台灣政變，而台灣人又無力量推翻現政府，祇有在台灣的國軍中擁有實權的將領始可政變。㈢這個政變即使成功，也很難得到國際的承認。單是美國給予承認，中共必宣傳這個政權是美國的傀儡，打擊美國在國際上的聲望，而原承認國府的國家，可能利用這個機會，轉而承認中共，最後導致中共進入聯合國，引起更複雜的問題。㈣孫立人在台灣雖得到一部分軍人的支持，但他本人卻表示，無意推翻台灣的現政權（General Sun Li-jen has himself indicated a disposition to overthrow the present Chinese Government on

Formosa），而且他們認爲孫立人既無政治黨羽，又缺乏操縱政治的經驗。（General Sun has little or no political following and has had little experience in political negotiating and maneuvering）❷政變既行不通，美國祇有期望國民政府能以改組，由民主進步人士起而代替舊勢力，建立一個非共廉能的政府。

美國當時對台政策，以「棄蔣保台」爲第一優先。美國駐華使節、中央情報局官員以及有關的軍事將領及議員政客，紛紛從事各種活動，期望達成美國政府所定的保台政策。

最早在秘密外交電報中，建議由孫立人主持台灣省政的人，係美國駐華大使館參事莫成德（Livington T. Merchant）。莫成德於一九四九年（民國三十八年）二月自南京抵台，觀察台灣情勢。其主要任務，是評估當時的台灣省主席陳誠是否能與美國「私下」合作，以及他對蔣介石的忠誠程度。莫成德發現，陳誠主持台政並不符合美國利益，乃向國務卿艾奇遜推薦孫立人。莫成德在一九四九年三月上旬陸續致電國務卿聲稱：「我們所需要的是一個能力強做事腳踏實地的人，不必聽命蔣介石，亦毋需服從李宗仁的聯合政府，而專爲台灣謀福利。孫立人的經驗也許不足，但其他條件卻甚適合。」艾奇遜指示莫成德，與駐華大使司徒雷登（John Leighton Stuart）商議，如司徒大使同意，可伺機向李宗仁提出以孫代陳的建議。

司徒雷登和李宗仁交談後，回報國務院稱：李曾坦白說明，他並沒有撤換台省主席的權力，如美國希望以孫立人取代陳誠，唯有向蔣委員長表達。國務院當然沒有這樣做，因此舉必定觸怒蔣及陳，他們一定會百般阻撓。

一九四九年五月莫成德另提一項建議：「美國如願保衛台灣，則應大量提供軍經援助，並要求將台灣海空軍基地交由美軍使用，全部軍隊交由孫立人指揮。」由於這項建議，有違美國不加入中國內戰的政策，亦不爲國務院所採用。

經國務院、國防部及國家安全會議深入研究後，所得的結論是：㈠不能讓台灣落入中共手中；㈡不公開使用武力干預；㈢要求台灣當局在確實執行政經改革的條件下，給予經濟援助；㈣尋求開明進步人士取代目前的執政者。至於造成台灣目前的困境原因爲：㈠日益惡化的經濟情況；㈡高級將領間的內鬥；㈢國民黨不願國際主動參與。而造成此種原因，完全係蔣介石從中攪局所致。❸

三十八年十一月，美國駐華大使司徒雷登電約國防部次長鄭介民赴美商談軍援，鄭赴華府，於十一月十七日會見海軍部遠東事務特別顧問白吉爾（Admiral Oscar Badger）上將，由駐美武官皮宗闞擔任翻譯與紀錄。白吉爾表示：「他係遵循美國國務院制定的政策，與我洽談。蔣總統決心將國民政府遷至台灣，行政及軍事必須適當改革，美國政府提出兩點建議：㈠貴國陸軍既由傑出的孫立人將軍主管訓練，最好由孫將軍統率撤退抵台全部軍隊，如孫能掌握部隊，美方即提供六個師的新式裝備。㈡今後台灣省主席一職，最好指派吳國楨出任，施行民主，才能求得安定。」鄭介民返國，向蔣總裁報告，稍後行政院閻錫山院長遂於同年十二月中旬任命吳國楨爲台灣省主席，而孫立人業已於三十八年秋任命爲台灣防衛總司令。

❹一九四九年十二月二十八日，白吉爾上將詰問國府駐美武官皮宗闞；台灣防衛總司令孫立人為什麼沒有「充分的權力」？為甚麼還有人干預他的工作？皮宗闞解釋說：除了孫立人之外，羅卓英和彭孟緝也負責台灣防務。此時，蔣介石的秘密特使董顯光正訪問華府，白吉爾亦對孫立人身為台灣防衛總司令而未擁有多少實權，向董顯光抱怨，並表示遺憾。皮宗闞向董顯光建議；國府必須實踐吳國楨和孫立人獲得充分權力的諾言。❺

美國政府為達成「棄蔣保台」的目的，軍政要員紛紛前往台灣遊說孫立人。根據已解密的檔案顯示，孫立人對美國的遊說，至少有三次斷然予以拒絕。

第一次是在一九四九年（民國三十八年）初，上海快淪陷時，盟軍遠東統帥麥克阿瑟對台灣前途極表關切。他的立場也是「反共、保台、棄蔣」。他認為孫立人是一位有才能而英勇的將領，倘授予充分權力及適當的裝備，他能夠擔負保台的任務，於是派其得力助手情報處長韋洛比（Charles A. Willoughby）將軍專機來台，邀請孫立人同機赴東京，與麥帥商談防台大計。孫將軍說：「他須先請示蔣公。」孫將此事呈報東南軍政長官陳誠將軍，轉呈時在澎湖的蔣總裁核准之後，於二月十日，麥帥第二次派機來迎，孫立人携帶著陳誠將軍一月三十一日寫就的致麥帥的中英文信函飛往東京，隨從參謀曾日孚少校隨行。❻

麥帥見到孫立人，對台灣防務表示十分關切。麥帥告訴孫說：大陸快將失陷，國民政府勢必垮台，美國對它已不存多大希望，但美國不能讓台灣這艘不沉的航空母艦為中共奪去，所以有意要請孫將軍負起保台的責任，而由美國全力支持，要錢給錢，要槍給槍。

孫立人將軍的答覆是：他是忠於蔣總統的，不應臨難背棄，他將請示於他，在他的指導之下，挑起保台重任。孫回台之後，就將麥帥交給他一本密碼和會談詳情報告陳誠將軍，請陳轉呈蔣總裁。❼

陳誠獲悉孫立人與麥帥會談內容之後，即於三十八年三月二十四日，自台北飛赴溪口向蔣公報告。當蔣公此時聽到美方有扶立孫立人保台的意圖，心中將作何感想？孫立人自問忠心坦蕩，但在處理如此大事上，豈不是授人以柄？

第二次是在一九四九年秋，美國助理國務卿魯斯克和他在緬甸戰場服役的老長官莫里爾准將（Frank Merrill）密商，請其前往台灣，直接找孫立人，探詢孫有無「救台灣」的「一些計畫」。魯斯克於二次大戰期間在中印緬戰區擔任莫里爾手下的聯絡官，他知道莫里爾與孫立人在印緬戰區並肩作戰，兩人相知頗熟。莫里爾的台灣之行，殆為美國政府首次當面向孫立人試探反蔣的可能性，孫除了發發牢騷之外，並未對莫里爾的試探作正面回應。❽

美國政府第三次當面試探孫立人反蔣的可能性，是在一九四九年十二月，美國駐華大使館代辦史特朗（Robert Strong）和美國前駐台北總領事克倫茲（Kenneth Krentz）同行抵達台北。克倫茲對史特朗說：他將和孫立人接觸，當面告訴孫：「如果他同意控制」國民政府，則美國「將會徹底支持他」，孫立人拒絕了克倫茲的遊說。❾

美國國務院自一九五〇年初，開始推動台灣政變。中央情報局曾於一九五〇年三月二日呈報「台灣可能的發展」的機密報告中指出：「目前有幾項因素不利於此時發動政變，有關政變的謠言已有傳聞，蔣周圍的人實已知悉。此外，孫立人缺乏政治經驗，以及對軍政領導人欠缺影響力，顯示他也許沒有力量從事造反。如果未獲美國實質上的支持，將不可能發動政變。」

美國駐華代辦史特朗，對國府高層官員頗爲瞭解，他認爲孫立人是一位單純軍人，不適宜從事任何政治角色。他曾於一九五〇年五月十一日向國務院中國科科長石博思（Philip Sprouse）發出一封極機密電報說：「我認爲孫立人是一位有能力的軍人，祇對軍事有興趣，別無長處。他沒有政治智慧與天才，他的個性並非異常的堅強，作爲一個高級軍官，他能忍受美國軍人所不能忍受的遭遇，祇不過對美國

美國國防部長威爾遜（右）訪台，由藍欽大使陪同會見孫立人將軍。

人發點牢騷。換言之，他的中國意識超過美國化的影響。任命他為陸軍指揮官，他有足夠能力做好他份內工作，而不能負擔任何政治角色。凡是涉及到重要的政治事務，我懷疑他會成功。」史特朗不贊成由孫發動政變，而且他認為支持孫發動政變的構想，「早已在這幾個月裡胎死腹中了」。⑩

當時美國政策上的一些構想，甚至已成為公開的秘密，蔣在美國的耳目遍及美國政府各部門，美國決策有任何改變，不可能沒有察覺，何況有關美國的政變計畫和孫立人的角色，早已在美國政界流傳。而且美國政客、使節及重要官員一再與孫立人接觸，亦早在特務人員的監視之中，因此蔣對孫一直有疑心，討厭孫立人直接和美國人發生關係。一天，蔣公詢問孫立人有無此事？孫立人說：「這項傳言是共產黨散播的，倘若眞有此事，絕不會告訴人。」（He told Gimo this report Communist inspired. Told Gimo if true would not be telling any one.）蔣公顯然認為孫對他的忠誠沒有問題，並於三十九年三月間發表孫立人為陸軍總司令。

從已解密的美國國務院檔案中顯示：在一九五〇年五月之後，中共將進犯台灣的風聲甚囂塵上。美國國務院決策人士已經認清到策動孫立人政變行不通，決定予以放棄，台灣問題交由聯合國託管，美國派遣第七艦隊協防台灣，蔣介石須交出權力。五月三十一日，魯斯克和巡迴大使吉塞普與國務卿艾奇遜討論台灣問題，研訂下列三項計畫：(A)在目前的情況下，台灣淪陷已屬不可避免；(B)美國將不會協助蔣介石防止台灣淪陷；(C)蔣介石唯一能做的是請求聯合國託管，美國會支持這項請求。魯斯克並建議：應告知蔣介石，囑其離開台灣，將權力交給孫立人。台灣獲聯合國託管後，杜魯門總統即宣佈撤銷一月五日不協防台灣的聲明，派遣第七艦隊協防台灣，以免台灣受到攻擊。此項計畫也許由杜勒斯於六月十五日訪日時達成。⓫

據麥帥解密的檔案透露：一九五〇年六月十五日，國府駐日軍事代表團團長何世禮將軍，向麥帥總部情報處處長韋洛比轉達一項「絕對機密」的訊息，蔣介石緊急要求麥帥領轄整個遠東——特別是包括台灣——的防務，他和台灣各級政府及人民都將接受麥帥的指揮調度。蔣介石在密訊中強調，他願意交出權力，但絕不交給孫立人。

六月十九日，國務院召開對台政策會議，擬訂一項「極機密」計畫，其重點爲：㈠如美國要防衛台灣，則蔣介石及其黨羽必須離開台灣，將民事與軍事交由美國所指定的中國人和台灣人領袖；㈡上述步驟完成後，美國海軍將駐防台灣水域，以避免中共攻台，及台灣反攻大陸；㈢如蔣介石抵制上述計畫，美國應派出密使，以最嚴密的方式通知孫立人，如果他願意發動政變，以軍事控制全島，美國政府將提供必要的軍事援助和建議。

一九五〇年六月二十五日星期天，韓戰爆發了，美國總統杜魯門立即宣佈派遣第七艦隊協防台灣，美國國務院所擬訂的一切倒蔣計畫，都胎死腹中，所以魯斯克說：韓戰挽救了蔣介石政權。

民國四十年（一九五一）五月，美國軍援顧問團在台成立後，即以改善官兵生活爲由，建議由美方負責配發國軍官兵薪餉，惟國軍部隊須交美軍顧問團實際掌握，此項計畫，當遭蔣總統拒絕。嗣後美軍顧問團又建議：在台灣成立「中美聯合作戰中心」，以便雙方協調台灣區域內中美部隊共同防禦共軍侵犯。聯合作戰中心的美方指揮官由蔡斯兼任，至於中國方面的指揮官，美方指明屬意孫立人。有些人認爲孫係親美將領，一旦「中美聯合作戰中心」成立，政府無異將兵權拱手讓人，這是蔣總統絕不會同意的。⓬

蔣夫人宋美齡有一次與吳國楨夫人黃卓群閒聊時，無意間洩漏：蔣公曾說過：「他（指孫立人）要再胡鬧，我就說他是共產黨。」蔣夫人還問：「孫立人，你還能給他戴紅帽子嗎？」蔣夫人深知吳國楨與孫立人友善，也許她有意透露這一訊息給黃卓群，讓吳國楨去轉告孫立人，使孫知所警惕。⓭

民國四十二年（一九五三）一月二十日，艾森豪就任美國總統，孫立人去函祝賀，並邀其訪華，此事後來爲有關單位查悉，報告蔣總統。總統大爲震怒，面斥孫立人說：「你憑甚麼去函邀請美國總統訪華？」孫如果認錯就沒事了，可是他還要和總統爭辯，說是爲政府做事。蔣總統拍桌嚴詞指責，不許他以後再和美方直接聯絡。

中國大陸淪陷共黨之後，美國當局爲了挽救遠東危局，保住台灣，想出各種設計與陰謀，以維護它在遠東的利益。當時孫立人雖是美國人的最愛，要他出來掌握軍權，保衛台灣。但美國人卻不了解，孫立人是一個極端愛國的民族主義者，他絕對不願意被美國人利用，來推翻危難中的蔣政府，落個不忠不義的罪名。他爲了維護他自己國家的利益，拒絕了美國人的一切安排。

孫立人晚年，一天，他的長子孫安平問他：「美國當時有無此種構想？」孫立人說：「美國人縱有此種構想，那是美國人一廂情願的想法。」很不幸的，美國人單方面的構想，卻引起蔣總統對孫的猜疑，而使孫竟成爲美國對台陰謀策略下的犧牲者，鑄成了歷史上的一場悲劇。

註釋：

❶ 美國國家安全會議一九四九年二月十八日、三月一日NSC37／4，37／5號紀錄。

❷ 美國外交關係文書一九四九及一九五〇年檔案。

❸ 梁秀榆撰〈美國與台灣一頁幾乎改變歷史的歷史〉，載於八十六年二月號傳記文學。

❹ 蔡孟堅撰〈追念鄭爲元將軍儒將風範〉一文，載於八十四年七月號《傳記文學》。

❺ 《顧維鈞回憶錄》第七冊第五四五—五五三頁。

❻ 據現存在美國維吉尼亞州諾福克麥帥紀念館檔案中，陳誠致麥帥函是這樣寫的：

麥克阿瑟將軍勛鑒：

頃以孫立人將軍因公赴日，特向

閣下敬致問候，並對

閣下在遠東保障和平及增進民主主義之偉績，謹表無上欽敬。敝國禍亂正方興未艾，足以危害世界和平。誠預料此後將有更重大之責任加諸在台之吾人，深冀能得

閣下之指教及協助。孫將軍以其過去卓越之成就，及其對此間情形之熟識，爲誠所完全信任，當可向

閣下提供任何需要之情報，同時提供此一部分中國挽救民主主義之意見。專此佈達，無任企禱。敬頌

勛綏

陳誠手啓　三十八年元月卅一日於台灣

❼ 陶伯川《困強勉猬八十年》。

❽ 美國國務卿檔案Box 4。

❾ 康思明（Bruce Cumings）訪問史特朗紀錄。

❿ 國務院中國科檔案OCA Bot 17。

⓫ 國務院中國科檔案OCA Bot 18。

⓬ 八十三年二月六日至十九日「新新聞」雜誌。

⓭ 《吳國楨傳》第五二四頁，台北自由時報。

二、黃埔將領的排擠

孫立人率領新一軍打通中印公路，揮軍回國，接收廣州，這是他軍威鼎盛時期，因而招

致黃埔將領對他的忌視。民國三十四年十二月二十五日，廣州仕紳在五羊樓歡迎新一軍英雄會上，一位嶺南大學教授說道：

「本人姓童，名懋山，黃埔三期畢業，倫敦大學研究班一九三〇年國際政治學碩士，現任嶺南大學教授。我這次自昆明回廣州，是隨新一軍的車隊回來的。輾轉兩個月，近百輛的車隊，指揮官僅爲一位上尉連長，卻能完整保持建制，這是了不起的軍紀及向心力的展現。就以我出身黃埔三期，曾任團長的經歷，也不容易做到，可見新一軍是個堅強的部隊。我在昆明聽說，有些黃埔將領主張把新一軍分割歸屬到各方面軍，要在無形中分解新一軍，使之歸於消滅。後來美國方面決定在廣州灣登陸，指定要新一軍在陸上接應，可見新一軍是美國人所重視倚賴的兵力。新一軍不但戰功顯赫，它擁有的武器、裝備、彈藥和車輛，使那些自居正統握有權勢的人由妒生恨，都想吃掉這支部隊。」❶

三十五年初，新一軍奉命開赴東北，上峯藉口由九龍到秦皇島的船運不便，炮兵及車輛不得隨行，便成了純粹的步兵。到東北後，共軍搜盡民間大車，東北的大車路四通八達，所以他們的行軍靈活迅速，新一軍已成爲蹣跚的鴨子，追不上共軍的行動，速度是軍隊戰力的重要因素。留在廣東的運輸車輛及炮兵，是機械化的運輸部隊，當然可以陸續開到關外，後來也不知道被如何瓜分了。❷

新一軍開到東北作戰，受東北保安司令長官杜聿明指揮。孫、杜二人在保衛緬甸戰時已經不和，杜認爲第一次緬戰國軍失利，歸罪於孫立人不聽指揮。到了東北，主要戰場的攻堅戰鬥，皆令新一軍執行。及至孫立人率軍迅速攻下四平街，大軍長驅直入長春，杜卻下令不許新一軍進城，而任命廖耀湘爲長春警備司令，由新六軍接收長春。孫立人本擬乘勝追擊，揮軍北渡松花江，直搗佳木斯，杜卻不准，復令孫立人立即回師南下，掃蕩遼南共軍。部隊疲於奔命，戰力分散，不能集中使用，有被敵人各個擊破危險。孫立人對於杜指揮不當，氣憤的說：「一將無能，三軍敗北。」

民國三十六年春，孫立人率新一軍戍守長春，粉碎林彪四次南下攻勢，在德惠解圍之後，東北保安司令長官杜聿明召開作戰檢討會議，新一軍不但無功，反指此役七十一軍所受損失奇重，杜本人被困受險，完全怪罪於新一軍救援不力，新三十師師長唐守治遭受免職處分，孫立人起而申辯，復遭解除新一軍軍長職務，遺缺派五十師師長潘裕昆升任。

三十六年秋，陳誠接長東北軍政長官，新一軍即遭分解爲二，原新一軍僅轄新三十師及五十師，新三十八師改爲新七軍，由師長李鴻升任軍長，美其名曰擴充，實則人員分散，裝備分配給其他部隊，戰力削弱。及至三十七年十月，長春被圍，守城友軍投降，新一軍隨之瓦解。孫立人多年心血練成的勁旅，原本是國家的干城，竟毀於一旦，怎不令孫痛心。

後來孫立人在台灣訓練新軍，逐漸受到國內外重視。三十六年冬，他回到南京，一天，應空軍總司令周至柔將軍邀約，與京滬杭警備總司令湯恩伯將軍同遊紫金山，行經中山陵，步上陵堂，周至柔提議：「我們三人，當國父陵前，結拜爲兄弟。」孫格於倫理說：「你們二位，都是軍界前輩，我是晚輩，怎敢僭分。」周至柔聞言甚爲不悅。❸

三十八年八月十五日，陳誠出任東南軍政長官，孫爲副長官。陳在台北召開首次軍事會議中宣佈：「陸軍第三四〇師（該師爲孫立人在台成立的第一個師，師長胡英傑爲新一軍舊部）所有士兵（不要官長）悉數撥交第六軍（軍長戴樸是陳誠舊部）。」代表孫司令官參加會議的副司令官董嘉瑞覺得這樣一來，影響軍隊團結及士氣，無法防衛台灣，遂起立直言以對，陳誠一怒而當即宣佈散會。蔣總裁獲悉此事，面詢董嘉瑞，決定「維持現狀」。❹

後來陳誠又提出以下建議，想削減孫立人的兵權，密呈蔣總裁：㈠陸軍訓練司令部改名爲督訓司令部，並命孫立人於訓練司令部改名之後，遷往台南。㈡交出鳳山訓練基地。㈢改第四軍官訓練班爲黃埔分校，免除孫立人兼班主任之職。㈣撤銷儲備軍官訓練班。㈤解散孫立人自大陸招來的入伍生總隊，將七千多名學生改作補充兵。如果照此五項建議執行，等於將孫將軍在台辛勤練軍的成果，完全掃地出門，七千多名莘莘學子，亦將淪爲兵卒。孫將軍得悉後，遂命董嘉瑞副司令官面謁蔣總裁，說明利害得失，爲免影響軍心，請其收回成命，此項計畫，當時未獲實施。

三十八年底，周至柔隨空軍來台，居住在台北長沙街一棟日式洋房裡。一天晚間，孫立人前往拜訪，兩人促膝密談。孫對陳誠上述措施表示不滿，大發牢騷。周遂乘機邀孫，兩人聯合起來，共同反對陳誠。孫則認爲不可，並懇切說：「目前台灣局勢危在旦夕，共謀圖存之不暇，怎可再來內鬨，自取滅亡。」孫走出周公館，仍不勝慨嘆，還自言自語說：「怎麼現在到這種地步，還有這種想法？」事後，據熟習內情人士分析：周至柔是有意以此來試探孫立人，因爲周是十八軍出身，是陳誠嫡系，絕不可能反對陳誠。

三十九年一月十一日，美國國務院電告東京盟軍總部：「經查有謠言說，周至柔要與孫立人聯合起來推翻蔣介石與陳誠一派的勢力，已被孫立人斷然拒絕了。」孫還說：「事情並不那樣簡單，如果蔣被除去，誰還有權威發號施令？」

三十八年底，吳國楨繼任台灣省主席，孫立人與吳國楨兩人是清華同學，時相往還。吳對孫的評語是：「在個性上，孫是個眞正軍人，看不慣就講，得罪了人，自己還不知道。孫自視甚高，有學問，有膽識，有戰功，瞧不起一些庸碌無能攀援倖進的黃埔將領。」❺

時任台灣保安副司令彭孟緝，聽說孫立人喜歡騎馬，有意在台成立騎兵部隊。一天，彭副司令邀請孫將軍去北投參觀日本人留下的馬匹，彭命保安總隊長任世貴把馬匹一一拉出來，讓孫觀賞，他在旁說明每匹馬的優劣，孫聽得有點不耐煩，就對彭直說：「你不要在這裡冒充內行了。」弄得彭面紅耳赤。

等到彭孟緝出任台灣警備總司令，他就開始懲孫，設計一連串陰謀，第一就是把黃珏、黃正姐妹硬扯上與李朋匪諜案有關，第二就是李鴻案，彭去報告老總統，當時老總統聽了，也不會懷疑孫立人可能是匪諜。❻

三十九年春，保定出身的周至柔升任參謀總長，他曾在黃埔做過兵學教官，空軍總司令王叔銘與海軍總司令桂永清都是黃埔一期學生，都是一家人，惟獨陸軍總司令孫立人高傲不群，看來像個外人。在最高軍事會議中，孫立人總是孤掌難鳴，陸軍提出的要求，都遭到海空軍的杯葛。有時孫立人氣急了，便與周至柔當面發生爭執。而孫立人不屑與他們爲伍的態度，更使他與黃埔將領間的矛盾日益加深。❼

四十年，美援第一批車輛運台，指明是援助陸軍，周至柔總長卻下令撥交給空軍使用，後來要陸軍總部開收據給美方報銷，孫總司令拒絕，不開收據。周總長氣憤的對著孫說：「我們三軍中，有一個大傻瓜，辦事不知變通。」孫立人當即站起來說：「這個大傻瓜，不是我？就是你！」弄得周一時下不了台。❸

四十一年九月十三日美國華盛頓郵報刊載一篇文章說：空軍首腦周至柔將軍、台灣防衛司令孫立人將軍與總政治部主任蔣經國將軍三人之間存在著權力之爭。這場鬥爭所圍繞的中心是：周至柔企圖將孫立人排除於美國軍援之外，想把全部美援用於空軍和海軍以及蔣緯國領導下的裝甲部隊。

孫將軍在陸軍總司令任內，曾向最高當局建議：㈠簡化軍事指揮系統，撤銷當時與台灣防衛司令部職責混淆的各防守區司令部及台灣保安司令部，以利統一職權；㈡比照空軍、海軍設有供應司令部，陸軍亦設立供應司令部，支援陸軍後勤業務；㈢開闢中部橫貫公路，以應戰時運輸需要。而國防部竟不問理由，一概予以否決。❽

美國中央情報局於一九五〇年三月二十日評估國軍部隊說：「國府軍方領導層的派系傾

軌，導致三軍部隊的指揮運作無法正常。責任的分散和權力的重疊，阻礙了孫立人將軍的基本訓練計畫，否則台灣防務必將增強。美國顧問從專業角度觀察孫立人，認爲他是國府最能幹的將領。」中央情報局評估報告又說：「孫立人表面上雖係台灣地面部隊的最高指揮官，但他並未控制所有的台灣軍隊，亦無法獲得適當的人力與物力資源。同時，黃埔系將領討厭他，不相信他，而這些將領頗得蔣介石的寵信」。❾

當國防部實施重新核敘軍階時，凡經孫將軍任命的軍官，都被視爲孫立人的親信幹部，軍階一律從嚴核降，以減將校級軍官對孫將軍的向心力。

陸軍總司令部下設三位副總司令，分別負責作戰訓練及後勤業務，均爲中將編階。孫總司令備文報請晉升主管訓練的賈幼慧及主管後勤的董嘉瑞兩位副總司令爲中將，國防部竟置之不理。後來孫將軍具文面陳蔣總統，經批示照准。公文送到國防部發佈任職令時，卻又以「另候核階」四字，予以擱置。到了三十九年秋，陸軍總司令部再具文呈報，晉升賈幼慧、董嘉瑞兩位副總司令和第十八軍軍長高魁元等六位軍長，同案列升中將。結果高魁元等六位軍長職位雖低於副總司令，卻獲准發佈晉升中將，唯獨賈、董兩位副總司令，則以「大陸失陷，國耻未雪，將官應停止升級，所請不准」復示。國防部對於孫總司令所簽報的人事任命案，更是處處予以刁難。

陸軍副總司令董嘉瑞，雖然出身於黃埔，但被視爲孫的核心人物。韓戰爆發後，台灣獲得美軍協防。行政院下令「台灣防衛副司令，額外者，著即裁撤，董嘉瑞應予免職。」台灣防衛總司令部以「董屬額內第一副總司令」，申請收回成命。但又接復示云：「董員已經行政院二〇七次院務會議決議免職，仍遵照前令辦理。」孫總司令面呈陳誠院長，請求收回成命，經允轉呈蔣總統核示。三天後接到國防部急電命令：「董嘉瑞調任高參室高參，限十一月十五日前報到」。

陸軍總部負責作戰防務的副總司令舒適存將軍，是前新一軍鄭洞國任軍長時的參謀長，當年與孫軍長在印緬共事多年，對台灣防禦工事的構築，貢獻甚多，但始終得不到上峯的賞識，四十一年，被調爲國防部戰略計畫委員。

孫立人任陸軍總司令期間，對軍訓班學員生講授統馭學。有一次，他下令在台各部隊長前去聽講，許多老將領們集合在鳳山大操場上，在炎熱的太陽下，戴著斗笠，坐著小板凳，一天聽講下來，人人腰酸背痛，大喊受不了。中部防守區司令劉安琪將軍最爲反對，說孫立人把我們當大兵來練，並批評孫說：「他甚麼都好，就是綫裝書讀得太少。」孫聽到了，不以爲忤。他知道劉安琪具有山東人個性，是一條血性剛強的漢子，就親自去拜訪劉安琪，兩人談話都很爽直，氣味相投。孫在劉家吃麵食，劉告訴孫說：「他剛到台灣時，老先生（對蔣總統的尊稱）曾當面對他說：「我要孫立人做陸軍總司令，你要聽話。」可見老先生特別看重你，而你沒手腕，不能做好你與老先生之間的關係。」孫立人說：「我是軍人，就是做不來假！」

四十三年七月，孫立人調任總統府參軍長，一天，孫立人向副參謀總長余伯泉發牢騷：

「參軍長是閒差，我無事可做。」同年九月二十日，俞大維出任國防部長，有意邀孫任副部長，要余伯泉敦勸孫立人，去當俞部長手下的副部長，他一定會給你事做。孫說：「俞部長倒很聰明，他當部長，要我當副部長去對付立法院，替他挨罵。我就去當國防部副部長，又能做甚麼事？」後來「孫案」發生，俞大維說：「孫立人不聽余伯泉勸告，大事做不成，卻出了大事。他如果當我的副部長，肯定甚麼事都不會發生。」❿

後來，蔣總統有意要孫立人擔任聯勤總司令，去接黃仁霖將軍的職務，派人去徵詢孫的意願。孫說：「那是侍者（Boy）做的事，我怎能去伺候人！」這一句話，得罪了兩個人。

孫將軍罷免兵權之後，投閒置散，自然心氣難平。看到往昔部屬，紛紛遭受排擠，更添滿腔悲憤，因而他的牢騷更多，招致的忌諱也就更深了。

蔣總統看到孫立人在總統府閒著無事可做，就命孫去督訓部隊。孫眞的要下部隊去督訓，引起陸軍黃埔將領的不滿，誣指孫在陸軍中搞組織，抓兵權，導致「孫案」的發生。

註釋：

❶ 鍾山《藍鷹——勝利接收廣州》，尚未發表。

❷ 張佛千〈藍鷹序文〉。

❸ 蕭一葦〈孫立人將軍言行簡記〉，載於《孫立人永思錄》第一六六——一七一頁。

❹ 揭鈞〈小兵之父〉見《孫立人永思錄》第二二二——二二七頁。

❺《吳國楨傳》第五二二頁。
❻《谷正文回憶錄》，台北「獨家報導」周刊刊出。
❼艾思明〈認識孫立人將軍〉。
❽許遴《百戰軍魂》第一七五—一七九頁。
❾《顧維鈞回憶錄》第九冊第四六八頁。
❿李元平《俞大維傳》第一六六頁，臺灣日報社印行。

三、政工人員的敵視

孫立人練兵打仗，一向重視軍中政治工作。他在貴州都勻訓練稅警總隊時，特別邀請他的清華同班好友齊學啓將軍擔任副總隊長兼任政治部主任，兩人合作無間，官兵視爲軍中嚴父慈母，把部隊管理得像個家庭一般的和睦。齊學啓將軍在第一次緬戰中失踪後，孫立人乃請留學法國的葛南杉將軍出任新一軍政治部主任，無論是在前方團結軍心，激勵士氣，或是在後方安撫流亡，慰勞傷患，都發生良好效果，及至來到台灣，孫立人主持新軍訓練之初，聘請張佛千擔任新聞處長，提倡「好人出頭」，主張「四大公開」，新軍展現一片蓬勃朝氣；並倡導「軍愛民，民敬軍」，軍隊與台灣人民間的關係，極爲融洽。

三十九年三月一日，蔣總統在台復行視事，檢討大陸反共失敗的原因，認爲國軍中沒有一套像共產黨控制軍隊的辦法，致使軍心渙散，導致大陸沉淪。三十九年初，經縝密研究，提出「建立有效的『政工制度』方案」。四月一日，國防部政工局改組爲總政治部，任命蔣經國爲首任主任，在軍中實施政治思想教育及推行監察與保密工作。

爲要達成軍中政治革新目標，特把政工人員在軍中的權力與地位儘量提高，在軍中要監督官兵的思想行爲，同時要防範匪諜滲透，鼓勵檢舉動搖分子，各級政工組織及權力運用，散佈在官兵之間，士兵可以揭發長官，長官嚴格監視部屬，造成軍中官兵互不信任。政工黨工特工，三位一體，使各級部隊長，漸漸淪落到次要地位。自此之後，部隊在軍令系統之外，多了一個政工系統，形成軍中二元領導。

孫立人一向認爲軍隊是以作戰爲主，作戰的最高目標在求勝利，爲達到勝利，部隊長的權威不可動搖。至於軍中政工人員，祇是部隊長的政治幕僚，輔助部隊長鞏固軍心，團結士氣。現在他看到軍中的政工人員，都在與部隊長爭奪領導權，整肅異己，製造分裂。孫將軍是位誠實的軍人，看不慣這種做法，就直言無諱。他到各部隊去視察，有部隊長向他訴苦，他總是表示同情，很快就傳遍軍中，說孫立人反對政工。

其實孫將軍並不是反對軍中政治工作，而是反對政工人員不識大體，攬權謀私，影響官兵士氣與全軍戰力。三十九年四月六日，他親自主持軍官教育會議，討論軍隊政治教育問題。有人批評新軍訓練，祇重戰鬥技術訓練，缺乏政治思想教育。他在做結論時說：「我們知道

孫立人將軍陪同國防部政治部主任蔣經國視察鳳山新軍訓練。

思想固然是領導行動的，但不要把它看得太神秘。像英美各國的軍隊，他們不喊口號，不貼標語，可是他們仍然能打勝仗，國家仍然強盛。要知道精神與技術是分不開的，光有思想，沒有行動是不夠的。三民主義是我國的建國最高理想，我們祇要能遵照著去做就行。多年來，我在軍中提倡愛國思想和中國傳統的仁愛精神，就是要我們官兵怎樣去發揚愛國思想和仁愛精神，使國家強盛，人民安居樂業。所以我們軍人用不著去追求高深的理論，祇要認清敵人，明白自己應該去做些甚麼事情，切實去做就夠了。」

蔣經國來台之初，與孫立人交往密切，兩人見面，有說有笑，無話不談。一天，蔣邀孫立人午餐，談笑間，蔣經國問孫：「聽說你反對政工制度？」孫很誠懇的回答說：「不是我反對政工制度，而是政工人員素質參差不齊，在軍中引起許多問題。」因而孫即向蔣經國建議設立政工訓練班，培養政工人才。蔣經國當即接受這一建議，惟一時找不到一個適當的訓練場所。孫說：「日本佔領台灣時期，在北投興建的一個跑馬場，可以改建成爲一個訓練場所。」兩人談得很投機，飯後，蔣經國遂邀孫陪他去看一趟。蔣看過之後，非常滿意，後來籌備成立的政工幹部學校的校址，就設在這裡，命名爲「復興崗」。

當時立法委員王新衡是蔣經國在蘇聯求學時的同學，他認爲蔣經國與孫立人之間如能維持良好關係，將對國家前途有利。他曾經居間從中撮合，邀請孫立人、蔣經國、胡宗南三人每月舉行飯局一次，以增加彼此間感情。王新衡並力勸孫立人不妨在老先生（對蔣總統的尊稱），面前多說些好聽的話。可是孫個性戇直，他說：「我怎麼能夠去欺騙總統呢！」孫、蔣、胡三人的飯局，因爲各人個性不同，話不投機，未聚會幾次，也就無疾而終。

孫立人爲人太過正直，不會應付，使得他和高級將領們格格不能相容。將領們攜眷赴宴，有人常在席間肆無忌憚開黃腔，而他認爲有女士在座，絕對不能如此無禮。每遇到這種場合，他絕對不苟言笑，連陪個笑臉都不肯，因此很容易得罪人。有一次，蔣經國在宴席上講葷故事，講到一半，突然中止，有人請他繼續講下去，蔣說：「不能講了，再講會有人不高興。」孫立人回到家後，孫夫人便勸告他說：「每次叫你笑一笑，你就是扳著臉不肯笑，得罪人了罷？」孫說：「這太不應當了，根本沒有禮貌，我怎麼笑得出來！」幾次之後，同儕覺得這

人太無趣了，就不大喜歡和他在一起同席共讌了。❶

民國四十年，美國軍援顧問團成立，蔡斯團長來台之後，看到國軍中實施的政工制度，認爲是蔣經國模倣蘇聯的監軍做法，對軍心士氣不但沒有幫助，而且造成上下離心離德，影響戰力。蘇聯在二次大戰與德軍對抗之初，節節敗退，即肇因於此，不如美軍中設民事官及牧師來得有效。因而表示反對，建議取消中國軍隊中的政工制度，在獲得美國國防部及國務院支持後，他就要強制執行。❷引起蔣經國的憤怒，而且怪罪孫立人從中作祟。

國防部總政治部改組之初，孫立人推薦余紀忠出任陸軍總部政治部主任。余爲英國留學生，青年軍政工人員出身，曾任東北保安司令部政治部主任兼中蘇日報社長，才能優異，爲孫所賞識，但未獲層峯核准。蔣經國乃派蔣堅忍爲陸軍總部政治部主任，未受到孫的重視。蔣堅忍有事多與賈副總司令洽商，很少向孫總司令請示。

四十年元旦，孫總司令於上午七時到陸軍總部主持團拜，禮畢返邸。見各報載有政治部主任蔣堅忍告陸軍將士書，孫大爲不滿。當即電話訓斥他說：「政治部是陸軍總部內的一個單位，不可以一個單位代表全體，對外發表文告。去年陸軍節曾發生同樣事情，當時未加追究，今後不可再有此類事件，以免外人譏議。」蔣堅忍雖不敢申辯，但悶在心中。

陸軍中各級部隊長，對於政工人員在軍隊中爭權，提倡克難運動，要官兵做工，多表反對，但都敢怒而不敢言，他們祇敢在孫總司令面前，發發牢騷。四十年四月十九日，孫總司令乘夜快車至台中，天明起身，中部防守區司令劉安琪將軍偕同五十軍軍長鄭挺鋒來車站迎接，同赴軍營早餐。七時三十分，孫總司令一行赴後龍，校閱五十軍，嗣至團部休息。鄭軍長報告軍裡情況。他說：「全軍每天要提供七千個工人，除了防務之外，差不多全部官兵都動員了，部隊沒有時間整訓。而且士兵大多不會做工，上級規定本軍須擔負十二萬個工，差不多要二十萬工才能完成。工價低微，所得並不能夠補助士兵營養，普通老百姓一天工價是十二元，而軍人一天工價僅給二元。現在一塊錢祇能買到兩根油條，兩塊錢如何能夠補充士兵營養。國防部認為別人都不說話，祇有你一個人在吵。大家都認為這樣做法不對，每次國防部開會，我要他們講，他們都怕得罪人，不敢講，都要我放砲，說『你是老資格，你說好了。』他們要我說，我就說，我當不當軍長沒有關係，誤了國家事大，我總認為用共產黨的辦法，是打不倒共產黨的！」孫總司令表示同情說：「我國實施兵工建設，最早是閻百川先生，他在山西用兵工來修築同蒲鐵路，等到同蒲鐵路修好了，而他的部隊已經沒有戰力了。」鄭軍長繼又說到軍中克難運動，眞是不克不難，愈克愈難。他說：「有一次我對部隊官兵訓話，正講之間，成群結隊的雞鴨，繞膝亂跑亂叫，你有啥辦法去叫雞鴨守軍紀呢？」鄭軍長說話詼諧豪放，引得滿堂大笑。孫總司令說：「國家養兵，要以打仗為主，用兵來從事生產，失去了國家養兵的原意。」

民國三十九年，政府遷台之初，對於保密防諜工作，雷厲風行，在軍中政工人員負責此項任務，執行尤為嚴苛，凡官兵言行稍有不慎，即遭拘捕審訊，人人自危。孫總司令是一位心地仁厚的人，他反對政工人員濫用職權去懲人。他常公開說，他最厭惡打小報告的人，他問爲甚麼不能從陸軍總部做起，由各級部隊長負責來解決部隊中所發生的問題。他對保安司令部及情治單位，不透過原單位軍法官的查證審問，即逕行逮捕人犯，尤表不滿。他見到社會上及軍隊中許多菁英無辜被捕受害，心中非常難過。❸

三十九年七月一日，陸軍總部軍法處長周芝雨少將因涉匪嫌被捕，扣押在台北青島東路台灣保安司令部看守所內，周夫人韓鏡良去探視三次。第一次見到時嚇了一跳，扣押才兩個月的丈夫，頭上、臉上、身上、腳上，傷痕累累，瘦得不成人形。周處長告訴哭不成聲的愛妻說：「他們要整肅孫立人，卻拿我來開刀。」最後一次見面時，她的丈夫手指頭被砍掉了，腳打斷了，佝僂不能行動，周處長已經失去說話的能力。周夫人韓鏡良奔走無門，一天去見孫總司令，請他代向層峯陳情，從寬處理。孫坦誠對周夫人說：「妳如果要我去說情，可能會得到反效果，到那時妳不要怪我！」周夫人哭訴道：「事已至此，衹有煩請總司令代向總統陳請，作最後的努力。」孫立人將此事面報總統之後，不久，奉批示：周於同年十一月二十三日凌晨六時五十分，在台北市馬場町刑場被槍決，時年三十九歲，留下寡婦及兩個幼小孤兒周固猶和周宣弼，無依無靠，衣食均成問題。後來經友人媒介，韓鏡良與立法委員成舍我結婚，兩個小兒始准赴美讀書，現在周固猶在洛杉磯行醫成名，到處爲他生父喊冤。大陸開放後，周固猶前往大陸查證他父親周芝雨是否曾參加共產黨，查不到有任何紀錄。

四十年六月二十二日，陸總政治部第四組組長張國卿晉見孫總司令，報告保密防諜工作。孫總司令指示說：「對軍中保防工作應當慎重將事，不可隨意拿一項紅帽子戴在別人的頭上，更不能聽到一個人發幾句牢騷，就視爲這個人有問題。試問一個有良心血性的人，誰能沒有幾句牢騷話。尤其不可隨意逮捕人。今天我們反共抗俄，爲的就是爭取自由。也不可把我們日常辦的公事當作情報，總部做一件事還未到一個小時，外面就已經曉得。以後如果查到有類似情事，以洩漏機密處分，要知道情報工作是搜集敵人的情報，不是用來對付自己人的。」

陸軍副總司令賈幼慧將軍，從美國史坦福大學歷史系畢業歸國，適逢抗戰軍興，他就投筆從戎，追隨孫立人將軍，轉戰國內外，戎馬倥傯，誤了婚期。民國二十七年，他在長沙任緝私總隊步兵第一團團長時，結識一位林靜瑜小姐，兩人相互愛慕，已經到談論婚嫁的階段。這時武漢失守，長沙吃緊，無情的戰火，打散這一對鴛鴦，從此海天遙隔，音訊斷絕。三十六年底，林靜瑜小姐在廈門一所教會學校教書，一天看到報載孫立人在台灣訓練新軍，副司令官是賈幼慧，不禁怦然驚喜，多年等待的郎君，突然出現，但不知賈幼慧通信地址，立即寫一封信，給台灣孫立人司令官，寄到台灣，雖無詳細地址，郵局仍能將這封信送到陸訓部。孫將軍拆開信一看，甚爲歡喜，立即請賈副司令官過來，把林小姐來信交給他說：「這封信你拿去覆吧！」賈看完信後大喜，第二天飛往廈門，將林靜瑜小姐接來台灣，隨即在台北舉行婚禮，請當時台灣省主席魏道明證婚，孫立人是賈幼慧主婚人。後來鳳山陸訓部官員聞悉賈副司令官新婚，大家議論紛紛，竟有人捕風捉影，散播謠言，說賈副司令官的新婚夫人是匪諜，連香港益世報及工商日報，也信以爲眞，撰文責問台灣基地的安全何在？許多像這一類的無稽之談，在軍中到處流傳。孫司令官聽到後，大爲生氣，指令政工人員追查是誰造的謠言，查到之後，一定要嚴辦。並召集全體官兵訓話，嚴詞告誡：軍中絕對不許造謠生事，擾亂軍心，誰要是傳播謠言，就問他是聽誰說的，追根問到底，如果他交不出說謠言的人來，就懲辦他。

三十九年底，總政治部主任蔣經國假鳳山陸軍訓練司令部會議室召開南部地區政工會議，凡駐在嘉義以南地區各軍事單位政工人員參加，檢討軍中政治工作。會議開始時，有一位營指導員報告說：「他營裡有一位連指導員犯了錯，層轉到軍部，均未確定如何處分，到了陸軍總部，竟被孫總司令撤了職，我們政工人員太沒有保障了！」蔣主任當時沒有講話，等到會議快要結束時，該軍部的政工處長站起來報告說：「那位被撤職的連指導員，經查平時行爲品德，均極惡劣，到處造謠，屢戒不悛，嗣經報到總部，始被撤職。」這時蔣主任立即指責那位營指導員說：「像這類政工敗類，可說是害群之馬，孫總司令撤他的職，並不過分。」❹

蔣經國要在軍中建立威權，孫立人自然是一大障礙，政工人員看清了這一點，就想出各種辦法來扳倒孫。有人指責孫立人訓練的軍隊沒有中心思想，說他在軍中祇講「國家、榮譽、責任」，不談「主義、領袖」。有人指責孫立人不忠於領袖，說他在軍中對官兵講話，很少引述領袖的言論。有人指責孫立人有野心，在軍中製造私人勢力，所有第四軍訓班的學員生，甚至連入伍生總隊、女青年大隊及幼年兵，都是他的子弟兵，祇聽孫立人的，不聽其他任何人指揮。有人指責孫立人用新軍軍歌來替代黃埔校歌，用新軍標誌「火炬」來代替黨徽。甚至屏東縣政府將屏東至鳳山公路命名為「立人路」，也被指為孫立人企圖獨樹一幟的罪證。眞是功高震主，誹謗叢生。及至民國四十三年，他交卸陸軍總司令職務，擔任總統府一個光桿的參軍長，仍說他聯絡第四軍訓班畢業生，是意圖造反。最後竟有人散播種種謠言與煙幕，同時策劃一個大冤獄來陷害他。

註釋：

❶〈孫敬婉女士訪問紀錄〉，載於中央研究院近代史研究口述歷史《女青年大隊訪問紀錄》第一二八頁。

❷《顧維鈞回憶錄》第九冊第四七一頁，中華書局印行。

❸揭鈞著〈小兵之父——孫立人將軍側記〉見《孫立人將軍永思錄》第二一三頁。

❹《孫立人將軍永思錄》第一六一——一六六頁載袁子琳撰〈永懷老長官孫立人將軍〉。

第二十三章　郭廷亮「匪諜案」眞相

民國四十四年，孫立人在參軍長任內，曾因部屬「郭廷亮匪諜案」的牽累，遭致撤職軟禁的處分，演成世人矚目的孫立人事件。這個事件內容複雜，涉及人物衆多，但郭廷亮是關鍵人物。當初因叛亂罪名被捕的郭廷亮是何許人？後來爲何演變成爲匪諜？他是否眞是中共派來台灣的匪諜？他在獄中如何被說服承認來台進行「兵運工作」？「郭案」與孫立人被撤職以及長期軟禁有何關係？都需要先行釐清的問題。

要瞭解這些問題，必須從政府檔案文件、郭廷亮陳情書，相關人士的訪問紀錄，及報章雜誌和書籍的記載中，加以考證研判，才能得到案情的眞相。

一、郭廷亮是何許人

郭廷亮，雲南河西人，民國九年出生。抗戰初期，就讀國立雲南大學，基於愛國熱忱，於二十八年二月棄學從軍，考入財政部稅警總隊官警教練所學員隊。二十九年三月一日畢業，奉派留所，先後擔任准尉教育班長、少尉區隊附、區隊長等職。

三十一年初，調任陸軍新編三十八師中尉排長，不久即隨軍遠征緬甸。部隊轉至印度藍伽整訓，考入由美軍主持之砲兵學校受訓。三十二年畢業，調任新一軍重砲營觀測員。在反攻緬北諸戰役中，曾經四次負傷，以戰功卓著，在一年多時間內，連升數級，擔任連附、連長、副營長等職。三十四年四月，緬甸日軍潰敗，中印公路打通後，隨軍返國。三十五年初，又隨軍北上，參與東北戡亂戰役。

三十七年底，郭廷亮奉調來台，先後擔任入伍生總隊第三團第三營營長，第四軍訓班示範營營長，陸軍總部巡迴示範大隊大隊長，搜索大隊大隊長等職。

三十九年秋，陸軍官校以鳳山第四軍官訓練班為基礎，在台復校，羅友倫出任校長。第四軍訓班原有的教職員及畢業的學員生，開始受到排擠。他們因在工作上受到歧視，普遍懷有不滿情緒。

四十三年九月，參軍長孫立人眼見昔年部屬遭受不平待遇，心中不免氣憤。一天他在屏東官邸，郭廷亮來見。孫曾表示：「據報告，最近部隊的一般基層幹部士氣低落，你要抽暇從側面對他們多加鼓勵，把兵帶好，以保持部隊的士氣和戰力。切不可鬆懈怠惰，致使多年來辛勤訓練的成果毀之一旦。」

四十四年初，郭廷亮於步兵學校高級班十九期畢業，留校擔任少校戰術教官，雖無兵可帶，他仍本著孫將軍的指示，利用暇時，從側面鼓勵一般基層軍官，要他們站在自己崗位上，埋頭苦幹，把兵帶好，以提高部隊的士氣和戰力。

郭廷亮體格粗壯高大，濃眉大眼，個性剛毅不屈，憨直中帶有豪氣。由於爲人豪爽，部下對他很敬重，稱他爲「郭大哥」。他在步校擔任教官，認識人很多，他又好客，遇事肯幫人忙，每逢假日，來看他的人很多，家裡高朋滿座，熱鬧異常，自不免引起猜忌。加以秉性耿介，直言無諱，開口閉口「孫老總」，更引起保防人員的側目。

二、郭廷亮因「叛亂罪」名被捕

郭廷亮在他公開發表的陳情書中寫道：「四十四年五月二十五日下午六時，一位政工中校來到我的住宅（鳳山誠正新村東二巷八十九號）門口對我說：『郭教官，校長請你立刻到他辦公室一趟。』我當即遵命前往，進入校長辦公室後，校長吳文芝少將指著總政治部第四組長宋公言上校說：『宋先生要和你談話。』我正要問談甚麼的時刻，就被非法逮捕，拖出校長辦公室，推上吉普車，向鳳山郊區駛去。車行約十多分鐘，在一棟充滿恐怖的大宅院門前停下，立刻有數名大漢擁上來，將我拖入大宅院內，行約十多公尺，又被拖入右側一間廂房內，我抬頭一看，在廂房的正上方，坐著第十軍政治部主任阮成章將軍，他對著我大吼：『郭廷亮，你是匪諜！』這出乎我意外的境遇，使我直覺的提高聲音說：『你胡說！我乃爲國家流過血、流過汗的革命軍人，你才是匪諜！』只見他將桌子一拍，大聲的說：『給我打！』站立在兩旁的打手，一擁而上，拳腳交加，將我打倒在地，並將我的肩領章和識別證取下，然後拖到刑求室，將我綁坐在老虎凳上，開始嚴酷的刑求、拷問、逼供。政工偵訊官員所要刑求、拷問、逼供的，就是要我承認有謀叛意圖，要逼我說出孫立人上將的謀叛計畫，孫總司令爲甚麼經常召見我？奉誰的命令在軍中連絡？其目的何在？總統親校時是不是要呈遞意見書等，毫無事實根據，捕風捉影的荒謬問題。

「就這樣，由數十名政工偵訊官，不分晝夜的輪流著刑求、拷問、逼供，在身心完全崩潰及非自由意志之下，依照偵訊官們所設計的奸險政治陰謀，揑造了許多荒謬而毫無事實根據的口供和自白，要我承認簽字。如此經過十晝夜不停的刑求、拷問、逼供，至六月四日，才將我從老虎凳上放下來，奄奄一息的躺在地上作生死的掙扎。而在這十個晝夜坐老虎凳，受極端慘酷的刑求、拷問、逼供的過程中，使我身心受到傷害最大。

「六月五日上午，辦案官員帶著與我同時非法被捕的妻子和兩個稚齡的兒女來看我，眼見她挺著懷孕已五個多月的大肚子，滿臉青腫，神情憂傷，很顯然的，她也受到刑求拷問，不禁使我傷心流淚，苦痛萬分。」

六月五日下午八時，郭被帶到一間坐有一百多位偵訊官員的大廳裡，接受徹夜的大公審。會場佈置情形如下：

審判長：阮成章（第十軍政治部主任）居中而坐。

審判官：各師團政治部主任，依序坐在阮成章的左右。營、連以下的政工幹部，則排成三排，坐在兩旁，郭則被安置在中央，接受審訊。

首先發言的偵審官于載書（團政治部主任）說：「郭廷亮，你就據實招供了吧！免得再受皮肉之苦。因爲唐守治（時任海軍陸戰隊司令）已經逃到舊金山，並且發表宣言，承認你們的政變失敗。」郭說：「于載書，你不可胡說八道，我們絕對沒有任何非法的行爲。很顯然的，這是一項極爲奸險的政治陰謀，意圖迫害誣陷我們。你不要受人利用，而隨便侮辱戰功彪炳，絕對效忠領袖和國家民族的唐守治將軍。念在我任入伍生總隊營長時，你曾在總隊部擔任過政工人員，所以我不想當眾給你難堪。但是你剛才的滿口胡言，血口噴人的幼稚言論，證明你是一個沒有骨氣，而且非常可恥的應聲蟲。」于載書聽見我的話後，很不高興的大聲說：「孫至剛在那裡？」郭說：「他在那裡與你何干？」

就這樣，無法無天的所謂審訊就展開了。他們將郭坐老虎凳十晝夜所問過的指控，再度提出來作密集緊迫的逼供，郭則堅決的駁斥了他們的栽誣指控。到了深夜以後，郭的身心均陷於崩潰邊緣，但仍然被迫喝下提神的黑色咖啡，恍恍惚惚的回答審判官們所提的問題。一直被非法的疲勞審訊至六月六日清晨，也就是陰謀者所謂「兵諫之日」，才再度被押回刑求室。就在郭被押回刑求室不到十分鐘，國家安全局魏毅生處長和國防部總政治部第四組宋公言組長，也來到刑求室。郭廷亮說：

「大約過了十分鐘，駛來一輛吉普車，由車上走下來二位配戴手槍的辦案人員，先在我的手足上各加帶一副銬鐐，立刻將我抬上吉普車，命駕駛將車開出大門，當時，我猜想一定是到郊外執行槍決，但車卻不停的向北駛去。過了桃園以後，特工人員用一塊黑布將我的眼睛蒙住。車行約三十分鐘停下來，我被送到一間僅夠容身的小黑牢中。經過一段時間後，始知這是台北市延平南路一一三號，在日據時代囚禁東南亞重要政治犯的地牢，而今卻成爲保密局用來迫害人民最慘酷的黑牢。

三、扮演「匪諜」自首

郭廷亮自被囚禁到保密局偵防組的小黑牢後，即在極端恐怖的氣氛中，接受辦案人員的疲勞偵訊。他們所要求的就是要郭與他們密切合作，說出他們所揑造的所謂孫立人將軍的叛亂計畫，以及在總統親校時呈遞意見書等的荒謬誣陷。

據保密局偵防組組長谷正文事後透露說：「有一次在信義路安東街安全局局長陳大慶家裡吃飯，談起這事怎麼辦。陳大慶說：『不能再告訴老先生，現在還有跟張學良一樣的人，發生第二次西安事變，他受不了這個打擊。這次一定要告訴他是共產黨策動的，孫立人不知道。還有這件事牽涉到美國人，不可以把責任搞在美國人身上。』❶從此之後，案子就交給特勤室主任毛惕園主辦。」

谷正文說：「毛惕園把他處理『郭案』的計畫提出來跟我商量：『如果讓郭廷亮承認自己是匪諜，而其工作則是策反孫立人，結果孫立人也同意進行叛變，並交付經費供其串聯。』

『郭廷亮願意的話，當然可行，不過，你得小心後遺症！』谷並不相信毛惕園有這樣好的說服力，足以說動郭廷亮擔下一切罪狀。而毛惕園之所以如此成竹在胸，原因仍是蔣介石低調處理的原則。毛惕園趁著毛人鳳赴美就醫的機會，找了一個人頭，假扮成毛人鳳。兩人向郭廷亮承認，只要肯擔下匪諜罪名，保證他在軍法審判時，得以無期徒刑結案，並在適當時機，給予減刑、特赦。此外，政府還會負責照顧郭廷亮一家老小，並且給他一棟房子；而孫立人部分，老先生則保證不予追究。」❷

郭廷亮繼續寫道：「四十四年六月二十日以後，保密局特勤室主任，也就是本案調查小組長毛惕園少將，以及在其指揮下的偵訊官趙公嘏、蘇忠泉等，倏然改變口吻說：『由於被捕軍官三百餘人，而今又找不出你們的罪證，致使中外輿論譁然，社會謠言四起，衆說紛紜，所以你必須站在黨國利益的立場，來與我們密切合作，扮演假匪諜自首，使政府對輿論及社會各界有所交代。』

「當時，聽了偵訊官們這種無法無天的勸說，使我極爲震驚而悲憤的說：『你們爲了達到奸險的政治陰謀，因而以莫須有的罪名，濫肆非法逮捕無辜。而今既找不到罪證，就該立刻將所有被捕的人釋放，然而，你們不但不釋放，反而誣陷我來作『假匪諜』自首，以對輿論及社會各界有所交代，這實在是太荒謬了，絕對不行。』

七月十四日晚上，郭廷亮被押上毛人鳳局長的自用轎車，在保密局特勤室主任毛惕園及偵防組長谷正文的監押下，前往北投毛公館，面見「毛局長」。毛人鳳談話要點如下：

一、在你擔任陸軍官校教導營長時，我曾隨侍領袖，在南部參觀過你指導的野戰演習。那次的演習你表現得很好，領袖非常滿意，所以特別與你們演習人員合影留念。因此，我知道你不僅是訓練的能手，而且在過去抗戰、戡亂各戰役中的英勇戰績，也證明你勇敢善戰。我非常喜愛年輕有爲的人才，所以我保證你再爲黨國效勞，將來在帶兵練兵作戰方面，還要貢獻心力。

二、孫立人將軍在大陸上任稅警總團長時，我就與他相識，他是我多年的好友，今天他遇到麻煩，於公於私，我都必須盡全力來協助解決。我看你在南部坐老虎凳十天十夜，並受到近二百名政工人員的徹夜公審，吃盡苦頭，來北部，也受盡折磨，但始終沒有說過孫將軍的壞話，這足以證明你對孫將軍的崇拜與敬仰，所以，我要毛惕園主任勸你與我們合作，出來扮演「假匪諜自首」，使本案完全變質，也就是將本案變爲共產黨的背景。這樣一來，不僅政府方面可以對輿論及社會各界有所交代，而對孫將軍來說，也就可以將其所受的壓力減輕。

三、據毛惕園主任多次向我報告，你是誓死不願扮演假匪諜自首的，這表示你對三民主義信仰的篤實及反共意志的堅定。但是你要知道，作爲一個革命軍人，不但在戰場上要勇敢的爲黨國犧牲，以達成任務；而在平時的政治事件中，如果爲了黨國的利益，上級要我們扮演任何角色，或採取任何行動時，就是把個人的榮辱得失，完全置之度外，毫不遲疑，遵照上級的指示去做，以達成政治上的任務。我看你的黨齡已十五年，而在抗戰戡亂各戰役中，曾爲黨國流過血，流過汗，這種犧牲小我、完成大我的精神，應該是俱有的。

四、解決本案的主要原則，是以你的假匪諜自首來辦理，所以既不公開，也不起訴，僅在政府內部辦個手續，對輿論及社會作個交代，然後以政治方式來解決，將所有被捕的軍官和你的妻子兒女，全部釋放，當然也絕對不會影響到參軍長孫立人上將，所以，你不必再有所顧慮。從現在開始，在案情方面，必須聽毛惕園主任的指導，生活方面就找谷正文組長好了。

五、我保證你的軍籍軍職和事業前途，絕不會因本案牽累而受到任何影響，等到案情結束後，我給你調更好的軍職。

六、你的家眷現在保安處，只要你照我的話去做，我就立即派人送他們回家，你必須多爲你的妻室兒女著想。爲使自首日期在法律上有效，並獲得長官的准予自首，所以自首的日期，必須寫你被送到本局來的那一天，也就是四十四年六月六日。

郭廷亮回到牢房後，就暗中傳紙條告訴劉凱英等：「上面要我扮演匪諜，來承擔一切責任。」當時保密局故意把田祥鴻和郭留住一間審問室，好讓兩人商量一個「妥善的劇本」，當田祥鴻知情後，他和郭爭著去扮演匪諜。田說：「我無妻兒子女，死了無後顧之憂。」可是郭無論如何，不肯讓田來替他死，而且保密局也不接受。❸

第二天，也就是七月十五日，偵訊官蘇忠泉將已經編好的假匪諜自首書和口供筆錄，拿給郭廷亮，郭看後非常吃驚！因爲在自首書中，居然另外加上所謂「兵運工作」，以及經共黨授予進行「兵運工作」的方法、手段、原則等細節，而且更駭人的，是在自首書及口供筆錄中，還揑造誣陷說：「於總統校閱國軍時呈遞意見書，視情況許可時，激成兵諫、兵變，以達成爲共黨做兵運工作之目的等。」這些都要郭照樣抄錄。郭臉色一變，堅決的拒絕照抄，也不同意在口供筆錄上打手印，並且與偵訊官蘇忠泉發生激烈的爭辯，案情一直僵持了將近兩個月。

四、王雲五查案

四十四年九月初，毛惕園主任對郭廷亮說：「你的自首業已經政府批准，本來很快就可將所有被捕的軍官以及你的妻子兒女釋放。但是由於本黨部分從政同志及無黨派人士，根本就不相信你是匪諜，也懷疑你所說的是事實，因此紛紛請求調查。所以總統已指派陳誠、王寵惠、吳忠信、許世英、張群、何應欽、王雲五、黃少谷、俞大維等，組成「九人調查委員會」，專責調查本案。現在委員會已推派委員王雲五先生，在最近要來和你談話。」

當時，聽完毛惕園主任的談話，郭廷亮更加吃驚！竟由總統特派副總統陳誠等黨國大員來調查本案，很顯然的，案情已經擴大，這與「毛人鳳」局長所說的已背道而馳。所以，郭準備向調查委員王雲五先生坦誠報告，並將杜撰僞編之假匪諜自首書和口供筆錄等，全部加以否定，以免犯下欺騙和僞證罪。

偵防組長谷正文對毛惕園能否說服郭廷亮？還是心存懷疑，爲求謹慎，先進行一場「模擬審訊」。

谷正文回憶說：「我差了一個人去把郭廷亮找來，自己則坐在會議室內，扮起了主審官」。

「戒護人員對郭廷亮搜身時，在他的長褲襯裡夾層間，找到了一封自白書。內容大約是說：在九曲堂由阮成章負責的第一次偵訊全是屈打成招；而毛惕園手上的筆錄，根本是在威脅利誘下所爲，他爲求自保，只得虛與委蛇，全部供詞，均非事實。」

谷正文看完了這封申訴書，搖搖頭就走了。

毛惕園仍不死心地又找了郭廷亮談了好久。毛責怪郭廷亮不該如此欺騙，他說自己如何費心安排，甚至連毛人鳳都說服了，一切承諾還假得了嗎？而郭廷亮則從頭到尾哭著自己是性命攸關，不得不如此。

末了，毛惕園想了一個困擾他終生的方法來解決。

毛惕園寫了一封由「毛人鳳」和他簽名落款的保證書，把一切承諾白紙寫成黑字地交代

得一清二楚，還當面將這紙保證書交給郭廷亮的太太李玉竹。❸

在調查委員王雲五查案前夕、四十四年九月九日的晚上，「毛人鳳」局長親臨偵防組召見郭廷亮，對郭叮嚀囑咐下列各點：

一、你的想法，毛惕園主任已經向我報告過了，因爲明天上午，調查委員王雲五先生就要和你約談，所以我特別到這裡來，給你作進一步說明。

二、爲使本案能圓滿順利的結束，你必須毫無遲疑的照我的話去做。特別是王雲五先生約談時，一定要根據我們爲你所編的資料去回答，以免引起不良的後果。

三、王雲五先生現任行政院副院長，他不僅在學術界有崇高的地位，而且也是無黨派人士有力的代表人物。作爲一個革命軍人和忠貞的國民黨員，絕不可在無黨派人士面前，說出有損黨國利益的言論。所以王雲五先生約談時，必須特別謹愼。

四、現在我可以坦白的告訴你，本案之所以要這樣的做，我們完全是執行最高當局的決策。因爲我們不能因爲本案的處理不當，而產生不利於政府之輿論，致影響到中美間之合作關係。更不能爲處理本案有欠週之處，而導致軍中意見分歧，損及部隊之團結。所以，你必須站在黨國的立場，以大智、大仁、大勇的犧牲精神，將本案承擔起來。

經過「毛局長」如此曉以大義，郭廷亮似乎沒有其他選擇。

四十四年九月十日上午，在嚴密的戒護下，郭廷亮由保密局偵防組乘車至軍法局，接受調查委員王雲五先生的約談。當郭被帶入約談室，放眼一看，極爲震驚。坐在王雲五先生左右的官員，居然是在南部非法逮捕、刑求、逼供的總政治部第四組宋公言組長和國家安全局的魏毅生處長。更令人難解的，是擔任約談紀錄的人，就是捏造僞編假匪諜自首書的偵訊官蘇忠泉。在這樣的調查庭中，郭再怎麼說，都是白說，他祇有俯首認罪了。

根據總統府郭廷亮調查筆錄，郭廷亮供認，他在五月十五日決定以關廟作指揮所，但向孫立人報告之後，孫說：「不需要到關廟去，有甚麼事，虎頭埤可以的。」言外之意，孫立人確有以部隊實施「苦諫」的計畫。其實在六月初屏東秋季校閱時，彭孟緝所報告「虎頭埤砲兵的砲口都已經瞄校閱場」，是預先設下的圈套。當天谷正文奉命派了一百多名保密局人員，在山上守了半天，也沒有發現什麼異樣。❷案情演變至此，可就小不下來了。

九月十二日，郭妻李玉竹在保安司令部囚牢內分娩，蘇忠泉乃將郭的四歲男孩志忠和二歲女孩志強，送到囚禁郭的小黑牢，由郭看顧照料。在這人間地獄中，讓小兒女陪他受活罪，而小兒女又經常在哭，令他心煩如同刀割。郭向看守人員請求說：「小孩子們沒有罪，不要他們跟我一起受苦，請放他們出去！」獄方不准。

五、宣判死刑

四十四年十二月初，毛惕園又來找郭廷亮，他的說法有了變化：「九人調查委員會的調查報告公佈後，引起海內外輿論強烈的反應。因此，你的自首雖獲上級批准，但仍須經過軍法審判。不過你不必憂懼，這不過辦個手續而已，手續辦完後，毛局長就會立即給你恢復自由，並釋放所有在押的軍官。」郭廷亮說：「毛主任的說法，我有些不大明白，上級既已批准我的自首，依法就不應該再軍法審判，既要軍法審判，就是自首沒有批准，我請毛主任不必再謊言欺騙，坦誠將實情告訴我好了。」毛惕園說：「因爲本案經過九人調查委員會調查後，這個案情弄得太大，且牽連太廣，政府爲了對輿論及社會各界有所交代，所以必須經過軍法審判。」郭說：「我們根本就沒有任何非法的行爲，所有的指控，都是你們所捏造、僞編、羅織、誣陷、自導自演，才弄到今天這個地步，你們的目的何在？」毛惕園說：「你問我們辦理本案的目的何在？我實在無法答覆，因爲我也是奉上級的命令行事。」郭說：「既然如此，我也無可奈何。主任可否將九人調查委員會的調查報告書，給我看看？」毛說：「你要看九人調查委員會的調查報告書，這個是可以的。」於是毛惕園將登在中央日報上的九人調查委員會報告書交給郭廷亮。

四十四年十二月中旬，保密局特勤室主任毛惕園和偵防組長谷正文，又將郭廷亮押到士林毛局長辦公室，「毛人鳳」訓示要點如下：

一、由於你能站在黨國的立場，照我的話去做，這不但有益於黨國，而且也解決了處置上的難題，領袖因念孫上將抗戰有功，已明令免予議處。昨天孫上將和我還一同去晉謁領袖，當時對他過去在帶兵、用兵、作戰、訓練方面的成就，曾加慰勉。（按孫將軍自四十四年八月一日被軟禁後，從未再見蔣總統。）

二、我曾經對你說過，只要照我的話去做，本案僅在政府內部辦個手續，對有關單位作個交待，即循政治途徑解決，既不公開，也不起訴。但由於調查委員會的調查及新聞界的傳播，上級不得不決定依法來處理，所以本案必須移送軍法局辦理。但無論將來案情如何發展，我再度向你保證，對你的軍籍、軍職和事業前途，不致受到絲毫的影響，所以你不必因爲要軍法審判而有所憂懼。

三、將來無論軍法局對你的判決如何，那都只是一個形式而已。所以在案情方面，仍然照我的話去做，等在軍法局的手續辦完，我就完全恢復你自由，並給你調更好的軍職。

四、我一向言出必行，從不輕許任何人諾言，所以你儘量放心。如果我有意欺騙你，就不會一再和你見面，並將案情坦誠的告訴你。

五、你在本案中和我們合作的經過情形，明天我就去向領袖提出詳盡的報告。

當時郭廷亮對整個案情發展毫無所知，除對毛局長的訓示表示感激外，並誓言今後當永遠效忠領袖，願爲黨國利益而犧牲。在案情方面，將完全遵照毛局長的指示去做。

四十五年元月中旬，軍法局法官曾豈凡上校，前來情報局（其前身爲保密局）問話，在其偵訊中，對假匪諜自首書及口供筆錄等，均持非常懷疑的態度，並一再要郭廷亮說實話，不要有所隱瞞。在強烈的逼問下，郭也只好坦誠的向他說明：「事實上，我從來就沒有與任何共產黨官員有過接觸，何來之匪諜。所有的假匪諜自首書和口供筆錄，都是毛惕園主任所指揮下的偵訊官趙公嘏、蘇忠泉等所揑造僞編。」可是郭廷亮說：「軍法官曾豈凡上校不但不接受我的申訴，反而將我的翻供轉告毛惕園主任等，使我的身心再度受到重大壓力和脅迫。」

四十五年二月初，軍法官曾豈凡再度到偵防組來偵詢。他先拿出一份保證文件給郭廷亮，該文件的主要內容爲：「郭廷亮匪諜自首有效，絕不判刑。」在該文件上，郭看見有當時國防部總政治部主任張彝鼎中將、軍法局長汪道淵中將，以及該兩單位上校以上主官十餘員，分別蓋有其職銜官章，遂信以爲眞。

稍後，八月中旬，本案軍事檢察官趙公嘏上校，來到牢房門口對郭說：「本案很快就要開庭審判了，但是對審判不必有所懼怕，這只是在軍法局辦個手續而已，等手續辦完後，毛局長就會立即恢復你和所有在押軍官的自由，並調派工作的。」

四十五年八月二十九日上午，郭廷亮從情報局偵防組的小黑牢中，在嚴密的戒護下，被押到軍法局接受審判。開庭偵詢不到二十分鐘，郭說他曾提出答辯，但未被列入紀錄。在他答辯中，郭曾一再強調絕對不是匪諜。然而，審判官曾豈凡上校大聲指責說：「郭廷亮，你爭辯也沒有用，憑軍事檢察官的起訴書，就可判你重刑！」公設辯護楊世勇，在審判前不曾與郭廷亮見過面，或討論過案情，但在開庭時，不但沒有提出辯護，反而替郭承認犯罪，並請庭上從寬處分。事實上，口供筆錄都已事先擬好，只要郭簽名蓋手印，就算了事。

民國四十五年九月下旬，本案於軍法局審判終結，郭廷亮經國防部四十五年九月二十九日(45)典字第零貳零號判決書判處死刑在案。而就在同一天，經奉總統蔣公以四十五年九月二十九日台統㈡進字第一一六九號代電核定減爲無期徒刑。

四十五年十月一日，偵防組長谷正文將小黑牢的門打開，兩手抱拳，發出洪亮的聲音說：「郭先生，恭喜！恭喜！」郭說：「組長，喜從何來！是不是我被判無罪開釋？」谷組長壓低聲音說：「有人想殺你滅口，已將你判成死刑，但是總統已下令特赦，改爲無期徒刑。你放心，死不了！所以我特來向你恭喜。」

果然過了數天，審判官曾豈凡上校和一名書記官，前來情報局偵防組，將郭和田祥鴻、劉凱英，分別從黑牢中提出來，在牢房的大鐵門外，放置一張吃飯用的大木桌，當場宣判：

「郭廷亮原判決爲死刑，經總統特赦，減爲無期徒刑，田祥鴻、劉凱英，各判有期徒刑十五年。」

然而不幸得很，毛人鳳局長卻在本案審判定案不到半月，於四十五年十月十四日去世，他給郭廷亮的一切「承諾」都落空了。郭自長期監禁在不到半坪的小黑牢裡，與外界完全隔絕，不許用筆，不准閱讀報刊，每天上下午各放風十五分，長達十年之久。

六、優待「匪諜」郭廷亮

在郭廷亮監禁期間，保密局將郭妻李玉竹及三個小兒女釋放出獄，並出資三萬元在台北劍潭附近買了一棟房子，供他們一家老小居住。

據谷正文說：「這房子原來是毛惕園所有，根本是棟違章建築，毛惕園以一萬元買來，轉手賣得三萬。可惜老天爺有心懲他，錢才進口袋，房子便給拆掉，蓋起了再春游泳池。郭廷亮太太又拿著保證書找上了毛惕園，於是毛惕園又把他在中和的違建讓了出來，當然也撈了政府一筆好處。不久，房子又被拆，最後才由警備總部在中壢買了棟房子，給郭廷亮一家老小安居下去。

爲了房子吵翻天的同時，承諾對郭廷亮的特赦，也一直未有兌現，郭廷亮的太太遂連告了毛惕園好幾狀，弄得毛惕園丟了「特勤室主任」的職務不說，還被迫提前退休。他大澈大悟之後，爲了避開困擾，乾脆到台北松山寺出家去了。」❷

郭廷亮坐牢期間，家人要去看他，都有公家專車來接，探視之後，專車送他們回家，對他的家人算是特別優待。

四十九年，情報局的特勤室和偵防組，奉命撥歸國家安全局，偵防組改名情報局看守所。

五十三年四月，所長郭文翰上校視察牢房時，郭廷亮向他報告：「我自四十五年被判刑後，即單身秘密囚禁在這小黑牢中，達十年之久，請准予依法軍監服刑。」郭所長答應向上級請示後再說。過了兩個多月，也就是五十三年六月，才將郭從黑牢中轉送到桃園分所。

七、綠島囚禁

郭廷亮在陳情書中繼續寫道：「六十四年四月五日，總統蔣公逝世，實施減刑，依減刑條例規定，我由無期徒刑減爲有期徒刑十五年。當時，我已服冤獄二十年零五十天，超過應服刑期五年零五十天。所以，政府依法發給國防部代監字第零零陸柒號釋放證明書，明令於六十四年七月十四日零時准予開釋回家。」

按當時規定，獲得減刑釋放的所謂叛亂犯，必須在七月十二日下午，押送到警備總部仁愛之家，於七月十三日，接受一天的講習，至十四日零時即釋放回家。依法獲得釋放的人，於七月十四日上午八時，即奉命攜帶行李，按序排隊走出看守所的大鐵門。當時走在郭廷亮前面的是李鴻（中將），接著是陳鳴人（少將）、彭克立（少將）、曾長雲（上校）。等到郭廷亮將走出大鐵門時，看守長劉天賜少校伸手攔住說：「郭先生，因爲上級已經給你指派了工作，所以請你等一等。」

當天下午三時，郭被帶到所長辦公室。所長張維翰上校說：「郭先生，我知道你的感受，但是我們乃奉命行事。因爲有部分正在綠島指揮部服役的預備軍官，即將服役期滿，他們正積極準備參加留美考試，在英文方面急須加強，所以需要一位英文教官去指導，因此參謀總長賴名湯上將已下達命令，命你前往綠指部擔任英文教官，月薪是新台幣伍千元，每月可休假五天，回到台灣看看親友。」

郭說：「所長，請你不必用此謊言來欺騙我。賴名湯上將是空軍的高級將領，在過去我與他根本就不認識，也從未見過面，他怎麼會憑空的下令，要我到綠指部擔任英文教官？難道賴上將也被特工人員所欺騙操縱了嗎？請所長將參謀總長賴名湯上將的命令給我看。」

張維翰滿臉通紅，改口說：「目前參謀總長的書面命令尚未到達，我是接到上級的口頭命令。」

郭追問：「請問所長，你說上級口頭命令的『上級』是誰」是局長汪敬熙？還是處長趙公堠？」

張維翰所長稍爲猶豫後說：「是趙處長公堠。」

七月十四日下午八時，該所副所長劉玉強中校和看守長洪士傑，將郭押到松山機場，登上遠東航空班機，直飛台東機場，再轉乘小飛機至綠島，當晚十一時，送交綠指部。

綠指部負責接管的是感訓組長林昭明上校，林很客氣，面交警備總司令鄭爲元上將贈的慰問金新台幣貳仟元，並立即帶郭去見指揮官史恆豐少將。在和指揮官談話的過程中，郭將情報局看守所長張維翰上校所說的，奉參謀總長賴名湯上將的命令，派爲英文教官，待遇月薪五仟元，每月休假五天，可回台灣探望親友等，作了說明。

史很坦誠的說：「他們欺騙你啦！目前，在這裡服役的預備軍官，情緒低落，他們連報紙都懶得看，那有心情去學英文，而且上級給我的命令，你根本就沒有休假，也不准過海到台灣。你的活動範圍只能在營區內，連出大營門都不行。我看你的資料，過去曾在摩托化砲兵任職多年，並且在美國汽車學校畢業，所以你暫時先到後勤組，擔任有關車輛方面的工作，至於待遇方面是月薪伍千元，沒有錯。」

郭在冤獄中，度過了二十八年，每念及妻離子散，家庭破碎的境況，寢食難安，乃決心向蔣總統經國陳情。

郭廷亮在坐牢期間，他的家人每次去探望他的時候，都帶些葡萄乾去，他就用牙籤或筷子做筆，沾著鏽鐵罐子裡有色的鏽水，把他的冤情一點一滴寫在葡萄乾盒子上，由家人帶回整理，成爲一篇「陳情書」，七十年七月十二日，他要家人把他的陳情書寄給蔣總統。

七十一年四月，指揮官劉效文少將對郭說：「你的陳情，經承辦人蕭桃庵上校親至台北松山寺，拜訪前保密局特勤室主任毛惕園將軍，將你向蔣總統經國先生的陳情查證屬實。所以你的問題，很快就會得到解決的，安心的等待好了。」

七十一年六月九日，警備總部蕭桃庵上校飛到綠指部對郭說：

「爲了查證你的陳情，我曾親自到台北松山寺，拜訪前保密局特勤室主任毛惕園將軍。據他說，你的確與共黨毫無關係，當然也不是匪諜。只因當時案情上需要，毛人鳳局長本著最高當局的決策，命他來勸服你，站在黨國利益的立場，扮演假匪諜，使政府對國內外輿論有所交代，所以你是無辜的。他要我簽請上級，特別給你優待，並且強調這件案情，先總統蔣公知道，現任總統蔣經國先生也知道。當時，我曾請毛主任寫個證明，以便簽請上級辦理。他毫不猶疑的寫下證明，所以你的問題，最近就會獲得解決。」

七十一年六月二十八日上午，警備總司令陳守山上將，特派劉靜齋少將、蕭桃庵上校，再來綠島指揮部，轉達上級的四項指示：

一、你所請恢復軍籍，復職補薪，依法辦理退役手續等，因礙於法令，目前無法辦理，等到將來情況許可時再說。

二、陳總司令命我帶來新台幣陸拾萬元，作爲生活補助費，你寫個收據，就可領取。

三、再過三天，也就是七月一日，你就可以離開綠指部，完全恢復自由，回到台灣與家人團聚。

四、回家以後，平平靜靜過生活，做一個與世無爭的隱士。

郭廷亮於七十二年七月一日獲准恢復自由，從綠島返回台灣桃園家中，見到妻兒，相擁哭泣。

八、為翻案而死

郭廷亮在牢中被關了二十七年，回到平鎮家中，他面臨著現實的生活問題，不要說去找工作做，連家中瓦斯爐和電器他都不會用。台灣警備總部給他六十萬元，經過一年的生活，根本不夠用。

郭的個性倔強，他受了這麼大的冤屈，使他無法待在家中過平靜的生活。他堅持要爲孫立人將軍恢復榮譽，給同案的難友們恢復清白。

七十二年三月十六日，郭廷亮再寫給蔣經國總統一封陳情書，坦誠說明案情之後，要求政府恢復他的軍籍，復職補薪，並依法處理退役，發給退役金及保險金等，以維持晚年生活。陳情書副本還送給張群、王昇等人。

上面放他回來，本來以爲沒有問題了。而今有關單位發現他還是到處陳情，爲免把案情講出去，乃提供優厚待遇，安排他去綠島養鹿。

郭廷亮和親友們商量，大家認爲他留在台灣目標太大，不免有危險，不如回綠島比較安全。而且他在台灣沒有辦法找到其他職業，不回去，一家生活就成問題，在此不得已情況下，他只好順應上面的要求，一次簽約五年。❸

七十二年，過完中秋節，郭廷亮回到綠島養鹿，五年中，他過著平靜的隱士生活，薪水由兩萬多增加到六萬元，逢年過節，他也可以回台與家人團聚。

七十七年一月十三日，蔣經國總統去世，三月間，台灣掀起翻案風。郭廷亮成爲記者查訪的對象。爲避免記者，上面突然要他在三月十四日回家，到了二十日，又要他提前回綠島，他和記者們在玩捉迷藏。這幾天報紙上天天寫著「匪諜郭廷亮」的消息，郭廷亮的長子郭志中實在忍不住了。二十二日中時晚報記者前來採訪，他就把郭廷亮的陳情書拿了出來。二十三日，自立晚報獨家刊出此份陳情書的全文，在社會上造成極大的震撼。使渲染了三十多年的「郭廷亮匪諜案」眞相大白，亦促使政府不能不釋放郭廷亮。七十七年九月，郭廷亮養鹿合約期滿，上面還要他續約，月薪六萬元，郭毅然拒絕，有關方面找他溝通說：「鹿場全部給你」，郭堅持清白最重要。❹

郭廷亮於民國四十四年五月二十五日被捕，直到七十七年六月二十八日才獲得行動自由。在他離開鹿場時，情治單位再度囑咐回家過平靜的生活，做一個與世無爭的隱士。可是三十三年牢獄裡的折磨，並未磨滅掉他的豪氣血性，他爲了老長官孫立人的獲罪，耿耿於懷，竟把情治單位的叮嚀警告置諸腦後。

郭廷亮回到台灣之後，便出面領導昔年同案受刑的難友們，從事各項活動，四處陳情，要求還孫立人將軍清白，及平反受「孫案」株連的人的冤屈。郭廷亮此一大膽的作法，自然引起同僚的熱烈響應，輿論亦多予支持。

八十年十一月十九日是孫立人逝世週年，郭廷亮約了幾個新一軍同事，於十六日（星期六）準備前往孫將軍墓園祭拜。為表達對老長官的尊敬，獨自先從台北搭火車，回桃園家中，換穿新西裝。不料車到站時，並未見他下車，等火車緩緩駛離桃園站，他卻自車上摔出，結果跌傷後腦，左眼青腫，人昏迷不醒。先送桃園醫院急救，週末找不到醫生，延誤到次日，親友聞訊趕來，將他送到台北榮民總醫院診治，至十一月二十四日過世。

郭志忠為了替父親洗冤，又將他父親在世時詳加補充而尚未寄出的陳情書，送交台北中國時報，於郭廷亮逝世次日，全文刊出。對他被捕和受刑的經過，以及要他扮演假匪諜的曲折情形，都有詳盡的敘述，終使冤案大白。

七十九年十二月二日，中華民國歸國學友協會及展望文教基金會在台北主辦「孫立人兵變案」座談會，偵辦「孫立人案」及「郭廷亮匪諜案」的前國防部保密局（情報局前身）偵防組組長谷正文在會中現身說法。他表示：「孫案關鍵人物郭廷亮並非匪諜，郭的匪諜身份，是由台灣保安司令部主導製造的。」他說：「自一九五〇年起，即負責監視孫立人。孫案早經『設計』。所謂『兵變』，當天他和蔣中正總統、孫立人分乘兩架飛機至屏東。」他說：「假如有兵變，就像黃帝大戰蚩尤一樣，沒有這回事。」❺

十年後，中央研究院近代史研究所研究員朱浤源博士為查明郭廷亮死因，調閱當年郭在省立桃園醫院的病歷表中X光會診單及電腦斷層掃描顯示：郭頭部右頂骨（right parietal bone）及左顳骨（left temporal bone，俗語說「太陽穴」）骨折，因右頂骨的骨折遭到重擊，導致硬腦膜下及蜘蛛網膜下腔出血，進而造成嚴重顱內出血（brain swelling）及腦髓位移（brain shift），最後引致腦死。推此二處並非郭廷亮頭部跌到月台的碰撞處，而係在車上他的頭部左右兩邊已先受到鈍器之重擊。這些症狀，證明郭之死亡原因，不可能是原來桃園地檢署所判定單純的「交通事故」，而是人為的。❻

註釋：

❶ 獨家報導周刊刊載的《谷正文回憶錄》。

❷ 谷正文口述《白色恐怖秘密檔案》第一七三—一九一頁，彭孟緝導演〈孫立人叛亂〉案真相，獨家出版社。

❸ 揭鈞著《小兵之父》第二六二—二六八頁〈郭廷亮訪問記〉。

❹ 李敖《孫案研究》第二六七—二九〇頁，曾心儀撰〈郭志忠談陳情書幕後的心酸〉，李敖出版社。

❺ 郭廷亮陳情書，見七十九年十二月三日台北各大報。

❻ 鄭錦玉著《一代戰神》第四四〇—四五二頁，水牛出版公司。

第二十四章　大整肅

一、劉凱英逃亡記

四十四年五月廿五日，郭廷亮被捕的當天，時任第九軍第二處上尉軍事情報官的劉凱英，到鳳山誠正新村去看郭廷亮，見郭在家請客，吃飯時藉故離去，飯後再到郭府，有人告訴他，吳校長有事請郭教官去了。就在這時有兩個陌生人上來問話，劉凱英身爲情報官，意識到郭廷亮被捕，於是暗地裡去追尋郭的去處未果，但確定郭廷亮是被政工人員帶走了。這時劉凱英無計可施，遂想起打個電話到屏東孫將軍公館，以責問的口氣問姚學智副官怎麼郭廷亮被捉了。那時孫將軍不在屏東，姚副官也覺得奇怪，追問郭廷亮被捉的原因。

劉凱英困惑地回到嘉義第九軍軍部。不久，聽說郭廷亮被扣留在「海軍招待所」。兩天後，一位保防同事對他說：「副軍長請你去一下。」這下他心慌了，於是以「先拿衣服去洗」爲由，開始逃亡，坐三輪車到一間小學，從那裡打電話給入伍生總隊的同學時任嘉義市立中學教員的李邦基，向他借路費，約定在某街頭見面，等了一陣子，沒看到李邦基，反而見到一輛吉普車，劉凱英急忙躲向田野中，後來去找軍訓班十六期同學張熊飛（受害人之一）的哥哥張雲鵬，拿到路費，急忙南下屏東，爲躲避憲警人員，某晚進入孫公館，告訴孫將軍：「有人在捉我，我要逃跑。」孫將軍給他一點路費，同時勸他：「你趕快回嘉義去，你沒做錯事，不要怕，更不要逃，逃跑反而危險。」

劉凱英那敢回嘉義，來到鳳山找張熊飛。聽說警察局有他的照片，知道被通緝。不久，張熊飛、傅德澤也看出有被捉的危險，於是三個人共同逃跑。他們見到陌生人都怕，對於憲警人員更是遠而避之。他們覺得所有的車站，都在憲警的嚴密監視中，去台北已不能坐任何車輛，只好坐三輪車到高雄，換上便服，再坐計程車到岡山，認爲在空軍基地，比較容易躲過憲警的耳目。他們和軍警捉了幾天迷藏後，覺得三個人同行，目標太明顯，乃採取個別行動。傅德澤單獨到嘉義去找李邦基，在火車上被捕。隨後張熊飛亦遭逮捕。

劉凱英在岡山車站外躲着，火車開走時，急跑追上，進入車箱，自以爲神不知，鬼不覺，然而車子過了台南，更發現有人跟踪了。車到斗六，尚未停妥，他跳下車時，摔倒在火車和月台之間，受了點傷，卻沒有被人發覺。待火車開走後，有人走過來，他心慌急忙逃跑，終被憲兵捉到，結束了近兩個星期的逃亡生涯。

憲兵把他送到嘉義，交給刑警總隊長李葆初，問完話後，又送到「鳳山招待所」。這時郭廷亮已經不在那裡，第二天，劉凱英被送到台北延平南路保密局南所，才知道郭廷亮也在那裡。也許劉凱英被捉到時，全案已交由保密局局長毛人鳳辦理，所以他沒有吃皮肉的痛苦。

南所是一個L形的監牢，每人一間小房，郭廷亮、田祥鴻、劉凱英，和王善從分別關在

十二、十、八和六號房。從腳步聲，劉凱英知道郭廷亮進出的次數最多，被傳訊得很頻繁。

有一天，他看到郭廷亮去晒棉襖，劉凱英用牙膏在黃色的衛生紙上寫了個紙條，放在那棉襖口袋中，趁郭廷亮走過他門口時，他叫了一聲：「口袋有東西」。後來郭廷亮以同樣的方法，把紙條放在口袋，讓劉凱英「放風」時去拿。郭廷亮在紙條上寫的是：「毛人鳳要我合作，扮演匪諜來寫自白書，我就來承擔一切責任，你們不要亂講會傷害孫將軍的話。」劉凱英知道郭廷亮要扮演匪諜，還勸他不要上當。

郭廷亮說：「我們沒有任何把柄在他們手中，他們把我隨身攜帶的紅色電話簿收去，說那就是證據。」❶

註釋：

❶ 揭鈞著《小兵之父》二八〇—二八二頁。

二、兵變絕無可能

軍訓班十六期畢業生賴卓先，時任第十軍四十九師工兵營上尉通信官，在郭廷亮被捕後第三天，同遭逮捕，遭受嚴刑，逼他招供，圖謀兵變。當時保密局局長毛人鳳接獲密告，說「孫立人要兵變」。他恐怕眞的發生兵變，六月一日親自南下鳳山，在海軍招待所會議室，提訊賴卓先。陪同審訊人員有第十軍政戰部主任阮成章等數十人。毛人鳳面色凝重嚴肅的對賴卓先說：「你該誠誠實實，將你們準備在屏東親校時挾持總統的行動計畫坦白說出來，我可以保證你對國家立功應得的報酬。如果你執迷不悟，不坦白交待，萬一部隊出了問題，不僅對國家的傷害太大，對你更有嚴重後果。」

賴卓先從坐位上站起來說：「根本不可能有兵變的事！」

毛局長問：「你說，怎麼不可能？」

賴卓先回答說：

「我有三點事實證明，總統親校絕無發生兵變的可能：第一、凡是參加親校部隊，爲了陣容排面整齊，把原有的建制打散，臨時重新編成校閱的隊形。表面上站在校閱場上是一個連、一個營、一個團，而實際上那個連、營、團的官兵，都是新編成在一起，彼此都不熟識，上下情意也不可能事先有所溝通，而且各個士兵校閱時持有的武器，與平時使用的武器又不盡相同，如一位機槍兵，因臨時編組成六〇砲手，他又怎會使用六〇砲呢？像這樣臨時編組而成的部隊，怎可串通起來實行叛變而挾持總統呢？第二、凡是參加校閱的部隊，只准攜帶編制的武器，卻嚴格規定不准攜帶子彈，自動武器連彈夾都不准攜帶，甚至不准個人攜帶鋼筆、戒子、筆記本、硬幣等日用品，連軍便服所有的口袋均須縫上，先由各隊軍事幹部嚴密搜查，最後各級政工幹部再行複檢，同時規定各班的政治戰士，須互相監視，有無人違規。如此有槍無彈的部隊，人數雖多，還能兵變嗎？同時還有一個實槍實彈的憲兵加強營，在場保護總統安全，而有槍無彈的受校官兵敢起來叛亂嗎？第三、你們既然把我抓來，必認爲我有嫌疑，實則屏東親校，我已奉命留守，這是有案可查的，怎說我參加兵變呢？以上所說的話，絕對是事實，可向歷年參加過親校的官兵查證，如有虛構不實的話，願接受任何嚴厲的處分。」

毛局長聽完賴卓先的陳述之後，凝重嚴肅的表情，一掃而空，並且走過去，緊握着賴卓先的手，親切地說：「謝謝你！你給大家幫了大忙！」

毛人鳳將親自南下偵訊所得實情，回報了蔣經國，蔣遂將全案交由保密局主辦。

三、冤案到底關了多少人

郭廷亮被捕之後，辦案人員從他身上搜出一本「紅色電話簿」，上面記載着些親友的地址。最初由政工人員提名，到各部隊裡去抓人，被捕的人中又相互牽累了許多人，有些是滲透在內的政工人員，引著大家發牢騷，也一併的被抓進去，後來他們最先放了出來。還有些比較會應付偵訊人員的，或者與孫將軍拉扯不上關係的，不久也被放了。

根據四十四年十一月二十三日，四十四年度理珍聲字第拾捌號「國防部軍事檢查官聲請延長羈押書」，上面載有九十二人。他們的全部名單是蔣又新、郭立人、張茂羣、范俊勛、王其美、賴卓先、陳治國、李仲瑛、虎嘯華、伍應煊、趙雨公、王培裕、朱日新、陳江年、田雨、陸心仁、冉隆偉、鄧佑邦、王霖、鄧光忠、吉國輝、趙玉基、白崇金、李太遠、金朝虎、陳國偉、陳寅華、許達明、段雨民、向治中、高培賓、斯爾昌、尹福泉、余世儀、胡祥瑞、姜映權、陳業成、王漢昇、陳宗勤、竇子卿、楊萬年、牛桂章、艾叔雲、關嵩山、梁棠、劉澄昭、張欣政、梅成德、郭學周、劉繼承、張秉國、謝里茲、蘭宗全、黃炎培、張飛武、魯明德、陶松盛、楊庚年、朱啓君、楊永年、張熊飛、沈承基、王承德、郝振興、傅德澤、王宗經、王佇興、郭敘仁、敬銳、孫若秀、嚴渭洲、高翔雲、羅錦輝、陸國強、李洪源、張才發、王國爾、劉克曹、聶庚申、劉六律、劉滌塵、陳德揚、陳宏霈、高洪石、邵勤、陳國仁、周熙馥、于英華、徐遂慶、陳萬衡、王國海、熊玉藩。❶

事後查證獲悉，上列名單中的人，王承德、王培裕、郝振興三人，係軍訓班畢業生，被捕時已脫離軍職，坐牢四五個月後獲釋。到了四十五年元月，經查明無罪獲釋的約有六十多人，都被分發到部隊，恢復了軍職，其餘的人便列入「郭廷亮匪諜案」中三十五人，包括郭廷亮、江雲錦、王學斌、田洋鴻、王善從、于新民、孫光炎、陳良壎、劉凱英等人。

註釋：

❶揭鈞著《小兵之父》第二四一—二四二頁。

四、郭廷亮的自首書

郭廷亮的自首書是怎樣僞造的，政府有關機關並未全文發表，但從九人調查委員會發表的「孫立人將軍因匪諜郭廷亮事件自請查處案調查委員會報告書」中，間接引用「郭廷亮與共匪發生關係之經過及其所接受之匪諜任務」一段文字中，可以窺知梗概，全文如下：

據郭廷亮在四十四年六月六日自首書中所稱，及其對本委員會四十四年九月十日詢問之答覆，郭廷亮任新一軍榴彈炮營少校連長時，於三十七年一月駐守瀋陽，其連部設於該市鐵西二道街三義和米棧內，因與該棧店主白經武日漸熟識，常相過從。郭廷亮經白經武之介紹，與女子李玉竹結婚，白經武藉此常以匪黨言論煽惑，並爭取郭廷亮。同年四月，郭部奉調赴前線作戰，白經武亦以匪嫌被捕，彼此關係中斷。同年十月底，瀋陽情況混亂，白經武即出獄活動。瀋陽淪陷之翌日，即十一月二日，白邀郭同餐，談話中郭廷亮請求白經武設法向匪軍取得路條，以便離開匪區；白經武則勸其留住匪區，另謀出路，並願介紹郭與其兄白經文晤面，俾獲協助。白經文當時任匪「東北鐵路護路軍呂正操部聯絡科科長」。

十一月三日，白經武遂偕同郭廷亮至瀋陽鐵路飯店訪晤白經文，嗣後並再訪晤三次。在此四次晤談中，白因得悉郭爲孫立人將軍舊部，在國軍中關係亦多，乃囑郭來台灣爲匪從事兵運工作，並規定以長期潛伏掌握部隊達成下列兩項目的：㈠製造台灣國軍大規模之變亂，㈡俟匪攻台時實行內應。

郭廷亮經考慮後，當表示願爲匪從事上述兵運工作，遂依照白經文之囑，塡寫詳細履歷表，並就工作路線及進行兵運工作之方法，備具書面報告，送白經文轉呈匪上級核可後，白經文即囑郭廷亮與一馬姓科長談話，由馬匪授予個別訓練，並規定郭廷亮與匪聯絡辦法如下：

㈠以「瀋陽鐵西二道街三義和米棧白經武先生收」爲通訊地址。

㈡匪於必要時派人來台與郭廷亮聯絡，以「白先生要我來看你」爲聯絡暗號。

至郭廷亮在台進行兵運工作之方法及手段原則，當時亦經規定，包括下列各項：

㈠在高級將領間找矛盾，擴大矛盾，並運用矛盾，以進行挑撥離間及分化。

㈡對中下級幹部多從事聯絡工作。

㈢對部隊做到有力的掌握。

㈣在匪軍攻台前，尋找機會製造大變亂，使整個台灣發生動搖，以利匪軍攻台。

其後馬匪即以路條一張及黃金十兩交郭廷亮。

郭乃於三十七年十一月十二日攜妻李玉竹離瀋陽，到達天津，轉往上海；同年年底，與原屬新一軍而逃離匪區之官兵同來台灣。

郭廷亮於三十七年底到達台灣後，替匪做了些甚麼兵運工作？在台灣製造些甚麼變亂，可從國防部四十四年度理珍起字第二四七號對被告郭廷亮等三十五人起訴書中的「犯罪事實」一段文字中，可以明確看出：

緣被告郭廷亮前充新一軍連長，……抵台後即與匪方聯絡，初無積極活動，迨四十三年夏，奉孫立人命，調陸軍總司令部服務，並秘密至各部隊從事第四軍訓班畢業生聯絡工作，知孫不滿現狀，且有少數軍訓班同學對孫未能升任參謀總長表示不滿，時適匪幫叫囂攻台，並派李姓匪諜與被告聯絡，促使進行兵運工作，被告認爲時機已到，遂決意進行，以配合匪軍攻台之企圖。乃著手利用孫立人關係，積極聯絡軍訓班同學。經被告劉凱英、田祥鴻、王學斌、孫光炎、賴卓先、王其美、范俊勛、楊萬良、陳業成、陳世全、冉隆偉等協力進行結果，計在各部隊建立聯絡關係達百人以上，分別指定負責人員進行秘密聯絡，由被告郭廷亮、田祥鴻、劉凱英隨時向孫立人報告，並經常接受孫立人發給之活動費用。經郭廷亮、田祥鴻、劉凱英三被告決定於四十四年五月下旬至六月上旬伺機製造國軍大規模變亂，占領據點，控制南部，必要時對國軍高級將領實行殺害。郭、田二被告於五月初至各部隊指示各負責聯絡人加強活動、控制部隊、把持通信部門、威脅部隊長、扣留政工人員等行動計畫，並決定設指揮所於關廟，先後由被告王學斌、賴卓先、李仲瑛、楊永年、郭廷亮、田祥鴻等兩度至關廟、龍崎一帶偵察地形曁該地通信設備，至同月十五日，被告郭廷亮在台北晉見孫立人，奉孫指示指揮所應設於虎頭埤。被告南返後，復召集王學斌、賴卓先、鄧光忠於十七日同至新營偵察地形一次，積極進行叛亂活動。被告江雲錦、于新民爲孫立人多年舊部，在陸軍總部主管督訓業務，自四十二年起，即秉承孫意，經常派督訓官被告郭立人等藉督訓機會，至部隊聯絡軍訓班畢業生，並於四十三年夏，由被告于新民將所聯絡之各部隊負責聯絡人員造具名册，送交孫立人。嗣由孫指示被告江雲錦試驗所聯絡人員通訊效能，被告江雲錦即於四十四年五月十八日著被告郭立人、劉凱英、許達明等，召集第九軍所屬各團負責聯絡人員，即被告金朝虎等十餘人，在台南雀經濟食堂，秘密集會，席間發表反動言論，以德國隆美爾比擬孫立人，煽動叛亂，並囑與會人員提高警覺，注意保密。經將開會情形報告孫立人，並奉孫立人明告其叛亂計畫，囑於舉事時隨赴南部共同進行。被告王善從因曾辦理搜索訓練，得孫立人賞識，四十三年夏，率八十軍搜索實驗隊在林口演習；同年六月，孫立人交卸陸軍總司令前數日，召被告囑包圍陽明山官邸，俾其實行兵諫。當日被告王善從、陳良壎即照孫意，前往陽明山實地偵察地形，準備行動；同年十一月，被告王善從又奉孫立人之命，擬具包圍高雄西子灣官邸計畫，並接近要塞官兵，刺探要塞警備情形，復與被告陳良壎隨孫立人至西子灣實地偵察官邸地形；四十四年五月廿七日，復奉孫立人面囑，前往屏東候命行動；廿八日被告陳良壎奉孫派遣，乘汽車南下通知預約候命之被告劉凱英等，以孫有事不能來，並告以郭廷亮被捕消息。事後用電話以暗語向孫報告。被告張茂羣、陳江年、趙玉基、田雨、王霖、朱日新、白崇金、李太遠、高培賓、竇子卿、張熊飛、沈承基、傅德澤等均曾參與秘密聯絡；被告張熊飛、沈承基二名並於六月二日畏罪逃亡；被告傅德澤於六月七日拘捕時畏罪脫逃，經本部查悉分別將各該被告拘押偵辦到案。

「孫立人案」主角郭廷亮「匪諜自首書」，經過縝密策劃編造製成後，送交九人調查委員會作爲最重要的證據。可是九人調查委員並不重視，在「孫立人將軍因匪諜郭廷亮事件自請查處案調查委員會報告書」中說：

「本委員會認爲在通常情形下，郭廷亮雖有執行匪諜任務之企圖，並有如上述爲孫將軍多年部屬之關係，但以一步兵學校少校教官之地位，其所能發生之影響力量，究屬有限。倘無可乘之機會，郭縱欲運用其與孫將軍之關係，達成掌握部隊，製造變亂之目的，亦少可能。」

五、兵變沒有槍聲

製造「郭廷亮冤案」的目的，是要取得他們的自白書。在這些受害人中，每一個人都被逼寫過好多次自白書，問案的人拿郭廷亮的自白書，去威脅王善從、江雲錦等寫自白書，而且須按照問案人的意思去寫。他們拿到王善從、江雲錦的自白書後，又回去逼郭廷亮再寫一本，使內容能夠符合其他的自白書。然後再拿郭廷亮的自白書，去逼其他人修改，來來往往不知道多少次，直到問案人滿意爲止。❶

在這些受害人中，如果有人不肯配合寫他的自白書，就會受到嚴刑拷打。據受害人張熊飛說：「我們這些人中，苦頭吃得最多的是郭廷亮，他在老虎凳上十天，挨了很多毒打，其他也有不少人被上過刑，逼他們招供。在校閱前的一個階段，政工幫亂捉了三百多人，捉到就打、上刑，這時是八十軍政治部主任阮成章主辦。我們在精神上和肉體上都非常痛苦，他們把我們關進小小的牢房，那扇門厚得可怕，進去以後，生死難測，那種恐懼非一般人所能瞭解。晚上睡不著覺，白天要被審訊，坐在三面白牆的房子裡，審問人背對著黑牆，面對著我們，還用強光照著我們的臉，眞難受。回想起來，眞不知那些日子是怎麼過的。在這種恐怖的日子裡，我們寫了不知道多少自白書，寫完了還要照他們的意思去改。那時我有一個地址本，上面有些是學生畢業時留下的姓名，所以記不起來。政工人員就專門找這些名字來逼我，要我講出他們（在兵變計畫中）的任務，聯絡的目的，簡直是無中生有。然後他們又按地址本的名字去捉人，來和我的自白書對質，牽連到好多無辜的人。據說蔣總統知道後，很不高興。蔣經國對一百多名政工人員講話，告訴他們這樣做不合理，然後將全案交由保密局局長毛人鳳辦理。毛局長比較講邏輯，我們就好受多了。毛惕園、毛人鳳客氣地要我們寫自白書，並且要我們放心。」❶

冉隆偉是步兵學校上尉教官，五月二十六日，他教完「地形學」下課後，被辦案人員把他帶到「海軍招待所」。因爲他替郭廷亮上過課，一開始，辦案人員就問他與郭廷亮的關係，逼他承認自己是匪諜，弄得他莫名其妙。正在奇怪時，被兩個大漢捉著，挨了不少耳光，然後把他綁起來，帶去看郭廷亮被上老虎凳苦刑，嚇得他心神不定。再關起來，要他寫自白書。他所寫的自白書，顯然不是他們要的內容，於是冉教官也上了老虎凳。第二天，他們拿了六發子彈，挾在冉隆偉的手指間，然後用繩子把手指綁緊，眞是痛苦不堪。上刑的目的，自然是要他按照指示去寫自白書。辦案人員輪班來疲勞審問，連水都不給喝，反而要他喝鹽水。

冉教官身材高大，體魄強健，他忍不住的時候，也就還手打施刑的人。到了第四天，辦案人員威脅要把他丟到海裡。他們拿麻袋和石頭給他看，並且說他將成爲第三十九個被丟到大海去的人，要他按照寫好的稿子去唸。他看到這是危害他心裡最敬愛的長官的話，抱著寧死不屈的決心，又挨過一晚。第五晚，他們把他推上吉普車，開到小港海邊，把麻袋拿下來，在海灘上逼供，要他把「造反計畫」講出來。根本沒有這回事，那能說出甚麼呢？他還是把孫將軍怎樣練兵，以及怎樣打仗的故事告訴辦案人員。他們拿他沒辦法，又把他帶回去了。到了第六天，另一批辦案人員又把他帶到小港，這次他們上了竹筏，把他和石頭裝在麻袋裡，開出海去，是給他「最後機會」去招供。他想：與其天天在那裡受罪，不如一死了之。那時他已經不怕死了，所以他們把他放入水中，他也處之泰然，不過他們終於又把他拉起來，送回「海軍招待所」。❶

江雲錦是在抗戰末期，在貴州都勻從軍，參加緝私總隊稅警教練所，畢業後，在稅警總隊第三團跟葛南杉團長做副官，孫將軍點名時，認為他是一位優秀青年，保送他進工兵學校十五期，畢業後，回到新三十八師工兵營當排長。在第一次緬甸戰爭撤退時，他總是殿後，負責炸橋工作。反攻緬甸時，被孫將軍選為作戰參謀，在戰地裡，跟隨孫將軍三年多。三十三年十一月廿九日，攻打八莫時，他乘軍機在戰火中失事受傷，住院療養。新一軍回國後，江雲錦隨軍到東北作戰。三十七年，被派到第四軍官訓練班當大隊長。過了幾年，調任陸軍總部第五署第四組組長，主管部隊督訓，副組長是陸軍大學剛畢業的王善從及于新民，下設三個小組，分別負責北部、中部和南部駐軍的督訓工作，三位小組長是陸心仁、蔣又新和郭立人。督訓官的任務，是要到各部隊考察訓練情形，因而被誣在部隊中從事「聯絡」工作，搞小組織，全部被捕。江雲錦說：

「五月二十九日，他們把我送到『海軍招待所』關郭廷亮的地方，在裡頭聽到慘叫，也聽到打人時的吼聲，看到各種刑具，令人驚心。他們告訴我，別人都先打一頓才問話，對我客氣些，希望我合作。這時我知道郭廷亮在挨打和受刑，心裡非常害怕。那天晚上睡不著，拿了繩子勒著頸子，我想一死了之，但是自殺未成。到三十日，他們把階級發還給我，與保密局的人一同坐火車到台北。在車上碰到空軍朋友嚴中和，我假裝不認識他，而他卻向我打招呼，結果他也被扣，後來找保人給保釋出去。我離開鳳山時，他們說我和郭廷亮案無關，要送我到保密局去受審問。

審問時，他們要我照實招供，我根本沒有做錯事，從那裡供起？後來他們說我五月二十一日到孫公館，穿的是什麼衣服（表示他們有資料），爲何不承認？而且要我說出談話內容。我照實說，孫將軍要我告訴軍訓班同學們，大家要安心，好好爲國服務。結果保密局人罵我，爲什麼不檢舉孫立人？我告訴他們：孫將軍是爲國家好，關心軍中士氣，反問他們有什麼好檢舉的？問完一些話後，就要寫自白書，要我詳細寫出我和孫將軍的關係。自白書寫了好多次，後來要照他們的意思去寫，幸好是沒有受刑。

江雲錦的岳父沈毓卿先生，曾任廣西省貴縣縣長，與白崇禧將軍相識，特務人員借題發揮，說他和岳父，共同聯合孫立人將軍和白崇禧將軍要一齊造反。

江雲錦又說：「九人調查委員之一的黃少谷先生，帶了兩位助手，一位筆錄，一位錄音，問他自白書是不是他寫的？他承認是他寫的，別的並沒有問。在黃少谷先生詢問前數星期，蔣經國召見過他，對他很客氣，問他有沒挨過打？江雲錦直言沒有。然後蔣經國說：『這次沒有槍聲，要有的話就……』江雲錦不明白蔣主任在講什麼，就追問：『什麼槍聲？』蔣經國立刻改變話題，問他有困難沒有？江雲錦要求換洗衣服和牙刷。那時他與家人不能見面，開始見面是判決一年多後才允許的。」

江雲錦說：「孫將軍愛護部下，部下對他很尊敬，引起蔣先生懷疑。」他舉些例子說：「郭廷亮受冤枉的有三十五人，我們對孫將軍毫無怨言，他要大家好好爲國家幹，出發點是絕對正確。三十五人中，有一個湖北佬孫光炎，被捕時才二十七歲，是個中尉排長，對孫將軍崇拜得不得了，就聽不得別人說孫將軍壞話，他在監獄裡還要跟別人吵，結果被打得很厲害，後來發了瘋，雖經服刑期滿，又沒有人敢保他出獄。他後來連朋友都認不出，一生被關在玉里精神病院裡。」

孫將軍初失去自由時，一名士兵聽到廣播說，孫將軍是匪諜，就向連長陳洪玲報告，陳連長叫士兵不要聽信謠言。就是因爲這一句話，結果被判無期徒刑。

江雲錦還說：「連辦案的毛人鳳、毛惕園、谷正文等人也都敬佩孫將軍。在牢裡坐久了，和毛惕園也就熟了，大家沒有事就談天說地。有一天，毛惕園說：『我們都是孫將軍部下，都是好人，不好的還進不來（監獄）呢！』毛惕園還勸江雲錦去保密局工作，但爲江雲錦拒絕了。此外，毛惕園還算有點良心，有時給受冤枉的人一些方便。」❶

張熊飛是浙江海鹽人，被捕時二十九歲，時爲陸軍軍官學校預備軍官訓練班的上尉教官。

關於屏東校閱和演習的謠言，張熊飛說：「在六月六日校閱前，他們找了數百名政治戰士來搜查士兵，看看有沒有人帶實彈，他們查到一些人，身上帶有實彈，不過我認爲檢查的人和被檢查到的人，都是奉命來表演的。帶子彈的人，當時帶走了，不過後來全放了，自此之後，兵變和兵諫謠言卻滿天飛。」

陳良壎是福建林森人，軍校十八期畢業，孫立人升任新一軍軍長之後，他一直跟在孫將軍身邊當隨從參謀，他於四十四年八月一日孫將軍失去自由後一日被捕。他說「六月六日根本沒有校閱，七月初在屏東舉行演習，孫將軍是陪同蔣總統校閱的。那天清早，保安大隊隊長宋慶強上校對陳說：他從來沒看過演習，問能否搭便機和孫將軍一同去？因爲飛機有座位，我請他同往。演習的時候，有一個彈藥包在檢閱台旁邊爆炸，這是代表敵方的砲彈。宋上校嚇得快爬到台下去，還是經我解釋，說彈藥包不會傷人的，他才敢站起來。後來宋上校對我吐眞言，原來他是奉命去監視孫將軍的。上面並指示要留意有政變的可能，他以爲那個彈藥包的爆炸，就是政變開始，所以嚇得要死。」

王善從是黨國元老許世英的外甥，他說：「大概在四十四年七、八月間，我在保密局那種奇特的被逼的環境下，完成了別人需要的自白書和口供筆錄等事宜。先一天，該所負責人『單手』告知，要他先洗澡、修面、理髮，準備第二天高級長官召見談話。時間到了，由那位『單手』先生駕駛有蓬的吉普車，用黑布蒙著眼，兩旁有槍手押著，坐車到一個兩旁有中國亭園風味的一個房間，面積不小。蔣經國主任獨自一人坐在裡面，等我坐後，他先問我：

『你在裡面是否有人打過你？』我說：『沒有。但我有點意見想報告主任。』蔣主任說：『好，請講。』王善從說：『我的自白書和口供完全是假的，是逼出來的，完全是要嫁禍孫總司令，請主任查明。第二，我是軍校和陸大的畢業生，也不是新一軍的人。據我很公正的看法，孫總司令絕對是愛國無私的。關於政工人員在部隊裡鬼鬼祟祟的行爲，專門打小報告，的確使我們很痛恨，我想主任你不會知道的。現在出了這樣的事，實在是國家之禍，我希望主任你和孫總司令站在國家的立場上，開誠佈公，彼此面對面談一下，彼此檢討一下。如果眞能由此團結合作，豈不是轉禍爲福了嗎？如果國家爲了整頓軍風紀，那可以槍斃我們，我們穿了軍服，隨時就準備犧牲的。前後我獨自說了十多分鐘。蔣主任當時面色凝重，一語不發，送我到門口。』自從和蔣談過話以後，再也沒有人再問我案情，只是啞口照簽他們需要的各樣文件。❶

「更奇怪的事竟然又發生了，報載九人調查委員會推選出來的王雲五在一九五五年（民國四十四年）九月十日上午在軍法局訊問郭廷亮，十日下午訊問王善從，十一日上午訊問田祥鴻，而且均有調查筆錄、錄音等調查訊問紀錄存卷。當時除了王委員外，還有兩位最高法院的法律專家作顧問，另有兩位負責筆錄錄音等，該會還開了九次會，公佈了調查報告書，九位調查委員在當時都是德高望重，要對孫案在當時及爾後歷史上要負責的。任何人都不會想到會開這麼大的一個玩笑，我根本沒有被傳參加九人調查委員會調查訊問，王雲五老先生我一輩子從來沒有見過他，軍法局根本沒有去過，報上的紀錄詢問我的話，全是假的，誰會

相信？」❷

註釋：

❶ 揭鈞著《小兵之父》第二五七—二五八頁〈走訪郭廷亮冤案受害人〉。

❷ 王善從撰〈剖冤案，爭是非〉一文，載於李敖編《孫案研究》第二九一—二九六頁。

六、冤案沒有死人

因郭廷亮匪諜案受牽累的一百多人，經過政工人員及保密局一年多的偵查終結，除已無罪獲釋者外，最後被國防部軍法局起訴的共三十五人。根據四十四年度理珍起字第二四七號國防部起訴書，這三十五名被告如下：

被告　**郭廷亮**　男年卅四歲雲南河西人陸軍步兵學校少校教官　在押

江雲錦　男年卅八歲江蘇吳縣人陸軍總司令部中校組長　在押

王善從　男年卅六歲安徽至德人陸軍總司令部中校副組長　在押

劉凱英　男年廿九歲安徽合肥人陸軍第九軍上尉參謀　在押

田祥鴻　男年三十歲四川德陽人前陸軍第九軍上尉情報官　在押

王學斌　男年卅一歲河南商水人陸軍第十軍四十九師上尉參謀　在押
孫光炎　男年廿六歲湖北天門人陸軍第七軍六十九師中尉排長　在押
賴卓先　男年廿八歲四川成都人陸軍第十軍四十九師工兵營上尉通信軍官　在押
鄧光忠　男年三十歲四川廣元人陸軍第十軍四十九師搜索連少校連長　在押
李仲瑛　男年卅五歲浙江浦江人陸軍第十軍四十九師通信組少校組長　在押
楊永年　男年廿七歲廣東南海人陸軍第十軍四十九師搜索連上尉副連長　在押
冉隆偉　男年廿九歲四川蓬溪人陸軍步兵學校上尉教官　在押
張茂羣　男年卅一歲四川慶符人陸軍第十軍五十一師一五三團二營四連中尉副連長　在押
王其美　男年廿七歲貴州錦屏人陸軍軍官學校中尉區隊長　在押
陳良壎　男年卅四歲福建林森人總統府參軍長室少校參謀　在押
于新民　男年卅七歲南京市人陸軍總司令部中校副組長　在押
郭立人　男年四十歲湖南常寧人陸軍總司令部第五署少校督訓官　在押
金朝虎　男年三十歲湖北監利人陸軍第九軍四十一師一二一團中尉副連長　在押
范俊勛　男年廿九歲廣東廣州人陸軍第十軍五十一師上尉參謀　在押
楊萬良　男年廿九歲四川珙縣人陸軍第十軍五十一師炮兵二〇二營上尉連絡官　在押
陳江年　男年廿九歲天津市人陸軍第十軍五十一師一五一團中尉排長　在押
趙玉基　男年廿八歲山東臨朐人陸軍第九軍四十六師一三八團中尉排長　在押

田　雨　男年廿六歲雲南昆明人陸軍第十軍四十九師一四七團中尉連絡官　在押
朱日新　男年三十歲湖南祁陽人陸軍第三訓練基地上尉裁判官　在押
白崇金　男年廿六歲四川江津人陸軍第九軍四十六師一三八團中尉訓練官　在押
王　霖　男年卅二歲湖北蘄春人陸軍第十軍四十九師一四五團上尉訓練官　在押
李太遠　男年三十歲四川南部人陸軍第九軍四十六師一三八團中尉排長　在押
許達明　男年卅二歲四川巫山人陸軍第九軍九十二師上尉連絡官　在押
高培賓　男年廿八歲雲南元江人陸軍第二軍團工兵總隊中尉副連長　在押
陳業成　男年卅三歲湖南湘陰人海軍陸戰隊第一師衛生營上尉主任　在押
陳世全　（即陳治國）男年廿八歲四川涪陵人陸軍步兵學校上尉教官　在押
竇子卿　男年廿九歲河南伊陽人陸軍第十軍五十一師搜索連上尉連長　在押
張熊飛　男年廿九歲浙江海鹽人陸軍軍官學校預備軍官訓練班上尉教官　在押
沈承基　男年廿八歲貴州平越人陸軍步兵學校上尉助教　在押
傅德澤　男年廿五歲四川酆都人陸軍第十軍九十三師二七八團二營中尉訓練官　在押

從國防部軍法局四十五年度典宾字第一零號判決書中，可以得知這三十五人的犯罪事實及判處的刑期。除郭廷亮已在前章敘述外，其餘各人的犯罪事實及刑期如後：

「江雲錦自民國四十二起，啣孫立人之命，轉知督訓官郭立人等，至各部隊督訓時，即秘密聯絡其學生。四十三年六月，復命于新民將所聯絡各部隊人員，造具名冊，親送孫立人。四十四年五月十八日，又命郭立人、劉凱英等召集第九軍所屬學生金朝虎、李太遠等十餘人，在台南雀經濟食堂，秘密集會，席間江雲錦發表反動言論，以德國隆美爾比擬孫立人，及『總理革命十次失敗，都有安全地方去，我們只有一次，只許成功，不許失敗』謬論。並囑與會人員提高警覺，注意通信保密。同月二十五日在台北市孫立人寓所向孫報告，在台南集會經過，孫即明告其行動時，就用四十九、五十一兩個師，到師後，召集營長以上幹部訓話，假總統名義，拿出文告等叛亂計畫，並囑舉事時，隨赴南部共同行動。」處有期徒刑十五年。

「王善從於民國四十三年五月間，啣孫立人之命，率第八十軍搜索實驗隊，來林口演習。同年六月底，孫立人命其率隊準備包圍陽明山官邸。王善從即秉命，由陳良壎陪同，前往陽明山實地偵察地形。同年十二月，王善從復啣孫命，擬訂包圍高雄官邸計畫；並接近要塞官兵，刺探要塞警備情形。又與陳良壎隨同孫立人，親往實地偵察高雄官邸地形，以便從事包圍。」處有期徒刑十五年。

「田祥鴻、劉凱英自民國四十三年起，即秘密聯絡學生，並分負聯絡一、二、三軍及第九軍之責。復與被告郭廷亮共同商定，利用親校或校慶期間，發動叛亂計畫，及將國軍高級將領編號，準備殺害。被告田祥鴻於四十四年五月間，同被告郭廷亮、王學斌、賴卓先至關廟偵察地形，準備設立叛亂指揮所，及與被告郭廷亮決定控制部隊，把持通信，威脅部隊長，扣留政工人員等行動計畫，被告劉凱英於案發後，同年六月一日自嘉義逃亡，同月被捕之事實，亦均由各該被告分別供證明確。被告孫光炎受被告郭廷亮指使，負責聯絡金門方面學生，積極展開活動，並大發謬論，詆毀政府之事實，業據自白不諱。」田祥鴻、孫光炎、劉凱英各處有期徒刑十五年。王學斌、賴卓先各處有期徒刑十二年。陳良壎「在偵察官邸地形時，尚知虛指一房屋僞稱官邸，告知王善從。足徵良心未泯，衡情殊堪憫恕，量刑亦宜從寬。」處有期徒刑八年。

「鄧光忠、李仲瑛、楊永年、冉隆偉、王其美、張茂群部分：被告鄧光忠於民國四十四年五月，隨同被告郭廷亮等至新營偵察地形。被告李仲瑛、楊永年於同月隨同被告王學斌等至關廟偵察地形，爲設叛亂指揮所之預行準備，業經被告李仲瑛、楊永明供明在卷。被告冉隆偉、王其美、張茂群係步校、軍校及一五三團負責聯絡人，其積極展開活動之事實，該被告等在審判中均希圖規避，以卸罪責，但既據被告郭廷亮供述明確殊難憑其空言翻異。」各處有期徒刑十年。

「于新民、郭立人、金朝虎、范俊勛、楊萬良、陳江年、趙玉基、田雨、朱日新、白崇金、王霖、李太遠、許達明、高培賓、陳業成、陳世全、竇子卿、張熊飛、沈承基、傅德澤部分：被告于新民聽從被告江雲錦之命，爲之造具聯絡名冊之事實，已據供承，雖否認參與活動，但經被告江雲錦供明『要聯絡學生的事，于新民是知道的，我不在台北時，孫立人就直接找他，我知道多少，他知道多少』等語紀錄在卷。被告郭立人、金朝虎、范俊勛、楊萬良、陳江年、趙玉基、田雨、朱日新、白崇金、王霖、李太遠、許達明、高培賓、陳業成、陳世全、竇子卿、張熊飛、沈承基、傅德澤等十九名均係孫立人之學生，曾分別參與被告郭廷亮、江雲錦等秘密聯絡組，經各該被告及郭廷亮、江雲錦、劉凱英等分別於偵查中供證屬實。」各處有期徒刑三年，張熊飛、沈承基、傅德澤於戒嚴地域無故離去職役，各執行有期徒刑三年二月。

國防部軍法局判決的三十五人中，有十五人以「二條一項」意圖以非法之方法顛覆政府而著手實行，唯一死刑判罪，經政治處理，刑期改爲無期徒刑，十五年、十年、八年不等，除郭廷亮外，全部坐牢四年。其餘二十人改以違背職守之罪名，全部判刑三年，每人都坐滿了三年牢釋放。❶

到了民國四十八年，據說是胡適博士返國晉見蔣總統時，進言釋放「孫案有關人犯」。又有一說是宋公言去找他的老師王公嶼，請求蔣總統釋放江雲錦等人。蔣經國說：「放人可以，但要分批，不能一齊放。」乃於五月七日、九日和二十六日，三十三位受害人具結「絕不向任何人透露被捕後的情形」之後，分爲三批釋放。

同年九月三日軍人節，上面通知江雲錦和陳良壎說，有人找他倆談話。結果是蔣經國於上午十點在台北松江路救國團本部召見。蔣經國親熱地告訴他們說：「讓過去的過去算了，

忘記它，你們還很年輕，正是做事的時候，希望你們將來爲國家服務。」❷

註釋：

❶ 李敖編《孫案研究》第二〇五—二四〇頁。

❷ 揭鈞著《小兵之父》第二七九頁。

第二十五章　大審判

一、謠　言

郭廷亮於民國四十四年五月廿五日被捕，時隔三天，蔣總統召見孫立人。孫將軍親筆記下這次談話情形：

「一九五五年（民國四十四年）五月二十八日上午十時正，總統召見我。第一句話問我近來看甚麼書？我回答『看《南宋史》』。他說：『那很好，很好。』他接著說：『你沒有甚麼，你以後少跟政客們來往。』我回答說：『是的，我一生最討厭玩政治和與政客打交道。』他隨即說：『這次我要把你給孤立起來。』同時他面色變得很難看（氣憤）。隨即又回轉微笑（不自然的）說：『你對於訓練部隊很好，不過打仗不行。』我當時聽他這話，幾乎迷惑了，眞使我啼笑皆非，不知從何說起。我直言以對：『不然，將不知兵，何以爲戰？蓋練兵與作戰實爲一體兩面，而不可分離。竊職總髮從軍，追隨鈞座卅餘年，轉戰國內外，大小幾百餘戰，從未辱鈞命，而攻無不克，戰無不勝，守無寸土

之失。殊不知鈞座所言「打仗不行」何所指也?若言爭權奪利,欺世盜名,則我不屑也。』言畢敬禮而退。」❶

隨後軍中散播出各種謠言,說孫立人親信部下某某是匪諜,在軍中從事兵運工作。又說孫立人聯絡第四軍官訓練班學生,要劫持統帥,進行「兵諫」。甚至說他指使老幹部在軍事演習中進行「兵變」。同時在各個部隊中逮捕軍訓班畢業的下級幹部數百人,一時謠言蜂起,軍中瀰漫著恐怖氣氛,社會上也流傳著各種耳語,新聞媒體都不敢公開報導。

美國駐華大使藍欽對於社會上有關「孫立人事件」的各種謠傳,早有所聞,甚表關心。他透過各種管道查詢,已明瞭孫立人遭受誣陷。經向政府官方人士打聽,所得到的訊息是:軍中有些下級軍官,想利用泰勒將軍上次來華參觀軍事演習的機會,企圖「兵諫」,這些下級軍官所不滿的均與升級事項有關。藍欽大使於八月初返美述職,行前他晉見蔣總統,詢問「孫立人事件」的眞實情況,答復差不多相同。

藍欽在他回憶錄中,說明泰勒來華參觀軍事演習時,並未發生任何情況。他說:

「泰勒將軍留台期間,中國方面舉行了他們最引人注意的軍事演習。此種演習,我在駐台期間,看過很多次。我們南下到屏東,屏東已成爲台灣的陸空軍活動的主要軍事中心。泰勒似乎對於他所看到的印象甚佳,而一切進行得順利準確,猶如鐘錶一樣。」並沒有發生任何情況。他對於孫立人爲此謠言而「結束他一生輝煌的軍人事業」，甚表惋惜，他說：「孫將軍是我們大家都喜歡而且欽佩的人！」❷

後來風聲更緊了，謠言滿天飛。一天，何應欽將軍叫人帶話，告知孫立人要多加小心。孫聽到一笑置之，他說：「我又沒有做任何違法亂紀的事，更沒有做任何對不起國家及長官的事，所謂君子坦蕩蕩，我有甚麼可懼畏的。」

孫夫人張晶英女士在家裡也聽到許多陷害孫立人的謠言，憂心忡忡。平常保密局長毛人鳳夫婦和孫將軍常相來往，這時也不來了。孫夫人去找毛夫人幫忙，也沒有用。一天，孫夫人獨自在家中發愁，看到堂妹孫敬婉來看望她。孫夫人突然掉下眼淚說：「敬姑（孫家都是這樣稱呼她），有人要懲你二哥！」

有一次，孫夫人實在忍不著，勸孫立人出走，她願留下來應付等死，如果要捉就捉她好了。可是孫將軍就是不肯走，他說：「我沒做錯任何事，爲甚麼要走？如果我出走，假的誣構也會被人說成眞的。我不能像吳國楨，丟臉丟到外國去，我絕不做這種事。」❸

註釋：

❶ 揭鈞《小兵之父》第三〇一—三〇二頁。

❷ 《藍欽使華回憶錄》第三〇一—三〇二頁，中國時報譯載。

❸〈孫敬婉女士訪問紀錄〉，載於中央研究院近代史研究所口述歷史叢書五十六集《女青年大隊訪問紀錄》第一二二頁。

二、辭　呈

民國四十四年（一九五五）七月三十一日上午十時，蔣總統在北投復興崗召開「擴大軍事會議」，孫參軍長準備出席。一早，隨從參謀陳良壎接到陳誠副總統侍從武官劉和謙一通電話，陳副總統要孫參軍長到陳公館面談。陳參謀立即報告參軍長，整裝前往。陳誠邀孫進入書房內密談，到了上午九時，劉和謙進去報告，現在必須出發，才能趕上十時的「擴大軍事會議」，陳誠雖然回答曉得囉，但他並沒有動身的意思。到了將近十點，陳副總統不但沒有出發，反而告訴劉武官，不去開會了。就在這次會談中，陳誠將「郭廷亮匪諜案」告知孫立人，並說明政府要追究孫應負的責任。孫辯說他對「郭廷亮匪諜案」實不知情，他自問沒有任何錯誤，政府一定要追究責任，他願辭去軍職，以明心跡。他原本是學土木工程，今後願從事工程方面工作，繼續爲國家効力。事後才知道，就在那次「擴大軍事會議」上，宣佈「孫案經過」，並決定追查責任，限制其行動自由。

孫將軍於上午十一時，回到台北南昌街官邸，守門的衛兵，已經換成憲兵，並將孫家中所收藏的抗戰時俘獲日軍的戰利品及美英將領艾森豪等人贈送給他的紀念品槍支配劍等物，統統搜去，予以沒收。

當天下午三時，孫將軍前往士林官邸拜會蔣夫人，將陳副總統告訴他的情形，報告蔣夫人，此時蔣夫人也愛莫能助。

八月一日，守門的憲兵隊長對陳參謀說：「上面有命令，要參軍長不要出門。」上午，總統府張群秘書長來通知孫參軍長：「從今天起，毋庸再到總統府上班。」接著總統府第一局局長黃伯度和第二局局長傅亞夫連袂來訪，他們帶來郭廷亮等人的自白書及一張三百多人被捕軍官的名單，要孫將軍引咎辭職，寫一張「辭職簽呈」，以便他們交差。孫回說：「我問心無愧，何咎之有，為甚麼要我引咎辭職？」於是黃伯度乃婉言相勸，孫將軍拒不肯寫，結果不歡而散。

黃伯度是安徽舒城人，與孫家有世誼，孫黃二人都是排行老二，兩人見面互稱「二哥」。第二天，黃伯度又來相逼，要孫立人非寫辭職書不可。孫立人忍無可忍，要把黃伯度趕出門去。孫非常生氣說：「我不認你這個鄉親！」當天孫家電話已被切斷，晚間，陳良壎參謀也被憲兵逮捕，叫去問話，情勢愈來愈緊，家人不知發生甚麼大事，心裡非常恐慌，而孫將軍視若無事，在庭院裡獨自散步。

黃伯度實在感到無奈，但是上面交給他的任務，他一定要能完成。第三天，黃伯度又去威脅孫將軍侄兒孫克剛說：「孫參軍長如能提出辭職，他的部屬三百多人的性命即可得到保全，否則會依法處刑，恐怕連孫家許多人的性命都難保。」孫克剛連夜趕到孫府，一再勸說：「你可以置自己的生命安全於度外，但你不能不顧全你的部下三百多人的性命。」孫將軍聽了，仍是氣憤不平，未置可否。

孫將軍身經百戰，在戰場上他站著都能睡覺，可是這一晚上，他輾轉反側，一夜未能成眠，他想到要他引咎辭職，就會氣憤塡胸，若依照他的脾氣，他寧可死也不願認錯的。轉而念到跟他多年的三百多人的部下，內心極爲痛苦，這些部下跟他出生入死，他不能不爲他們生命安全著想。經過一個晚上的天人交戰，煎熬掙扎，這位在戰場上從未打過敗仗的常勝將軍，爲了三百多人袍澤的性命，他終於屈服了，同意引咎辭職。

八月四日清晨，孫將軍囑咐韋仲凰秘書草擬辭職簽呈，孫將軍在旁逐字逐句加以斟酌，經過多方考慮，方始定稿，交給黃伯度局長過目，他又參加意見修改後，重新繕妥，交其帶回總統府。但不久即由其退回，並告知某處文意或字句不妥應加修改，在無可奈何中，只好參照指示改妥後，再交他帶回總統府去，但不久又遭退回，如此這般，來往一再修改，費時整整一週，前後不下五次之多，到後來總算交了一份「上面」滿意的引咎辭職簽呈，但是他們還是要把日期寫成八月三日。❶

在孫將軍「辭職簽呈」的檔案中，有一張紙條，他用綠色鋼筆寫了「日昨黃、傅兩局長交閱……」等幾個簡單的字。這裡有未獲通過的「辭呈」稿，另有一份算是上面滿意的稿子，是他的秘書韋仲凰照著黃伯度局長交來的稿子抄寫而成的。兩相比較，被打回的「辭職簽呈」

初稿和上面交下來的定稿，其中不同之處，極耐人尋味。現將被打回的「辭職簽呈」原稿（未註明日期）照錄如下：

日昨黃、傅兩局長奉　命交閱江雲錦等供詞資料，驚悉職涉有重大之罪嫌，鈞座未即付之法辦，尤見格外愛護之恩德，天高地厚，感激涕零。而職以隨從三十年，盡忠效死，猶恐不及，乃竟發生此種情況，不但五内如焚，急悚萬狀，且愧對　鈞座，直欲剖腹以明心。惟應撫衷深切反省，職實有應向　鈞座引咎請於懲處者：

一、郭廷亮爲職多年部下，來台後又迭任用，乃竟爲匪諜，利用職之關係，肆行陰謀，職竟毫不發覺，縱非袒庇匪諜，實屬異常疏忽，有虧職責。

二、兩年前，鑒於部隊士氣低落現象，爲要好心切，爰指示督訓組，於工作之便，從側面聯絡疏導，運用彼等多年同學友好關係，互相策勉，爲國效忠，原屬積極性之動機，不覺爲時既久，竟改變性質，不但有形成小組織之嫌，且甚至演成不法之企圖，推源究根，實由於職處事之不愼，知人之不明，幾至貽禍國家，百身莫贖。

職性急躁，每遇業務之困惑，即顯示心情懇切之態，而口齒滯頓，不善說話，雖是有口無心，或辭不表意，使人發生錯覺，亦職深以爲警者。

這個被打回的簽呈稿，比較最後得到「上面」滿意的簽呈，更爲表達眞情，處處流露著對國家盡忠，對總統敬仰効力之情感，但是這些眞情，正是「不合適」的主要原因。

(一)「驚悉職涉……」，表示孫將軍對案情不知，難以構陷。

(二)開頭說明簽呈是黃伯度、傅亞夫兩位總統府局長來要的，難以說服世人。

(三)「愧對　鈞座，直欲剖腹以明心……」對總統表示得忠肝義膽，反被免職，難以平服人心。

(四)「……隨從三十年，盡忠效死，猶恐不及……」如此忠義，無法責難。

(五)對郭廷亮爲匪諜，「縱非袒庇匪諜，實屬異常疏忽，有虧職責。」表現得太懇切，無法再加以罪責。

(六)「……從側面聯絡……爲國效忠，原屬積極性之動機……」雖屬事實，但會引起國人對孫將軍之同情。

(七)「職性急躁……」一段文字，顯然表示蔣總統對他有誤會，這種文字怎能公佈。

根據以上分析，上述「辭職簽呈」是不能被接受的，一定要加以修改，使得「上面」能以滿意爲止。❶

事發之初，孫夫人張晶英不在南昌街住宅內，家中既無親人，亦無朋友，祇有隨從參謀陳良壎、溫哈熊和秘書韋仲凰在身旁。孫將軍一生以國家爲念，從不爲己身謀取任何私利，所以他心靜如水，生活照常。八月一日中飯後，陳良壎在庭院水池邊報告參軍長，軍中有很多人被捕，並問參軍長：「你看他們會不會關我？」孫將軍回答道：「照常理他們不會關你，但是他們時常不照常理辦事。」陳良壎說：「不管怎樣，存在第一。」到了第二天，陳良壎也被捉了。

孫將軍雖然已失去自由，在家中起居生活，一切照常。每天晚飯後，他在庭院裡散步，被派來看守孫府的憲兵，像做了甚麼虧心事似的，不敢面對孫將軍，他們看到孫將軍走過來，憲兵便有意地遠遠地躲著。

孫府這時只有溫哈熊和韋仲凰兩人，他們不清楚到底發生了甚麼事情，陳良壎被捕之後，孫府電話已被切斷，既不能回家探望，又不能和親友通話，整日困坐在孫府，內心不免恐懼。

當時的情景，可從韋仲凰下面一段追紀文中，窺知一二：

平常和我們共同生活一起午飯的陳參謀良壎兄，在上午被有關單位『請』去談話後，直到這時未見回來，使我稍稍感覺不安而無睡意。就輕輕悄悄的獨自走出側門，想到街邊走走，或到彈子房打打撞球鬆弛一下。但剛跨過對街時，負責警衛的憲兵排唐排長從後面追上來告訴我說，暫時不要外出，要我回房休息。我想意料中的事果然來了，所以也沒有異議或問爲什麼，在回頭經過老溫房門時把情況告訴他，他說：『電話也剪了，回房休息吧！不要緊張。』回到自己房裡在書桌前坐定下來，雖然素來不信算命拆字之類的東西，這時也想到不妨做個簡單的拆字遊戲看看。於是隨手取過案頭的《辭源》，先用右手拇指隨意揭開大約半部厚的一角，然後將左手食指插入盲目按住一處，再用右手翻開全部，慢慢移開左手食指一看，赫然出現的竟是一個『羑』字，心裡不禁一陣微微驚喜的激動。因爲幼承庭訓，稍讀古籍，知道有段歷史故事說，暴君殷紂王因受讒臣崇侯虎之惑，懷疑岐山國諸侯姬昌圖謀不軌，遂將他囚禁在一個名叫『羑里』的地方，但姬昌後來卻被周朝武王追封爲文王，再看註釋：『「羑里」，古地名——商紂囚周文王於此……』果然不錯，與我的記憶相符，忍不住立刻捧著《辭源》走到老溫房裡指給他看，並對他說：『老總沒有關係，了不起做第二個張學良。』老溫聽到我的折字解釋後，聳聳肩膀，做了個無奈的表情，也沒說什麼。

晚飯後不久，唐排長送來自老溫和我兩人家中取來的幾套換洗衣物，並告訴我們已向家裡說明，我們因緊急公務到南部出差，要家人不要擔心。

就這樣，我在南昌街『呆』了一個多星期，其間最重要的一件事，就是撰寫將軍的辭職『簽呈』，在與將軍逐字逐句多方考慮斟酌定稿，並經調查小組連絡人總統府第一局局長黃伯度先過目參加意見修改，再繕交其帶去。但不久即由其退回，並告知某處文意或字句不妥應加修改，在無可奈何中只好參照指示改妥後，再交他帶去，但不久又遭退回……如此這般，費時整整一週。前後不下五次之多才被接受，也就是後來公諸於世的那件重要歷史資料——自動引咎辭呈。

那時台灣中上之家都還很少新式家電用品，孫將軍公館除了飯廳客廳天花板上各有一具日據時代留下的老爺電動吊扇外，並無其他任何桌式電扇，往往我坐在書桌前揮汗構思運筆之際，孫將軍則坐在一旁不停的揮動棕葉扇子提示意見，神情則始終鎮定安祥。當然在碰到某些『被迫』修改之處，我們兩人也都不免有些憤慨，不過最後孫將軍也只好說聲：『隨他去吧！他們要怎麼寫就怎麼寫吧！』我當然了解孫將軍的心情，但並不就眞的隨便照單全收。

有關方面在認爲我的任務已經完畢後，就另派了一位姓黄的秘書來接替我，唐排長也通知我，可以收拾私人衣物行李書籍準備回家了，但絕不能帶走任何軍公物品文件，並須在具結書上簽名蓋章，絕不洩漏本案任何機密，否則接受嚴厲處分，我當然一切照辦。在和將軍與夫人告別後即將離去時，唐排長檢查行李相當徹底，看看並無違禁物品，卻還翻動一本《篆法入門》表示頗感興趣。不管他的話是眞是假，也就舉以相贈，留個交情。

回家住了幾天，就接到命令由總統府參軍長室上尉隨從秘書，下放新竹新兵第二團上尉補給官（因我有此專長）。團長是參謀總長彭孟緝將軍的胞弟彭明輝上校。可能也有對我『隨時察考』的意思吧！

過了大約兩個多月，『孫案』塵埃落地公佈後，我趁週末回台北休假時，在一個星期日的下午三時左右，再到南昌街去探視孫將軍，但遭衛兵擋駕。在怏怏轉身離去時，幸而走了不遠，又聽見唐排長從後追上來叫住我，向我解釋說新換的衛兵同志不認識我，所以照令行事。「沒有關係，你可以進去！」於是由他陪我進入，並承黄秘書告知，將軍和夫人都在樓上，要我自行上去。

謝過他們兩位，就直接輕步上樓，到達臥室套房門口，雖然門並未關，仍遵禮立正用中音量叫了聲「報告」，得到將軍答覆「進來！」然後進入再致敬禮。蒙將軍和夫人同時招呼落座。夫人倒了杯茶，並餉以小碟太陽餅和鳳梨酥。在稍稍互道近況後，我問將軍：『有些同志在「自白書」中說了許多「無中生有」的話，參軍長在接受調查時爲什麼不加辯解？』孫將軍沉著臉回答說：『我怎麼能跟小孩子們去辯？』……

是的，孫將軍直到那時爲止尚無親生子女，一向把我們這般年輕部屬，都是當做自己的『孩子』一般看待愛護的。當我聽到將軍這句話時，心裡不禁一陣暗暗的酸痛。我想如果我也被『請』去談話，並要我寫『自白書』時，我能抗拒而不寫下那些同樣『無中生有』的話嗎？我能學岳武穆的馬前張保或馬後王橫的榜樣，在聽到岳元帥被害風波亭後，就一頭撞牆，腦漿迸射而死嗎？……這個問題常常壓在心頭困擾著我，使我不能不想到民主、自由、法治是多麼的可貴！」❷

註釋：

❶ 揭鈞撰《小兵之父》第二三五—二五六頁。

❷ 韋仲凰撰〈向孫老總致最後的敬禮〉一文，載於《孫立人將軍永思錄》第五四—五六頁。

三、總統明令公佈案情

自郭廷亮於四十四年五月二十五日被捕之後，社會上散播著各種有關「孫立人兵諫」的謠言，最廣泛的傳言是：「六月六日，蔣總統在屏東機場閱兵，孫立人密謀當日兵變，事敗案發。郭廷亮於事前十二日被捕。孫立人的同謀亦先後被捕，且劉凱英獲孫資助脫逃。」

直到四十四年八月二十日，總統正式發佈命令，其全文為：

(1)總統府參軍長二級上將孫立人因匪諜郭廷亮案引咎辭職，並請查處，應予照准，著即免職。關於本案詳情，另組調查委員會秉公徹查，報候核辦。

(2)派陳誠、王寵惠、許世英、張羣、何應欽、吳忠信、王雲五、黃少谷、俞大維組織調查委員會，以陳誠為主任委員，就匪諜郭廷亮案有關詳情徹查具報。

並奉總統交下總統府前參軍長孫立人將軍八月三日簽呈，其原文如次：

「**簽呈**八月三日

竊職材識庸愚，惟知忠義，自遊學歸國，預身宿衛以還，念八年間，自排長以迄今職，純出於　鈞座一手之栽培，恩深誼重，雖父母之於子女無以過之，對於　鈞座盡忠效力，不惜貢獻其生命以及一切，冀報萬一，為職此生唯一之志願。屬當國家危難，奉命練軍，匪禍方深，求效心切，但問事功，未慮得失。於人材方面，急於搜羅，疏於甄選，竟至賢愚未辨，瑕瑜互收。近者陸軍部隊發生不肖事件，奉　副總統諭示郭廷亮案情。日昨黃、傅兩局長奉命交閱江雲錦等供詞資料，職涉有重大之罪嫌，　鈞座未即付之法司，仰見格外愛護之恩德，天高地厚，感激涕零！職隨從垂三十年，盡忠效死，惟恐不及，乃竟發生郭廷亮及江雲錦等案情，不但五內如焚，急悚萬狀，且愧對　鈞座，直欲剖腹以明心曲。連日深切反省，職實有過錯，應向　鈞座坦率自陳，請予懲處者：

一、郭廷亮爲職多年部下，來台以後，又迭予任使，乃竟是匪諜，利用職之關係，肆行陰謀，陷職入罪，職竟未警覺，實爲異常疏忽，大虧職責。

二、兩年前鑒於部隊下級幹部與士兵中，因反攻有待，有表示抑鬱者。爲要好心切，曾指示督訓組江雲錦等於工作之便，從側面聯絡疏導，運用彼等多屬同學友好關係，互相策勉，加強團結，以期領導爲國效力，原屬積極之動機。不意誨導無方，竟致變質，該江雲錦等不但有形成小組織之嫌，且甚至企圖演成不法之舉動，推源究根，實由職愚昧糊塗，處事不愼，知人不明，幾至貽禍國家，百身莫贖。

上述二事，均應接受　鈞座嚴厲制裁。伏念弱冠之年，即追隨　鈞座，今已兩鬢俱斑，無日不在培植之中，感激知遇，應有以上報。乃今日竟發生此種不肖事件，撫衷自省，實深愧咎！擬請賜予免職，聽候查處，倘蒙高厚，始終保全，俾閉門思過，痛悔自新，則不勝感激待命之至。謹呈

總統

職孫立人呈」

上述總統命令發佈後，海內外人士無不震驚。

新聞局長吳南如，在孫立人被免職後，應國外通訊社記者邀請，也於八月二十日正式發表簡要談話，對孫立人之辭職與郭廷亮案的關係，作了一個較爲具體的新聞背景說明。吳局長談話全文如下：

最近政府曾破獲匪諜案，其爲首份子郭廷亮爲孫將軍多年之部屬。郭匪自三十六年隨新一軍調赴東北，即與共匪發生關係。迨東北淪陷後，該匪又接受匪方密令，利用其與孫將軍之關係，來台從事滲透與顛覆工作。三十七年底，郭匪抵台，先在孫將軍所主辦之訓練班供職，嗣調陸軍總司令部服務，經潛伏一個時期後，於四十三年開始活動，憑其與孫將軍接近之地位，一面資爲掩護，一面勾結陸軍總司令部督訓組之江雲錦等，形成組織，圖作不法之行動。自去年八月共匪叫囂攻台以來，郭匪等之滲透分化工作，更加積極。至今年五月間，乃竟企圖製造事端，從事顛覆活動，經事先發覺，郭匪等均已依法就逮。關於匪諜部分，郭匪已直認不諱，至於全部案情正在審查中。孫將軍以郭廷亮等爲其多年信任之幹部，乃以舊屬關係，致被其利用，痛感疏於覺察，昧於知人，幾至貽害國家，因向總統辭職，並請查處，業經照准。另由總統明令組織調查委員會，秉公徹查，報候核辦。

吳南如還透露，孫立人是於八月三日具呈向總統引咎辭職，並自請查處。之後還有若干報導說，其實孫立人早在六月初郭廷亮被捕後不久，即自行提出辭呈，但為蔣中正總統所慰留。惟孫立人「辭意甚堅」，最後總統只好准其辭職，並派陳誠等九位黨政要員組成調查委員會，秉公徹查此案。

總統發佈命令的那天，中央日報就以「消息靈通人士」發佈了一項新聞，說明「郭匪與共產黨之關係」，這個新聞很快地被各報抄去照登，因為那時的社會無法查證，政府說什麼就登什麼。登多了，社會人士就信以為眞。到了二十八日，「政府新聞發言人」又發了一個新聞，「……郭廷亮及其同謀者，原擬在本年六月二十九日趁在某地舉行年度大校閱時，發動顚覆行動……」但是這日期又與六月六日，互為抵觸，可見「新聞」實是謠言。九月初，政府又放出一則新聞稱：「孫立人行動無限制」，「外傳報導已被軟禁一節，純屬虛假……」並安排美聯社記者摩沙去訪問孫立人，來平息海內外輿情。

「自由中國」雜誌於九月一日發表一篇社論，「從孫案的反應矚望調查委員會」一文中說：「在中央社發佈這個消息以前，我們早已聽到涉及孫立人案的各種傳說，有的說得很輕鬆，有的說得非常嚴重。輕鬆的，只是孫立人以前主辦的訓練班畢業學生為要求軍官資格以致引起風波；嚴重的，則說孫立人的舊部有個「苦迭打」（Coup d'etat）政變的大陰謀被發覺，後來又漸漸聽說與匪諜案有關。總而言之，在八月二十日以前兩個月當中，謠傳太紛歧了！現在官方既已簡要地發佈了這件事的內情，前此各種不同的謠傳，當可為之澄清，而海內外輿情也當可因之鎮靜。可是，事實並不如此，我們從這幾天台灣許可進口的幾種僑報（如英文虎報、星島日報、工商日報、華僑日報等）所譯登的外電和發表的社論看來，可知海外華僑對於這件事的反應，比較我們在台灣的人竊竊私語者，表現得熱烈得多。他們對孫立人的罪嫌吃驚，他們為派系傾軋而悲憤，他們為自由中國的前途而憂慮。這吃驚、悲憤與憂慮的情緒，應不應該有，是另一回事；而這些情緒的存在，則是事實。」

「因此……大家所矚望的……必須從郭廷亮以及在押的有關嫌疑人犯直接調查做起。其方式或由該委員會直接審訊，或由該委員會同原審機關重審，而且這一審訊是公開的。由於該委員會之直接審訊，才可以說得上是『徹底的』調查；由於這一審訊是公開的，才可見信於世人，使世人承認該委員會調查的結果是公正的。」

香港「祖國」雜誌，以「孫立人案件獻疑」為題發表社論，要求政府「認識事態的嚴重，幡然醒悟，改變作風。」並建議善處此案的三原則：

「一、解除對孫立人的軟禁狀態，使他獲有足以向輿論界公開的自由的發表意見的機會。否則使人只能聽到當權者一面之詞，無從判斷事實眞相。從法律觀點和既有的資料來看，郭廷亮是否共諜，尚無充分證據，縱然是共諜，絕不能因爲他是孫立人的部屬，竟把孫立人也當『準共諜』來看待；尤其在未能證明孫立人與郭案有犯罪關連之前，不能先以對待罪犯的方式軟禁起來。（設非軟禁則何以不予孫立人以公開發言的機會？）

「二、對郭廷亮等的審判，應該公開，如果礙於實際困難不能公開，也應組織由公正人士所組成的陪審團來參加審判。絕不能在秘密拘禁之後，是否經過合法審判尚不知道，即以共諜罪名將之處決。

「三、公開事實眞相，是政府公正處理此事而能取信於國內外的首要原則。政府應即出面向輿論界，詳細說明此案發生的原委，發表逮捕三百名軍官的事實眞相；並應說明到目前爲止，獲有那些具體證據。單就傳聞的資料來說，顯然並不能證明郭廷亮等即是共諜。」

青年黨領袖左舜生於九月二十八日以「孫案的歸宿究竟怎樣」爲題發表評論，呼籲「九位大員所交出的這本卷子，總希望十分審愼，十分週密，千萬不可留下許多漏洞，經不起中外輿論的批評，尤其不可給予共匪一個蹈瑕抵隙的機會！」

由於海內外「輿論沸騰，人心激憤」，使得政府有關當局，對「孫案」的處理，不敢照以往的辦法，「大事化小，小事化無，不了了之」，最後拖到「無聲無息」。

四、美國朝野的反應

「孫立人事件」發生時，中美雙方的外交接觸過程，最能看出「孫立人事件」所蘊涵的各種微妙意義。

當時駐美大使顧維鈞，在他的回憶錄中，對孫案發生時中美雙方的接觸過程，有詳細的紀錄。其中包括了沈昌煥、蔣廷黻、葉公超、陳誠、黃少谷以及美方的藍欽大使、參謀首長雷德福、報業大亨霍華德等人對孫案的態度。

以下是顧維鈞回憶錄的摘譯：

八月九日外交部來電說，外交部政務次長沈昌煥負有秘密使命來美和我商談，我十分納悶，特別是電報中要我請駐聯合國常任代表蔣廷黻也來華府一起會商，更顯事態神秘。我和蔣取得聯絡，商定八月十二日他來華盛頓，以便一同前往機場迎接沈次長。

十二日，蔣廷黻準時到達，沈次長所乘的班機卻因暴風雨而誤點，直到次晨一時四十五分才降落。他還沒吃晚飯，我們找到一家小吃店，他點了一份三明治和一杯咖啡。我要他先好好休息，明天再行會談。他透露此行任務是有關「孫立人案」。

關於沈昌煥的表面使命，外交部於八月十二日打來一份轉交給沈的電報。要他在美說明，此行目的是來視察駐美使領館及駐聯合國代表團等機構的業務，然後轉往墨西哥及其他中南美國家，繼續視察館務。這份電報也要我將沈次長此行的表面任務，告知美國駐華大使藍欽，言明沈次長將在華府與他晤談。

十四日上午，我和沈次長、蔣代表、譚紹華在雙橡園會談約兩小時，並一同午餐。沈次長說明了「孫立人案」背景及主要事實。他交給我一份郭廷亮和另外五位孫將軍部屬的供詞，以及一份由憲兵單位所作秘密審問另外一些人的供詞筆錄。

還有一份更教人意外的文件——孫立人親筆簽字的辭呈影本。孫坦承兩點：(1)未能察覺郭廷亮的陰謀活動，(2)未能有效監督部屬的各種活動，因爲他未能盡責，故而辭職。這份辭呈直接呈給總統。這次會談完全保密，當晚我爲沈次長舉行的晚宴中，也沒人提到。別人都以爲沈次長是出國視察館務的。

我個人認爲在中美關係這個節骨眼上爆發「孫案」，眞是太不巧了。孫將軍在美國評價甚高，這個案子必然會引起美國官方和民間的不良反應，我們的任務當然是要儘可能將之減低。我告訴沈次長和蔣代表，我們最重要的是要向世人說明，中華民國政府絕對公平，將依據一個公正團體所調查的事實來採取行動。此一調查委員會或調查團應由具有獨立公正意見的人士組成。我提出至少要包括王寵惠博士，他是一位譽滿國際的法學家，另外要有一位高級官員，最好階級比孫將軍高。蔣代表建議人選爲駐聯合國軍事參謀團中國代表何世禮將軍，但我認爲何將軍的階級比孫將軍低，就傳統中國的觀點來看，並不適合，不過蔣代表力言何返美後，可以轉向美國軍方或他軍界友人解釋這件案子。我提議何應欽將軍才是更適當的人選，不過沈次長也屬意何世禮將軍，我遂不再堅持。

午餐後蔣代表返回紐約住所，沈次長草擬一份我們討論時我建議事項的電報，拍回外交部。我建議電報用他自己的名義更合適，他接受了。

八月十五日中午，我和沈次長再度碰面。他已見過藍欽大使，告訴他孫案始末，不過藍欽對很多細節早已知道了。沈次長說：事實上藍欽大使離開台北前夕，蔣總統曾爲他餞行。席間，他向蔣總統詢問「孫案」，並希望蔣總統能從寬處理。藍欽大使告訴沈次長，他認爲孫將軍忠貞不二，但是「大意且天眞」。

我想藍欽大使的評語與我的看法有些相同。孫將軍有點不夠謹愼。而且，可能因爲對軍中處理問題的方式，以及他的建議幾乎不被採納等等，心中油然而生不滿，似乎有點潛意識地縱容部屬。他的部下利用這種情況，陰謀不軌，導致整個事件的爆發。

我記得曾在台北和孫將軍談過一兩次話，他極爲坦誠，令我十分欽佩。但是我告訴他，和別人談話時，不妨謹愼一點，因爲並非每個人都能瞭解或欣賞他的觀點和態度，也許有些人會誤解，甚而惹禍上身，不過他總是直言無諱。這是我對他的一般印象，這可能是他受過美式軍官訓練的緣故。美國軍人以敢言直言著稱，不去理會是否可能會造成言者無心，而聽者有意的問題。只要一有機會，他們一定滔滔不絕，大放厥辭。

十五日，我們接獲外交部回電，說明我們大部分建議已被接受，成立了一個調查委員會，成員增加到九人，而不是我們建議的五至七人，由何應欽代替了何世禮。另外增加一位很好的人選就是許世英，他是一位法律專家，曾任司法總長，是孫將軍的好友，也是安徽同鄉。

八月十九日下午，我又和沈次長見面，我希望在他和我以及譚紹華、陳之邁、顧毓瑞在大使館開會之前，先和他談一談。我們要開會討論如何發佈「孫案」有關宣傳事宜。台北將在次日下午兩點半宣佈，也就是華盛頓時間凌晨三點三十分。這項新聞早已從台北經由無線電話通知葉公超，他再傳送給我。會中決定，我們回答有關此項新聞的詢問或採訪時，不作任何評論。但是我們要強調；調查委員會的成員層次很高，大家應該有信心等待事實結果的公佈，大使館並將提供各界有關調查委員會成員的簡歷。

二十日上午十時，我到五角大廈去看參謀首長雷德福上將。十九日下午，我確知「孫案」新聞發佈時間後，雷德福就要我去見他，可能已經預料到這件事情，所以急著要見我，而我也表示想早一點和他見面，祇要他方便，甚至十九日晚上也成。見面之後，我把外交部來電及沈次長帶來的事實內容，對他作了簡要的陳述。然後請教他的看法，他顯得胸有成竹，語氣堅定的說出他對「孫案」的想法和期望。

我先說明案情，然後告訴雷德福，調查委員會成員中，有人格高尚的司法院長王寵惠，他曾任國際法庭的法官多年；孫將軍的同鄉許世英，曾任國務院總理、司法總長及駐日大使；以及何應欽將軍和國防部長俞大維，主任委員為陳誠副總統，我相信該委員會將以客觀公正的態度調查此案，然後報告總統，以便他考慮決定。我強調雷德福將軍一向是中華民國的友人，也是蔣總統個人的好友，且極爲關心自由中國的福祉，所以特地向他說明全案內容。

雷德福將軍留心聽完我的話後，隨即坦白告訴我說，發生這個案子實在太不幸了。他和我一樣，相信孫將軍絕不會親共，他認爲孫將軍是國軍裡最有才幹的將領，並且效忠領袖。如果有機會再讓孫將軍打一仗，必然能再度揚名。不過他知道孫將軍對國軍的管理方式深感不滿，而且從不掩飾他的不滿情緒。雷德福將軍認爲調查委員會的成員極佳，但是他說，造成孫將軍不滿的原因是嚴重的。國軍裡的某些事情非常糟，否則也不會有一百多名散處各部隊的軍官，自願參加擬議中的兵諫。

雷德福將軍瞭解國軍的升遷，不是基於人員的工作表現，或是長官的推薦，而是由政工人員提名。他更瞭解孫將軍對蔣經國手下政工人員的控制系統，極端不滿。駐台美軍代表屢次送回的報告，更使他確

民國42年，時任歐洲監軍統帥美國克拉克陸軍上將訪台孫立人將軍陪同檢閱中國陸軍裝備

信國軍官兵懼怕政工人員，導致士氣低落，部隊指揮官無法控制部隊。雷德福將軍強調，這樣的軍隊在戰時不可能有效禦敵。他回憶蘇聯也有同樣的制度，用政工人員控制軍隊，但到和芬蘭作戰時，許多能幹的軍官遭到整肅，剩下能勝任的將領已經很少了。二次大戰開始後，蘇聯把這套制度整個廢除，其後，俄軍的戰役打得甚爲漂亮，這是有目共睹的事實。

雷德福將軍說，如果因爲「孫案」的緣故，而能夠仔細檢討政工制度，並將之廢除，以提振國軍士氣，即使孫將軍自軍中退役，而且不再回役，那麼中華民國在此事件中所得的教訓，也可算是一種收穫了。他最後說，他曾多次向蔣總統表達這些意見，絕非一時衝動，脫口而出的。不過他要我轉告總統，他很同情總統處理此事必然十分棘手，也很留意蔣總統是否以公平和令人滿意的方式解決此案。

我十分感謝雷德福將軍坦白說出他的看法，並講我一定要轉告蔣總統，他肯定和我一樣，重視這些意見。

我和雷德福將軍談了一個多小時，以致於誤了飛往紐約的班機。我本預定搭乘上午十一點的班機，去紐約參加關於如何處理「孫案」宣傳工作的會議，參加會議的還有胡適、蔣廷黻、中華新聞社的倪源卿、游建文和沈次長。沈次長在上午九點就先行離開華府，前去開會。我本以爲和雷德福將軍談半小時，不過這次談話太重要了，我不希望告辭，甚至不管他的副官進來告訴我說，司機提醒我飛機起飛的時刻已到，我於十一點零五分結束談話，直接趕赴機場，顧毓瑞和譚紹華已在那裡等我。我要顧毓瑞去劃下一班飛機的位子，然後坐在機場的咖啡室裡，草擬一份電報，將我和雷德福將軍談話內容拍發給外交部轉呈蔣總統。不會有人想到，大使會在機場口述一份電報。

我要顧毓瑞打電話給紐約我國駐聯合國代表團辦公室，轉告在那裡開會的諸位先生，我會遲到。到達拉瓜地亞機場時，我立刻打電話到蔣代表家中，不必等我吃飯，然後再直奔他家，幸好他們沒有等我，已經吃過一會兒了。胡適和沈次長舒適地坐在客廳裡閒聊。蔣代表夫人熱心地爲我做了一份西班牙煎蛋捲，還有奶油麵包及咖啡，我一面吃著，一面報告我和雷德福將軍晤談經過。

我問蔣代表，霍華德（Roy Howard）對於「孫案」反應詳情，特別是霍華德打給蔣代表第二通電話的交談內容。蔣代表先給霍華德打了電話，並於十六日去見了他。霍華德似乎頗覺得困擾，不過他答應不在他的報上發表此案，也提醒報社工作人員特別小心撰寫評論。到了十八日，霍華德打電話給蔣代表，說他曾探詢紐約和華府許多朋友的反應，爲此深感棘手。他們對此案極爲關心，並且很失望。他們猜測這是一樁虛構的事件，可能是蔣總統的兒子所設計的圈套。他們無論如何不能相信孫立人會對蔣總統不忠，更不相信他是一個共產黨。他們不會公開或經由官方向我們表示意見，不過他們認爲他們不可能要求我們和美國有效合作。我們也不可能要求他們繼續提供協助支持。美國曾經保證要協助我們，而且必會審慎履行，但是以後他們不會再不顧一切地幫助我們了。我們自己對自己的危急情況所作的評估，已教美國人失去信心，他們認爲「孫案」對他們的傷害甚大。這就是蔣代表轉述霍華德的話。

當然，政府對「孫案」的說詞就在當日發佈了。此後一兩週，沈次長往來於紐約和華府之間，努力減輕「孫案」所造成的不良反應。

當時美國輿論界對孫案至爲關心，也相當反應了這件案情，若干報紙且著文批評國民黨當局，認爲是對孫立人的一項迫害，且將此案提升爲政治性鬥爭事件，而認定孫是一個犧牲者，對孫至表同情，對郭廷亮匪諜案反而不予注意。紐約霍華德系報紙「世界電訊與太陽報」在八月二十四日的社論中稱：如認爲被迫辭去參軍長一職之孫立人將軍，曾與共產黨發生「最輕微之關係」，乃爲令人不能想像之事。該報暗示，不論來自台北的通訊，或華盛頓方面傳出之暗示，均認爲孫立人將軍係「官邸政治」的犧牲者，孫與政工系統有所衝突。情形果眞如此，「則蔣經國之地位現已大爲增強，至少在美國人士眼中爲然」。

時代周刊的一篇文章，則盛讚孫立人爲一傑出之軍人。該刊說：「五十五歲的孫立人，能幹勇敢，是最現代化的軍事領袖。台灣很多政界人士深爲不解，孫將軍何以能屹立那麼久？孫立人堅信，在現有的領導下，台灣無法倖存……他主張要面對現實……」輿論的同情，溢於言表。❶

九月十七日，顧維鈞到紐約拜訪葉公超外長，談了將近兩個小時。「我向他口頭報告有關我國的聯合國代表權問題，毛邦初案的現況，以及美國政府對「孫案」的看法。葉部長也把他怎樣設法將「孫案」大事化小作了說明。

根據葉部長的說明，行政院副院長黃少谷從一開始就主張不公佈此案，這是爲了怕引起美國政府的不良反應，且可能影響到美國政府的政策。陳誠副總統則認爲這樣作已不可能，因爲我們軍方人士都已知道此事。因此，從軍隊士氣和紀律的觀點來看，這個案件必須處理。葉部長本人看過有關案子的文件後，認爲事態比他最初想的要更嚴重，他認爲孫將軍至少有點縱容部屬。

葉部長離開台北之前，曾勸蔣總統接受他的三點建議：⑴不要把案子的焦點放在指控孫立人試圖在軍中建立自己派系的問題上，否則就太像共產黨整肅高幹的氣味，共黨會設立秘密小組，監視並告發某些高幹，最終目的是將他剷除。⑵調查委員會勿將孫將軍部屬的口供當作調查的根據，只能當作參考材料，因爲這些口供如何取得值得懷疑，充其量只是低級軍官的口供，這個案子的被告是名高級軍官，而且是位上將，這些人的證詞顯得不相配。⑶縱容部屬可能是對孫將軍所作的最嚴厲的指控，但應允許他可以親自出庭作證，並讓他回答調查委員會的詢問和一切調查。葉部長又告訴我，考試院副院長王雲五受命代表調查委員會詢問孫將軍。

九月二十九日，農復會主任委員蔣夢麟來華府參加中華文化教育基金會年會，我問他對「孫案」的看法。他說他相信孫將軍已察知部屬的陰謀，但他也提到孫立人是一位好將領，只是太不謹愼，而且對自己的處境忿忿不滿。蔣夢麟和一般人一樣，覺得這個時候發生這個案子，實在是太不幸了。

外交部長葉公超於十月三日來到華府，在五角大廈和雷德福將軍及國務院主管遠東事務助理國務卿羅勃森（Waller Robertson）共進午餐，另有國防部高級官員及藍欽大使作陪。席間羅勃森提出「孫案」的問題，並詢問詳情。葉部長把整個案情來龍去脈敘述一遍。他相信就郭廷亮和其他部屬之間某些可疑的活動來看，孫將軍確有縱容之處，不過孫將軍顯然並不知道郭廷亮是名匪諜，孫將軍也不會親共。葉部長強調奉命調查本案的調查委員會成員俱有高尚的品格。同時他提出，依照他向總統的建議，調查委員會將不會以被捕人員的供詞與筆錄，作爲調查的根據，僅作爲參考。關於孫將軍部下在部隊各單位建立所謂「聯絡組織」，也不能認作是罪證確鑿。

雷德福將軍提到我向他作過詳細報告，並說他仍然相信孫將軍是國軍的一位最能幹的將領。他再次抨擊了政工制度，指出它對軍隊士氣不但沒有幫助，反而有害。如果孫將軍的軍旅生涯就此結束，將是很大的損失。我提到台北報紙已在猜測孫將軍可能復任軍職，也許再度擔任總統府參軍長。雷德福將軍說，那麼就很好。

雷德福將軍又說：他知道孫將軍個性很強，而且他對國軍的情況，不論好壞，都坦言直陳。他回憶最初孫將軍和美軍顧問團團長蔡斯將軍相處並不很好，孫將軍認爲蔡斯將軍的某些觀點只適合美軍，並不適合中國軍隊，因爲雙方的傳統、背景、習慣不同，所以他不表同意。但是不久之後，他們就合作得很好。繼蔡斯將軍出任美國軍事援華顧問團團長的史邁斯將軍（Gen. Smythe）也和蔡斯一樣，經常報告孫將軍在蔣總統巡視部隊時，指出國軍的缺失和弱點，這也正是美軍顧問極欲國軍改進之點，因此孫將軍幫助很大。雷德福將軍認爲如果孫將軍不再出任參軍長，最好建議蔣總統派他擔任金門或馬祖防衛部司令，因爲像孫將軍這樣才識兼備的卓越將領不獲重用，實在太可惜了。

結果孫將軍並未復職，也未出任他項職務，祇是被軟禁終生。從中國人的觀點來看，算是從輕發落了。❷

註　釋：

❶ 諸葛文武著《孫立人事件始末》第二三—二四頁。

❷ 《顧維鈞回憶錄》所列孫立人檔案

五、九人調查委員會

九人調查委員會於四十四年八月二十六日在台北博愛路博愛賓館舉行第一次會議，除張群臨時因事請假，及何應欽在東京治療眼疾未有參加外，出席委員有王寵惠、許世英、吳忠信、王雲五、黃少谷、俞大維等人，由陳誠主任委員主持。

陳誠首先說明案情，認爲本案涉及軍人違犯重大軍紀案件，總統交下，一定要查明處理。會中商定進行調查步驟如下：

㈠聽取國防部參謀總長彭孟緝關於本案之報告，並研閱國防部所送之全部案情文件，包括郭廷亮等涉及「兵諫」事件的六人自白書和訊問筆錄。

㈡分兩組調查詢問：一組由王雲五直接對郭廷亮、王善從、田鴻祥三人進行調查詢問。另一組由黃少谷直接對江雲錦、陳良壎、劉凱英進行調查詢問。

㈢直接詢問孫立人將軍有關部屬亂紀犯上的細節。

㈠　聽取參謀總長關於本案之報告

國防部參謀總長彭孟緝率同總政治部主任蔣堅忍、第十軍政治部主任阮成章等人向調查委員會提出報告，指出「郭廷亮陰謀變亂，在軍隊中製造及傳播種種流言，企圖影響國軍之士氣與團結，妄想以軍隊中第四軍官訓練班學生爲蠱惑之對象。乃經其聯絡之學生能洞燭其奸，向其直屬長官一一予以舉發，呈報國防部，其他人員亦有密報。經國防部飭屬偵查，認爲郭廷亮匪諜嫌疑重大，乃於四十四年五月二十五日予以逮捕，案內其他有關人員亦經隨後分別予以逮捕，於是郭廷亮之變亂陰謀遂獲破案。現郭廷亮及涉有嫌疑之江雲錦、王善從、陳良壎、田祥鴻、劉凱英、王學斌、孫光炎等人員，已經國防部移送該部軍法局，依法偵查，並據軍法局將初次偵查筆錄，抄送委員會參考。」

國防部彭孟緝參謀總長復向委員會報告稱：「郭廷亮於四十四年五月二十五日被捕之時，在各部隊中校尉級軍官，受其聯絡者達一百零數人。此項結果，顯係郭廷亮能利用與孫將軍有部屬關係之更有利因素所致。此即㈠孫將軍在部隊中發動以個人爲中心的聯絡活動。㈡孫將軍將進行此項聯絡活動的核心任務賦予郭廷亮。」

彭參謀總長繼續報告稱：「孫將軍命郭廷亮在軍隊中主持聯絡活動，郭所獲的了解爲孫要建立自己的力量，郭因而藉機爲匪作兵運工作……郭廷亮之意圖顯在利用孫將軍於四十四年五月底隨總統前往南部校閱部隊之機會，上下勾串鼓煽，造成事變，引起混亂局面，以遂其製造大變亂，實行顚覆政府之陰謀。」

㈡ 分組進行調查

九月十日是星期六，王雲五、黃少谷兩位委員在軍法局，分別調查郭廷亮、王善從、田祥鴻、江雲錦、陳良壎、劉凱英六位軍官。次日是星期例假，也不休息，繼續調查詢問。王黃兩位委員是分別在兩間房中同時進行詢問的，每間房中除了調查委員與被調查人外，還有四個人：兩位最高法院的法律專家作爲王、黃兩位委員的助理與顧問，協助調查進行並備隨時諮詢；另兩人是負責筆錄及用錄音機紀錄調查詢答的每一句話。

因爲調查委員會的工作不同於司法審訊，所以對於被調查的六位軍官，都是以平等的禮節對待他們，他們也坐著，與調查委員對面距離約三、四尺，他們也一樣有茶可喝。調查詢問中，實際發言的祇有兩人：調查委員與被調查人。負責筆記的紀錄人員也偶然因爲手寫速度追趕不上口述，所以把錄音機暫停，再向被調查人問清他的答話，以免倉促間有錯誤。

王雲五委員於九月十日上午九時詢問郭廷亮，坐在王委員身旁是總政部第四組組長宋公言，情報局處長魏毅生及爲郭廷亮編撰僞供的蘇忠泉等人。郭少校穿了一身軍服，非常整潔，儀表端莊，看上去就與普通一位國軍中年輕軍官一樣，並沒有甚麼特別。他彬彬有禮，而且也還相當誠懇，答話時並無企圖狡辯之處。他聽到王雲五的自我介紹，並且概略的說明調查任務後，就開始用那有著雲南鄉音的話，坦率的將案情供出，不像一個有訓練的間諜。❶

國立政治大學教授李瞻於七十九年十二月二日在「孫立人兵變案」座談會中說：「他曾年年追問其恩師王雲五，孫案眞相究竟爲何？最初六年，王老師總是說：「這件事，不能說……」直到第七年，他看我用意至誠，經過仔細考慮後對我說：「我告訴你一句話，你就明白了。孫立人和郭廷亮都是中華民國的模範軍人，這樣你就瞭解了。」❷

九人調查委員會報告書中說：王雲五委員於九月十日下午四時詢問王善從。王善從於八十二年六月二十八日在立法院召開記者會說：「他本人從未得以親身參加王雲五對他的調查詢問。」他強調在他一生之中，從未見過王雲五一面。可知王雲五所見到的「王善從」，是找來的人頭。王善從又說：「四十年以來，他也從未接受過一次正式的調查和詢問，祇是有人用強力將他的指印蓋在空白十行紙上。」他曾多次向政府陳情，要求與僞王善從的錄音對證，卻都沒有下文。❸

註　釋：

❶ 艾思明著《名將孫立人》第一〇五頁〈郭廷亮不像一個狡詐的間諜〉，台北群倫出版社。

❷ 民國七十九年十二月三日台灣各大中文報所載〈孫立人兵變案座談會〉的新聞報導。

❸ 王善從於八十二年六月二十八日在立法院舉行「孫立人兵變記者會」中，指控九人調查委員會「造假」，載於台灣當天晚報及第二天早報。

(三) 直接詢問孫立人

九人調查委員會在詢問孫將軍之前，由主任委員陳誠將委員會之組織、任務及調查工作進行情形函知孫將軍，並訂定提供閱覽委員會全部調查報告及向其詢問有關事項之時間地點如次：

甲、九月十九日上午九時至下午三時半，閱覽全部調查，閱覽地點陽明山第一賓館。

乙、九月十九日下午四時起詢問本案有關事項，詢問地點陽明山第一賓館。

孫立人將軍於九月十九日上午九時到達陽明山第一賓館，即由委員會派員將全部調查筆錄，送交其先行閱覽。孫將軍對這些指控他案情文件，並無多大興趣，去認眞細讀，他祇是大概的翻閱一遍，隨即擱在一邊。

中午，主任委員陳誠在賓館內設宴，請調查委員王寵惠等人及孫將軍午餐，餐後並備有床位，供各位大老稍事休息，而讓孫立人繼續閱覽案情文件。可是孫將軍倒到床上，呼呼大睡，鼾聲震於室外。這時陳誠正在室外與黃伯度副秘書長商議詢問要點，聽到孫的鼾聲，黃伯度對陳誠說：「孫立人這個人不是大奸，就是大愚，調查委員會馬上就要開始審判他，在此生死關頭，他還呼呼大睡。」陳誠說：「我們可不要冤枉了孫立人，如果他作了虧心的事，怎麼會在接受大審之前，呼呼大睡，說他是大奸大愚，我看不像，不像。」其實陳誠心裡已經知道孫受冤枉，黃伯度事後對記者于衡說：「從那句話中，他對陳誠多了一份尊敬。」❶

下午四時，調查委員開會，約孫將軍到場，由主任委員陳誠主持。會議開始，首由總統府副秘書長黃伯度說明案情，許世英委員聽後甚爲氣憤，指責孫立人說：「你怎麼這樣糊塗，做出這種不忠不義的事！」孫立人聞言，勃然色變，慷慨激昂的說：「我從小立志從軍救國，自入軍旅之後，無時不以精忠報國爲念。抗戰軍興，參加中外大小戰役數百次，無不身先士卒，捨身報國。來台練軍，宵旰勤勞，盡心竭力，保衛台灣安全，六載以還，不敢稍有怠忽。倘我心生不軌，不在三十八年大陸沉淪之時，阻止中央政府撤退來台，其後我掌握兵權，不興兵作亂。及至調任參軍長後，手無一兵一卒，說我這時要聯絡下級軍官兵變，三尺孩童也不會作此傻事。我孫立人一生帶兵打仗，稍知禮法，在座諸公，能會相信我竟愚蠢至此？果眞我有任何不軌行動，願受國法制裁，隨時可以槍斃我！」

許世英聽到這番話後，面帶慍色對著陳誠說：「本案關係國家前途至鉅，望能秉公處理，對國人有個明白交代。」

許世英，安徽至德人，曾任北洋政府內閣總理，與孫將軍父親熙澤先生是光緒甲午（一八九四）年同榜舉人。兩人在北京爲官時，交往親密。許世英看著孫立人長大，對他甚爲賞識。三十八年，許世英來台之初，孫立人在台練兵，聲望正隆。許世英對孫立人期望殷切，故特致函勉勵他說：「吾皖李文忠（鴻章）、段合肥（祺瑞），兄皆親見之，願得弟而三焉！」今竟聞政府要以叛亂罪懲治孫立人，內心非常生氣，故以父執輩身分，嚴詞責怪孫立人怎能做此傻事。

會議繼續進行，由陳誠主任委員主持詢問。

孫將軍雖不善於言詞，但均坦誠作答，毫無掩飾虛假之詞，來爲自己辯護。

關於包圍陽明山總統官邸事，據王善從自白書中稱：「孫於交卸總司令幾天後，……陳良壎打電話給我，……我……去。孫說……我看只要用兵諫，你去包圍著，讓我進去說好了，……完全不要流血，我只是把我要說的話，講完就是了。說說……他就叫陳良壎拿地圖，而後將地圖放在地上，由陳良壎指出草山的位置，說大概在此地，孫就在圖上用手指著說，從三面包圍，午飯後……孫說，那麼同陳良壎去實地看一看。」陳誠問孫有無包圍總統官邸計畫？孫將軍答稱：「前兩年，經陽明山管理局局長介紹，與澎湖防衛司令李振清將軍同時在總統官邸附近買了一塊空地，交卸總司令職務後，覺得台北南昌街住宅（現爲陸軍聯誼社）過大，擬在這塊地上自建住宅，孫恐自己經常宴客，有擾總統靜息，遂派陳王二人一同前往實地勘查，經查後，果不出所料，建屋計畫乃予放棄。」孫強調說：「這個事情很清楚，草山天天走，何必拿地圖呢？」

關於包圍高雄西子灣官邸事，據王善從自白書中稱：「大概在四十三年十二月初，參軍長來屏東，……叫我去，在下午三四點鐘光景，先到陳良壎家裡，後去參軍長公館，沒有進去，適參軍長出來，就一同到西子灣，符立特公館……坐了一下，就帶我到後面，指著後面有一幢白色小洋房說，就是那邊那幢房子，你們只要在四邊包圍著，不准進去。」陳誠問孫有無這回事？孫將軍答稱：「總統在高雄官邸，就在西子灣海邊，一棟獨立的白色洋房，地形很簡單，一望瞭然，用不著查勘，在軍事上偵察地形，不知道的地方才偵察。」

關於孫立人將軍準備令王善從包圍陽明山官邸之兵力，據王善從在九人調查筆錄供稱：「四十三年一月間，我奉到孫總司令命令，組織搜索組，我擔任組長，當時有一個實驗隊，是由××軍軍搜索連，×××師師搜索連，×××師搜索連等單位組成的。四十三年五月間，……作一次演習，給××××××××××看……在……台北林口演習，我於是帶了擔任演習人員，大概一百二十人左右到林口。」又在自白書中云：「在林口還不到一百人（當時病的還不少）。」關於準備包圍西子灣官邸之兵力，據王善從自白書中稱：「××搜索連士兵不肯來，因訓練生活很苦，而且搜索方面沒有前途，我們還去一次，勸他們派過來，但是人數只有五六十人，能操作只有三四十人，各位教官十一二人也到了。」又稱：「西子灣時，全組一共加上不到七十人。」陳誠問：「爲何派王善從帶搜索隊到林口？」孫將軍答稱：「當時派王善從帶領搜索隊一百多人到林口去，純粹是表演搜索演習給駐韓國美軍統帥泰勒上將看的，用一百多人怎能去兵變？」

孫將軍聯絡下級幹部，開始於四十二年十一月以後，其聯絡對象，主要爲第四軍訓班畢業之下級軍官，囑江雲錦於督訓之餘，以同學友誼之關係，予以情感之連繫。陳誠詢問孫立人，他聯絡下級的用意何在？孫將軍答稱：「兩年前，我還在當總司令，因爲我覺得部隊士氣一天一天低落，而同時有×××、有×××、有×××，甚至於無所謂，巴不得那一天××××××，下級幹部都是這樣想法，⋯⋯實在太危險，所以我在正面方面，同他們再三的講，在側面方面要求他們督訓官，以同學的關係，朋友的關係，以大家彼此直接接觸，利用這個機會，多多勸勉，鼓勵他們，能以大家有什麼過不去的地方，總是站在『消弭於無形』，不要大家都走極端，⋯⋯著想，這是我當時的苦心。」

駐韓國美軍統帥泰勒上將訪台，由參軍長孫立人將軍代表總統接待。

陳誠問孫立人對南部陰謀事件是否知情？孫將軍否認其事前知情。但據郭廷亮六月十四日自白書中指稱：第二天（五月十五日）約九時許，去晉見參軍長……即將同學們之一般情形，作扼要之報告……同學們意見，欲將部隊之不良現象，提出改革意見，向總統呈遞……當時參軍長皺著眉頭說：「你們有些甚麼意見，等我廿四、五日來屏東再說，回去告訴他們，不要亂來。」

陳誠追問孫立人：「你五月廿四、五日回屏東做甚麼？」孫答稱：「內人張美英住在屏東，即將生產，我急著要回家去照顧，後來決定六月廿八日去南部，迨請示總統，奉諭於六月三十日同坐飛機去，隨從參謀陳良壎於同日坐另一架軍機到南部。七月一日上午去岡山，迎接美軍駐韓統帥泰勒將軍夫婦，下午陪同總統至屏東校閱南部三軍演習，一切進行順利，並未發生任何變亂，晚間還參加總統在高雄西子灣官邸歡迎泰勒將軍的晚宴。泰勒即將返美就任陸軍參謀長，席間，中美雙方曾就軍事合作交換意見。

孫將軍講到這裡，情緒至爲激動。他解開上衣，露出肩膀上在滬戰中彈受傷的疤痕，他激昂的說：「他爲了報效國家，忠於領袖，幾乎喪命疆場。如果他不忠於國家，不忠於領袖，在他握有兵權時，早就採取行動，怎能等到交卸兵權之後，沒有兵，怎樣去搞兵變？」說時義正詞嚴，聲淚俱下。

調查委員會與孫將軍談話，直到下午八時光景才結束，孫將軍便先下山回家。家裡有一大堆親人，大家都很緊張。聽說這次九人調查委員會開會，找孫將軍去問話，好像要決定他的命運，甚至傳說要槍斃他，所以都守候在家裡等消息。大家等了大半天，他回來了，大家都走上前問他怎麼樣？他說沒怎樣，他還睡了一大覺。他的堂妹孫敬婉就數落他，在這節骨眼裡，還能睡大覺。孫回答說：「我又沒犯法，也沒有做什麼對不起良心的事，我一生做事，對得起國家，爲什麼睡不著？」❷

註釋：

❶ 于衡撰〈大審前，孫立人照常呼呼大睡〉一文，載於八十二年二月二日中央日報副刊。

❷ 〈孫敬婉女士訪問紀錄〉，載於中央研究院近代史研究所口述歷史叢書《女青年大隊訪問紀錄》第一二三頁。

(四) 九人調查委員會報告書

調查委員會召開最後一次會議，就有關問題繼續研商，主任委員陳誠請各位委員發表意見。王寵惠發言，始終站在法學家立場，強調犯罪要以證據爲主，犯人的口供與自白書，祇能作爲佐證，不能作爲判罪的依據。他認爲這樣重大的案情，僅憑郭廷亮、江雲錦等六人的原有自白書，訊問筆錄及一本小紅冊子（郭廷亮的電話本）作爲證物，證據顯然不夠充足。結論認爲「本委員會迄尚未經發現足以證明孫將軍處於主謀地位之直接證據，或其他佐證，本於罪嫌惟輕之旨，本委員會不作孫將軍爲變亂行動主謀之認定。」

有的委員認爲，本案爲總統交辦的案子，無論如何，本委員會一定要向總統有所交代。陳誠一再強調軍紀的重要，在軍隊中發生這樣大的案子，牽涉軍官如此衆多，爲維護軍紀，此案不能不辦，政府絕不容許再有一次西安事變。會中決定將本案交由王雲五、黃少谷等撰寫報告書。

報告書於十月八日由王雲五委員執筆擬妥，當天送請九人調查委員會審查通過，並在報告書之前，附上一個簽呈，簡述承辦本案經過，許世英委員在簽呈上加「罪疑惟輕，恩出自上」八個字，呈請總統核示。

政府原訂十月十日前公佈九人委員會調查報告書內容，因十月十日是國家重要慶典，爲顧及盛典氣氛及國家形象，乃決定延至十月二十日下午四時才正式公佈。

報告書全文長達一萬八千字，對於孫立人所涉及的「郭廷亮匪諜案」，作了冗長的分析，最後獲得以下的結論：

（甲）　事實部分

一、郭廷亮爲匪諜並利用其與孫立人將軍之關係執行匪諜任務，陰謀製造變亂，其本人業已承認不諱。

二、孫立人將軍對於郭廷亮信任甚深，不僅未覺察其爲匪諜，且因孫將軍企圖利用郭廷亮在軍隊中建立個人力量，乃至墮入郭廷亮匪諜活動之陰謀而不覺。

（乙）　責任部分

一、孫立人將軍在軍隊中，對第四軍官訓練班部分結業學生發動聯絡組織，其動機並不正常，雖據稱此非有形之組織，但詳查此項聯絡活動之發展過程，以及此事之迄未報告國防部，實不能諉爲非一種以個人爲中心的秘密性質之組織，又孫立人將軍在調任總統府參軍長後，對此項聯絡活動仍繼續進行，且更加積極，顯然企圖形成以個人爲中心之一種力量，雖據稱用心無他，然在行爲上實有在軍中違法密結私黨或秘密結社集會之嫌，孫立人將軍對此應負其責任。

二、孫立人將軍就任總統府參軍長後，爲加強上項聯絡組織，加派郭廷亮等更積極展開此項違法之秘密活動，賦予郭廷亮以主持此項活動之核心任務，並給予活動費用，實爲郭廷亮利用以進行匪諜活動之重大因素。孫立人將軍雖然不知郭廷亮爲匪諜，但有應覺察之機會，而偏信不疑，直至郭廷亮之被捕，迄未作任何適當之防範，孫立人將軍對於匪諜之活動於其左右，至少應負失察之責任。

三、關於郭廷亮陰謀變亂之計畫，本委員會除郭等六人供辭證言之外，尚未發現出自孫立人將軍或其他方面有關其爲此項變亂行動主謀的證據。但詳按本委員會查明之各點，孫立人將軍不容諉爲對郭之陰謀毫不知情，孫立人將軍既未舉報，亦未採適當防止之措施。又孫立人將軍以總統府參軍長之重要地位，自承對舊部之不法言行，恒採循情姑息之態度，尤爲養成其親信人員行動乖常之因素，孫立人將軍此種對親信人員不法言行之知情不報以及其平日之管束無方與訓導失當，實難辭釀成郭廷亮陰謀之咎，孫立人將軍對此應負其責任。

四、孫立人將軍於六月二日晚間劉凱英來見時，知其爲在逃嫌疑犯，雖據稱曾勸其復回部隊，然既經劉凱英說明不敢回去，仍縱其脫逃並資助其路費，實有循情包庇之嫌。

五、本案關於郭廷亮、江雲錦、王善從、陳良壎、田祥鴻、劉凱英，歷次所個別供認而有關孫立人將軍之其他種種情節，以郭廷亮暨江雲錦等均未提供出自孫立人將軍或其他方面之證據。本委員會亦尚未發現其他直接證據，因均不予置論。

關於孫立人將軍應負之責任，本委員會已作如上之陳述；惟念孫立人將軍爲　總統多年培植之人才，且曾爲抗戰建功，孫立人將軍在八月三日上

總統簽呈中曾瀝陳愧悔自責之情，在九月十九日答覆本委員會詢問時，亦痛切自承錯誤，一再聲述願負全責。且已引咎辭去總統府參軍長職務並奉政府令准免職。本委員會謹建議　總統於執行法紀之中，兼寓寬宥愛護之意。以上所陳各項，是否有當？敬候

總統鈞裁。

(五) 總統明令毋庸議處

總統於四十四年十月二十日頒發命令稱：

「茲據調查委員會主任委員陳誠、委員王寵惠等呈報徹查結果，一致認定該上將不知郭廷亮爲匪諜，尚屬事實，但對本案實有其應負之重大咎責。姑念該上將久歷戎行，抗戰

有功，且於該案發覺之後，即能一再肫切陳述，自認咎責，深切痛悔，茲特准予自新，毋庸另行議處，由國防部隨時察考，以觀後效。此令。」

九人委員會調查報告書正式公佈之後，不但未能澄清事實，反而引起海內外的疑議。香港的祖國雜誌，即以「孫立人案件獻疑」為社論，提出下列疑問：

㈠孫立人身為陸軍總司令，「部下軍官何止千百」，沒有人可以擔保，其中「一個共諜都沒有？」以此責孫失察，「實在不合情理」。

㈡孫立人的去職，既不能以「失察」為理由。眞正的理由，是說他在「軍中作小組織活動」，但問「何以黃埔同學可以聯繫，孫立人所訓練的學生不可以聯繫？何以別的將領可以進行軍官聯誼組織，孫立人則不可以進行？」

㈢有聯繫活動，並不表示準備進行「兵諫」，報告書僅根據幾個下級軍官的供詞，引人入罪，是無法服人的。

總統命令，對於孫將軍的「失察」，既「毋庸另行議處」，即已免除他的一切刑責，為何要「由國防部隨時察考」，竟將孫立人軟禁起來？

根據黃少谷事後談及對孫立人的調查印象時說：據他的認識，孫基本上是個很負責任的軍人，能打仗，會練兵，作戰勇敢，為人也很正派，卻不懂政治，政治頭腦不夠靈敏。還有一個致命缺點是太喜歡講話，一有不滿就發洩出來，連上級長官也批評，這就犯了中國官場

大忌。黃少谷說：孫立人的軍人作風是西方式的，不是中國式的，中國軍人也應該懂得政治。❶

註釋：

❶ 諸葛文武著《孫立人事件始末記》第三〇頁，台北天元圖書公司。

六、監察院五人調查小組

四十四年八月二十日，政府公佈孫立人將軍因涉及「郭廷亮匪諜案」而辭職，但「郭案」詳情究竟如何，並無明確交代，以致流言四起，中外輿論譁然。

監察委員曹啓文、張定華、王贊斌、曹德宣、葉時修、熊在渭、趙守鈺、陳肇因、王文光等九人，在九月二十日監察院院會中，聯名提出議案，要求調查孫立人案。該議案提出時，發言監委極爲踴躍。監察委員于鎮洲、宋英、王文光、李正樂、葉時修、陶百川、祁大鵾、金維繫等均一致認爲孫案關係重大，雖經總統命令組織九人委員會徹查，但監察院職司監察，對此重大案件，應依憲法賦予的職權，作公開而徹底的調查。最後決議將此案交國防委員會調查後，提報院會。

監察院國防委員會遂於二十一日推派曹啓文、王枕華、陶百川、蕭一山和余俊賢五位委員，成立五人調查小組，由曹啓文擔任召集人，著手調查「孫案」。五人小組曾先後訪晤副總統陳誠、總統府秘書長張群、國防部長俞大維、副部長馬紀壯，並以五天時間，調閱總統府內有關「孫立人案」的所有案卷，繼又進行調閱國防部有關本案之全部卷宗，孫立人也曾應五人小組的邀請，親赴監察院接受詢問，全部調查工作在十一月中旬完畢。

四十四年十一月二日上午九時，監察院五人調查小組約孫立人到監察院圖書室進行查詢，由蕭一山、陶百川兩委員分別詢問。據調查小組之一的陶百川委員說：

「我記得我們五人調查小組曾約孫立人將軍到監察院面對面晤談。陪視孫將軍到該院的『監視』人員，本想隨同入室，但爲我們阻於會客室，所以只有五位調查委員和監察院一位紀錄秘書在場，此外則僅孫將軍一人。」

「關於上引美國邀請孫立人參加『美國佔領軍的新政權』問題，孫對我們訴說：民國卅八年上海快將失守時，孫所部新軍已調來台灣整訓（孫所部新一軍仍留在東北作戰，並未調來台灣，孫在台整訓的是青年軍）。盟國佔領日本的統帥麥克阿瑟將軍突然邀請孫將軍赴日本晤談要公。孫不敢擅專，乃請那時正在台北養病的陳誠先生，代爲請示退隱溪口故鄉的蔣總統，得覆孫可接受邀請。麥帥隨派專機接孫赴日，寓於麥帥公館。」

「孫將軍對我們詳述兩人會談經過，說麥帥告訴他，大陸快將失陷，國民政府勢必垮台，美國對它已不存多大希望，但美國不能讓台灣這艘不沈的航空母艦爲中共奪去，所以有意要請孫將軍負起保台的責任，而由美國全力支持，要錢給錢，要槍給槍。」

「孫立人將軍的答覆是：他忠於蔣總統，不應臨難背棄，他將請示於他，在他指導之下，挑起保台重擔。孫說：回台後，就將詳情告訴陳誠先生，由他轉陳蔣總統。」

「孫將軍對我們訴說，如果他眞像誣控他那樣不忠於領袖和國家，他那時就接受美國的邀請而自由行動了。」❶

孫立人對於各委員的詢問，均一一予以詳盡的答覆。關於「兵變」問題，孫立人答覆說：「我當總司令的時候不變，到了參軍長單身一個，還變到那裡去？」關於在軍中搞小組織的問題，孫說：「當時我看到軍隊士氣低落，請調的請調，逃亡的逃亡，出於愛國心切，就要江雲錦他們以同學身分互相聯絡情感，彼此鼓勵爲國家好好幹，沒想到他們就因這點小事來懲我。」最後他懇求委員們救救這些無辜的青年軍官，他說：「郭廷亮絕對不是匪諜，屛東閱兵也未發生兵變，他一生對於國家，絕對忠心。」

監察院五人調查小組擬約談其餘有關本案之主要當事人郭廷亮、王善從、王學斌、江雲錦、田祥鴻、孫光炎、劉凱英、陳良壎等八人，「終因格於事實，放棄繼續查詢計畫。」事後有記者詢問陶百川委員，當時爲何沒有調查主要涉案人郭廷亮等？他回答說：「有人不希望我們再調查郭等，五人小組曾受到幾方面壓力。」

監察院五人調查小組曾於民國四十四年十一月六日備函陳報總統，詳述對於「孫案」之處理意見，認爲「國防部係將本案作爲叛亂事件處理，軍法局亦依據懲治叛亂條例進行審判。而本小組則認爲本案尚未具備叛亂罪之要件，郭廷亮等雖有刑責，然殊難以叛亂罪相繩。人命重大，死者不能復生。……請飭軍法局務須依證據以認定事實，本事實以適用法條，不使一人含冤，萬世長嘆。」並向總統建議，於軍法局擬判呈核之時，派態度公正，法律精通之文職人員，協助覆核，期無枉縱。也許由於監察委員這封信函持論公允，委婉陳辭，致使「孫案」中受牽累的人員，沒有人受到極刑。

關於「南部陰謀事件是否爲叛亂事件」，監察院五人小組調查報告說：「依據上述供稱，及其他嫌疑人犯等之類似供白，此次南部陰謀事件之企圖，僅爲向總統呈遞改革部隊行政之建議書，並無如刑法第一百條第一項所規定之叛亂意圖，雖其擬議中之手段顯屬違法，且有富於危險性，然縱使對上官爲暴行脅迫，惟因其缺乏叛亂罪之意思要件，亦難遽以叛亂罪相繩。」

關於「南部陰謀事件」之起因，監察院報告中指出有遠因、近因、主因及副因。有誘發之原因，亦有基本之原因。其基本原因，監察委員們認爲跟過孫立人的中下級幹部心理上發生偏差，人心惶惶。

「㈠凡在官歷表上，寫有孫立人的中下級幹部，會常說：沒有辦法。……

「㈡有時會說，反正跟過孫的人，在『土匪認爲是最頑固的份子，而又恐政府認爲是不忠實份子。』

「㈢自從彭孟緝先生代總長後，有時心理上稍一敏感，就會說：將來我們是否會被整肅，因蔣經國是留俄多年，是否會將史大林的整肅幹部辦法，搬到台灣來，而由對保防工作最有經驗之彭孟緝先生來執行……

「㈣有時會感到孫立人先生之命運，是否會變成『隆美爾第二』。

「㈤因有以上之感覺，他們就常陷於恐怖之狀態。

「㈥桂總長未發表前，大家都沒有話說。大家認為總長一定是孫立人，迄桂總長發表後，大家都說，必須經過參軍長，故大家都沒有話說。迄桂總長去世後，他們曾激起狂潮，尤其是當時在步校初級班受訓之學員，認為是孫了，結果後來由彭總長代理，使他們情緒由最高潮降到最低潮，以後在工作上之表現，異常懈怠。他們也會說，沒有辦法了。接著以後就會想到學籍問題，及將來之出路問題。他們總認為孫沒有辦法，他們將無保障。」

「關於上述促成南部陰謀事件之各種遠因或主因，本小組以為主管當局，亟應加以檢討改革或疏導，庶幾惡因可期根除，後患不致潛滋。但啓文等深恐主其事者認防微之有術，喜揚厲以為功，倒因為果，以人廢言，亦應呈報總統，請飭主管人員切實檢討改善，以絕隱患。」

關於孫立人將軍包圍陽明山官邸及西子灣官邸計畫，監察委員們明確予以否定。報告書中說：「綜上情觀之，用一『印象不好』之人，率『不及一百』雜湊之兵（此兵且非王善從之部屬），對『警備森嚴』之官邸，或作『三面包圍』，或作『四面包圍』，以備『自己進去』苦諫之憑仗，雖毫無軍事常識之人，在憤激狂妄之下，亦不敢冒生命之危險，作此絕無收穫之行動。孫立人將軍，軍事學識，造詣深邃，諒不至愚妄如此。」

關於孫立人將軍對南部陰謀事件之責任問題，監察院調查小組認為：「孫立人將軍之連絡下級幹部，原其心跡，固屬『愛好心切』，希望『側面加以鼓勵』，以提高國軍之士氣，其初期動機原無不當。但孫立人將軍每於部屬之前，作偏激之語，而忘其本身所任之職位，有析理說教，導部屬於常軌之責，實應負『教誨無方』，任情快意之咎。而在調任參軍長之後，其連絡工作不惟照常進行，且甚積極，以致使人認爲『有意在結成一種力量，以爲實行其意見之支持。』遂予郭廷亮等以醞釀事件之機會，孫將軍之連絡初意，至是已根本變質，但孫將軍有覺察及防止之機會，而疏於覺察，怠於防止，以致幾乎釀成事件。凡此諸端，孫將軍實應負行政上及道義上之責任。」

監察院五人調查小組，自民國四十四年九月二十六日開始，共舉行調查小組會議十五次，先後歷時凡五十八日，迄至十一月二十日始提出「監察院對孫立人將軍與南部陰謀事件關係調查報告書」。這篇一萬五千字的報告，呈請蔣總統核示。因內容與九人調查委員會的報告書，有很多出入的地方，被批爲機密文件，不准公佈。

當時監察院五位調查委員曹啓文、蕭一山、王枕華、陶百川、余俊賢爲向國人有所交代，正擬公佈調查報告書全文。事爲陳副總統所悉，乃邀請五位監察委員商談，不要堅持公佈報告書，以免引起爭議。最後由於政府強大壓力，調查報告書乃不得公佈。監察院竟將這份報告書緊鎖在鐵箱裡，塵封了三十多年，連主辦本案的陶百川委員事後想借閱都不許可。

當時出來爲孫將軍伸張正義的曹啓文委員，於撰寫調查報告書完成之後，不顧觸怒蔣總統，另行上書總統說：「孫立人將軍爲抗日名將，享譽友邦。而今以欲加之罪，予以監禁，將爲歷史罪人。」並將副本抄送內政長余井塘備查。

蔣總統因顧慮曹啓文是監察委員，於無可奈何之下，將曹的呈文擲在地下，踏上幾腳，並下了一道手諭：永遠不准曹啓文出境。❷

孫將軍對這五位監察委員不畏權勢，勇敢地出來主持公道，內心非常感激。他認爲「一個民族之所以能夠生存延續下去，是因爲它的人民主持正義和公理，沒有正義和公理的民族，必定走向滅亡，他們替國家民族保持了靈魂。」❸

孫立人原本寄望監察院五人小組的調查，能對他發生平反的作用。後來他知道五人小組的調查報告竟受到政治壓力，不得公佈，失望之餘，他告訴來訪並解釋不能公佈的原因的召集人曹啓文說：「這件事不必再深究了，由它去算了。我們當以國家前途爲重，對他們這些人，你們也是沒辦法的。」❹

後來陶百川委員對孫將軍義子揭鈞教授說：「我們（五人小組）考慮了許久，雖然在報告中，指出令尊有『行政和道義上的責任』，那是因爲他的簽呈如此責難自己，但是我們都知道，他是甚麼責任都沒有的！」孫將軍九十壽辰時，陶委員特書「忠義可風，公道自在」一幅立軸相贈，高懸於祝壽禮堂之中。❸

註釋：

❶ 陶百川著《困勉強狷八十年》第十三章二八一頁。

❷ 華壽崧撰〈沈冤大白——我所認知的孫立人將軍〉，刊於中外雜誌。

❸ 揭鈞著《小兵之父》第三六三—三六四頁。

❹ 諸葛文武《孫立人事件始末記》第三四頁。

第二十六章　漢家本與功臣薄

「孫立人事件」發生前後，直接受到牽連的有三百多名青年軍官，間接受到株連的則難以計數。過去凡是做過孫立人的部屬，或是在鳳山受過訓練的學員生，無不多少遭到歧視與排擠。有的被囚禁，有的被撤職，有的被調爲閒員，有的被監視。過去滿懷壯志來台從軍的知識青年，現在看到他們所崇拜的孫立人將軍遭受政治的無情迫害，同時察覺到政府反攻大陸無望，留在軍中又無前途，遂紛紛求去。有的藉病請長假，有的無故開小差，無路可走的，不是意志消沉，就是滿腔氣憤，軍中士氣大爲低落。其中固不乏傑出優異良材，則爲各方權貴爭相攬用，終能出人頭地，爲國效力。也有不少人才，散佈到社會各階層，改行換業，另創出一片天地，做出一番事業來。其中遭遇最慘的，多是隨同孫將軍遠征印緬的忠勇將士，出生入死，流血流汗，爲國家建立了不朽的功業，最後落到個人繫獄囚牢，不審不判，成爲待罪的囚徒，家破人亡，其情景最堪憐憫。

一、藍鷹兵團遠征印緬的先鋒

(一) 鍾山願做孫將軍馬前小卒

民國三十一年三月二十五日，孫立人將軍率領新三十八師出國遠征緬甸前夕，住在雲南安寧溫泉飯店。這時有一位馬來亞愛國華僑青年鍾山趕來投效，請纓同赴前線殺敵。孫將軍立即接見，鍾山立正報告說：「我是第四代華僑學生，曾祖是在清朝咸豐年間，逃離洪楊兵亂，移居馬來亞。民國二十二年，在新加坡勵志社，認識當時駐新加坡總領事高齡伯先生，經他指引，我考進英國皇家機械學院，同時參加皇家空軍海外志願隊。民國二十六年六月畢業後，於七月八日回到祖國，適逢抗日戰爭發生，我由南京到漢口，得到當時中央黨部海外部安良梅處長指導，進入軍校甲級學生班第一期，後改為十四期第一總隊，畢業後，轉到貴州遵義砲兵學校尉官總隊受訓，結業後留校服務。在此期間，耳聞目睹孫將軍在貴州都勻練兵實況，內心非常仰慕。現得知孫將軍率師出國遠征，特請調前來追隨，願做馬前小卒。」孫將軍看到鍾山身材魁梧，相貌堂堂，當予錄用，派為上尉聯絡參謀。

新三十八師進入緬甸作戰期間，孫將軍為要瞭解敵情，成立搜索連，派鍾山擔任連長，挑選當地部落喀欽族青年施以短期訓練，成為搜索尖兵，每次戰役，都發揮極大效果。後來緬戰轉變，新三十八師從緬甸撤往印度，這支搜索連成了嚮導，順利地引領全師安全到達印度。

新三十八師到達印度之後，部隊番號改為中國駐印軍，開始在藍伽整訓。鍾山擔任與印度政府及英軍的聯絡工作，由於他是英國留學生，工作進行甚爲順利。這時印度受到日軍侵略威脅，情勢岌岌可危。尤以日本間諜勾結印奸到處滲透活動，連加爾各答市區的安全都成問題。英軍駐印統帥魏菲爾(Field Marshal Sir Archilbald Wavell)商請我國駐加爾各答總領事協助，將當地華僑組織起來，成立華僑自衛團，特聘鍾山上尉爲團長，負責維護地方治安及華僑的生命財產。

三十二年冬，孫將軍率新一軍開始反攻緬甸，鍾山積功升任新三十八師少校營長，仍擔任聯絡及搜索敵情的任務。孫將軍作戰多用奇兵，採取迂迴突襲戰術，每次都能給敵人以致命的打擊，獲得輝煌的戰績，全在於能事先掌握敵情及明瞭地形。新三十八師以藍鷹爲標誌，號稱藍鷹兵團，因此鍾山成爲藍鷹兵團的急先鋒，不僅每役必從，而且每役必先。據他追述我軍攻佔八莫時，搜索敵情的一段往事。

「我們部隊包圍了八莫，我率領的搜索部隊，凡到外圍據點，當地土人都說，日本隊伍只要有一個班排進駐到某鄉村，最多是一天，就會引來盟軍飛機的掃射和轟炸，所以日本軍隊一到，緬甸土人便立刻逃離。在日軍死守八莫快要被我軍殲滅前一週，八莫東面十五英里的莫馬克，原有五六十名日軍，由其隊長率領，逃入陳龍沙坎山南的荒山，企圖由南坎派隊救援，可是逃入任何荒山，都逃不過我們飛機的跟踪，日軍自南坎派出的救援隊伍，也無法逃過盟機的攻擊，無法集結，結果被我們的搜索部隊零星消滅。八莫攻克當天下午，我奉命帶了兩輛吉普車拖車，裝滿用品和食物，送給『八莫區情報主任』，因爲盟機攻擊日軍的情報是他們提供的。情報主任的駐地，在莫馬克東南約五里，是南區鄉長的住宅，那是我四天前進駐過一天的地方。我們到達之後，鄉長熱烈歡迎，和四天前一樣，祇有一位在他家打雜的工人陪同。當我表示希望要和情報主任見面時，鄉長笑指打雜工人陳先生說：『他就是啊！』我眞不敢相信，四天前我已認得鄉長這一位打雜的傭工，當時倒茶提水都是他。他是個小個子，樣子完全像緬甸人，我隊裡兩位緬甸華僑翻譯員，都不知道他是中國人。原來陳先生是在曼德勒生長的福建籍華僑，他是在昆明訓練班受訓的。他已和鄉長工作了兩年，一直到八莫光復，就是鄉長也不知他是怎樣和上面聯絡的，祇知道他每隔幾月，就要離開十天八天。依軍統主管喬家才的記憶，在緬甸境內，我方搜索敵情工作，分為仰光、曼德勒及臘戍三大區域，每區都設有敵後電台，效果都和在八莫所知情形相同，他們原先都是緬甸僑生，也都是効忠祖國的無名英雄。」❶

三十四年秋，抗戰勝利，新一軍奉命接收廣州，部隊配屬第二方面軍。鍾山原籍廣東，會說廣東話，因爲擔任先鋒與聯絡任務，他以一個少校軍官身分，與第二方面軍司令長官抗日名將張發奎將軍接洽軍務，舉措得宜，深得張上將的讚賞。他在第一線徵集船隻，調動車輛，輸送部隊，秩序井然，贏得兩廣地方政府及人民的合作。

三十四年冬，新一軍駐防廣州。俱有英雄氣質的鍾山，得到年輕嬌妍的南國美人黃健好的愛慕，兩人情投意合，結爲夫妻。這時鍾山三十歲，黃健好十八歲。

三十五年初，新一軍開赴東北，自秦皇島登陸，北出山海關，進軍錦州，收復瀋陽，攻克四平街，進佔長春，部隊進攻，勢如破竹，直抵松花江南岸。到了三十六年冬，天冷地凍，共軍偷渡松花江，實施人海攻勢。三十六年一月二日深夜，天氣在零下三十度，鍾山營長率軍與林彪南下大軍鏖戰竟日，傷亡慘重，在其塔木陷於共軍包圍圈，彈盡被俘。

鍾山說：「我被俘後，被囚於哈爾濱、佳木斯、齊齊哈爾，被指爲『頑固』分子。被鬥爭清算，被迫演講廣播，到三十七年夏，釋回瀋陽，十月回到南京，向陸軍訓練司令部孫司令官報到，降級爲上尉，派至台灣鳳山第四軍官訓練班任『匪情研究』教官。」

(二) 鍾山被捕經過

「三十八年秋，第四軍官訓練班成立政治隊，被任爲隊長，才恢復中校階級。政治隊學生是在武漢招收的，多爲武漢大學的學生和職員，孫將軍甚爲重視，認爲是將來新軍的重要成員，特指派名學者趙尺子上校駐隊指導，金曄上校任輔導員，並聘請名政論家葉青（任卓宣）先生、徐復觀先生多人蒞隊專題演講，趙尺子先生專授『蘇俄研究』，我專講『匪情研究』。全隊朝氣蓬勃，當總統蔣公到鳳山視察時，孫將軍臨時指派政治隊負責保衛，並派我在司令台前統籌照顧。

「可是過了幾天，孫將軍的英文秘書潘申慶，英文女秘書黃正、女青年大隊少校幹事黃珏（黃正的姊姊），說是受李朋匪諜案牽累而被捕了。新調任政治隊副隊長劉益福少校聽到消息說：『政治隊的幹部首先是要被捕的。』所以他要求調職。同時，第四軍官訓練班副主任辛鍾珂少將，個別召見政治隊學生談話，一夜之間，使學生情緒激動徬徨。

「我以此事請教趙尺子先生，他說：『孫將軍成立台灣軍士教導團，就有人認爲他要培訓台灣幹部，現在政治隊更爲敏感，他們一定認爲他要建立政治幹部。我和你生活數月，覺得你不是爲地位或金錢而努力的人，不如放棄隊長職務，和我一樣，我專講蘇俄研究，你專講匪情研究，這樣你的情形可能會好一點。』我聽從了趙先生的話，以健康不佳爲由，辭卸了政治隊隊長，專任匪情研究教官。

「民國三十九年夏，孫將軍原擬派任第四軍官訓練班主任的李鴻被捕，接著陸軍總部營務處長陳鳴人也被捕，前三十八師副師長彭克立，團長曾長雲，余汝幹都被捕了，這時我想起當李鴻剛到屏東時辛鍾珂要我去探望他的事，我回來向他報告：『李的身體很好，據側面消息，總統蔣公已召見，要他好好幹。』辛鍾珂冷笑道：『他還能好好幹嗎？』這時我才意會到事態的嚴重。

「九月十九日下午，梅汝璇秘書對我說：『下課後到蔣（堅忍）主任家裡。』

「蔣主任對我很客氣，要我到書房喝茶，寒暄後，他拿著一張摺著的油印公文，放在桌面上說道：『在上面簽個名罷！』我問道：『什麼事情？』他說：『不要緊的，你簽吧！』我發現對方臉上有不平常的苦笑，應該是嚴重的事情，所以我驚慌地問：『可以看看內容嗎？』對方用手指移開摺著的地方說：『你看不是有四人簽了嗎？』我看到『唐守治、辛鍾珂』，其他二人是給對方的手掌遮住了。我的心猛跳，立刻知道一定是出賣良心的事，我只好慢慢說道：『他們是將領，我是小官，不夠資格！』蔣主任說：『好了，不簽也不要緊。』他送客了，臉上苦笑是無法形容的寒冰。

「我回到高雄的家，發現一位警察和我打招呼，覺得事態嚴重，可是我沒有逃走的打算，自己認爲，所做的一切都是忠黨愛國的，坦然無懼。

「當天晚上，民國三十九年九月十九日夜十一時許，我和妻子及兩幼兒，在酣睡中，被敲門聲驚醒。來的是陸軍總部政治部第二科科長羅瑞卿上校，他帶著兩位上尉和幾個憲兵，要我穿上衣服，由兩位上尉挾著上吉普車，一直開到鳳山陸總部政治部。沿途羅瑞卿和兩位上尉都未講話，到了辦公室，一位才對我說：『你在這裡等！』他們關起門走了。我一直等著，約在早上四時，來了一位上尉，要我塡寫一張被捕的表格，他說：『我們檢查你的文件，你在軍校、砲校，任官狀都叫鍾少峯，爲甚麼跟孫立人之後，就叫鍾山，改了名字，不是預謀造反嗎？』

「我說：『我小時，因頭長得有點像山，依客家人的習慣，就叫阿山，出生證上叫鍾山。後來進吉隆坡尊孔中學讀書，祖母認爲山太重了，怕會被壓死，改爲少峯，後來在英國讀書，及以後在英國志願隊服務，英文名字都是鍾山。民國二十六年抗戰開始，中央黨部海外部處長安良梅先生介紹我進軍校時，名字用了少峯，故在軍校、砲校都用鍾少峯。民國三十一年在印度加爾各答，英人指定我出任華僑自衛團負責人，英人資料仍爲鍾山，因此在新三十八師，也用鍾山，怎可說爲預謀造反而改名？』

「九月二十日拂曉，我被押送至拘留所，就在鳳山陸總部大門旁的憲兵排，交給值日班長。進了拘留所鐵門，我差點暈倒。走廊裡空氣是迫人的濕熱，比外面的空氣最少突增十度左右，使初到的人呼吸困難，頭昏眼花。當班長打開號子（拘留所和獄室的通稱），眞的不敢相信，在一個約九尺見方的房間裡，竟囚了十幾個人，他們一邊臥著，一邊坐著，另外兩人對角站著，用手牽著軍毯，左右搖擺搧風。他們都是赤身露體，約有半數的人，有一塊兒襠布，憲兵班長高喊門旁的人退後，讓我坐在門口地板上，可以把馬靴（那時第四軍官訓練班校級軍官都穿日式的黃牛皮長馬靴）脫下，然後推我進去（門旁的人過多，不推就進不去），再把門關上。室內人再三靠緊，空出位子讓我坐下。我看他們都是年紀輕輕的，而且多數像是山地青年。我開始和他們談話，他們稱我爲教官，原來他們都是軍士教導團的士兵，都是說話不留心，被政工人員認爲思想有問題的。一個小時之後，我也汗水滿身，不得不穿單薄的短褲了。

「第三天，我妻被准探視，知道家中所有文字的東西都被搜走。在拘留所三天，轉送到憲兵連連部，計有胡道生、劉益福、黎俊傑、潘東初、朱宗城及我六人。連部有三張上下舖的床，尙有空間可以走動，一天兩餐，和普通軍營一般，就是不准任何人接近我們。六天之後，天快黑時，來了一部圍著布蓬的軍用卡車，把我們送回陸總部，由賈（幼慧）副總司令集合訓話：『你們安心，總司令回來，我會向他報告。』

「副總司令訓話時，又多了曾長雲、孫蔚民、陳高揚，他們被分別拘留在他處。那天是小雨濛濛，無人敢走近我們，只有攝影記者羅超群，站在大門對面，望著我們上車。

「我們上車時情形顯得很嚴重。我們集合在總部大門內，由憲兵兩人一組帶去上車，車上有兩位大漢（後來知道是保密局的打手），將兩人一銬，手銬的鏈條是穿過座位背後的靠板，換句話說，不打開手銬，兩人就無法離開座位。我和曾長雲銬在一起，押下卡車，再上一節短的火車廂。夜色茫茫，分不出是在何處。火車廂經特別安排，都掛著黑布簾子，看不見外面，車廂內沒有燈光，兩人一個座位，押解大漢喝令不准移動，不准說話。幸好我們整個下午沒有吃喝，大家都不要方便，糊裡糊塗坐了一夜。

(三) 刑求審訊

「天色大亮，我們在台北站貴賓室側門，被押上救護車，車門一關，漆黑一片，坐在裡面，只覺車行很快，不知駛向何方。車停止後，兩人一組，開了手銬，分別由兩位大漢左右挾持，走入四邊都是高牆的庭院，不准回頭張望，被推進一個大廳，然後右轉，進了小鐵門，約尺半寬，五尺高，門內即爲牢房的走廊。他們一人先進入小鐵門，挽著我的一隻手，外邊那人用手壓下我的頭，把我連推帶送到了一個寫著阿拉伯數字11的門口，他們拉開一扇厚達半尺，高約五尺，寬約三尺，下方開著一個送進東西小孔的門，兩人猛力壓著我的頭，背後猛推我的腰，在我的腳將要舉起的剎那，便被推跌在室內了。

「三天後，早上九時，看守（看管牢房者的通稱）把我叫出去，只准穿短褲，半推半迫，出了鐵門，再過大廳，進入一個掛有蔣公肖像的房間，裡面坐著兩個穿襯衣長褲的人，一位身高體壯，一位瘦長，他們眼神一動，便有兩位壯漢在我身後，一左一右把我雙手反剪，同時腳踏我的後膝，使我跪倒在肖像前。

「『不許動，跪十分鐘再說。』身高體壯那位喝道。

「蔣公是我從小便崇拜的領袖，是我回國從軍時的最高統帥，是我的校長，我是忠心誠心的跪著沒有動。

「『不要以爲你是孫立人的人，在領袖肖像前，先給你一點教訓，老李，給我打。』身高體壯那位喝命。

「我本想問，孫立人的人有什麼不對？可是我還未開口，粗如手指的籐鞭，已經自背至臀不斷抽打了，我沒有穿上衣，背是光著，打我的人，又是行家。一鞭打在背上，著鞭之處，寬約八分，長有七八寸，痛徹心肝，無法忍受。我開始掙扎，那兩位反剪我的手的壯漢，不費吹灰之力，只是輕輕的往上反舉，我雖體壯如牛，竟也被逼向前趴下，不能移動，任憑施威。動刑的人，實在高明，他打的地方，竟是一鞭連接一鞭，因此疼痛加深，我便意志模糊，不會再掙扎了。

「『好了，送他回去。』身高體壯那位吩咐。

「他們讓我站起，我神志不清，兩手仍被左右挾持著，不是自己走路，而是被推著過了大廳，沿原路回囚室，我沒有痛的感覺，只是整個背部和臀部像火燒一般。

「一週後，我又遭到鞭刑，這次我有同牢黃埔一期『老大』徐會之的教導，只要挨到一鞭，我便叫喊，結果是打打停停五六次，我被打了一二十鞭後，便開始問話：

『你是李鴻的部下？』身高體壯者問。

『是的。』我答。

『長春是怎樣失守的？』他問。

『我不知道，長春失守時，我已在天津了。』我答。

『長春失守，李鴻太太是共匪第一功臣，你會不知道嗎？』他問。

『不知道，我不認識她。』我答。

『你是新七軍的團長，怎能不認識？』他說。

『我不是新七軍，是新一軍新三十八師的營長。』

『胡說，你是新七軍，李鴻到屏東，你是第一位去看他，你是和他在大陸分手後到台灣來的。』他強調。

『成立新七軍是民國三十六年秋，我是三十六年一月二日夜，在其塔木戰敗被俘的，自那以後，便未見過面，我是三十七年冬，自南京來台灣的，怎可能在大陸淪陷後和他分手。今年初夏到屏東，是第四軍官訓練班副主任辛鍾珂交代我去看他，祇是幾分鐘，因有客人訪問便離開。』我說。

『你所說都是眞的？』他問。

『是確實的。』我答。

『好了，回房後，細細想想，有沒有聽人說過，李鴻來台是爲匪工作？有時，即報告看守。』這樣就算審問完了，我被送回號子。

一星期後，我又被提審了。審問的是高瘦的一位。他笑著說道：『前兩次的小小懲罰是最客氣的。已經過了一星期，你對李鴻隻字未報。你看看，這是老虎凳，要確實回答，否則有你受的。現在我問你，孫立人是怎樣製造私人勢力來反對政府，進一步說，製造勢力來造反。如果不說，當然是同黨，是自尋槍斃。還有我們知道你在東北被俘，被共匪列爲最頑固分子，曾在鬥爭會上演講廣播，所以有足夠槍斃兩次的罪了。我不給你坐老虎凳，好好地講吧！』

「既然認定足夠兩次槍斃的罪，不論眞假，我也沒有氣憤了。我平靜說道：『孫立人出版的軍報的報名是精忠，軍訓是義勇忠誠，在局勢最動盪的三十八年，麥帥要他採取行動，他不但沒有，而是全力保護蔣總統，安定了台灣，他有什麼不對？我被俘當然是軍人之耻，可是敵人數萬，我軍數百，是在氣溫零下三十五度的廣大原野。被俘後遭鬥爭清算，所謂演講廣播，都是在鬥爭場上被迫的行爲，既然有兩次槍斃的罪，我還有何話可說！』

「很意外，沒有命令動刑，他卻仍微笑道：『夠了，你還可無事，只要和我們合作。想想看，孫立人是不是不對？這裡有原子筆、十行紙，回房後，寫份自白書，一定無事。』

「我想我是一個中國人，我受過五千年中華文化的薰陶，祖宗傳下來的忠孝仁愛禮智信家訓，如果昧了良心，去寫這樣的自白書，我有何面目去見祖宗！人生短暫，縱使長壽活到一百歲，在宇宙時光中，也只一瞬而已。遲早總有一死，早死晚死都是一樣的。所以我心安理得，決心不寫自白書。」

(四) 囚牢生涯

「新年過後，我們到了軍法局。一星期後，當時孫立人總司令的侍從參謀陳良壎少校送來魚肉蔬菜及罐頭，並在放風場集合講話：『以後每週送菜一次，總司令要大家放心，聽候處理。』

「就這樣，開始優待。我們可在囚室範圍內，自由來往。然而我們不解，孫立人將軍是現職的陸軍總司令，他既沒有犯罪，我們爲什麼稱爲『孫案』？

「到了軍法局，法官開庭，胡道生、孫蔚民、劉益福與我四人同時應訊，法官祇是唱名，對每人問同樣的一句話：『在保密局所說的話是確實的嗎？』我們都說：『是確實的。』法官不問了，給我們每人一張表格，填寫到步兵學校受訓的經過。當庭按了手印，交回給法官，就算審問完結。

「到了四月底，換了一位新所長，他曾在第四軍官訓練班校官隊受訓，對我有特別印象，他傳我到他的辦公室，特別招待香煙茶品。他愼重告訴我：案子不易結束。據說孫立人在國防會報上聲明，他的幹部如對國家不忠，就判死刑，不然就釋放，不可另生枝節，故軍法局無法結案。因爲你們被捕是牽連很廣的大案，無論如何，也不會全體無罪釋放，否則總政治部如何交代？

「民國四十年十二月三十一日下午三時左右，我們突然離開青島東路，兩人一銬，嚴重非常。上了囚車，送至台北市延平北路保密局的看守所（當年保密局在延平路有兩個看守所，北路稱北所，南路稱南所）。到達北所，分別進入囚室，已是年夜飯後，我們空著肚子過大年夜。囚室是八尺乘十尺的地板，每室超過二十四人，新到的人只有馬桶可坐，有人要方便時還得讓開。

「北所原是一幢簡單的工寮，是一字形的平房，加上木柱欄杆和數寸高的地板，爲臨時用的牢獄，沒有放風場，除了到洗臉間的走廊有三個窗戶可以望見天空，全部囚室祇有屋頂透下模糊的光線，所以室內二十四小時開著一盞黃色電燈。洗臉是人擠人，能夠有一瓢冷水，沖洗身上臭汗，就算非常滿足了。

「過了兩個多月未見天日的日子，我們又被押解回到延平南路的南所，可說是舊地重遊。從前的看守仍有三人，最凶的胖大麻子，已有說有笑不凶了，林先生成了基督徒，祇有四眼狗（他老是戴著黑眼鏡）仍使人討厭。最好的是可以寫信回家，每週可經民衆服務站轉送一次副食。潘德輝原本認識南所負責人趙公嘏，經他設法，我被派爲囚房內的外役，可以在鐵門內活動，另外有一姓章青年爲特別外役。他原爲保密局外勤，被派到東北，參加共軍援朝而逃回的人員，因不守軍紀而受六個月禁閉。我喊他爲小章，他是鞍山孫立人將軍創辦的清華中學的學生，是對孫將軍既崇拜又尊敬的青年。他告訴我，我們會自軍法局送回北所。當局認爲自美軍顧問團來台後，台灣的安全沒有問題了，本要撤換孫立人的職位，不料蔡斯團長只聽孫立人的話，而不理會其他的人，所以又要他連任總司令，我們便送南所優待。

「民國四十一年冬，我們坐滿二噸半軍卡遷移，登車前趙公嘏訓話：『送往保密局的別館優待。』

「我們未上手銬，離開台北，南下桃園縣的南坎，住進徐崇德先生的府第。徐府坐落在公路北約五百公尺的竹園裡，是坐南朝北，正屋只一進，兩邊有長廊，東西各有廂房，前院寬達四十米，深達三十米以上。正屋的台階有五級，左右均有兩房。我們暫住西廂，各有台階三級。

「在生活方面，每日早晚放風一次，每次兩小時，可以打球。伙食是一葷一素，每週日或節日加菜。可以寫信，看青年戰士報、中央日報，可以唱歌、拉胡琴，彈吉他。

「新年前兩天，袁子琳奉孫將軍命送來零用錢過年，李鴻、陳鳴人各五百元，彭克立、曾長雲、胡道生與我各三百元，其餘的人各兩百元。

(五)　判處無期徒刑

「四十二年一月三日，所長自台北回來。他召見我至其寢室，這是我到別館第一次和他面對面談話。他是上校官階，年過六十，高高瘦瘦，人很和氣，操寧波口音，他鄭重其事對我說：『聽說孫立人總司令要成立新軍，和過去的駐印軍一樣，要反攻大陸，你們很快又要去帶兵了。』

「經過三年的實際遭遇，使我們了解，決定我們受優待或虐待，並非因我們犯罪輕重，而完全是由孫立人將軍的境遇好壞而改變。所長的話，使我們知道被優待的原因。

「我們是經過四年多無名災害的一批人，如不忍耐就活不下去，大家不忍也只得忍，默默的到了四十五年三月底，看守長親自到號子，交給我們一份起訴書，並說：『雖然不幸，也可說是大幸，因爲總算是有驚無險了。請放心，幾天後就會送軍法局。沒有起訴的四人，依我的經驗，他們也不會有驚險，而是另外處理，因爲孫立人也不會再追究了。』」

起訴書是國防部四五年度典起字第三五號，日期爲三月三十日，也就是說，距我們被捕的三十九年，足足拖延了五年半。起訴書分爲四部分：

第一部分：胡道生、鍾山、孫蔚民、劉益福四人，爲東北作戰被俘，依陸海空軍叛亂法第二十條、第二十二條之罪嫌起訴。

第二部分：黎俊傑、陳高揚、朱宗城、潘東初、吳頌揚、潘德輝六人，爲未檢舉陳鳴人匪諜，依戡亂時期檢舉匪諜條例第九條罪嫌起訴。

第三部分：馬眞一爲未檢舉李鴻匪諜，依戡亂時期檢舉匪諜條例第九條罪嫌起訴。

第四部分：余汝幹爲東北作戰被俘來台未報，依陸海空軍審判簡易規章第八條，刑事訴訟法第二百三十條第一項起訴。

依據起訴書，李鴻、陳鳴人、彭克立、曾長雲四人並未起訴。

黎俊傑原爲新三十八師的軍法主任，他認爲起訴書的決定條件，不是根據罪嫌，而是根據人事關係。據他分析：

所謂東北作戰被俘：全案的人，除了朱宗城、潘東初、馬眞一不是軍人，其他的人都是在東北作戰被俘，都是被迫演講廣播，被鬥爭後才釋放的，數目有幾十萬人，階級是將校尉不等，是在不自由中被迫的行爲，刑法上明文規定是不罪的事例。現在起訴書上卻把這些人，分成四種律則去處理，四人未起訴，四人處以軍法叛亂條文，一人爲僞造文書，餘爲知情不報。

按照法律辦案原則，上述各人，只有余汝幹的僞造文書爲事實，其他都無證據，是不得起訴的。根據起訴書，可測知判刑的輕重。

第一部分的人：軍法的叛亂罪，第二十條是「給予敵人利益」，可判刑無罪至死罪。第二十二條「未遂」犯是減半，亦可全不減。簡單說，這條條文罰則無罪至死罪，是給主判官自由衡量的特權，依軍事法庭的習慣是判十至十五年，依目前我們的情形，有可能判處無期徒刑（執行滿二十年後開釋）。

第二、三部分的人：戡亂時期檢舉匪諜第九條，是「知情不報」，處罰一至七年徒刑。目前情形，既是所謂匪諜的主犯尚未起訴，而「認定」被牽連者爲「知情」，一定會判七年的最高徒刑。

第四部分的人：陸海空軍刑法簡易規章第八條，刑事訴訟法第二百三十條第一項，是「僞造文書」罪嫌，可處一至三年徒刑，余汝幹已服刑五年半，會當庭釋放。

爲什麼余汝幹既是和第一部分的人，同是作戰被俘而又隱瞞不報，卻把重罪不起訴，僅起訴僞造文書，因余汝幹不是孫老總的基本幹部，這就證明起訴非按犯罪輕重，是按人事關係的親疏，尤其是新三十八師的老人，都是重罪起訴。

軍法和司法不同，起訴如何，也就等於判罪如何，更何況我們是被「認定」。被「認定」是匪諜的人，根本不是匪諜，審判者也提不出確實證據，「認定」你是匪諜，你就是匪諜。

五月初，國防部公設辯護人孟昭習約見，他認爲起訴書的被訴條文的構成要件不符，是他辯護的要點。辯護書在會審前發給我們，全文抄錄如後：

國防部公設辯護人辯護書

被　告：

胡道生：男，四十五歲，江西萍鄉，前陸軍官校儲訓班中校大隊長，在押。

鍾　山：男，四十歲，廣東赤溪，前第四軍官訓練班中校教官，在押。

劉益福：男，三十九歲，湖北黄陂，前第四軍官訓練班少校隊長，在押。

孫蔚民：男，三十九歲，江蘇常熟，前第四軍官訓練班少校大隊附，在押。

右被告等被訴叛亂罪嫌一案，謹提出辯護意旨如後：

一、胡道生部分：查被告於三十六年十一月在四平街附近作戰被俘，受訓四月餘，即被遣回。曾於被釋時受賀匪集體訓示，命回國軍作利匪活動。惟查被告於三十八年來台受訓後，幡然效忠國家，期以自贖，並將被俘事實塡表說明，復向長官報告不諱，具見忠貞坦白，顯無叛亂利敵之犯意，並未聽從匪方之誘騙，有何背叛利敵行爲，更未見於我軍事上有何損害，即與原起訴軍刑法第二十條第二十二條之構成要件未符。查優待戰俘，除匪幫而外，幾成世界公例（見一九四九年四月三十一日日內瓦外交會議修正之改善戰俘待遇公約規定）。年來被俘歸來者，不乏其人其例，報章宣導時有所聞，何獨於彼等訴追問罪，於理似難謂平。

二、鍾山、劉益福、孫蔚民部分：該被告等，於三十六年先後，在東北吉林苦戰被俘，並被迫受訓各約一年。鍾山、劉益福、孫蔚民被迫對長春三十八師廣播；鍾山、孫蔚民被指定公開講演；劉益福報名參軍，未被接受各等情，亦均係被迫無自由時所爲。共匪無自由人道爲舉世所公認，試思匪區一般人民之思想意志，尚被絕對箝制，況彼等身爲匪俘，安有選擇自由之餘地，自不能與正常之犯罪情況相提並論。再查被告等來台後，受訓服務，表現忠良，甚有獲匪方警告者，此足反證彼等亦均無叛亂利敵之犯行，何能論以叛亂利敵之重罪，請參酌本部四十三年九月七日清海字第八四八號及四十四年八月三十日理琛字第九五釋示旨意即明。（按該項釋示，係指叛亂條例各條之罪，須俱備叛亂之意思要件，方足構成，軍刑法上，叛亂利敵條文意義解釋上似應適用。）即以鍾、孫等過去之廣播而論，其時長春已在砲火包圍之中，其廣播是否能達長春三十八師，實際是否發生利敵作用，殊難有具體確切事證。鍾山、孫蔚民被指定講演，係對匪區職工及國校而行，於軍事似亦無實害可言。劉益福被迫參軍，未被接受，據供係別有逃脫企圖，動機非在利敵，衡情不無可信，原起訴書內也已揭明，我方軍事並未因被告等所爲而受損害，已無庸置辯。

綜上論結，被告等之被俘、受訓、廣播、講演、參軍等行爲，均在匪區，出於被迫，缺乏之犯意，來台後復無叛亂利敵之犯行，更未致我軍事上蒙其損害，亦於軍刑法第二十條第二十二條之要件顯均未洽，自難以該條論科，更無待言。

復查被告等，過去抗戰、遠征、剿匪、苦戰以致被俘，被迫歷盡艱險，創痛俱深。被釋後，眷念祖國，遇機相率來歸，並思雪恥復仇，蕩瑕滌垢，此於被告等迭次坦誠供述，表示懺悔失節，可以概見。益以室家離散，生活無依，論法原情，均堪憫恕。爲爭取大陸人心，及未來反共勝利，擬請貴庭衡酌刑法第十二條第二十六條但書第五十七條及最高法院（四三）上字第二十七號判例，准予被告胡道生、鍾山、劉益福、孫蔚民等分別宣告無罪，或免其刑，以啓自新，而資激勵。基上理由，謹依軍事機關審判刑事第二條第三項，公證辯護人條例第十七條之規定，提辯護書如上。

公設辯護人孟昭習印

中華民國四十五年六月　　日

公設辯護人的辯護書，洋洋一千五百餘言，主要是申示「構成要件不符起訴法條」，而不是提出「拒受」。簡言之，辯護人僅提出「請准予不用所提條文起訴」，而未提「不得以所提條文起訴」。僅是請求憐憫減免的文件，不論理由如何充實，也只是表示有辯護人而已。

在起訴之後，審判之前，是民國四十五年四月十二日，我們被押解至國防部看守所，除馬眞一外，被起訴的人，都在樓上一般號子囚禁。幾天之後，胡道生、孫蔚民、劉益福與我四人，同被開庭一次，審問內容和五年前相同，過程連唱名在內約十分鐘。其他的人，接著開庭，過程相同。祇有余汝幹不同，唱名後，當庭開釋。

開庭後，我們被准許接見家人，是在被捕五年半之後，才能看到外人。

民國四十五年六月三日會審，庭上有三位將官，一位爲主審，兩位爲陪審，另有兩位起訴法官，即五年前第一次問話時，便動鞭刑的兩人；有一位辯護官，兩位書記官，有兩位全部武裝的警衛，槍支是上了刺刀，另外還有四位便衣人員，場面眞是威武。

會審是下午二時開始，我們到了庭內，打開手銬，按起訴書名字的順序，站成一排，唱名後，起訴官唸起訴書後問：「胡道生，起訴書說的是不是對的？」

「是的，但都是被迫的。」胡道生答。

「不得辯論，只准答對或不對。」起訴官高聲說道。他說完又問我和孫、劉：「鍾山你說，不准多說，只說對或不對。」

我本來要說，所謂廣播是在被鬥爭的場上對麥克風說的，並不是在廣播電台上。可是當我遲疑了一下，才要說時，兩個便衣，就在背後，抓著我的雙臂，於是我只說了「對的」兩字。

「孫蔚民，你說。」起訴官問。

「對的。」孫蔚民答。

「劉益福，你呢？」

「對的。」劉益福答。

「報告審判長，被告胡道生等四人，均已承認起訴書是對的。我現在問第二部分。」趙公嘏問主審官。主審官說：「可以。」

「黎俊傑，你原是軍法官，你說。」

「我無話可說，就依起訴書吧！」黎答。

起訴官再不問話，宣佈他問話完成。主審官並未說話，只指示辯護官起立。辯護官起立後說道：「起訴書所提內容，本辯護官沒有意見，本辯護官不同意起訴書所採取的構成條件，詳情已如辯護書，請庭長查核。」

主審官沒有再說話，站起，好像說：「會審完結」，因聲音很小，我們聽不清楚，就退往庭後右側了。

馬眞一扶著牢中出生的兒子，站在最後排的末端，還是呆呆站著，會審便完了。押解的人員，拉著她的手，要她先行離開。我們又上手銬，兩人一組解回看守所。押解的人，不是開守所的人，是警衛部隊的官兵，帶隊的班長悄悄對我說：「你們眞冤，早上那批是三十多人，也只有半小時，你們還不到半小時，這就是轟動世界的孫立人案！」

班長的話，我們才知道，我們被稱爲「孫案」，因押解勤務上寫的是「孫案」。

「會審後十多天，軍校十三期老大哥，我在軍校時的區隊長門肅將軍，當年他是在總長辦公廳辦公，他到我家告訴我妻，全案除郭廷亮簽呈爲無期徒刑外，其他最高爲十五年，我和胡道生等四人爲十年，餘爲七年。

「到了七月，我與劉益福、孫蔚民三人，突被送往死囚的特別號子，單人個別監禁，停止了接見。到了九月初，我單獨監禁了兩個多月，突然又准許接見，於是知道孫老總被送往台中軟禁，他們議決李鴻爲無期徒刑，我們的案子已在月底決定，附在郭廷亮案宣判。外面的親友勸告，判決後，千萬不要聲請不服抗議，否則觸怒他們，便會白白的犧牲。那時胡道生的堂兄胡偉克將軍爲總政治部副主任，他交代的話，是千眞萬確的。

「民國四十五年八月二十九日，郭廷亮會審和我們同樣情形，他們在上午被宣判，我們在下午二時被宣判。鍾、劉、孫三人爲無期徒刑，胡道生爲十年，餘爲七年。依據門肅將軍最後告知，總長當時簽呈我們是十年判刑，後被駁回重審，加重爲無期徒刑，胡道生仍保持十年，是胡偉克力保的關係。

(六) 軍監服刑二〇〇八天

「我們被判決後，第二天便押送軍人監獄，地點在新店的安坑。押解負責人仍是趙公嘏。他在軍監「移交」時，特對我招呼說：『好好地過日子吧！』他的表情和蔣堅忍主任當年送客時，顯得一樣有無限權威的笑容，使我畢生難忘。

「到了軍監，我們被送進『仁監』第三號房，是特別安排的囚室。我們到軍監沒有幾天，郭廷亮案的人也到了，就是沒有郭廷亮。他們分開兩個監房，判八年以上的囚在『智監』，八年以下的囚在『義監』。」

軍監有仁、義、禮、智、信五個監房，都是一字形的建築，寬約十二公尺，長約五十公尺，仁、信兩監相對，成半圓形的切線。義、禮、智三監以放射式分配在仁、信兩監之間，切線中央，建一八角形的亭子，爲値日官位置，凡是去接見或出監房大門，一定要經過八角亭。

一字形的監房，建築堅固，屋頂亦爲鋼筋水泥灌注，最大爲仁、禮兩監，計有二十二室，最小爲智、信兩監，有十八室。每一監房，進門爲看守宿舍，然後爲井字形鋼欄隔開，過了鐵門即爲囚室。囚室是相對的。相互由井字形鋼欄隔開，形成看守巡查的走廊，一直通到後門。囚室全部爲四公尺乘五公尺平方，地板高爲一尺，洗澡池佔去一乘三公尺，馬桶佔去一乘一公尺，實際上可睡眠的地板是四乘四公尺，如果以沙丁魚一層式裝罐，每人寬一尺，長六尺，可裝二十四人。如果水池擦乾，把馬桶舖平，可加四人，就是說每一囚室不得超過二十八人，否則就要輪流睡覺。「仁監」除外役室及我們的特別號之外，還有十九個號子。我們到時是五百七八十人，眞是人滿爲患！據說當時「智監」最擠，每室超過三十二人。

軍監牢房的設計簡單堅固，一字形的建築，屋頂平坦，中間隔開三公尺，建一高達一公尺五十公分的凸起廊樓，作爲走廊和囚室的光線來源及通風設備。這一設備使囚室內不需照明的電燈，最大好處是高達天花板的小窗會發生和走廊的對流作用，使囚室不會悶熱。

「仁監」據說是案件較單純的叛亂犯，台籍者多爲參加「讀書會」的青年，普通被判十至十五年。內地人則多爲在軍中說話不小心，被認爲是「爲匪宣傳」者。在管理上，早晚放風一次，每次爲一小時，可以自由交談。伙食待遇如軍中，全監統一廚房，各監由外役分送，上午十一時及下午五時半，一天兩餐，副食尚可，主食不限，比早年各看所改進不少。早上由普通犯的特別外役，到各號子賣燒餅、油條及豆漿，每份價錢不高，可稱公道。如說有毛病，就是私賣香菸。一支「新樂園」香菸賣十元新台幣，約合一斤豬肉的價錢。那時一包二十支裝的「新樂園」，市價是三元五角新台幣。所以傳說有的特別外役，私賣香菸，口袋裡是「麥克、麥克」的。

「我們在特設號子過了月餘，便改爲結紗班，是外面客戶送來棉紗頭或廢品，再將其解開，重新接成一組組可用的紗。計有四十餘人，分爲兩個號子。早上七時至午後六時，離開囚室到平坦的屋頂工作，所以派我和胡道生負責照料。我們同案的潘德輝、吳頌揚調政戰室外役，陳高揚調看守長的交通外役，黎俊傑給監內辦公室處理文件外役，餘下的都在結紗班。早上離開囚室，爬上九級的竹梯，上了平坦的監房屋頂，每人約有二公尺寬的凸起的廊樓屋簷，作爲遮陽蔽雨，工作、吃飯，午間休息，都在屋頂，直到天黑又回到號子。

「我們服刑滿八年時，郭廷亮案有關的人被釋放了，獄方說是特赦。據同學張正超探監時說：『軍中相傳，所謂郭廷亮「匪諜」案，根本是假的。蔣夫人自美國回來，說是美方要發表孫立人將軍受冤的白皮書，所以把郭廷亮全案的人釋放。』事實證明郭廷亮本人並沒有放，其他被釋放的人均不准攜帶任何被判罪的文件。

「我們這些人中，胡道生服滿十年，他按時被保釋。劉益福、孫蔚民和我三人，又在軍人監獄服刑滿了二〇〇八天，不但沒有開釋，反而被押解到綠島囚禁。」

(七) 放逐綠島

「民國五十年十月二日，劉益福、孫蔚民和我三人，又被押解，從新店到基隆登船，開往綠島，作爲『放逐』的囚禁。當天上午十一時許，到達基隆碼頭，下車後即上船。我們兩人一銬，以一路縱隊，自碼頭經碇梯，走上甲板，再由甲板中央的一個長形洞的扶梯下到貨艙，該船的貨艙是統艙（艙內沒有間隔），人下完之後，甲板中央的扶梯提上去了，長形的洞口被封，祇有四條裂縫通空氣和光線。

「我們魚貫而入，下艙到不能前進時停止，全艙數百人密集而坐，前後左右也不知是誰。甲板關閉，沒有光線透進，船開始搖動，艙內漆黑，空氣污濁，離開中央較遠的人開始呼叫、嘔吐、掙扎，甚至哀叫救命，艙外竟無人理會。

「我和孫蔚民、劉益福和一位結紗班難友銬在一起，位置較近甲板中央的洞口，空氣流通可算好些。我們背靠背坐著，忍受著呼吸困難，聽同船難友們的哀鳴和嘔吐聲，在船隻的搖動越來越大時，我們也漸次不能支持，不得不躺下，可是艙底並不全平，它每一方公尺左右，就有高及數寸凸起的鋼板，要完全平臥也不可能。

「人的生命力可說很強，喊叫聲，嘔吐聲，漸次沒有了，我們四人也昏昏沉沉，是暈船還是失去知覺都不知道。艙中央的甲板打開了，強烈的光線射了進來，我們聽到甲板上有人喊道：『快到了，大家準備出來。』

「押解的人，打開甲板中央的封板，放下梯子，艙裡的囚徒魚貫上了扶梯，到甲板上面了。我和孫蔚民上了甲板看到斜陽一片，想了一下，入艙是午前，出艙是黃昏，應該是過了三十小時，我們是滴水未喝，粒米未吃，但不覺飢餓，卻是魂不附體，站立不穩。

「綠島沒有碼頭，只是個漁港，船隻拋錨位置距離漁港約百來公尺，我們雙手已被解開，可在甲板上觀望綠島。看到漁港附近，家屋相連，並不荒涼，青山綠水，一點也沒有『火燒島』的感覺。漁港內機動漁船很多，很快的破浪前來，我們每人身繫繩子，爬下繩網式的梯子，下到漁船，就如箭離弦，直指漁港。

「我離開貨船，下到漁船，情形完全不同。每一漁船有三四位青年，他們非常熱情，抱接扶持，安排坐位，都會說帶閩南音的國語，笑面相迎。當船快到漁港，可以聽到擴音器傳來的音樂，最使我感到親切的，是聽到過去在軍監時的籃球夥伴高梅嶺明亮的歡迎聲音。

「綠島的漁船，接運效率很高，天未全黑，三百餘人便全上岸。我眞沒想到，岸上迎接的竟是過去認識的唐湯銘將軍，他是軍校七期的老大哥。上岸後，有茶水、豆漿、包子、油條，眞算得上是歡迎會。

「當時綠島只有新生訓導處處長有吉普車一輛，及輸送補給卡車一輛，所以自漁港到新生訓導處（叛亂犯的訓導營）一定要步行。自漁港出發，沿小型公路經南寮、中寮、公館、到流鰻溝（日治時稱流氓溝）爲十公里。

「到達新生營，已是夜間十時，點名、編隊、發『新生』服，鞋襪，到游泳池洗澡，把嘔吐滿身的衣服丟棄。我編入第二隊，劉益福第四隊，孫蔚民第五隊，灰色的囚服，在原來貼符號的左胸口袋上，加了一塊圓形，縫製白色的「新生」兩字。

「那夜十二時，在中正堂舉行了『歡迎』與『歡送』會。原來我們是接替被判十年徒刑的人釋放後的位置。他們第二天乘原船『回台灣』，因爲當時被遣往綠島的人，都把綠島看作『化外』之區，竟連幹部都說是『回台灣』」。

綠島的原名是火燒島，一般人以爲是被火燒過的島，其實這個名字的來源，是該島原是早年地殼變化，火山爆發而形成，島的中央最高處的留有火山口。其實全島土壤都宜植物生長，就是火山口上也是樹木林立，只因颱風關係，長得不高而已。是故整個島嶼是青綠的，把『火燒島』改爲『綠島』，可謂名實相符。島上燈塔背後，是自然海水游泳池，及長達七、八公里的美麗海岸。流鰻溝爲綠島唯一終年不停水流的溝溪，溪口凸出一石岩，高達七八十米，新生們就把凸出的石岩，刻上『禮義廉恥』四個紅色大字，稱爲『四維峯』，每字兩平方公尺。又在『四維峯』左右的山坡上，用鋼筋水泥灌鑄了『忠孝仁愛信義和平』八個白色大字，稱爲『八德坡』，坡高約五十米，每字十平方公尺，每字相隔百公尺，到過綠島的人都會留下印象。

「新生營當時有三個大隊，每大隊有三中隊，合計約一千三四百人。從學歷上分，有不識字，有在國外讀過博士的；從軍階上分，有二等兵至將軍。

「綠島農業不易發展，水田不多，山上的土壤，適種落花生及地瓜，故落花生和地瓜是島民重要主食。

(八) 劫難餘生

「民國五十八年九月，新生訓導處改爲流氓感訓營地，所謂『叛亂』犯移送台東縣泰源監獄，劉益福和孫蔚民被移送，我仍留在綠島。

「民國六十年十月二十五日，我經國防部減刑為十五年，在十一月三十日被送回台北釋放，計放逐綠島達十年又一個月過二十八天，計三七一〇天。總括來說，我自民國三十九年九月十九日深夜被捕，至六十年十一月三十日清晨送回台北恢復自由，共為二十一年又兩個月加十一天。

「當時劉益福已患了嚴重胃癌，醫生證明生命只餘數十天，才和我同時釋放。孫蔚民又拖延至六十一年五月，因他在緬甸八莫為日軍手榴彈炸傷的背部傷口發作，無法醫治而釋放。

「我們這些被誣指『匪諜』遭受冤獄的人，雖獲釋放，但非完全自由。我們的戶口是每週必查，常常要受警察盤問，更不能申請出境。我們的身分證是有特別暗號，經秘密安排為受看管分子。故不論遷往何處，都常被警察不定時清查戶口，被鄰居視為可疑之人，過去的親戚朋友不敢往來，公家機關不得任用，私人機構也因警方查問而不敢任用，可說全被社會隔絕，故而生活無著，精神受迫害，境遇太淒涼了。」

「孫案」被囚人中，余汝幹是判刑最輕的，在坐牢五年中釋放之後，妻子帶著一子在台北市街上洗汽車，他們是住在一輛舊客車上。余汝幹和妻兒相見之後，總算有一破窩容身。他協助妻子一同洗車約一星期，他們的小窩被警員認為不能登記戶籍而遭驅離。

「余汝幹出生在美國舊金山，家長因熱愛祖國，送他回國，考入軍校十三期，參加抗日戰爭，在駐印軍反攻緬甸，攻擊孟關日軍第十八師團司令部，奪得日軍第十八師團司令官田中新一中將的官印，到密支那後，編為新六軍營長，在日軍由湖南進攻貴州形勢危急時，調回湘西芷江前線，擊退日軍。

「說來也是天無絕人之路，他帶著妻兒，離開破車窩，無目的地走過中山北路，經過當年美軍顧問團的住宅區，他聽到幾個美國人講話是舊金山口音，他突然過去招呼，眞是上帝垂憐，人雖不親，口音可親，美國人給他清掃庭院工作，有了一間雜物儲存室可以住宿。

「他住了一年，把收取清洗衣物的門路弄熟，後來和陳高揚開設了一間洗衣店。到民國五十九年冬，被允許攜眷回其僑居地，這是刼後餘生想不到的結果。

「劉益福是新三十八師反攻緬甸立第一功的勇士，在藍鷹部隊進攻胡康河谷時，最先在大龍河的臨濱，親率一連部隊對抗日軍第十八師團一個大隊的兵力，戰鬥達七天七夜，最後將日軍擊退，而被敵砲震壞耳膜，被稱爲『聾子福將』。

「他被捕時三十二歲，判決時三十九歲，釋放時五十三歲，被囚二十一年又三個月。釋放前約兩個月，證實患末期胃癌。釋放後，送回保人之家，即行病發，經保人送空總醫院，動切除手術，手術費爲保人募款支付，送至南部舊友之家，月餘死亡。他失去自由後，其妻改嫁，一子年幼，隨母從繼父姓，後代無存。」

孫蔚民在緬甸作戰時，是新三十八師連長。當駐印軍攻下密支那進抵國門時，他奉孫立人將軍之命，率領一個加強連，共二百二十人，還有美國工程師和醫官，於三十三年八月二十八日從密支那出發，經由一條馱馬古道，一路向上爬行，九月六日上午十時，他們爬到了海拔八千八百尺的高黎貢山口，一刻鐘後，由騰衝出發的會師隊伍也從山的那邊，撥開雲霧，爬上山脊，在斗笠下面露出熟悉的面影。這一批人馬是由中國遠征軍衛立煌將軍麾下的工兵團團附胡振國中校率領，裡面也有美國的情報科長和連絡官。

山口上有一塊大約二十來丈平方的草坪，中間豎立一塊石頭界碑，刻著「國界」大字。會師典禮開始，孫連長率領的駐印軍列成橫隊，站在國界線緬甸境的這一邊，胡團附指揮的滇西遠征軍也列成橫隊，站在國界線國境的那一邊，兩軍隔著國界正面相對。中國駐印軍先向滇西遠征軍敬禮，高呼：「歡迎你們到緬甸來！」接著滇西遠征軍回向中國駐印軍敬禮，同樣的高呼：「歡迎你們凱旋回國！」在一片歡呼聲裡，大家踏著國界線在瀰漫的雲霧中相互擁抱，緊緊握手。孫曾高呼：「美麗的金甌不能破碎！」豪氣凌雲，達成了歷史性的會師任務。

孫蔚民被捕時三十二歲，判決時三十九歲，釋放時五十四歲。釋放前三年，其背部在八莫攻擊戰中和日軍肉搏時，被手榴彈炸傷的三處傷口復發，被監禁二十二年七個月後，在台東泰源監獄被釋放時，病情嚴重，呼吸時痛苦難忍。

他被捕後，其妻無子，不知何時改嫁。被釋放後，孑然一身，寄住陳高揚家三月，病情略輕，乃在高雄拆船工地，覓得看守工作，因居住環境不佳，背痛復發，無錢醫治，拖延年餘而死。南部舊胞澤料理火葬，骨灰置何處，不得而知。

(九) 見老總一面死可瞑目了

我們這些遭劫難的人，一個一個都被折磨結束了生命。在漫長的三十八個年頭裡，我們時時刻刻都在想念，都在祈禱，盼望能有瞬息的機遇，能夠看到我們追隨的「老總」，或者在第三者的口裡傳到一點消息，有人在台北車站的出口守望，有人在台中向上路的加油站觀看，有人在永和的中正路徘徊。

民國五十五年夏天，有一位東海大學姓陳的教授，他在綠島訪問的場合裡告訴我，孫立人將軍常到東大打網球，身體健康，我當時拜倒在地感謝，陳教授緊握著我的手臂，使我不能跪下。

民國六十六年，由袁子琳籌劃，孫夫人同意，在永和她家爲「老總」過生日，到的人有袁子琳、常紹武、彭克立、曾長雲、潘德輝、陳高揚、胡道生和我等人。首先計劃，開席前由夫人打電話至台中，報告給他唱「生日快樂」的人，並將電話機擴音，使我們能聽到「老總」說話。那次聽到他對夫人說：「請轉告他們，我十分感謝，要他們保重身體。」他說話的語態和從前一樣，聲音也還是有力，我們總算一解渴念。

一次我們在漢口街接到張熊飛電話，說「老總」坐火車自台中來台北，我們七八個人趕往台北車站，在出口處站了一個多小時，總算在一丈之內看見了他，他是前後有人擁護著，不能停留，也不能和我們說話。

民國七十年之後，袁子琳移居美國，孫夫人因身體不適，我們對「老總」的生活情形更加隔膜了。曾長雲自覺日子無多，他常到孫夫人住所永和市中正路守望。一天，他發現「老總」在住宅二樓的走廊上散步，他用電話通知我自龍潭趕往，相距近三十公尺，我們相互招手，約十多分鐘，被防護人員發現而離開。

那年是民國七十二年，算起來「老總」是八十三歲，他身體健康，動作靈活，在走廊上來往快步及跳躍。我會記得他的年歲，因爲「老總」是一九〇〇年生的。那年曾長雲是七十二歲，他是民國元年生的。曾長雲那天非常興奮，一定要在中正路吃麵條慶祝。我們被隔開三十三個年頭，才有這樣的機緣見面，並互打招呼。曾長雲最後喃喃說道：「死可瞑目了！死可瞑目了！」曾長雲於七十三年五月亡故，離開他說這話，不到一年！

民國七十七年一月蔣經國總統去世，對孫立人將軍來說，情況變得很快。潘德輝首先可以去看「老總」，他告訴我要設法求見。三月二十五日是我在民國三十一年第一次向他報到參加新三十八師出國遠征紀念日，我說服了警衛人員，在相隔四十六個年頭後，我們見面了。

我扶著他，慢慢進了客廳，將他安置在一張專爲他坐的沙發椅上。我扶著的是我一生最崇敬的大將軍，但現在他已成爲全身顫抖緊依著我的老人。「你不認識我啦！」他用力加大聲音，但仍是氣力不足，我確不敢相信，幾年前在永和中正路相互招呼時，他仍是同當年一樣，怎會在短短的三年，竟變成這樣老了。

「你是仲公，已經不是老師長了。」我握著他瘦得只有皮包骨的手，看著他的臉，已從威嚴閃閃變成慈眉善目的長者。

「你仍應叫我爲老師長，這是我最愛聽的，其次我也喜歡你喊我爲General，不要叫我甚麼『公』的，我也仍叫你名字，才能順口。」他恢復了早年的態度。

「是的！報告師長！」我也恢復在印緬時代的情形。

「首先他問了被囚各人的狀況，其次他問了蔣堅忍主任要我簽字的情形，他說我也可以簽的。我問他：『爲甚麼麥帥要你採取行動，你爲什麼不？』他說：『如果我聽他的話，我便不忠不義，我就不是孫立人了！』我說：『如果我簽字的話，我是甚麼人？』我們倆都笑了。最後他要我寫〈藍鷹遠征緬甸〉的戰史，說這是責任。

「孫公館的警衛撤走之後，採訪的人多了，我不是去拜候，而是有可能時去陪他過日子：諸如扶他到衛生間，給他拿衛生紙，看著他把一碗飯吃完，坐在他的身邊，一手環著他的腰，靜靜聽他說一段回憶。其實我當時也是古稀的七五之齡，一天不努力工作，便是兩餐不繼的境遇。我們都把孫將軍看作父兄，因爲他是如父如兄般的看待我們，出生入死在一起共同生活，當我們被隔絕時，相互的懸念是自然的，他最傷感的就是先他而去未能有最後一面的人了。我是仍有一口氣的未死者，我沒有歌功頌德的話，只有誠心誠意希望他平安而去。所以在他入殮時泣叩：『老師長，平安的去吧！先你而去的人會迎接您的！』

「我被補時，兩子均幼，妻子是二十二歲，無能力獨自維生，乃投奔台北姊家。我被捕後四年，她開始到美軍顧問家裡作女傭，到五十七年，她的主人調往香港，爲了兩子的教育，她不得不隨主人移居。她已守了我一十八載，屆四十歲了。待我被囚二十一年之後被釋放回台北時，她已在美國另組家庭，我便成了妻離子散的人。

「我回到台北是五十五歲，正好是當年台灣經濟開始向國際發展之時，劉凱英（郭廷亮案內難友之一）開設的台灣產業外銷中心公司業務發達，他因我英國語文和速記的條件，不怕我不受某方歡迎的身分，聘我爲副總經理，誰會想到，因我不准出國，使得我開拓業務的努力，最後都功敗垂成。

「因爲不准我出國，另外給我最大影響的事，就是使我喪失掉僑居地身分。我原保有馬來西亞的出生證，本來被釋放後，可以回僑居地生活，因不准我出國，到了一九七五年是出生證的效期屆滿，我不能前往辦理延期簽證，因此不能再回僑居地居留。

「到民國七十年，原住的房屋要拆除重建，因我仍是被看管考查的人，住了二十多年的永和竹林路，也都租不到住屋。有龍潭鄉鍾姓宗親的聯絡處，可以租賃，於是遷居龍潭，爲時五年。後來住屋又發生問題，徨急中有一位熱心朋友告訴我：『台北縣八里鄉天主教安老院很難進去，院長是英國人，你不妨試試。』並爲我接通電話，我向院長報告，我的條件完全符合院方的規定。院長聽我說完，問我在英國何處讀書。不料皇家炮兵學院所在地，就是他的家鄉，他聽到我的鄉音，十分高興，叫我馬上去，一談之下，第二天便搬進該院。所謂搬，只是幾件簡單破舊衣服。所有被褥及盥洗日常生活用品，都由院方供給，被單枕套，三天換洗一次。除了豐富的早中晚三餐外，還有下午茶，水菓充分供應。尤其難得的，是那些有宗教熱忱的修女，對於老人病痛，照顧十分週到，不嫌髒臭，表現極大愛心與耐心。入院的標準極嚴，不收費，全靠捐獻，但有捐獻巨款以入院爲條件，則不接受。我蒙主垂憐，有幸住進該院，才得以安靜下來，撰寫孫立人將軍交代的〈藍鷹遠征緬甸〉及〈大冤獄〉兩篇紀實，又有極為難得的機緣，承蒙張佛千先生不憚煩勞，殷勤指正，辛苦稿成。』」❶未及付梓，鍾山便於民國八十三年秋蒙主恩召，結束他一生為國盡瘁的旅程了。

註釋：

❶ 鍾山撰〈大冤獄〉一文，載於傳記文學第六十五卷第三——六期及第六十六卷第一期。

二、東方的「蒙哥馬利」

(一)「蒙哥馬利」與「攔路虎」

李鴻是孫立人將軍麾下的一員戰將，在新三十八師反攻緬甸戰役中，李鴻初任一一四團團長，屢建奇功。民國三十三年六月十五日，李團正在全力進攻孟拱重鎮時，突然接到孫將軍命令，分兵救援這時在孟拱城東南被日軍包圍的英軍第七七旅。李鴻率團迅速強渡南高江，以一部兵力解救英軍出圍，並接替英軍防務，讓英軍後撤。主力沿孟拱東側南下攻擊，經連日猛攻，終於二十五日傍晚，攻佔孟拱城。英印軍第三師藍敦師長獲悉捷訊，特於六月二十七致電，向孫立人師長、李鴻團長暨中國的英勇官兵，申致賀忱，並感謝他們救援該師第七七旅出圍。此一輝煌戰績，李鴻榮獲英皇頒贈金十字勛章，被英美盟軍譽爲東方的「蒙哥馬利」。蒙哥馬利元帥是英國名將，第二次世界大戰時，爲盟軍副統帥，在北非打敗了德國名將隆美爾，在西歐戰場，攻城奪寨，屢建戰功，軍中尊稱他爲「蒙帝」。六月二十六日，印緬盟軍總指揮史廸威接獲前線傳來李團攻佔孟拱的捷報，情不自禁的說：「李鴻眞是一位傑出的指揮官，堪當重任。他這一仗打得很漂亮，他就是我的『蒙帝』。」

史迪威將軍初次見到李鴻，是在三十一年四月九日，史迪威穿著便服，來到曼德勒「私訪」新三十八師防務，他既不事先通知，也不到師部團部，直接到部隊駐地、構築工事現場和哨兵位置去實地察看，跑遍了一一四團各連隊的營舍、伙房、傷病休養室、倉庫、馬廐、哨所、工地、連部隊挖的臨時廁所，他都要看。史迪威會說中國話，他途中遇到放哨的、巡邏的、構築工事的、做飯的、養馬的、看病的及修路的官兵，他都要和他們交談幾句。當他來到蔣委員長指稱是「紫金山」的小山邊，同士兵一道在挖戰壕弄得渾身泥土、滿臉污汗的李鴻團長，聽說來了一個美國老頭，便過來看看，他一眼識出是史廸威將軍，連忙肅立一旁大聲發出「立正」口令，在場官兵一齊挺身而立，雙目炯炯向史迪威注視，場面突然寧靜嚴肅。當李鴻團長大步上前給史迪威舉手敬禮時，他才慢慢站起來答禮。李鴻報告說：「我是新三十八師一一四團團長李鴻，請將軍到我團部休息。」史迪威揮手叫士兵們繼續幹活，同時伸手緊握著李鴻那雙沾滿泥污的手，仔細地把李鴻從頭到腳看了一遍才說：「李團長，你是從那裡鑽出來的呀！你帶的部隊很不錯，這是一支好部隊，是我的好部隊。」說著，他把李鴻那雙泥糊糊的手翻來復去看了又看，見那手上不但滿是老繭皮，而且有不少血泡，這時史迪威的臉色變得很嚴肅，他深情地對李鴻說：「我就喜歡像你這樣同士兵一體踏踏實實地幹活的軍官。在中國有三百多萬軍隊裡，能有半數團長像你一樣，能有半數的團也像這個團一樣，那就好了，就可以很快地把日本鬼子消滅掉。」史迪威越說越激昂，李鴻則謙遜地答：「將軍，你對我們過獎了，我只是照著孫立人師長的規定去做，做的還很不夠。」史迪威馬上說：「好，就請你帶我去見你們師長吧！」❶

民國三十一年四月十九日晚，李鴻團長在曼德勒駐地接到了師長孫立人急電，令該團火速乘汽車開赴仁安羌作戰。他立即緊急集結部隊，同時將曼德勒防務口頭向八十三團楊勵初團長一一交代後，即令全團官兵登上汽車，連夜向仁安羌急馳，於二十日傍晚到達仁安羌以北拼牆河北岸的肯耶。這時英緬第一軍司令部派來韋爾斯上校前來告稱：「肯耶以東十五公里處的坎納特火車站，已被日軍攻佔，英印第十七師第四十八旅有一個營被困在該地，無法突圍，情況危急。英緬第一軍軍長史林姆派我前來，請貴部即乘原車前往坎納特火車站，救出英軍。」李鴻團長認爲既然日軍已到了仁安羌東側後方，不但圍困著退卻中的英軍，而且也給正在仁安羌南郊準備發動進攻的新三十八師主力構成了嚴重的側背威脅，爲了友軍免遭覆滅之禍，爲了師主力的側背安全，當務之急，便是應當火速消滅坎納特的日軍。李鴻略事沉思，便果敢作出了決定，令全團在三十分鐘內完成作戰準備，向坎納特急進，同時向孫師長報告。李團長綜合敵情、地形、我軍和友軍的現狀進行分析判斷，決定以奇襲取勝。遂率所部乘汽車來到距坎納特火車站西面約五公里的地方下車，留一個連由肯耶推進到拼墻河北岸，控制大橋及附近要點。下車後，部隊徒步向坎納特前進，秘密接近距離敵陣不到千公尺隱蔽下來。李鴻團長即以一個連由北面迂迴到市鎮附近由北向南打，另以兩個連由西向東打，再以一個連楔入大橋附近埋伏，堵擊逃竄之敵，自率一個連機動策應。時近午夜，各部秘密接近敵陣只有一百公尺時，敵軍仍未發覺。我軍消滅敵哨後，便從四面突入敵陣，頓時機步槍齊發，手榴彈不斷爆炸，睡夢中的日軍驚醒爬起，亂作一團，經過一個多小時激戰，日軍死傷枕藉，殘敵奪路南逃，通過大橋時，又遭我埋伏連一頓猛打。此役斃敵兩百多人，繳獲大批武器彈藥和馬匹車輛，救出英軍兩百多人，成爲仁安羌大捷後的第二次大捷。❶

民國三十三年十一月三十日，李鴻率新三十八師正在圍攻八莫城區時，一架銀色運輸機，在八架戰鬥機保護下降落在八莫機場，從機上走下新任中國駐印軍總指揮兼印緬戰區美軍總司令索爾登將軍，副總指揮鄭洞國將軍，新一軍軍長孫立人將軍，以及中美兩國記者多人。上午九時，他們來到新三十八師臨時指揮所的草地上，在軍樂聲中，升起中美兩國國旗。李鴻師長戎裝整齊站在指揮所前，接受索爾登將軍代表美國總統羅斯福授予銀星勛章。這是中國駐印軍自緬北反攻時，李鴻率一一四團官兵，率先在胡康河谷奮戰，連克于邦及孟陽河一帶重要據點。美國陸軍部長史汀生於一九四四年七月十四日特頒給李鴻團長銀星勛章，獎賞其作戰功勛。因戰鬥頻仍，現在補行授勛儀式。索爾頓將軍親向李鴻和新三十八師官兵代表宣讀美國總統羅斯福頒發的頌詞：

「中國駐印軍新三十八師第一一四團團長李鴻上校，於胡康河谷戰役中，勇於作戰，長於指揮，在敵人砲火下，親率所團進行戰鬥。在于邦及孟陽河一帶摧毀敵陣，爲盟軍南進掃清道路，建立了功勛。李上校之過人英勇及其領導部屬之才能，誠爲我盟軍的莫大光榮。」

李鴻將軍在抗日戰爭中，戰功顯赫，先後曾獲中國政府頒授寶鼎、雲麾、忠勤、勝利等勛章，是一位名符其實的抗戰英雄。

李鴻生於清光緒二十九年（一九〇三），湖南湘鄉城外一個李家大屋的村落，世代務農，幼年進離家不遠的蔣氏私塾唸書。他生性沈靜，敏而好學，塾師教過的書文，他從不大聲誦讀，默誦數遍，即熟記在胸，深得蔣老夫子賞識，免收他的學費。李鴻從描紅到臨帖，進步神速，兩年下來，一筆懸腕大楷，寫得秀麗圓潤，博得不少長輩的稱讚。

民國十五年，革命風潮席捲全國之時，李鴻投身黃埔革命搖籃。十七年，黃埔五期工兵科畢業，任中央軍事教導師學兵營中尉教育班長，是時孫立人任中尉排長，兩人共事相識。後來孫任稅警總團第四團團長，李任該團機關槍第二連連長。民國二十六年，參加淞滬戰役，李連長果敢饒勇，得到孫團長賞識，升任營長。

民國二十七年春，孫將軍在長沙成立緝私總隊，李鴻請調到緝私總隊任教育長，嗣後緝私總隊改編爲稅警總隊，李鴻調升學兵團團長。稅警總隊改編爲新三十八師時，李鴻任第一一四團團長。三十一年隨師遠征緬甸，後因整個戰局逆轉，新三十八師退到印度整訓。三十二年秋，日軍進犯印度邊境，英軍不支，節節敗退，李鴻率全團健兒開赴前線，走馬解圍。接著進攻于邦，李團與日軍第五十五聯隊，血戰五晝夜，擊斃敵酋聯隊長籐井小五郎大佐及大隊長管尾少佐。打響了反攻緬甸勝利的前奏曲。李鴻勇敢善戰，深得前線指揮官孫立人將軍和史迪威將軍的讚賞。

密支那攻下後，孫立人將軍升任新一軍軍長，即將其多年訓練的新三十八師交由李鴻統率。自是之後，他率新三十八師英勇健兒攻克八莫，會師芒友，收復新維、臘戌，戰功彪炳，獲得中外勛章多枚。抗戰勝利，他率師接收廣州、長春、吉林，都是軍裝一套，從不貪取一分不義之財。他既不怕死，又不愛財，眞是一位典範軍人。

三十六年夏，孫立人將軍調離東北後，到了年底，東北軍政長官陳誠遂將新一軍分割爲兩個軍，新三十八師擴編爲新七軍，李鴻升任軍長，原新一軍的參謀長史說升任副軍長，陳鳴人升任新三十八師師長。彭克立升任新三十八師副師長，曾長雲任一一三團團長。❷

陳鳴人是孫立人將軍麾下的一員猛將，在反攻緬甸各戰役中，他率領新三十八師一一二團全團官兵，進行深入的迂迴戰，身先士卒，履險如夷，屢建大功，尤其在孟拱河谷加邁之役，在西通切斷敵後交通，將敵之軍品補給全部斬獲，使日軍第六十五師團陷入絕境，震撼東京，英美盟軍稱他爲「攔路虎」。

彭克立是湖南長沙人，洛陽中央軍校分校畢業。在淞滬作戰時，他正在前線做國防工事，認識了孫立人。後來他就跟隨孫將軍，參加稅警團。入緬作戰時，他任新三十八師第一一四團第一營營長，負責保衛臘戍機場，並擔任中國參謀團警衛任務。第一次緬戰失敗，即隨同中國參謀團撤退回國，經孫立人力爭，彭克立營長終於率全營官兵，飛到印度藍伽，回歸新三十八師建制。以後在反攻緬戰時，參加無數次戰役，因功榮獲英皇頒贈勛章。

曾長雲身體強健，身高一八五公分，體重八十公斤，是虎背熊腰的壯漢。民國三十二年冬，在印度大吉嶺英國高級森林學校受訓，競登一萬二千呎高峯，和書劍、鍾山及一位紐西蘭少校，名列首組到達。新一軍打回國門，在芒友會師，那片會師的山頭場地，就是曾長雲任營長時攻佔的，會師典禮時，他是站在中國駐印軍隊伍裡最前面的一人。

註釋：

❶ 曹藝撰〈抗日名將李鴻將軍〉，湘鄉文史資料研究會。

❷ 王楚英撰〈緬甸戰場上蒙哥馬利—李鴻將軍〉一文，載於《抗日名將李鴻將軍》第一〇八—一七〇頁。

(二) 長春被俘歸來

三十七年夏，國軍在東北處於劣勢，被共軍圍困在瀋陽、長春、錦州三個孤立據點。在長春方面，鄭洞國擔任第一兵團司令官。長春市以中山馬路劃為兩個防區，新七軍守市區西半部，雲南部隊六十軍守市區東半部。

長春被共軍包圍，城內無糧，每天病死餓死無數人，街道上到處是死屍，無人收埋，屍臭熏天。老百姓連樹皮草根都吃光了，想盡方法逃出去，很多人不是在路上餓死病死，就是被共軍開槍打死。有人實在逃不出去，又折回城內餓死。大人急著逃命，實在沒有能力帶著孩子逃難，就把孩子丟棄在馬路上，長春市街道到處可見棄兒在路邊，爭搶腐爛的樹葉來吃。官兵沒糧可吃，一個個身體，沒力氣走動，許多人得了夜盲症。他們實在太餓了，以至找出陳年的豆餅酒糟來吃，非但不能充饑，反而吃出病來。長春市後來竟發生吃人肉的事！有人先是偷偷把馬路上的棄兒抓來殺了自己吃，以後不但自己吃，還賣給別人吃。那時滿街都是棄兒，有時，一天殺幾十個小孩來吃是常有的事。由於吃人肉的事漫延開來，軍方不得不出面把屠夫抓來搶斃，來遏止吃人肉的事再發生。

十月初，蔣總統下令長春守軍突圍，手令是派空軍投下的。這時，長春守軍已經餓得沒力氣走路。官兵們突圍根本行不通，不僅是走不出去，即使走出去，走不多遠，不是餓死、病死、凍死，就是被共軍開槍打死。六十軍官兵經過密謀，決定於十月十六日投降，並要求新七軍一致行動。新七軍官兵認為「起義」對不起孫老總，積極準備突圍。

六十軍叛變後，即把槍口對準新七軍，要求新七軍和共軍和談。當時，李鴻軍長患了傷寒，臥病在床，職務由副軍長史說代理。史說派副師長彭克立等五位代表和共軍談判，共軍接收新七軍提出的數項條件，包括不對軍官及眷屬搜身，不沒收物品，允許幹部回到原籍，新七軍放下武器，士兵被共軍收編，軍官成爲戰俘，被送到哈爾濱「解放團」。共軍於三十八年五月二十五日，將李鴻、陳鳴人、彭克立、曾長雲等人釋放，送回原籍老家。

孫立人的這些舊屬滯留在大陸的，沒有工作，沒有收入，生活都成問題，他們知道孫將軍在台灣練新軍，都想前來投效。而孫將軍對於陷在大陸的舊屬，更是關切，多方打聽他們的下落，派員前往收容；及至三十九年初、聽到新一軍幹部李鴻、陳鳴人、彭克立、曾長雲等人已經獲釋，乃呈報總統，請求准許他們來台帶罪立功。奉准之後，孫將軍遂派其部屬葛士珩少校到湖南，通知李鴻、彭克立等人迅速來台。

李鴻是在三十九年三月底，化裝爲商人，到達香港，攜在東北再娶的妻子馬眞一及岳母和一個女兒乘輪來台，孫將軍派員前往基隆，將他們接到屏東，並安排他們住在一幢平房裡。

當天晚間，孫將軍在屏東官邸邀李鴻晚宴，兩人相見，恍如隔世，李鴻情緒至爲激動，孫將軍溫言安撫，要他在屏東先休養一段時間，以便代爲安排適當工作。兩人談到新一軍兵力被分散，未能集中使用，不勝傷痛。李鴻報告長春被圍期間，官兵死傷被俘情況，孫將軍聽到，至爲氣憤地說：「三十六年秋，我曾請求總統，派機把我送到長春圍城之內，我有信心，率領這支勁旅，突出重圍。無奈不獲批准，以致全軍覆沒，說來痛心！」

李鴻國學素養深厚，擅寫一手好字。他在四月七日，親自寫了一封信，給當時行政院院長陳誠，報告長春棄守經過及脫離大陸來歸情形。全文錄後：

辭公院長鈞鑒：瀋垣聆訓，寒暑數更，每憶教範，輒深神往。溯自我公離開東北後，情勢日非，匪氛日獗，民心士氣，影響尤鉅。大好河山不半載盡陷於匪，數十萬精銳而遭覆沒。鴻謬蒙重寄，扼守邊疆，既未能達成任務，復未能與名城共存亡。茲僥倖重獲自由，前事本無顏重述，因感　鈞座以往之愛護提攜，故不揣冒昧，謹將下情略陳察核。一、長瀋交通，自三十六年五月遭匪破壞後，即未能修復，一切均賴極微弱之空運。是年十一月，奉　鈞命以新三十八師爲基幹，編組新七軍。十二月終，新一軍奉命南下，匪知長春防務薄弱，不斷進犯，賴　鈞座指導有方，全軍官兵忠勇用命，得能固守原防。三十七年春，四平陷匪，六十軍奉命撤防吉林，長春益形孤立，防務雖獲加強，而軍糧民食已至嚴重階段，及後終以糠皮樹葉充饑，豆餅麯子爲上品。鴻兼警備之責，雖竭力疏散市民，四週交通爲匪阻絕，致老弱餓斃及易子而食者，比比皆是。部隊官兵因食豆餅麯子而患傷寒及兩腿浮腫者，亦日益增加，此情此景，實非想像所能及也。然全軍官兵（尤其是新三十八師）受主義之薰陶，暨總統蔣公德威之感召，與　鈞座平日之訓誨，遇事以先友後我之精神，團結友軍，以不屈不撓之意志，而禦強敵，忍餓耐寒，撐持已及一年。鴻於錦州陷匪，遼西戰緊，並肩禦敵之友軍曾澤生部，乘新七軍部署突圍之際，突然叛變；長春危急之頃，適患傷寒，病榻奄奄（職務由副軍長史說代理），未能盡到最後之努力，被匪所俘。憶自民國十四年，離湘赴粵，投入革命陣營以來，蒙總統歷次培育之恩（軍校畢業後，又先後於軍校軍官團及高等教育班、步兵學校、廬山軍官訓練團卒業），暨　鈞座提攜之德，北伐西征，剿匪抗日，無役不與，自忖尚未有辱使命，在此二十四年之悠長歲月，未嘗一日相離。

二、被俘時正病危昏迷之際，與鄭（洞國）司令官同送吉林，兩日後，又轉送至哈爾濱，三十八年二月，復轉送撫順，是年三月起，在東北被俘幹部，除少壯及有特殊技能者，送入幹訓團外，餘即陸續釋放，鴻於五月二十五日同被釋放。七月中，回到一別十二年之故鄉，原擬稍事料理家務，即首途來台。詎料不久湖南又陷匪手，交通斷絕，未克如願。及至本年元月，交通稍復，因身處匪區，精神實感無限痛苦，故乘其農會尚未組織，並得孫司令官之允可，遂化裝商人來台，現住屏東。

三、返湘後，得知於長春陷落時，匪在某處廣播，謂鴻眷係其派來長春工作者，開會歡迎，並謂鄭司令官自殺，匪對國軍稍有地位與信譽之幹部，莫不盡其離間毀謗之能事。至鴻眷品德如何，過去同在長春負責之黨政軍高級人員，脫險歸來者，頗不乏人，前吉林省政府秘書長崔垂言，國防部派駐長春負北滿情報責任之項主任廼光，及督察處處長張國卿等，現均在台服務，彼等係於長春陷匪後始化裝逃去者，對長春情形尤爲明瞭。鴻眷祖籍吉林省會，家世富有，歷代書香，自六歲入學，二十三歲大學畢業，即在吉林任中學教員，直至與鴻結婚，始離學校生活，其父母均在教育界服務，吉林陷匪後，全家逃去，中途爲匪衝散，其母得友人照顧，輾轉到達長春（現隨來台），其餘家人被匪驅回吉林，拘禁逾半年有餘，釋放時，房屋田產已被清算鬥爭，蕩然無存。因感　鈞座對鴻之關切，故瀆陳之。

四、大陸同胞自陷匪後，頓失自由，過去一般貧民、工人、學生，初爲匪宣傳所騙，以爲共產黨來，即可解決一切困難，現在目睹富者已窮，窮者已謀生無路，且饑荒遍地，民變時生，因此而倍增懷念總統，並翹望　鈞座，早日督師，反攻大陸，恢復中華，救民水火。至鴻深自慚疚，創痛未除，今幸脫離匪區，重回政府懷抱，恍如再生。倘　鈞座若以鴻尚有寸用之處，自當奮勉惕勵，而圖報於萬一。餘不多瀆，敬叩　鈞安。

舊屬李　鴻謹上　四月七日

李鴻寄出信後，多日沒有回信，心中不免焦急。孫總司令乃直接簽報蔣總統，獲得總統批准召見。一天由孫陪同去見總統，李鴻報告長春淪陷經過及來歸心願後，總統提出兩個職位任由李鴻選擇。一是計劃要成立的成功軍軍長，一是中央陸軍軍官學校校長，最後還囑咐李鴻今後要好好地幹。李鴻回到屏東家中，心裡才安定下來。

彭克立接到孫將軍要他來台灣的消息時，他的妻子住院即將生產。彭克立留下一點錢給妻子，於三十九年四月初，隻身取道香港，搭船來到台灣。不久，他得知妻子在家鄉生下第二個女兒，他打算在台灣生活安頓之後，再接妻子來台團聚。他先到鳳山晉見孫總司令，發表他爲陸軍總部支少將薪高參，先進將官班受訓一個月，結業後，派任二〇六師副師長，部隊駐防屏東潮州附近的枋寮。

曾長雲於三十九年三月初隻身逃離大陸，因他妻子在生產後病逝，把一個孩子留在家鄉。他到台後，即向陸軍總部報到，編入將官班受訓一個月，結業後，任命爲儲訓班大隊長。不久，即調任三四〇師上校團長，部隊住在鳳山附近的五塊厝營房。

陳鳴人是從上海前往香港，於三十九年三月初到達台灣，在鳳山晉見孫總司令，孫遂簽請蔣總統核准，派他爲陸軍總部少將營務處長。

李鴻、陳鳴人、彭克立、曾長雲都是久經戰場很會作戰的帶兵官，他們分別逃離大陸，來到台灣，均獲得重要軍職，引起了軍中一部分黃埔將領的嫉視，認爲孫立人把他在新一軍的舊幹部接來台灣，是要在軍中製造私人勢力，把這些人整肅掉，就能達到削減孫立人羽毛的目的。❶

註釋：

❶ 曾心儀撰〈孫立人與李鴻〉等篇文章，載於李敖編《孫案研究》書中。

㈢ 李鴻下獄刑求

民國三十九年五月初，國防部派專人從台北來到屏東，對李鴻夫婦、陳鳴人夫婦及彭克立等人說：「上面要召見他們。」由來的人帶著他們一同搭火車到台北。到了之後，又說：

「有一位長官請他們吃飯。」就帶到保安司令部。晚間，軍方人員將男女分開，把他們帶上手銬，送到保密局去偵訊。不久，曾長雲也被收押送來。

保密局指控他們是共黨派遣來台的「匪諜」，進行策反孫立人。在保密局偵訊時，將他們完全隔離，施以殘酷的刑求。李鴻、陳鳴人兩人受刑最重，各坐老虎凳四次，搥腿四次。坐老虎凳普通是兩小時，最長爲八小時，李陳兩人都遭受過八小時極限。搥腿普通是四小時，最長爲十二小時。所謂搥腿，是把腿搥腫使之瘀血。在審問時，一面問話，一面用指甲或利物刮動，使受刑人感到劇痛，不能不招供。他們兩人最後一次搥腿，是十二小時的最重刑。李鴻坐老虎凳後，雙腿幾乎殘廢，後來在獄中靠難友扶持，才能進行簡單復健，慢慢恢復步行。彭克立、曾長雲兩人，比李陳受刑次數，各減爲兩次。他們都受過鞭打，用針刺指甲，用辣椒水灌入鼻孔，用筆夾手指，疲勞審問，無所不用其極，目的在逼迫他們供認和共黨有聯絡，是奉匪命潛台工作。❶

孫立人將軍於李鴻等人案發後，他曾面報蔣總統，願以自己的性命，擔保李鴻等人不是「匪諜」，蔣總統因此將案件擱下來，不然他們可能早被殺掉。

他們在保密局關了一年多後，被移送到桃園監獄，囚禁了二三年後，再移送到龍潭軍人監獄。除了在軍法局曾開過一次草率的庭訊外，就從來沒有正式開庭審理，也沒有收到任何起訴書。一直被關在監獄裡，不審不訊，不判不放，過著暗無天日的生活，嚐盡鐵窗生涯的痛苦。

註釋：

❶ 鍾山撰〈大冤獄〉，載於《傳記文學》第六十五卷第三—六期。

(四) 馬眞一獄中生子

李鴻等人被捕，最先的導火線，說是香港有份雜誌報導，長春失守是李鴻太太馬眞一所策動，中共認爲她是第一功臣。後來保密局已查清楚，根本沒有這回事。

李鴻的太太馬眞一是東北吉林長白師範學院音樂系畢業生，她被捕時懷有身孕，初入獄時，被關在一間密閉的大倉庫裡，內面隔著一間間牢房，每間牢房都住滿了人。馬眞一帶著大肚子，睡在兩個窄木板的睡鋪上，根本不能翻身，十分痛苦。一天，她有臨盆跡象，曾被送到監獄外的醫院，因爲沒有快生下孩子，就被帶回監獄。過了幾天，生產的陣痛開始，獄方並沒有帶她到獄外的醫院，而是帶她到牢房附近一個小空屋，空屋有個小洞，冷風從洞口直吹進來，她臨時找了塊布遮著洞口。獄方從外面軍醫院調來一位護士來爲她接生，接生的醫療用具很簡單，護士的態度不好。她生下孩子，護士爲她縫傷口時，沒有打麻醉藥，令她慘痛得難以承受。她在產前產後，都要做粗活，擦地板，用冷水洗衣服，洗尿布，以致造成長期關節炎，腰酸背痛。洗過的衣服，只能掛在牢房靠窗的地方，任風吹乾，不能拿到牢房外晒太陽，她們每天放風一次，約有十多分鐘，大家輪流一批批出去。在牢裡，吃的穿的都成問題。小孩沒有衣服穿，她想盡辦法弄了些舊布，給孩子做簡單的衣服。產後，有人送雞肉給她滋補，可是牢友都嘴饞，她祇能吃到一點點。大人小孩都營養不良，嬰孩在牢中生產，馬眞一抱著全身發燒的孩子，只有焦急地哭。獄中規定，夫妻分隔居住，不能見面，李鴻知道生了兒子，就命名爲「獄生」，後改名爲「定安」。民國四十年除夕，他們從軍法局青島東路看守所，被押解到保密局北所，馬眞一抱著仍不會站立的孩子，空著肚子，坐在馬桶上過大年夜。

有一段時間，獄中管理員每逢顧正秋來探監看任顯群，就彼此傳著說，大家要去看顧正秋。探監的人，有時帶的食品多些，會分給小孩們吃。小孩爲爭搶食物，鬧成一團。李定安總是站在遠遠的地方，有時，李定安會對媽媽說，他好想吃這些東西。馬眞一憶起這段往事，不禁聲音哽咽，眼淚奪眶而出。她說：「以她那時的處境，她那有辦法弄到這些東西給孩子吃！」

馬眞一母子被關了七年，孩子長大了，爲了就學問題，馬眞一上書向當局陳情。軍法局認定馬眞一未檢舉李鴻爲匪諜的罪嫌，依戡亂時期檢舉匪諜條例第九條起訴，判處七年徒刑。刑期坐滿，才被釋放。她帶著牢中出生的孩子，回到屏東破碎的家，一頭栽倒在她媽的懷中，相對哭泣良久，又抱著她七年未見的大女兒，祖孫三代，哭成一團。

馬眞一對她老媽說：「李定安這孩子，從小就乖順，他太乖了，反而被其他孩子欺負。有一回，一群小孩把李定安的頭壓到水池裡，小命雖揀回來了，可是傷了氣管，從小到大，常常咳嗽。馬眞一繼續對她老媽訴說，她坐牢所受的寃屈，孩子跟著受苦，她沒有辦法照顧孩子，有一次，李定安頭上摔了個洞，鮮血直流，作母親的她，祇有抱著孩子，心痛哭泣。

(五) 坐牢二十五年

李鴻等四人既不是匪諜，也沒犯任何罪過，保密局完全清楚。可是爲了向上面有所交代，他們曾用酷刑逼供無效，又用嚴刑與誘騙方法，逼其部屬供認也無效。甚至連保密局原先派在孫將軍軍部擔任情報工作同志潘德輝、吳頌揚二人，亦不肯承認李鴻等人是匪諜。保密局不得已，祇好派員與潘吳二人分別情商：「請你幫幫忙，供述李等是匪諜，局方也好結案，你也有升賞。」但潘吳二人異口同聲：「我憑良心，實在不知李等是匪諜。若昧良心說話，天理難容。」保密局用盡逼供、誘供、騙供各種技倆，仍無結果，祇得將李鴻、陳鳴人、彭克立、曾長雲等人繼續關在監獄裡。❶

當他們被關將近二十年了，才收到國防部「裁定書」，因爲依法一個案子如果二十年不結案，即將銷案，此時發給他們「裁定書」，表示案件仍在處理中，以便繼續將他們囚禁。民國五十七年十一月廿一日，國防部裁定書上寫著：「查本件被告李鴻、陳鳴人、彭克立、曾長雲，前經本部執行羈押至民國五十七年十一月二十日止，第二次羈押期間屆滿，本部認爲有繼續羈押必要，應予各延長二月……」第二次羈押屆滿，國防部如法泡製第三次、四次……十五次、十六次、十七次、直到第十八期羈押期間屆滿，這時已是中華民國六十年七月十三日，該份裁定書上仍寫著「本部認爲有繼續羈押必要。」

國防部軍事檢察官王化歐於民國五十七年五月十五日對李鴻、陳鳴人、彭克立、曾長雲等人，以「叛亂」罪嫌提起公訴。這時，他們已經坐了十八年牢了。

起訴書中指控李鴻等人的罪狀，是未遵中央電令長春突圍，彭克立代表與匪洽降，受匪指使來台，爭取國軍將領孫立人及掌握兵力，以備策應匪軍犯台。這時孫立人早已因「郭廷亮匪諜案」被罷黜在家，處於被看管軟禁狀態。

從「國防部五十七年從檢起字第〇一五號起訴書」中，可以看出李鴻等被控的罪刑，全文錄下：

被告　李　鴻　男，年六十五歲，湖南湘鄉人，前陸軍新七軍中將軍長、在押。

陳鳴人　男，年五十九歲，江蘇金山人，陸軍總司令部營務處少將處長，在押。

彭克立　男，年五十九歲，湖南長沙人，陸軍第二〇六師少將副師長兼六一七團團長，在押。

曾長雲　男，年五十七歲，湖南湘鄉人，陸軍第三四〇師一〇一八團上校團長，在押。

右被告等因叛亂等罪嫌一案，業經偵查終結，認爲提經公訴，茲將犯罪事實及證據並所犯法條敘述於後。

被告李鴻原爲前陸軍新七軍軍長，被告陳鳴人爲該軍所屬卅八師師長，被告彭克立爲該師副師長，被告曾長雲爲該師一一三團團長，由李鴻率領，防守長春。三十七年十月十五日，中央電令該軍由長春突圍，詎被告等毫無氣節，貪生怕死，不僅未遵令行動，反而同謀於十七日，由彭克立等爲代表，與匪洽降，十八日將全軍交共匪整編。十九日，該李鴻、陳鳴人、彭克立、曾長雲等先赴哈爾濱，後至撫順匪軍「解放團」受訓。三十八年五月二十六日釋回，李鴻、彭克立、曾長雲返湘，陳鳴人赴滬。李、陳、彭等南下前，並與附匪將領龍逆國鈞（新七軍參謀長）、張逆炳言（曾任新七軍參謀長）秘密約定，必要時互相聯絡，聽匪指揮。迨同年十二月中旬，李鴻、彭克立、曾長雲決定來台，曾先由湘赴港，而李、彭二人則函告龍逆國鈞，約定在北平相晤。三十九年元月下旬，李、彭二人聯袂北上，抵平後，與龍逆及共匪科長邱北池晤面，當由邱匪帶同李、彭，晉見匪黨中央社會部部長李匪克農，李匪即指定李、彭二人來台任務，爲爭取國軍高級將領孫立人，及掌握兵力，以備策應匪軍犯台。與李匪晤談畢，繼與匪社會部交際科長楊匪商洽聯絡辦法，經商定在台工作獲有成就時，函告瀋陽文官屯工業學校龍逆國鈞，並規定以香港福佬村道四十三號四樓曾宏毅處及香港彌敦道三九三號生活照像館等二處爲轉信地址。李、彭二人在平接受匪命後，即行返湘轉港。陳鳴人返滬後，於三十八年十二月，經龍逆國鈞函介，與匪第三野戰軍政治部敵工科科長胡匪瑛洽談來台爲匪工作，卅九年元月六日，又通過徐廣夫（陳鳴人之友，亦匪黨分子）之關係，與匪酋陳毅代表李逆明揚作進一步之商談，決定陳鳴人來台使命爲爭取孫立人與匪妥協，聯絡舊部，儘量掌握兵力，以策應匪軍犯台。並規定通訊聯絡地址，計有上海德義大樓八十五號胡瑛，建國西路雪邨三號李師廣（李逆明揚別號），東嘉興路瑞豐里六十五號徐廣夫、及香港彌敦道三九三號生活照像館等處，決定後，即由滬至港。在港除將匪諜任務告知曾長雲伺機進行，囑於必要時聽其指揮外，並與北平張逆炳言聯絡。該被告等於卅九年二、三、四月先後由港來台，抵台後，即遵照匪幫指示，秘密進行匪諜活動，陳鳴人除將來台情形函報徐廣夫外，並將匪幫意見，面達孫立人，孫怒置之。嗣彭克立謀得任二〇六師增設副師長兼六一七團團長，曾長雲謀得任三四〇師一〇一八團團長，陳鳴人謀得任營務處處長，李鴻亦積極活動重要軍職，未幾爲本部發覺，拘押偵辦。

證據並所犯法條：

被告李鴻、陳鳴人、彭克立、曾長雲等於上開新七軍於卅七年長春戰役期中，未遵中央電令實行突圍，而由彭克立等向匪洽降，十八日將全軍交付共匪，任其整編，被告等先後在哈爾濱及撫順匪「解放團」受訓，至卅八年五月釋回。返籍前，李、陳、彭等與叛逆龍國鈞、張炳言均有接觸，密約聯絡。同年十二月，決定來台，李鴻即函告龍逆，相約在平謀晤。卅九年與彭克立聯絡抵平，會晤龍逆國鈞、張逆炳言、邱匪北池，並由邱匪帶同晉見匪酋李克農，李匪賦予李、彭等來台爭取國軍高級將領孫立人，及掌握兵權，策應匪軍犯台之使命。李等接受後，與匪交際科長楊姓匪幹商定聯絡辦法，由平返湘轉港。陳鳴人於卅八年十二月至卅九年元月，在上海與胡匪瑛及李逆明揚接觸，由胡、李賦予來台爭取孫立人與匪妥協，並聯絡舊部，掌握兵力，策應匪軍犯台等使命，約定聯絡辦法，即由滬至港，在港除將所負匪諜使命，告知曾長雲，伺機進行，囑於必要時聽其指揮外，並與在平之張逆炳言聯絡。該李鴻、陳鳴人、彭克立、曾長雲等於卅九年二、三、四月先後來台，抵台後，陳鳴人即函報上海徐廣夫聯絡，並將匪幫意見面達於孫，進行爭取，孫怒置之。各該被告隨即秘密進行匪幫所賦予之聯絡舊部掌握兵權等亂命各情，均經直承不諱，並互證相符。復據另案被告黎俊傑、陳高揚等一致供述：陳鳴人於卅八年十二月在滬，經由龍逆國鈞函介，與匪幹胡瑛聯絡，接受匪命等語。且有張逆炳言由平寄港，轉交陳鳴人之聯絡信件二封獲案可憑，犯罪事證，至臻明確。該被告李鴻、陳鳴人、彭克立、曾長雲等身爲國軍高級將校，率部戍守一方，竟不遵中央電令突圍，而向匪洽降，將所部軍隊交付匪幫。按被告等之行爲，係在卅七年十月，是時中華民國戰時軍律業已廢止，而懲治叛亂條例，尚未公佈實行，應認觸犯陸海空軍刑法第十八條第一款將軍隊交付敵人之罪嫌。嗣被告等又接受匪幫亂命，來台從事爭取孫立人，聯絡舊部，掌握兵權，策應匪軍犯台。抵台後與匪書信往還，保持聯絡，並已按照匪黨指示進行活動，爭取孫立人，與積極謀得重要軍職，掌握兵權，以備策應匪軍犯台，顯併已觸犯懲治叛亂條例第二條第一項意圖以非法之方法顚覆政府而著手實行之罪嫌，以上兩罪犯意各具，應分論併罰，爰依軍事審判法第一百四十五條第一項提起公訴。

軍事檢查官王化歐

中華民國五十七年五月十五日

本件證明與原本無異

中華民國五十七年五月廿九日

書記官錢開濟。

李鴻等人收到上開起訴書後，認爲與事實不符，請求公設辯護人爲他們辯護，迄無下文，過了四年，李鴻乃親自撰寫答辯書，原文如後：

答辯書

被告：李鴻　男，六十九歲，湖南湘鄉人，前陸軍新七軍中將軍長

案奉　國防部五十七年從檢字第〇一五號起訴書所開：

壹、三十七年十月十五日未遵中央命令突圍及與龍逆國鈞張逆炳言密約聯絡各節，謹答辯如左：

一、未遵中央命令突圍部分：在押人於十月九日即感身體不適，以爲係患感冒，不以爲意。十日上午勉強支持，陪同鄭司令官洞國舉行國慶儀式後，即臥床難起，經醫診視，係患傷寒，必須休養，當將病情具報兵團司令部，軍長職務准由副軍長史說代理，並報請剿總備案。其後病情日漸加重，當十五日中央命令突圍，在押人正發高燒，不省人事，是因病重，

不能執行職務，軍長職務已報請准由副軍長史說代理。

二、病榻被俘後，輾轉送至哈爾濱，經隨伴軍醫鄔季常不斷施以針藥，數日後高熱漸退，經月餘始能離床，不久又被送至撫順集中營，至五月間被釋放。

三、釋放前，與龍國鈞、張炳言並無任何密約接觸。龍國鈞係軍校六期畢業，繼又考取清華化學系肄業，後又入陸大十七期。被俘後，匪知其學歷，迫其至瀋陽某學校任化學教員，到撫順集中營未久，即往瀋陽教書，此後即未見面與通訊。張炳言家住北平，北平陷匪後，即被釋放回家。至謂均有「密約」「聯絡」，實無其事。

貳、起訴書所列三十八年十二月至三十九年，函告龍國鈞在平晤面，會晤張炳言、邱匪北池等各節，謹呈明於後：

一、與龍國鈞相約及會晤部分：在押人於三十八年五月間，經匪釋放，當時因交通阻滯，氣候炎熱，到北平時，將眷屬寄住其親友家，在押人隻身返湘。是年十一月間，平漢鐵路已經匪修復通車，在押人擬赴平接眷回湘，事爲同住長沙之龍國鈞家屬知悉，不意於致龍家書中，將在押人擬赴平接眷之事告之，龍之來到北平，並非在押人相約會晤。

二、邱匪北池係與龍在瀋陽某學校共事，亦由龍處得知在押人將赴平接眷，意欲有所利用，故偕龍同來北平，在押人到平後與張炳言見之，知其來意後，在押人以病體尚未復元，尚需休養，予以拒絕，邱匪亦知難而退。

三、不料翌日，邱匪復來張炳言家，忽強欲在押人同赴李匪克農處，經在押人拒絕無效，即感身陷匪窟，行動已失自由，不得已同赴李匪處，及聽其談話，仍與邱匪口氣相同，在此情形下，只好虛與委蛇（大意謂待身體恢復健康後再說），此實爲當時情勢所迫，行不由己，非出本意也。在押人親承領袖教誨，戎馬半生，以領袖學生爲傲，以革命大業爲榮，敗軍之將，本不敢言勇，然病榻被俘，豈廿餘年以血汗累積歷史如被押人者心之所甘，任何人處被押人當時之地位，亦當同具忍辱一時，待機雪耻之心，自不待言。故病榻被俘，早非此心所甘，又焉至更向匪推誠賣身投靠，其間若不虛與委蛇，即難逃出匪窟，欲逃出匪窟，惟虛與委蛇，始克有濟，耿耿此心，惟祈明察。

四、以香港彌敦道三九三號生活照像館轉信情形：在押人由平返湘後，深恐共匪再度麻煩，即匆匆赴香港，到港後，又恐爲友好知悉，被匪諜發覺，即搭四川輪來台。到台後，僅借生活照像館地址，以在港經商名義，轉一家信，報以平安。原意擬接家人來香港暫住，此外並未與任何人通信。按生活照像館係由新一軍軍部請假下來之照像員王漢培在該照像館工作，可去信香港，不難查明。故該生活照像館，委係因長官部屬關係，由舊屬王漢培代轉家信，所謂乃「匪方指定之聯絡處」，謬誤殊甚。

參、抵台灣與匪書信往返，並按照匪黨指示進行活動：

一、前項已呈明抵台後，僅借生活照像館以在香港經商之名義寫一家信報導平安，並未與任何人通過信。

二、並已按照匪黨指示進行活動，爭取孫與積極謀得重要軍職，掌握兵權，策應匪軍犯台：在押人因大病後抵台時身體仍極虛弱，家居休養，很少外出，孫雖屬昔日長官，但彼之態度素極嚴肅，即過去除公事外，很少與之接近，到台後將近半載，閉門休養，少與他人見面，至謂「爭取」「積極活動」，絕無事實也。

肆、綜合答辯：

一、長春防務係與六十軍曾澤生部共同擔任，當三十七年十月十五日中央命令突圍，六十軍忽然叛變，致影響新七軍整個行動，招致突圍不能，防守不易，而告失敗。在押人身爲軍長，因病不能執行職務，既不克完成任務，又未能與名城共存亡，衷心慚疚，莫可言宣。

二、在押人自民國十四年冬，赴革命策源地廣州，接受革命洗禮，三民主義薰陶，畢業後參加北伐、抗戰、剿匪、戡亂，無役不從，由排長而連長、營長、團長、師長，以至中將軍長，其間師長、軍長兩職級，均蒙統帥破例提升，每於戰役，莫不身先士卒，以圖報効。

三、在抗戰中，先後榮獲政府頒贈奬狀一份，四等雲麾勛章一枚，四等寶鼎勛章一枚，忠勤勛章一枚，勝利勛章一枚。此外於印緬反攻之役，榮獲美國政府先後頒贈銀星勛章三枚，懋功勛章一枚。團長任內攻克緬甸第一大城孟拱之役，榮獲英皇頒贈金十字勛章一枚。

三十五年奉令出關戡亂，是年年終上峯論功行賞，奉政府頒贈三等雲麾勛章一枚，三十六年終，復奉政府頒贈三等寶鼎勛章一枚，並奉命晉升爲新七軍中將軍長。基此在押人決不致自毀一生在革命陣營中之光榮歷史，背離長官，爲匪利用。敬請代爲辯護，不勝企禱。右呈

辯護官

在押人前新七軍中將軍長　李　鴻

答辯書送上去之後，到了六十年七月一日，李鴻、陳鳴人、彭克立、曾長雲四人才被判決，罪名是「陰謀顚覆，策反孫立人」，判處無期徒刑。六十一年元月起，才被允許每月可與家人面會兩次。他們四人一直坐牢坐到六十四年，總統蔣公崩逝，政府頒發特赦，李鴻等減刑爲十五年，於七月十四日獲得釋放，這時他們已被囚二十五年又三個月。釋放時，李鴻和陳鳴人是被送回家，由妻子塡保接收，彭克立和曾長雲是被送往中和市圓通路敬老所安置。

註釋：

❶ 龔德柏撰〈蔣介石黑獄親歷記〉㈣，載於一九九一年三月十三日求是報。

㈥ **晚景悽慘**

彭克立和曾長雲兩人無家可歸，被送到中和敬老所安養。所裡每個房間放了幾張雙層床，彭克立分配的睡舖，離曾長雲的睡舖隔了兩間房。雙層床的下層睡覺，上層擺放個人用品。每個房間，每個睡舖，都顯得擁擠雜亂。每位老人的畢身衣物，就只有一些簡單陳舊的東西。敬老所裡供應三餐，伙食屬於中等，每位老人每月可領到七百元零用金和五百元水果錢。陳鳴人住家離中和敬老所不遠，三位老人常聚在中和圓通寺裡閒話家常，消磨他們的晚年。

有一位女作家曾心儀訪問彭克立：「依你的看法，你和李鴻、陳鳴人、曾長雲的案子，是不是與你們是孫將軍部下有關？」他微笑，含蓄地說：「這不好講。有關係。孫將軍一向是憑良心做事，不怕別人對他怎樣看法。別人排擠他，他也不怕。」他又說：「當局認為我們來台灣是要策反孫立人，其實孫將軍為人正直嚴肅，忠誠不二。我們是小部下，怎敢去策反他。孫將軍有意要我們來，我們願意投效，就到台灣來。」陳鳴人表示：「他們和中共根本沒有關係，卻被刑求逼迫，不得不承認各種罪狀。」

曾長雲的晚景非常悽慘，他患有眼疾、心臟病，還有其他各種毛病。眼睛開刀前，視力已經很弱，幾乎失明。開刀後，視力情況一度好轉，他又從醫院搬回敬老所。不久，又因眼疾轉壞，以及其他毛病，常往醫院跑，後來眼睛全瞎了，使他極爲驚恐，引起心臟病復發，住進台北市立仁愛醫院。七十四年七月十二日，他在醫院病床上，孤獨地在黑暗中消失了最後的一點生息。彭克立在他去世前一天曾去看他，握別時，他還說：「再見了。」彭克立隔天再到醫院時，才知道他已悄悄地去了。曾長雲遺體火化後，骨灰罐放在台北市善導寺。七十七年初，彭克立申請獲准回鄉探親，帶著曾長雲的骨灰罐，送到湖南湘鄉，將它安葬在他的故鄉土地裡。彭克立也就留在長沙老家，跟隨著他三十八年未見面的兩個女兒生活，總算葉落歸根了。

陳鳴人釋放時，他的妻室尚在，兒女亦已長成。未久，榮工處處長嚴孝章知道陳鳴人衣食沒有著落，聘他爲無職委員，使他生活無慮，這不能不說是一項義舉。七十三年二月五日早上，他散步回來，心肌突然痙攣而失去知覺，送往陸軍總醫院後，便未清醒，住院兩天去世。死時未受病痛折磨，應是老天的垂憐。

孫立人將軍聽到陳鳴人逝世的消息，心中極爲悲痛。他在日記本上寫道：「聞前三十八師一一二團團長陳鳴人於二月七日逝世，享年七十六歲，見昔日戰友日漸消失，痛心疾首，情何以堪？」開弔時，在弔客中竟有一位當年「搥腿」行刑之徒，他已衰老退休，對著靈前，無光的老眼中，竟然滴下懺悔的眼淚。

在這些受苦難的人中，馬眞一的劫難是最深、最慘、最悲、最冤的。她和李鴻同時被捕，在屏東家裡留有母親和女兒兩人。她被捕後，她的老母親和女兒被送往一間軍眷的平房居住，沒有廚房廁所。她的母親在吉林市，是丫鬟環繞的貴夫人，經過七年艱苦的歲月，帶著孫女，雖仍有李鴻從前的舊屬援助，沒有餓死，但老幼都骨瘦如柴。

馬眞一被釋放後，帶著在牢中所生，在牢中長大，已經七歲的兒子，回到母親和女兒只有一間居屋的家。爲了生活，她訪問了屏東市當時較好的家庭，覓得幾家教授國語及音樂的家教，不計路途遙遠，不計待遇微薄，拖了一年，都是步行來去，維持著最低的生活。馬眞一的鋼琴和歌唱水準，俱有演奏會表演的才華，無奈她的身份卻列在「不可接觸」之類。她只有默默無言的掙扎、奮鬥，家教才有十餘學生，省吃節用，留下一點錢，購置了一部舊腳踏車，這才能夠到較遠的地方，教授家裡擁有鋼琴的學生。

四個年頭過去了，她的學生在音樂會上，贏得了榮譽獎品。有勇氣的人，才敢和她接觸，更加上她勤儉如恆，在屋後的空地上，蓋了一間小教室，有了一部老鋼琴，開始招收學生，民國五十五年，她已四十三歲，母親亦已歸西，屏東國中才敢聘她爲正式教員。李鴻被釋放那年，她已五十三歲，冤獄剝去了她整個青春。

李鴻出獄後一週，由他在牢中出生的兒子李定安領著到難友鍾山家暫住時，沒有衣服穿。因他不會貪污，抗戰勝利，他率師無論接收那裡，離開時，仍是軍衣一套的人。他是穿著兒子的學生衣褲及鞋襪出門的。他倆人的身材是一代高出一代。一位當年號稱「東方的蒙哥馬利」，跟在一個青年後面，袖口、褲口都是摺起，鞋子是鬆而過長，沒有人敢想像，他曾是印緬戰場上叱咤風雲的虎將。鍾山領他上樓，他和過去一樣，沉默寡言，馬眞一卻忍不住說：「鍾叔，這是九死一生的再見！」他說完已是哽咽無聲。李鴻乃安慰道：「不要怕，有鍾叔和我在，妳安心吧！」

李鴻在鍾家住了三個多月，不論「權威」者如何壓迫防範，還是無法阻止仁義的人前來拜候。首先是袁子琳先生，其次是喬家才先生，接著是不敢來往的故舊。張學欽先生竟帶著裁縫師傅到家爲他量身，趕製了兩套西裝，鍾太太立刻到百貨公司購置其餘所需內衣。更難得的，一向不敢往來的羅澤潤先生，竟也來了兩次，送來領帶，李在宏恩醫院割治攝護腺醫藥費十五萬元，也由羅支付。

李鴻回屏東後，身體復元，生活算是安定，他們每逢假期，均到台北一次，喬家才、王功鎏，每次都宴以山西大餅，湖南臘肉及左公鷄。

民國七十七年夏天，鍾山突然接到馬眞一電話，得知李鴻中風，住院後不省人事。李鴻躺在病床上，閉著嘴，嘴巴微張著，鼻孔插著灌食養料的細管，從被單裡伸出導尿管，他的下半身不時抽動，這種不自主的抽動和有規律的呼吸，成爲他尙有生息的表徵。他在中風前的一些日子裡，一直很在意他過去的戰功戰史被抹滅，中外勛章被沒收。

一天，美國聖荷西州立大學教授雲鎭前來屏東探望李鴻，兩人見面談到當年在印緬作戰的往事。李鴻就對雲鎭說：「你來正好，我有一事相託。我在反攻緬甸多次戰役中，美國政府先後頒贈銀星勛章，懋功勛章一枚，及英皇頒贈金十字勛章一枚。在長春戰事吃緊時，我恐怕這些勛章在戰亂中遺失，遂託一位湖南同鄉，帶回老家保存。這位老鄉在途中，又將勛章轉託另一位回鄉友人，未料他所託非人，這些勛章從此遺失。因而拜託你代爲在美國申請補發。」雲鎮回美之後，曾去函美國國防部有關單位申請。據美方答覆說：美軍在印緬作戰的歷史檔案，原本專室保存，後遭火災，全部焚燬，現已無案可稽，故亦無法補發。雲教授把他辦理情形，寫信回報李鴻。李鴻晚年在病榻上，連這點希望也破滅了。

李鴻在民國七十七年八月十五日去世，安靜地脫離了人世苦海。他在彌留之際，他的愛妻馬眞一在病榻前哀泣的說：「我以爲劫後還有平靜的晚年，怎麼……怎麼知道……這一點也沒了！醫藥費用，把十年來省下來的一點點錢都用完了，過兩年便不能任教，健飛（李鴻號健飛）是完了，可是，可是我，我呢？」

孫將軍恢復自由之後，每與舊日袍澤見面，總是一再詢問李鴻的近況何如？當他獲知健飛（李鴻字）已癱瘓在床，就要親自前往屏東探視，怎奈這時他已體衰氣弱，步履艱難，健康已不允許他長途跋涉。在李鴻去世那幾天，孫將軍心中好似有了心靈感應。日夜坐立不安，一再詢問：「健飛有什麼不對嗎？」當喪訊傳到，他不時念著李鴻的名字，喃喃自語，痛哭不已，並要親往悼祭，連續三日食不下咽，身體和精神已不堪負擔過份的悲慟，經家人及舊屬一再勸說，乃由他的長公子孫安平代他前往屏東悼祭。

這時遠在綠島養鹿的郭廷亮，從報上得到舊日長官李鴻將軍逝世的消息，連夜寫了一篇祭文：

「亮在綠島，驚聞噩耗，該悲？該喜？抑或該恨？……隔海西望，心境茫然交錯，與日俱沉！

鴻公在台，長期困頓，又以惡疾致死，亮應爲鴻公悲！公中風後，長臥病榻，貧病交織，死，反而可以解脫一切，亮該爲鴻公喜！

昔年東北大局逆轉時，公率新七軍固守長春孤城，缺糧乏彈，長達年餘，最後公未隨鄭洞國、曾澤生投向敵方，而彼等竟能安度天年，公竟奔向台灣，追隨領袖，竟遭拘捕入獄，折磨至死。亮，怎能不爲鴻公恨！回憶在民國五十三至六十四年期間，亮有幸，與公被關在同一黑牢——桃園臥龍山莊。小室共囚，長達十一年，朝夕相談，肝膽相照。因而得知，公雖因孫將軍之故而獲罪，心安理得，死而無憾；正如亮及其同案受刑人，甘願追隨孫將軍，雖暗淡一生，亦終生不悔！拭目以觀今日之軍政領袖，能有幾人具有孫將軍之正直氣質？則我等之執著終生，又何憾之有？

公其逝矣！我等後死者，遲早會與公相逢於地下，那時可以比較人間黑牢與閻王地獄，有何差異？勢必相擁而泣，不願再生！嗚呼哀哉！」❷

九月三日開弔，由喬家才到屏東主祭，到場數千人。自由時報第一版全版，以最大字標題「卅年戎馬，卅年冤獄」八個字爲其喊冤。有部屬行跪拜三叩首禮，有難友忍不著淚流滿面。這時最悲傷的人是馬眞一，她在祭堂木然坐了數小時，全無眼淚，全無聲音，全無表情，

她沉痛的心，已隨李鴻的屍骨火化成灰了。❸

註釋：

❶ 潘德輝撰〈我所認識的李鴻將軍〉一文，載於《抗日名將——李鴻將軍》書中第八〇——八三頁，湖南出版社。

❷ 周宗達撰〈將軍行〉一文，載於《抗日名將——李鴻將軍》書中第三——四頁。

❸ 鍾山撰〈大冤獄〉，載於《傳記文學》第六十五卷第三期至第六十六卷第一期。

三、真假將軍

(一)劉放吾率團救英軍

劉放吾是孫立人將軍麾下一員名將，生於民國前四年（一九〇八），湖南桂陽人。世代耕讀，六歲啓蒙，資質聰穎。十二歲跟滿清秀才他的舅父侯大紋學習經書，奠下良好的國學基礎。考入舊制桂陽中學，畢業後，氣憤軍閥橫行，民國十五年，隻身赴廣州，投考黃埔軍官學校第六期，結業後，初任陸軍教導隊排長，繼任國府警衛軍連長。抗戰發生，隨稅警總團參加淞滬戰役，曾率領一連人與日軍激戰，奪回丁家橋時負傷。民國二十七年，孫立人將軍奉命在湖南長沙重組鹽務緝私總隊，劉放吾任軍士隊隊長，由長沙開赴貴州都勻集訓。二十八年調升爲第二團第二營少校營長，前往湘桂邊境廟頭，招募志願兵，帶回貴州八寨訓練。劉放吾說：「我招募來的兵多是鄰里鄉親，彼此就像兄弟或父子，感情上互相扶持照顧，打起仗來也是同心同德。」

三十一年初，稅警總隊奉命改編爲新三十八師，劉放吾升任第一一三團團長，隨師遠征緬甸，駐防緬甸舊都曼德勒，展開綏靖工作。

同年（一九四二）四月十日，右翼英軍放棄馬格威，司令長官羅卓英應緬甸戰區總司令亞歷山大請求，於十四日下午五時，命孫立人師長派劉放吾團長率一一三團開赴巧克柏當，支援英軍。日軍一路追擊，英軍節節敗退。四月十六日，日軍切斷英軍後路，同時隔絕英軍水源，將英緬軍第一師困在仁安羌油田區。

當時英緬軍司令史林姆在其所著「反敗爲勝」（Defeat into Victory）一書中敘述當時英軍困境說：「英緬軍由於糧水不繼，在烈日炙烤下，饑餓乾渴難熬，精疲力竭，再受到日軍陸空猛烈轟擊，死傷慘重，實際上已達崩潰邊緣，因而緊急向中國遠征軍求援。」

四月十七日，史林姆將軍趕到巧克柏當去見劉放吾團長。他說：「我在巧克柏當村莊裡一棟殘存的樓上見到劉團長，他相當清瘦，方正的臉卻透出剛毅氣質，配戴一副野戰眼鏡及一把駁殼槍。我們透過英軍翻譯官介認握手後，旋即攤開地圖，研究敵情。在敘述戰況中，他給我的印象是反應敏捷。劉團長瞭解我要他率團立即搭乘已備妥的卡車，迅速開往拼墻河。

我告訴他計畫於十八日清晨渡河攻擊，以解救英緬一師突圍。」

史林姆將軍在說明戰況及下達命令後，要求劉團長立即行動。劉放吾說：「非經孫師長下令，他不能離開巧克柏當。」經國一個半小時堅持，劉團長以無線電與孫師長聯絡奉准後，他才露出微笑，同意馬上遵命行事，趕到拼墻河北岸，進入攻擊準備位置。❶

四月十八日拂曉，劉團官兵即與數倍於我之日軍，展開猛烈戰鬥，經連續三天三夜的血戰，直到十九日傍晚六時，日軍終被擊退，於是全部油田區均爲我軍克服，並救出英軍，美籍傳教士及記者七千餘人。這時仍有少數殘敵，憑藉堅固建築物頑抗，直到二十日中午掃清殘敵，英軍才從我軍左翼向拼墻河北岸退去，創下中國軍隊以寡擊衆的紀錄，軍政部特訂每年四月二十日爲「國軍克服仁安羌解救英軍日」。

四月廿一日，緬甸整個戰局逆轉，三十八師奉令掩護英軍撤退，劉團還未得到喘息，又奉命單獨馳赴卡薩佔領陣地，戒備八莫，擔任掩護第五軍撤退任務。五月十日，與日軍大戰於伊洛瓦底江畔，經過一晝夜激戰，陣地失而復得，於達成掩護後，劉團長不敢戀戰，奉孫師長電令，率孤軍向印道、旁濱方向撤退。這時所有交通要道，河川渡口，已經被日軍全部封鎖。爲避免重大傷亡，劉團長率全團官兵爬上滿根山脈，晝伏夜行，與敵人捉迷藏，輾轉於叢山河谷之間。在此危急時刻，幸與師部取得電訊聯絡。孫師長電令劉團長率部繞回南先慶，乘敵不意，迅即偷渡更的宛江。全團官兵不顧日夜戰鬥奔跑疲乏，於五月三十日夜，乘著月色在敵後砍竹做筏，順利渡過更的宛江。六月一日清晨，得到情報，知道日軍已在南先慶上游，渡河南下，企圖截擊我軍，預計可於下午一時許，追趕到我軍正在集結地區的渡河點。這時全團官兵雖疲勞已極，未能喘息，劉團長乃指示各部隊，渡過河後，不得有片刻停留，即向印緬交界大山急進，當爬上山巔時，俯視來時渡河點，敵軍果然出現，相距時間僅三小時。日軍追趕不到我軍，竟憤怒焚燒民房洩忿，熊熊火光，沖上雲霄。當此之時，敵人縱有百萬大軍，亦無奈我何！

部隊進入野人山區後，雖無敵情顧慮，但值緬甸雨季，大雨滂沱，日夜下個不停，部隊迤邐徐徐西行，攀山越嶺，忍饑挨餓，爲遷就病患，只能徒步向印度前進。

六月四日，忽見三名青壯少年，攜帶弓箭刀棒進入我宿營區，形態異於山地土人，聲言上山打獵，被我哨兵截留。第二天午前，又被截住二人，仍如前所言，不肯吐露實情。經過數小時盤問，其中一名機警者表明身分說：「我是英國陸軍此地邊防守備軍上尉偵察隊長賈克，昨天留住的三人，是我的學生，如果相信我的話，讓我們全回去，你們的食糧，我可以幫忙供應。」劉團長聽他這番豪語，有點疑信參半，祇好就計論事，和他來一個君子協定，感謝他見義勇爲，解決我們食的問題，並立刻放回他的四名學生，隊長暫時留住，也請他再幫個忙，幾天前黑夜搶渡更的宛江時，發報機淹水失靈，與上級失去聯絡，請他代爲通知「中國陸軍新三十八師司令部」。賈隊長慷慨允諾。次日午前，有十餘名山地大漢，由賈的學生領隊，每人頭頂大麻包一袋，計送來食米十二袋，大豆兩大袋，各種食品罐頭及香煙等一大袋，另有司令部回電一件。賈上尉以諾言兌現，很愉快的道別歸去。六月七日，劉團遵

照電令，續向英軍營區附近力打得前進。六月八日，孫師長親率吉普車隊攜藥載糧前來迎接，大家相見，歡喜若狂。❷

孫立人師長見到劉放吾，猶如見到家人一樣親熱，關切他的身體健康。劉放吾說：「孫將軍親自送我進入盟軍醫院，要他們用最好的醫藥醫治我。我是中國軍人進盟軍醫院療養的第一人，在兩位護士及一名勤務兵的照顧下，戰爭的傷痛才逐漸復元。」

後來全師部隊調到藍伽整訓，劉放吾團長奉調回國，進陸軍大學深造，三十六年畢業，劉放吾飛抵長春，回新一軍服務，參加戡亂。三十七年五月，母病請假回鄉。三十八年，來台投效新軍，孫立人將軍任他為儲訓軍官班大隊長。三十九年調升第四軍官訓練班學生總隊少將大隊長。及至四十三年，孫總司令解除軍職，劉放吾調為第二軍團司令部高參，終日坐在辦公室內，無事可做，等於賦閒。

註釋：

❶《轉敗為勝》Defeat into Victory, Field Marshal Sir William Slim, Cassell and Company Ltd, London, 1956.

❷劉偉民著《劉放吾將軍與緬甸仁安羌大捷》第五一——五二頁。

(二)「將軍煤球」

民國四十四年夏，軍中發生「郭廷亮匪諜案」，凡是做過孫立人部屬，以及在鳳山第四軍官訓練班受過訓的學員生，無不惶恐萬分，不知何時會遭到逮捕整肅。劉放吾整天坐在家裡發愁，不知如何能以活下去。當時軍人待遇非常菲薄，每月薪俸收入，不足以養家活口，而他兒女又多，正在求學階段，開支浩繁，借貸無門。幸虧得到他的戰友新三十八師第一一三團第一營營長楊振漢及少將砲兵指揮官劉立忠兩人幫助，教他那裡買煤灰，怎麼樣做煤球，他便在屏東開起「中山行」，經營煤球生意。

當時台灣缺乏電力，又沒有煤氣，人民生活，全靠煤球生火，燒火煮飯。劉放吾決定脫掉軍服，放下身段，每天在他自住的屏東勝利巷一間軍眷住宅的後院內，用煤屑和稀泥，自己動手，做成一個個煤球，晒乾後，親自用肩挑到鄰近市場上去賣，一天賺一點蠅頭微利，供給家裡買米買油，維持最低的生活。開始賺錢有限，劉放吾祇好騎著一輛破舊腳踏車，到鳳山一帶眷村挨家挨戶去推銷。有的是他部下，有的是他學生，大家知道劉將軍現在做煤球生意，便戲稱他做出的煤球為「將軍煤球」，名聲慢慢傳開出來，顧主也就多起來，甚至有的部下，前來登門採買，這樣辛苦經營煤球生意七八年，日積月累，才勉強渡過生活難關。

後來台灣人民生活逐漸好轉，不再使用煤球，改用煤氣，當時在台北經營國泰煤氣行老板李宜榮先生，因為佩服劉將軍對國家的貢獻，主動幫助劉將軍改行，做比較輕鬆的液化煤氣生意，收入也比較好起來，這樣才能供養子女們進入大學。民國六十六年，他的兒女在美國讀書就業都有成就，遂將他夫婦接到美國芝加哥，與次子劉偉民同住。

(三) 冒牌將軍

民國五十二年八月二十四日，香港的華僑、大公及星島三家華文報紙及英文虎報，都以極大篇幅刊出了「冒牌將軍」被捕的消息。

星島日報專訊報導說：一名曾自認爲香港前任三軍司令菲士廷中將救命恩人的林彥章，已於昨日下午一時三十分，被警方持著港督及行政局簽署的手令所逮捕，並可能於短期內以對待「不受歡迎的外國人」的緊急條例，遞解出境。

林彥章，又名林永安，四十八歲，廣東高要人，他被捕的地點，是在新界粉嶺自置的「彥園」家中。……他這次被捕，牽涉到一名叫林國章的新一軍師長名義。

爲甚麼林國章的名義，能在香港這樣吃香和重視？這須追溯過去一段歷史，那是中日抗戰第二次世界大戰的時候，當時英軍一名砲兵團長菲士廷，在緬甸戰爭中被日軍所包圍。是時菲士廷已九死一生，想不到在危急萬分的當兒，卻被林國章所率領的中國新一軍，給他解了重圍，並且救了他的命。這事使菲士廷永誌不忘。戰後，一九五〇年間，菲士廷官拜中將，且爲駐港的三軍司令。此時在港的菲士廷，每天看到很多中國人，不禁使他頓憶往事，回想當年，要不是林國章救了自己的命，那裡還有今日，因此到處打聽林國章下落，希望能略表謝忱。

林彥章在香港打聽到北角榮華茶樓裡的一位掌櫃，是前任的新一軍副師長，於是他便設法與他打交道，稔熟以後，遂將該前任副師長的軍服及勛章，全部借了來，就這樣，居然把菲士廷瞞過了。

菲士廷以爲林彥章就是當年的救命恩人，高興之餘，除了給他幫不少忙之外，還和林彥章共同拍了不少照片。林彥章拿著菲士廷與他拍的照片，以及來往信件，到處招搖。

今年三月林又在新界活動，聲言要集資一千萬，在當地開闢菲士廷新村，信以爲眞者不乏其人。這件事的招股，被人揭穿底細。香港當局認爲他是個不受歡迎的人，被遞解到台灣。五十二年七月九日，林彥章被台灣警備總部釋放。

追隨孫立人將軍參與印緬戰役的方寧在香港出版《孫立人將軍與緬戰》一書中，提及「冒牌將軍」故事。他指出「新三十八師團長級以上的長官姓名中，固然無『冒牌將軍』某某人，即香港報導所載『林國章』團長云云，在全師的營連長亦無此人。至於當年由孫將軍親率解仁安羌之圍的劉放吾團長，於部隊到達印度後，即由孫將軍保送考入陸軍大學特七期受訓，畢業後調新七軍爲少將高參，大陸淪陷後，消息不明。假如他也能逃難到香港的話，則名利兼收的人物，應該是他，而不是什麼冒牌某人了。」

中國時報前身的徵信新聞於十月十八日刊出劉放吾將軍專訪，主標題是「光榮戰史從頭說，眞假將軍揭謎底」，副標題爲「緬甸平牆之役我部馳援英軍，劉放吾團長救出了菲士廷」。徵信新聞詳細記載了仁安羌一段的經過，談及援救英軍七千官兵，劉將軍說：「那是並肩作戰的友軍，友軍遭遇危難，援救是應該的。」❶

參加仁安羌戰役解救英軍出圍的劉團第一營營長楊振漢說：「當時英國軍官菲士廷對國軍新三十八師一一三團的劉團長非常感激，因為在戰場上戎馬倥傯，部隊迅速移動，當時菲士廷始終未與劉團長見過面，不過在英美軍中常常提到這位劉團長。可能因為外國人口中的劉團長，與林國章的譯音相近，而被林彥章拿來冒用。當年救菲士廷的恩人，實在是劉放吾將軍。

眞假將軍的謎底至此算是揭曉了。

註　釋：

❶ 劉偉民《劉放吾將軍與緬甸仁安羌大捷》第七五——八二頁，自印本。

(四) 抗日英雄淪為黑奴

劉立忠將軍，民國二年（一九一三）生於湖南長沙，父親劉賡一是同盟會的會員，十七歲，離家從軍，考入軍校，十九歲，軍校十期畢業，分派到德式新砲兵第一旅工作，在閩參加剿共戰役。後來調到稅警第四團擔任排長，參加八一三抗日戰役。民國二十七年，追隨孫將軍，轉到鹽務緝私總隊服務。新三十八師遠征緬甸期間，劉立忠留守在雲南，負責運輸工作，並擔任遠征軍的新兵基本訓練，運送到前方補充兵源。

三十六年，孫將軍在南京成立訓練司令部，劉立忠擔任陸軍第一訓練處總教官，三十七年率從軍的知識青年到台灣，轉任第四軍訓班特科大隊長，從事軍官教育工作，發明電動沙盤，以供戰術討論和研究。四十三年，他以服務成績優異，晉升少將砲兵指揮官，蔣總統曾親自召見慰勉。

「孫案」發生後，劉立忠將軍受到偵察審問。他決定離開軍隊，脫下軍裝，和劉放吾合作，從事打煤球的勞工生活。工餘時間；劉立忠喜歡讀書寫作。他在自撰的〈河山春曉〉一文中說：「一九五五年，孫立人被整，余為孫知遇屬僚，遭到波及……」有時他作詩抒感：

立抱初衷行大志，忠心為國不為誰，
台灣乃我中華土，有我終消帝霸天。

民國七十七年，孫將軍恢復自由後，劉立忠和太太一同去探望老長官。孫將軍頭一句話就問：「立忠，你們煤球生意做得怎麼樣？」劉立忠太太接口回答說：「這些年來，我們日子過得好苦呀！」劉立忠說：「我們一四七人（指新一軍、第四軍官訓練班、緝（音七）私總隊）是黃種人，生活得像美國早年的黑奴一樣。我們眼淚向肚子裡流，在台灣抬不起頭來，你可知道中國是如何對待自己的抗日英雄啊！」

兩位老將軍相擁而泣！

(五) 英國首相柴契爾夫人拜謝中國將軍

劉放吾將軍晚年移居美國洛杉磯，與子女同住，依親生活，平日很少與人往來，隱姓埋名，經過五十年時光流失，在年輕的中國人心目中，很少人知道劉放吾將軍緬戰時叱吒風雲的往事，即連國軍歷史館裡，也很難找到他的戰功紀錄，可是英美朝野人士，仍然不忘第二次世界大戰中劉放吾將軍率新三十八師第一一三團官兵在仁安羌救英軍出圍的豐功偉績。

一九九二年四月初，英國前首相柴契爾夫人，專程來到美國芝加哥卡爾登酒店大廳裡，拜訪劉放吾將軍，緊握著老將軍雙手，以感激的心情說：「我聽過很多人說到關於你的英勇故事，當年你率領中國軍隊解救了英國七千多名軍人的性命，拯救出許多英美記者及傳教士的性命，我們英國人民永遠不會忘記

英國前首相柴契爾夫人於一九九二年四月會晤劉將軍相談甚歡。

你們的救命之恩。今天我特來代表英國政府及人民，向你表達我們對中國軍人的救援之恩的感激。❶

美國加州州長威爾遜（Peter Wilson）於一九九二年四月二十日，仁安羌五十週年當天，致函表揚劉放吾將軍。州長說：「茲當二次大戰緬甸仁安羌大捷五十週年慶祝時，我很高興向你表達衷誠的祝賀。我知道你親歷大戰，且對這次戰役感受記憶猶新。祇有忠誠奉獻的人，奮不顧身加入戰鬥，才能領軍在戰爭中致勝，你已經證明自己的傑出才能。身為中國遠征軍一一三團團長，你曾面臨解救英軍、美國記者及傳教士的艱苦戰鬥，雖然全團兵員損失三分之一，你率官兵仍然克敵致勝，達成任務。你的英勇，獲致戰役勝利。」

洛杉磯縣議會議長戴納（Deane Dana）也在同日致函劉將軍道賀。他說：「在仁安羌歷史性戰役五十週年，請接受我衷心的祝賀與謝忱。五十年前，你的行動拯救許多也影響後代無數生命；你對自由及民主的貢獻，足為任何國家、任何時代人民的模範。洛杉磯及加州居民，都為你在最黑暗時刻促進自由大業而感到光榮與祝賀。」

英國國防部長李福金（Malcolm Rifkind）在感謝劉將軍的信中說：「柴契爾夫人函告我她四月在芝加哥與你會晤，並告知一九四二年四月於緬甸仁安羌，你率全團官兵解救被日軍包圍的英緬第一師的戰事。今年是此戰役五十週年，該役為對日戰爭中最艱苦的一役。為此，我願向你及全團官兵對英軍的救援，表達最誠摯的謝忱。」

美國總統布希曾於七月廿七日致函劉將軍說：「我很高興從你兒子羅勃劉處獲悉，二次大戰仁安羌戰役中，你領導中國遠征軍一一三團的英勇事蹟。在此戰役五十週年，我願意代表美國，再度感謝你不顧重大犧牲拯救五百名美國記者、傳教士及數千英軍的英勇行爲，你對中美兩國及世界的貢獻，敬表讚揚。」

劉放吾將軍於一九九四年六月廿九日晨，在洛杉磯安祥逝世。他死後，在總統府資政何宜武及立法委員洪秀柱兩人催促下，中華民國國防部終於補發劉放吾將軍陸海空軍甲種一等獎章。劉將軍在九泉之下有知，亦可瞑目了。

註釋：

❶ 台北聯合報八十一年四月十二日刊載洛杉磯記者沈正柔專訪：〈劉放吾義舉，柴契爾致謝〉報導。

第二十七章　台中幽居卅三年

一、張梅英夫人來歸

民國三十五年冬，一個星期假日，瀋陽中國銀行分行經理約請孫立人將軍和葛南杉將軍夫婦晚宴。席間，主人談到瀋陽有一位算命先生張瞎子很靈，他曾給東北張大帥算命，說他不能出關，倘若出關，將會遭遇意外，有生命危險。張大帥不聽話，終遭日人將他炸死在皇姑屯。這一事件發生之後，張瞎子名聲大噪。在座賓客聽了，一時興起，飯後就去請張瞎子算命。孫將軍也一同去了，坐著不說話，把他自己的生辰八字，由葛南杉夫人轉告張瞎子，張掐指一算說：「這個人屬六乙鼠，貴格，他是將軍，做不到頂高地位，但名滿天下。五十六歲有一劫，會受部屬之累，倘能熬過此劫，將可長壽百歲。命中有兩男兩女，逝世時子女隨侍在側送終。」大家聽完大笑，因爲都知道孫將軍這時膝下猶虛，並無兒女。而且還有一種傳言，有人說孫將軍在清華讀書時，玩翹翹板摔破睪丸，不能生子。又有人說，孫將軍在淞滬作戰時，中彈傷及生殖能力。這種傳言，不脛而走，越傳越廣，連他的家人親友，都信以爲眞。

三十六年夏，孫將軍在家閒談時，把張瞎子給他算命的一番話，告訴了孫夫人，孫夫人聽了之後，心有所觸，拉著孫將軍和她一起到南京中央醫院，請名醫殷大夫爲她夫婦兩人檢查，究竟不育的原因何在？檢查結果，是孫夫人不能生育，而不是孫將軍緣故。

三十八年春，孫夫人遷居台北後，專心弘揚佛教，塵世間事已經看淡。有時她和軍眷們在一起聊天，有意無意間透露出她的心事，請大家替她留意，給孫將軍物色一位如夫人。後來認識了黃珏、黃正兩姊妹，知道她們倆人都是南京金陵女大的高材生，人又長得漂亮，麗質天生，秀外慧中。孫夫人聽她倆人講得一口長沙鄉音，更加歡喜，竟觸動她的心事，主動安排黃珏到屏東女青年大隊任輔導員，黃正任英文秘書。孫夫人對這兩位姊妹愛護備至，親切相待，有時到阿猴寮營區去探望她們，有時請她倆到屏東官邸吃飯。這時黃珏方從金大畢業，事業心很強，對於這一群初離家的女青年，全心輔導，忙個不停。自從這對姊妹花來到屏東之後，引起南台灣軍營中官兵們許多議論，也引起了不少青年軍官的愛慕追求。後來不幸她倆受到「李朋匪諜案」的牽連，又遭遇到當時政治的波及，造成冤獄，斷送了她倆一生的青春。

三十九年十一月十七日，孫將軍五十生辰，一家人坐在餐桌上爲他慶生。孫將軍又談到張瞎子給他算命的往事，說他命中註定有二男二女，可是他自己並不相信，在座有他堂妹寧人，她是三軍總醫院醫師，也不相信這些瞎話，大家都當作笑話來講。可是孫夫人聽了，卻牽動了她的心事，認爲孫將軍已屆五十之年，仍無子嗣，是她自己的歉疚。這時孫將軍是陸軍總司令，身膺國家重任，日夜爲練軍建軍操勞奔忙，生活辛苦，需要有人照料。而她整天居家唸佛，不能全心隨侍左右。一天她跪在靈堂誦經祈禱，突然來了靈感，認爲屏東女管家梅英，年輕貌美，可以收爲側室，就近在屏東家中照料夫君日常生活起居，經徵得雙方同意之後，就靜悄悄的完成了她的心願。

五十四年七月卅一日，國防部舉行「擴大軍事會議」，會中宣佈要約束孫將軍行動自由。當天孫府警衛人員，換成憲兵守衛。次日早晨，憲兵營長對陳良壎參謀說：「上面有命令，要參軍長不出門。」這天上午總統府第一局局長黃伯度來訪，要孫將軍引咎辭職，孫將軍說：「我沒有犯任何過錯，爲甚麼要我引咎辭職？」他堅持不肯寫簽呈辭職，因爲他不能承認那些揑造的事，倘若承認，將有辱他的人格。黃伯度連番數次要求被拒之後，竟揚言要將孫在屏東納妾的事揭發出去。孫夫人張晶英聽到了，大爲生氣，當面對黃說：「張梅英是我結拜的義妹，是

孫立人將軍五十華誕，隨從沈克勤（左二）徐士立（右二）曾日孚（右一）舉杯向孫將軍夫婦祝壽。

我撮合她與立人結婚，這是我家的家務事，你們管不著。倘若你們要宣揚這樁事，我會出面聲明，說這件事是事先經我同意的。」黃伯度忙著說：「二嫂，妳不要生氣，沒有這回事。」

二、移居台中

在「孫案」尚未發生前，情治單位對孫將軍的行動已經嚴加防範。當時孫公館位於台北市南昌街與福州街口，日夜來往閒雜人等太多，不易監視看管。一天下午，駐美蔣廷黻大使前來南昌街拜訪，接著中央研究院院長胡適博士也來造訪，蔣總統接到報告後，特為此事召見孫立人，當面指示孫立人今後不得與這些政客來往，孫回答說：「他們是學者，不是政客。他們來訪，純出於私人友誼間的交往。」事後，孫在他的筆記本上記述這件事：

「一九五五年三月七日下午三時，蔣（廷黻）大使由美（回國述職），突來南昌街住宅訪問，而次日總統府即派人來說，要我搬出南昌街，移往劍潭，一個既偏僻又容易監視的地方，去住萬耀煌的那幢房子，我當時說，等我看過這房子再說吧！次日即趨往察看一番。不料一個祇有三十坪房，並無院子，像鴿子籠式的住宅，還要月租八千元（那時一般公教人員月薪約二百元）。我當時拒絕，並請求遷往台中我自己房子居住，以求生活安定，遂蒙核准。他（指蔣總統）這個動機，是由於南昌街地址太為顯著，來訪的中外朋友也很多，拒絕見人不「民主」，不拒絕又怕搞花樣（政治），乾脆送到安靜地方台中。他對於蔣廷黻大使來看我，甚爲不滿。由於他多猜疑，以爲有甚麼不利於他，其實蔣大使的訪問，僅不過朋友間的關懷。」❶

孫將軍覺得要政府每月出八千元房租，去住萬耀煌那幢窄小的房子，實在比市價高出太多，而且把家搬到台中，可以替政府省下一筆費用，又可免除人家的猜忌，所以他願意遷往台中。

當時，台中向上路兩側，都是稻田，只有十二號至十八號是住宅。十八號這棟住宅是台中市長龔履端介紹的，一九五三年一月二十六日，以孫夫人張清揚居士名義，花四萬元向彰化縣農會法定代理人林生財購買，購買契約中註明圍牆內之土地爲租用，面積共四百九十四坪，房子是一座日式木造，加蓋水泥瓦，建屋面積有七十一坪，這棟住宅前後左右都是水溝，環境非常偏僻，地理風水先生認爲是困龍之地。

未搬之前，台中市的房子必須經過修理，孫將軍是學土木工程的，對於修理這棟日式房子，親自設計督工，作爲將來長居之所，所以工程進度緩慢，搬家計畫因而延擱下來。

四十四年八月一日，台北市南昌街孫公館換了憲兵守衛，他們奉到的任務，是不許孫將軍與任何人接觸。有人要探訪孫將軍，他們就說：「孫將軍吩咐，他現在要靜養讀書，不見任何訪客。」有些親友舊屬，硬是不顧自身危險，溜了進去，孫將軍怕他們受牽累，也勸他們少來看他。待訪客出門後，便衣人員會跟蹤恐嚇。

爲防範意外，政府特別在保密局桃園監獄外面，趕工建造一棟獨立門戶的特別號子，門前種有花草樹木，中間隔著監獄大門的道路，從外表看來，不像是監禁人犯用的，可稱爲別墅，這是用來軟禁孫立人的。

十月二十日，「九人調查報告」公佈，認爲孫將軍並無任何法律咎責，祇應負行政過失。總統明令中也說：孫「自認咎責，深切痛悔，茲特准予自新，毋庸另行議處，由國防部隨時察考，以觀後效。」那麼既准予自新，怎可將其監禁？同時，鑒於國內外輿情，對政府處理「孫案」極爲不滿，爲和緩內外輿論壓力，也不便將孫關到監獄裡面。

四十四年底，外交部長葉公超從美國參加聯合國大會歸來，一天興起，驅車前往南昌街孫宅，要見孫將軍，守門憲兵攔阻不許，葉部長甚爲光火，命令司機排門而入，憲兵眼看著葉部長進去，和孫將軍談了一個多小時。新派來的「副官」，對於葉部長也無可奈何，祇好將實情報告上去，孫將軍終於在南昌街住不下去了，不久被迫遷住台中市向上路十八號自己買的房子。

「孫案」發生後不久，一般關心孫將軍的中外人士，都以爲「察考」的時間不致太長，甚至寄望奇蹟出現，能獲平反；未料此案石沉大海，蔣總統所指示的觀察後效，也一直沒有一個交代。將軍一去，大樹飄零，孫將軍就這樣困居台中，在失落中虛度了後半生的歲月。

註釋：

三、東山果園

「孫案」發生之初，情治人員到處清查孫家的財富，結果不但孫本人在外國銀行沒有存款，即國內也沒有一家銀行有存款。最初清查人員不會相信，認爲孫任陸軍總司令四年，每月特支費有二十萬元，四年積存下來，最少也有上千萬元。後來經查陸總部帳冊，才清楚他每月的特支費，都作了部屬的急難救助金，沒有一文飽入私囊。他們在台北南昌街孫公館搜查出十幾把精緻的槍支，都是歐美將領送給他的紀念品。他們到屏東孫公館去搜查，連天花板地板都被撬開，也無所獲，甚麼也沒有查到，反而他由安徽家中帶出來的少許祖傳古物「失踪」了，迄無下落。孫將軍聽到有人去搜查他的屏東住宅，祇是笑笑的說了一句：「我有甚麼給他們查！」❶

孫將軍在位時，一向要求家中過清淡儉樸的生活，他限定家中買菜錢，不許額外多拿錢用。他在家清茶淡飯，甘之如飴。三十八年之後，大陸淪陷，有不少親友來台暫時住在他家中，除了他的大哥同人，兩位堂妹寧人、璧人之外，在台北孫府住過的，有他清華英文老師馬國驥先生，清華同學王國華、孫清波、陳石孚等人。後來余伯泉將軍攜眷自港來台之初，

❶ 揭鈞著《小兵之父》第十一章〈幽禁〉第三〇〇—三一八頁。

一家三口，也寄居孫府，所以吃起飯來，總是一大圓桌人。每天菜錢有限，質量自然不好，而常常臨時又有客人加上來，菜更不夠吃，只有添菜，添的菜不是炒雞蛋，就是皮花蛋，否則就是鹹鴨蛋，他的堂妹們背後戲稱添菜「三蛋」。凡是在孫府吃過兩頓飯的客人，都說：孫總司令家的菜飯，怎麼那樣「蹩腳」。

全家搬到台中居住之後，前三年，上面不發給他薪水，家中生活時常發生問題，有時靠孫夫人清揚居士在台北籌措一點錢拿回來，但是維持不了幾天家用。孫將軍一生中，從沒有爲吃穿生活費用擔心過，沒想到年近六十，反而要爲家庭生活憂心。他想申請到學校去教書，自然得不到批准。親友中有人聽說孫將軍生活困難，都想伸出援手，可是又無辦法送進去。當時政治大學教授馬國驥老先生，雖然收入微薄，可是他想把他的一點積蓄送給孫將軍，他到處打聽想辦法，均不得其門而入。

孫將軍從報章中，知道那時養雞盛行，於是自己在院子裡搭了一個雞棚，請副官們幫忙他買了幾十隻來亨小雞，在家裡養起雞來，每天忙著拌飼料，餵雞飲食，清掃雞屎，打針防疫，待雞長大，生了雞蛋，他一個一個收集起來，叫梅英夫人帶到菜市場去擺攤售賣，希望賺點錢，貼補家用。

當時台灣一般人生活都很窮困，每家都想做些副業，賺點錢貼補家用。起初看到人家養雞賺了錢，幾乎家家都來養雞，因而雞的飼料天天漲價，反而雞蛋不值錢。孫將軍又不准到市場上露面，不瞭解行情，他的行動總比人家慢了一步，人家養雞賺錢，他辛苦養雞，卻賠了老本，所以不久雞就養不成了。

後來聽說養鳥可以賺錢，孫將軍也跟著在家改養金絲鳥。他聽到在台中有位退伍軍人經營一個養鳥場，就親自去學習。每次孫將軍去看養鳥，他都提出許多實際問題，因而場裡員工都在暗地裡稱讚他虛心下問，認爲這樣能幹的人，去學習養鳥，實在太可惜了。有一次這位退伍軍人正在農場外整理環境，看到孫將軍車子來了，心中一高興，就舉手向他行了個軍禮，沒想到就這樣一舉手，在一星期後，鳥場接到警察的通知，居然要他走路，另謀職業，可是他毫不怨孫將軍，只是覺得苛政猛於虎。起初鳥的價錢日日高升，等到大家一窩風，都來養鳥，後來連白送都沒人要，又規定不許開籠放掉，所好的是養得不多，只是白費一些勞力而已。

養雞養鳥失敗之後，孫將軍決定在家後院裡養豬，種玫瑰，培植蘭花三項工作，同時進行。任何一項行業，都有很大學問，他虛心地去向農夫們學習養豬種花的方法，回到家裡，再慢慢的揣摩試驗，從實際工作中，逐漸培養起他種花的興趣。後院裡長滿了玫瑰花，他清晨早起，剪下許多枝玫瑰花朵，交給梅英夫人騎腳踏車送到菜市場，去交換一些青菜蔬果，以添補家中食用。孫將軍選種的玫瑰花品種好，又經他細心栽培，花朵長得特大，花色鮮豔美麗，引起上菜市場的主婦們的喜愛，有人聽說是孫立人將軍種的，就稱它爲「將軍玫瑰」。後來大家都知道了，拿到市場上的玫瑰很快就被賣掉，換到一些零星錢，貼補兒女上學零用，孫將軍很是高興。

右：孫立人將軍在庭院養蘭自娛。

下：孫立人將軍在台中向上路家中庭園，栽植玫瑰。

孫將軍想靠他自己勞力賺錢，可是他沒有行動自由，他在家養豬，不能去市場買飼料，豬養肥了，又不能去市場出售，任何產品，沒有市場，註定失敗，他養雞養鳥養豬的計畫，都無法施展，幾乎到了走投無路的地步。

當時王叔銘任參謀總長，他在一次聚會中，見到空軍舊屬朱傑夫婦。王總長知道朱傑太太孫至晶是孫立人的堂姪女，隨口問了一聲：「孫老總現在怎樣？」孫至晶回答說：「總長，你是知道孫老總向來沒有積蓄，現在又不發給他薪水，每天日子都過不下去了。」王總長認爲總統命令只是將孫立人交由國防部「隨時察考」，並未削除他的兵籍，他的官階也一直未變，遂簽呈總統核准，自民國四十七年四月份開始，由國防部按月發給他上將薪水，這樣才解決了他的生活問題。

可是孫將軍決定仍要自謀生路，他要孫夫人賣掉陽明山上一塊私有土地，在台中大坑另買一塊六甲山坡地，用來種植果樹生產。他請在普渡大學攻讀生物成名的李先聞先生幫忙，找來如何栽種果樹的書籍來研究。親自下鄉去買果樹苗，詳細詢問果農，如何栽種？施肥次數及份量，各種果樹所需要的土壤質料，開花結果，成熟的時間，和剪枝疏果的技術，他都一一記下來。他對果農勉強講的國語，雖然有時聽來很吃力，可是他把他們看成專家，尊重他們的意見，回來照著他們所說的話去做。

孫將軍每天清晨穿著馬靴夾克，圍著一條領巾，戴著斗笠，帶一壺開水，幾個饅頭，幾樣小菜，牽著一條狼狗，就上山去。大坑果園很大，園裡四周種檳榔，一棵棵間隔著，種了

右：孫將軍與鄭錦玉在東山菓園合影。
上：孫將軍在東山菓園修剪菓樹
（鄭錦玉提供）。

不少荔枝、龍眼、檸檬、楊桃、芒果。天天上山去除草、施肥、剪枝、蔬果、噴藥，澆水，經過長年累月辛勞耕耘，果樹終於長成而開花了，果實也結得累累，但是無法包給別人去收集，只有靠著自己去採摘。每天一早上山，採摘水果回來，黑皮橘子採下，還要用水清洗，第二天由夫人梅英帶到市場去賣，只有內行人，知道黑皮橘子滋味甘甜才買。每年到水果收成季節，孫將軍與夫人梅英忙得又瘦又黑，令兒女們看了很是心痛。後來年紀大了，實在沒有體力了，才便宜地包給果農去收成，最好的一年，可以收到十萬元。但是把果園包給別人後，由於照顧不週，雜草叢生，不到幾年，果樹的產量大減，收入不夠成本。沒有自由，也沒有人手，想靠以農爲生，是一件很困難的事。不過辛勤的工作，使他忘記心中的痛苦，把全副精神放到農藝上，生活上增添了一種樂趣，因而孫將軍想把他的果園，命名「東山果園」。他的侄兒孫克剛勸他不要再添麻煩，人家又會說他要「東山再起」，因此「東山果園」的招牌，始終不敢掛起，只好沿用俗名「大坑」一生了。

凡是上面派來的「副官」和司機，都是負有監視他的任務。他們每天陪同孫將軍上山下山，也很辛苦，可是他們看看孫將軍誠懇勤勞的工作態度，久了也會感動。當然他們不會參與農場工作，孫將軍也不會叫他們做任何農事。光是每天同來同往，孫夫人梅英就需要爲準備許多人的午餐而忙碌，飯菜做好之後，有時還要送到山上，倒是格外辛苦。

跟孫將軍同在一起生活久了，無人不爲他的眞誠待人而感動。警衛人員對待孫將軍都很客氣，有時也看得出他們的心對孫將軍的敬佩。但是他們必須堅守自己的立場，如果對孫將軍露出敬佩的心理，而有同情的表現，就會被調開，因而前後換了些人，被調走的那些副官，都是對孫將軍比較好些。

孫將軍偶然出門，不外去買飼料種苗，或是去一些農場，向農民學習養豬種樹的方法，有時到戲院看場電影，到東海大學操場打一次網球，每年到台北榮民總醫院體檢一次。開始被幽禁的幾年中，每次離家出門，除了隨身兩位副官和一位司機同行外，後面還跟了一部吉普車，車上坐了三四個便衣人員。時間久了，短程行動，就沒有吉普車護衛了，但是同車總是跟著兩位副官，因而每次孫將軍出門，總是人馬一大堆，任何人都不得接近，熟人看見了也不敢打招呼。偶然碰到熟人，不論是老朋友或舊部屬，和他打招呼，向他鞠躬點頭，他必定當沒看見，或裝作不認識。有時見跟監的人不在身後，他也會和熟人眨眨眼，叫人避開，不要多說話。家人問他爲甚麼這樣做？他總是說他已到這種地步，不希望別人因他受到牽連，怕給人家添麻煩。如果別人因爲和他說話，回去遭調查或怎麼樣，他會於心不安。

爲了避免麻煩，除非必須親自出馬，孫將軍很多事情，就請副官代爲辦理。例如去市場購買物品，到銀行存款取款，都由他們去做。孫將軍對他們不保留任何秘密，可是家中院內，到處都裝有竊聽器，有牢騷連在家人面前都不能傾訴，內心痛苦，可想而知。自己孤寂，他能忍受，但是當他看到報章電視歪曲事實，捏造歷史，把遠征印緬和金門大捷官兵們的戰績抹殺，他會非常氣憤，有時他氣得把報紙撕掉，突然把電視關掉，悶不吭聲，飯也吃不下，甚至氣得拍桌捶牆，以洩心中的氣憤。

孫將軍的親哥哥孫同人先生於四十八年農曆臘月十九日因癌症在屏東逝世，他們兄弟兩人的情感十分眞摯，他尤其敬佩大哥的文采。想到兒時，小兄弟們在一起唸書，互切互磋的情境，如今大哥臨終，都無法見到最後一面，不由自主地眼淚從心底湧上來。他向副官們請求去參加喪禮，替大哥辦喪事，也不准許，急得沒有辦法，只好回到書房，看著大哥送的硯台痛哭。

孫將軍的侄兒孫克剛，得知凶耗，急忙趕到台中，共同商量喪事。克剛一進門，孫將軍見到他，雙膝跪在侄兒的面前，求他去好好辦理他大哥的喪事。這一來把克剛嚇得不知如何是好，也跪了下來，叔侄二人，互相抱著哭了好一陣，才能說出話來。他內心的悲痛，那裡是三言兩語可以說得清楚呢！

孫將軍對於未能親自葬兄的痛憾，並不因時日而消逝。二十多年後，他於七十年十月二十日，帶著兩個兒子安平和天平，前往屏東，找到大哥的兒子孫至隆家，一同到大哥同人先生墓上祭弔，見到墓地雜草橫生，一片荒涼，悲從中來，淚洒荒郊。回到家裡，在筆記上寫著：「痛大哥去世已二十二年，生不能養，死不能葬，一時悲痛涕流！」

孫將軍是世代書香的人家，他從大陸家中，帶出來許多古書，這些古書都是他先祖遺留下來的。他在傷心悲痛之餘，有時讀些中外名著，把家中的古書一套套的包裝，整理得很有秩序，擺放在書櫃中，隨時翻閱，他深深體會「窮當益堅，老當益壯」的眞義。❷

註釋：

❶ 孫敬婉撰〈追念二哥瑣事〉一文，載於《孫立人將軍永思錄》，第二五二——二五五頁。

❷ 揭鈞著《小兵之父》第十一章〈幽禁〉第三○○——三一一頁。

四、孫立人逃走了

據香港「新聞天地」報導：一九六○年初，越南戰爭最激烈的時候，美國三軍首長會議主席雷德福將軍來華訪問，路過台中，他一時興起，要去拜訪孫立人將軍，陪同人員不便攔阻，禮車直開到向上路十八號，守衛人員說：「孫將軍到東海大學打網球去了。」他又驅車到東海大學，孫將軍也不在那裡。

不久，美國合衆國際社引述日本每日新聞報導說：「孫立人已由台灣逃到外國，很可能是逃往美國。」因而引起民間傳說：「孫立人逃走了！」

「怎麼逃的？」

「冒充修理冰箱的工人到孫立人家裡，將一隻大冰箱抬出，用汽車直接運到台中清泉崗空軍基地，由美國軍用飛機運走，孫立人藏在大冰箱裡。」

清泉崗位於台灣台中市附近，是美國支援越戰的重要空軍基地，由美軍直接控制，每天

有大批人員物資經由此地轉運，要是從這裡偷運任何人出境，那是很容易的事。當時許多人對於此項傳言，都信以爲眞。❶

孫立人堂妹孫敬婉教授聽到之後，曾對人說：「孫立人如果要逃命，機會多得很，但他從不作此想。孫立人常跟家人說：『我問心無愧，沒有做過對不起國家民族的事，我爲甚麼要出走？我不會像吳國楨，丟人丟到外國去！一個人的民族氣節要緊，時時都應維護國家的體面。』」❷

據當時擔任保密局偵防組組長谷正文事後透露說：「有一天蔣經國找我，他說：『美國駐華大使藍欽離台前要求會見孫立人，怕萬一孫立人被武裝劫到美國去。』問我怎麼辦？」我認爲可能性不大。他還說：『萬一別人假借美國人的名義，把孫立人打死，賴我們怎麼辦？』我說：『如果打死，那就是美國人打死的，我有辦法證明。』

「我就去美軍顧問團（在台北信義路）買了一把美國人的手槍，因爲我們的手槍，從編號上就能知道是我們的。沒有拆封的手槍，還有兩盒子彈，花了兩百塊錢。我就交給替孫立人做飯的老孫，老孫以前是給我做飯的，山東人。我對他說：『給你把槍，還有子彈，此事只有你知我知，連你們組長也不能讓他知道，萬一那一天外邊有個什麼風吹草動，槍響了的話，你就把孫幹掉，然後再把槍丟到牆外。』這個人本來是我的人，很忠實，他就一直把槍上膛放在枕頭下。

「本來看守孫立人的全是我的人，經過幾十年，我的人快退光了，但負責人不敢換，老孫也沒換。後來王永樹當安全局長，一天接到報告說，做飯的老孫有把槍放在枕頭下。王永樹一聽很緊張，趕緊找督察室主任李克勤，派人下去把老孫扣起來。當時的組長孫若愚也不知道有槍的事。老孫還不慌不忙的說：槍是谷先生給的，以及給槍的原因。那時我已在美國，他們緊張的不得了，就上報蔣經國。蔣經國就說：『沒事，那是谷正文的事，不要管他，槍還給他好了』。」❸事實上，孫在台中幽居期間，家務及飲食起居，全由孫夫人梅英一手操勞，從未用過廚師，老孫也許是給看守小組的人做飯的。保密局看守組住的一棟二層樓的房子，緊靠在孫宅的右後方，居高臨下，便於監管。

註釋：

❶ 馬全忠撰〈孫立人：我是冤枉的！〉一文，載於一九九三年三月廿八日舊金山星島日報副刊。

❷ 孫敬婉撰〈追念二哥瑣事〉一文，載於《孫立人將軍永思錄》第二五二—二五五頁。

❸ 谷正文口述《白色恐怖秘密檔案》第一七三—一九一頁〈彭孟緝導演「孫立人叛亂案」眞相〉，台北獨家出版社。

五、鄭錦玉想寫「天下第一軍」

孫立人在台中住久了，當地人都很喜歡他。

有一位台籍補充兵，從軍中退休下來，在台中開店賣皮鞋。一天，他見到副官陪同孫將軍來到店裡，心裡很高興。孫將軍選好皮鞋後，他不肯收錢，孫將軍堅持把錢留下，才肯離去。後來警察假借查戶口之名，來店裡找麻煩，搞到店子關門爲止。

雖然有不少人，因爲對孫將軍表示好感而受到各種干擾，但是很多台中人對這位名將住在那裡，越來越感到興趣。最初，在副官陪同之下，孫將軍可以和家人去看電影，散場時，有不少人故意在電影院門口逗留，想看看這位大將軍的風采，後來人多了，引起轟動，孫將軍也就不能去了。孫將軍本喜歡運動，一個星期內，由副官陪同，去台中公園打網球一兩次，日子久了，也有很多人聚集觀看，不久也就不許他到公園去打球了。

五十二年農曆年前兩天，孫公館要裝修水電，副官就到對面橋頭邊錦興水電行老闆鄭錦玉找來修理，因而認識了孫將軍。鄭老闆對這位白髮蒼蒼，精神奕奕的長者，慈祥誠懇的接待他，油然而生敬仰之情。

鄭錦玉承其義父歐陽純先生介紹，也認識定居在台中的戰後首任東北行轅主任熊式輝將軍。熊將軍知道鄭錦玉常到孫公館裝修水電，遂託鄭老闆代向孫將軍轉達他的問候之意。同時熊式輝將軍也講了許多有關孫立人將軍在東北英勇作戰的故事，使鄭老闆更加敬重孫將軍。

鄭錦玉是台灣民雄人，心地善良，是一位老老實實地水電工程人員，孫公館裡的副官們，對他並無戒心。當他第三次進入孫公館時，曾和上面派來的司機，在門前左面大榕樹下聊天。鄭錦玉問這位司機先生：「孫將軍爲什麼不出來爲國家做事？」這位司機說：「孫將軍是留美派，黃埔系要排擠他，雖然他很有學問，要爲國家做事，常提出很多好計畫，但孤掌難鳴，每每遭到反對，開會時爭得不歡而散，等他不在位時，大家又用他的計畫。其實他是一位極難得的將才，就像鶴立雞群，遭人家忌恨，所以總統把他調到總統府當參軍長，後來連參軍長也不要他做了。」

鄭老闆的水電行，開設在台中市向上路與民權路的橋頭邊，與孫公館相距不過四百公尺，一有機緣，他就走過去看孫將軍，「副官」們也不在意，讓他自由出入，隨便與孫將軍交談。孫將軍對人一向誠懇，時間久了，兩人竟成了忘年交。後來鄭錦玉回憶說：「孫將軍起先不願多談往事，慢慢我們很熟悉了，彼此也就無所不談，我們談了很多古今歷史，以及他所受的冤屈。孫將軍很謙虛、直率、禮讓，不吹噓過去的戰功，常惦念部下。他對每件歷史的看法，都有他透澈的見解。他常問起國家社會的動態，關心百姓的生活。每到中元節，他都準備了很多銀寶紙錢，一袋袋寫上過去跟隨他爲國家作戰陣亡將士的姓名，燒上一大堆，表示對戰友們的追思和懷念。」

「那時他剛買下大坑的六甲山坡地，每天早上八點上山，至下午二、三點回家，有時下午二點上山，至晚上七、八點回家，或是更晚才回來，親自開山整地，栽種果樹，除草施肥，辛勤耕耘。每天經過我店門口，我們都會照面招呼一下。時間久了，家人都熟識了，有時他會帶我們兩家大小一起到大坑山上，看看他栽培的果園。梅英夫人有時也會過來與我內人閒談，有一次她送一簍自己採的水果給我，我就分一部分水果轉送熊式輝將軍，適逢在美國聯合國做事的熊公子園仕回台探親，熊將軍要我帶熊公子去見孫將軍，答謝他過去介紹熊園仕入學美國維吉尼亞軍校的盛情。當天下午三點，我即同熊夫人和熊園仕到大坑山上，去見孫將軍，保護人員看到我們很緊張，孫將軍也很愕然。熊式輝將軍主政東北時，是孫將軍的長官，非常欣賞孫將軍的軍事才華，所以熊夫人和孫將軍很熟悉。在山上草房裡，熊夫人問起當年冤案怎麼發生的？孫將軍生氣的說：『他們憑空揑造欺騙人的事，叫我打落牙齒和血吞，眞是豈有此理！』」

鄭錦玉回憶說：「這是我第一次聽他很不滿意的話。當天傍晚返家後，我就接到某『副官』的電話，邀請我吃晚飯，我心裡有些緊張，是否我已觸犯軍規。我和副官在小館吃飯，他請我不要將今天的事宣揚出去，也請熊園仕回美國後，不要提起孫將軍任何消息。」

鄭錦玉信仰天道，長年吃素，立志要宏揚天道的博愛精神，他待人誠懇，生意做得很好。民國七十一年，移民到美國加州洛杉磯，繼續從事水電工作。他因裝修水電工作關係，接觸了很多人，有時也和人談起他與孫將軍交往情形。鄭錦玉常對人說：「你們在外面的人，實在很難了解孫將軍是如何熬過那些軟禁的日子，一個普通人沒有自由，不能與親友接談，處處被人監視著，已經不好受，何況孫將軍是一位雄才大略，立志救國救民的人呢！」有人問及孫將軍心境時，鄭錦玉說：「他很少怨嘆自己的遭遇，從來沒想到過自己，和他聊天時，他滿心關懷的是他舊日的部屬和他們的家庭。」

鄭錦玉經多方查證，知道「孫將軍兵諫案」和「郭廷亮匪諜案」都是冤案，他常在心裡暗想，千古一將難求，爲何這樣一位國家棟樑的將才，竟然棄之不用呢？七十四年十一月三日，他決心回國，隨身攜帶預先寫好一封上蔣經國總統信，懇請政府還給孫將軍忠貞名節。不幸在過關時，被海關人員查出，將他送往調查單位，經六人小組連夜賡續偵訊二十四小時，命他交出有關孫將軍的全部資料，並令他簽寫切結書不得洩漏孫將軍的任何訊息，以免影響當局形象。

警察也曾到台中他哥哥和侄兒家搜查，要他哥哥勸他在美不要談論孫將軍。但是這樣無理的事，反而使鄭錦玉立下誓言：「一定要在有生之年，竭盡全力，使凡有良知的人，都知道孫將軍所受的寃屈。」回美後，他想以「天下第一軍」爲題材，請美國環球電影公司名編劇家諾門，編寫孫將軍的故事，拍成電影。不久，海外謠言傳說，孫將軍要鄭錦玉替他寫傳記，引起了政府方面嚴重的關切。

七十三年十月三日，警衛負責人周副官進入寓所，說有一名水電行老闆鄭錦玉要替孫將軍寫回憶錄，在美國發表，問孫將軍是否同意？孫將軍明知這是一個騙局，便婉言拒絕。次日，周副官又上門來，要孫將軍把寫回憶錄的實情相告，等於逼他寫自白書，而孫將軍實在一無所知，自白書又從何寫起呢？

不久，總統府秘書長馬紀壯特來台中探訪孫將軍，他代表蔣經國總統，問孫將軍是否願出來再爲政府做點事？」孫將軍回答說：「我已經年逾八十了，還能做甚麼呢？請准我退休吧！」馬秘書長又談到政府要送一幢樓房給孫將軍，也被他婉謝。最後問到他寫回憶錄的事，孫將軍笑笑說：「根本沒有這回事！」這事才算平息下來。就在這一年，孫將軍奉准退役了。

一天，王叔銘將軍路過台中，順道去拜訪孫立人將軍，遭到警衛人員阻擋。王將軍咆哮著說：「孫將軍犯了甚麼罪？不殺、不判、不放，那是甚麼教條家法？不仁不義，眞是國無王法！」❶

註釋：

❶ 鄭錦玉撰〈一位台灣人心目中的孫立人將軍〉一文，載於《孫立人將軍永思錄》第二三〇—二三二頁。

六、閉門教子

民國三十六年底，孫立人將軍奉命到鳳山訓練新軍。陸訓部副官處爲司令官在屏東中山路六十一號，找到一棟兩層樓的西式洋房，庭院周圍椰樹環繞，風姿搖曳，景色清幽，充滿亞熱帶風光。

這時，孫夫人張晶英留在南京養病，不能隨同來台。副官處徐繼良上尉到各處去替孫府找一位女管家，在高雄看到一位年輕的鄉下姑娘張梅英，眉目清秀，溫婉淑靜，就雇用來在孫府工作，打掃庭院，整理房舍，洗衣煮飯，孫公館內一切事務，都由她一手料理，做得有條有理，非常稱職。

張梅英初來時，都叫她阿英，後來她有兒女了，改稱梅娘。她是高雄縣人，出生在貧窮農家，兄妹又多，她生來乖巧聰明，從小就幫助父母做家事，十幾歲出外做工，親戚鄰里都很喜歡她。

到了孫府之後，生活環境優裕了，她更加勤奮小心，照顧孫將軍的飲食起居，週到體貼。有時孫將軍在屏東官邸約兩三個客人來家吃飯，阿英做出幾樣菜味，也極爲可口，很得客人讚賞。

孫任陸軍總司令後，經常在台北辦公開會，回屏東家裡時間不多。阿英在公館裡工作輕閒，她走到左鄰右舍，找些縫製小孩衣服的工作來做，既可打發時間，又可多賺些錢，每月送給父母，貼補家用。

三十七年底，孫夫人張晶英從南京搬來台北居住。有時她也隨孫將軍一同到南部，住在屏東公館一段時日，她看到阿英把家裡收拾得很乾淨，爲人又老實柔順，很是喜歡她。

經張晶英夫人誠心誠意的安排，張梅英於四十一年來歸後，對孫將軍的生活照料，更加體貼入微，家庭內外也沒引起任何漣漪。

在「孫立人事件」發生後的數年間，正是孫將軍劫難當頭，精神困挫抑鬱難伸的時候，

右：孫立人將軍閱讀美國雜誌。

下：孫立人將軍與長子安平（右）次子天平（下右），次女太平（下左）、侄兒至隆（後）合影於台中住宅。

梅英夫人連續生下二子二女。孫將軍老年得子，使他忘卻不少幽禁的痛苦。他以「中國安定，天下太平」爲兒女命名。

他初失去自由時，大女兒中平才三歲，長子安平剛出世，家中既無傭人，又無幫工，孫將軍在家中，對於養兒育女，樣樣都要親自兼顧，孩子們吃的、穿的、玩的，他都要動手料理，甚至餵奶換尿布，他也要操勞。在寂寞冷清的生活中，兒女的哭叫歡笑，卻給他帶來意想不到的生活樂趣。

接著次子天平、么女太平相繼出世，梅英夫人雖極能幹，但兒女多了，又都在幼年，孫將軍不得不幫忙，每天操勞，極爲辛苦。家中人口增多，開銷費用也增多，他平時既無積蓄，現在政府又不發給薪水，生活十分拮据。梅娘說：「後來四個小孩長大了，進學校讀書，每天要帶便當，沒錢買米，四個孩子祇能分三個雞蛋吃。」幸靠晶英夫人，有時在台北籌措些零用錢送回來，添補家中不時需用。

孫將軍持家過日，一向主張儉樸，不事奢華。飲食只求營養均衡，蔬菜淡飯，不要吃甚麼山珍海味，家中有時缺少買菜錢，就到後院剪些玫瑰花，由梅英夫人送到菜市場，向菜販換些青菜豆腐回來吃。一天三餐，全家大小，圍坐在一起，一邊吃飯，一邊談笑，這是家庭生活中快樂的時光。孫將軍在軍中最重視紀律，在家裡也有規矩，一天之中，他發現那個孩子最頑皮，不聽話，吃飯時，就要坐在他的右手邊，以便管教。

孫家在圍牆之內的生活，雖然和樂融融，但是由於戒備森嚴，四個小孩很少外出遊玩，也少有和鄰里兒童嬉戲的機會，一直等到他們上小學時，才有機會與別的小朋友接觸，就是上學以後，由於他們家庭的特殊成分，老師同學總以奇異的眼光看待他們，有時聽到別人低聲細語，卻又不知道他們談論甚麼。這種特殊的生活環境和不自由的氣氛，在孩子們心中留下困惑，孫將軍內心也受到折磨，爲了怕對孩子們心理上有所影響，孫將軍很少在孩子們面前談論他的往事。孫安平在寫〈我的父親〉一文中說：「但小孩子們是有感覺的，或多或少對父親的冤枉知道一點，心中總爲父親的遭遇叫屈。有時候看到父親想到舊日的部屬受到不好的對待，或想到過去一些不公平的事情，總是脹紅了臉，不說話，我們就察覺到他很難過。」

❶

孫將軍在壯盛之年，突然遭受到「莫須有」的誣陷，拳拳忠藎，不能自剖，內心悒鬱煩悶，又無人可說，其痛苦難過，是可想而知。所幸他天賦仁厚，對這無端降臨到身上的迫害與命運，雖身心受盡折磨，卻無怨懟，在無可奈何的命運中，他在家中，祇有讀書自娛，全心全力來教誨子女，課子成人，將來可繼承他的志業。

孫安平說：「以前家裡只有黑白電視機，小孩子們都喜歡看電視，但父親只讓我們看新聞，新聞看完了，他就「啪」一聲把電視關掉，我們唸書，他也看書。他很喜歡看武俠小說。」

孫將軍治家，也像帶軍一樣嚴謹，他老年得子，對於小兒女雖極疼愛，但對於他們的管教，絕不許有絲毫放縱。他在家中擺設四張桌椅，供四個兒女晚間自修，他坐在後面一張大書桌，每天爲他們補習功課，那一個兒女，遇到國英數有難題時，他爲他們講解，有時比學校老師講得還清楚。他教導兒女要四育並重，並不要求他們功課名列前矛，但總希望在中等以上。他管教兒女，最注重言行舉止，待人處事要誠懇，但不多說，以身施教，潛移默化，養成子女互敬互愛的美德。

孫安平說：「父親一向教導我們要尊重自己，尊重別人，待人誠懇，說實話，做實事，凡事盡其在我，但求心安理得。同時也很注重我們兄弟姊妹的興趣，並不多加干涉，只希望在當年升學壓力下，儘可能四育並重，身心均衡發展。在我們成長的二十多年中，因爲父親並沒有領到正式薪水，上級只撥發些微的生活費，每天三餐非常清苦，也沒有軍公教子女學雜費的補助，所以每到開學，父母親總要爲籌措學雜費煩心。他們日常生活，也盡可能的節儉，尤其在大坑果園種地做工時，更爲辛苦，但父親對他自身的種種不平的遭遇，卻極少有甚麼怨言。」

「等到我們長大成人之後，父親偶然會提到過去的經歷。例如說到他小時候，成長的過程，祖父的教誨，在北京清華唸書及在美國軍校受訓情形，以及回國做事種種的遭遇。也提到他如何盡心盡力的做事，練兵帶部隊時，如何在堅苦環境中，利用有限資源，運用智慧，去戰勝敵人。」❶

五十九年夏，當長女中平參加聯考前一兩天，孫將軍比應考的女兒還擔心，全家的人都很緊張，任何人一不小心，擾亂了家中的安靜，就可能會挨罵，甚至吃板栗（敲後腦袋）。發榜的那一天，孫將軍知道女兒考取台大及清華兩所大學，滿心歡喜。中平想念台灣大學，孫將軍堅決要他女兒去讀清華，因爲清華是他母校，他認爲清華的自由學風，是眞正培養人才的學府。

一年接著一年，他的長子安平進入中原理工學院，次子中平進入輔仁大學，么女太平進入清華大學，四個兒女都上大學，每年開學繳學費，是家長的一大難點。據孫將軍的堂妹孫敬婉教授說：「二哥脾氣很強，非到山窮水盡，絕不會讓人幫忙。有一天，他的大兒子剛要進大學學費沒著落，二哥迫不得已，才打電話給我，要我幫忙，我知道他一定是沒辦法了，才會開口的。又有一次，我看他的大男孩胃口好，飯量好，家裡給的伙食費不夠用，因此打電話和二哥商量，每個月由我貼老大三百元伙食費。他考慮良久才答應，如果他不答應，我也不敢擅自決定，怕他會生氣。伙食費好像貼了一年多，他打電話來，叫我不用再貼了，說他可以了，我因此不敢再貼他大兒子的伙食費。還記得他二兒子讀書時，有次到我家來，我帶他出去吃飯。那個年代，我們總認爲雞肉很貴，是很高級的享受，因此叫隻雞給他吃，幫他補一補，可是被他拒絕了，他說：他吃雞肉吃怕了，因爲家中沒錢買菜，娘就殺家中養的雞吃，所以吃雞肉吃怕了。」❷

兒女一個個離家上學去了，孫將軍在家清閒多了，早晚在庭院中散步，做些柔軟運動，平常閱讀中外書刊，美國友人寄來的時代週刊及軍事雜誌，是他最喜歡看的。有時他也看電視上的國際運動節目，當時紅葉棒球隊，在美國爭奪冠軍賽，他常半夜起來，看到賽完，才去安睡。

梅娘是一位賢慧的主婦，勤儉持家，內外操勞。陪伴孫將軍晚年，照料飲食起居，無微不至，噓寒問暖，不離左右，端湯餵藥，像照顧小孩兒似的，而孫將軍對她的溫柔勤勞，又愛又憐。有一次，她看到庭園裡花草乾得土都裂了，在大太陽下去澆水，才一忽兒，孫將軍就急急到走廊前對她招呼說：「梅英啊！人重要？還是花重要？」她忙丟下橡皮管，關了水龍頭，趕緊回到屋裡。

孫夫人張晶英常年住在台北永和家中，逢年過節，她總要回到台中和家中團聚。梅英十分敬重張晶英，看到她回家來了，要孩子叫她「媽媽」，親自下廚煮飯做菜，闔家歡樂。四個兒女都很孝順，他們在自己「娘」面前，都說閩南話，但「媽媽」來了，都改說國語，以討「媽媽」的歡心。

孫將軍早年體重七十六公斤，晚年瘦得祇有五十九公斤。一天，他在庭院裡，一不留意，摔了一跤，把頭跌破了，忙把梅娘喊過去，扶他到醫院縫了幾針，回家休養。他的忍耐力極強，從頭到尾，不哼一聲。

六十三年夏，大女兒中平在清華大學核子工程學系畢業，父女兩人都希望這一天能同去參加畢業典禮，於是老早就請「副官」代爲請求。那知上面過於敏感，怕他名望太高，在公衆場所露面，會使人想起三十年前的冤案，所以不許孫將軍踏足清華園。他不能參加女兒中平的畢業典禮，在他和中平心中，都是一項極爲遺憾的事。清華是他母校，清華人都認爲孫將軍是一位傑出的校友，在他女兒畢業這一天，沒有見到孫將軍，大家何嘗不是大失所望呢？

大女兒中平個性剛烈好動，最像她爸爸，孫立人常對她說：「妳若是男孩子有多好！」

到了六十八年夏，么女太平畢業於清華大學化學系，長子安平同時畢業清華物理研究所，取得理學碩士學位。孫將軍明知困難重重，但仍然提出請求，要去清華園參加長子和么女的畢業典禮，這次上面雖准許他參加，但約法三章：「不許上台說話，不准帶花，不准與任何人交談。」孫將軍這樣參加畢業典禮後，回來在他筆記本上寫道：「有理無處講，有冤無處伸。」

孫將軍四個兒女在他親自教導下，個個品學優異，人人力爭上游。他們先後在國內大學畢業後，相繼到美國升學深造。大女兒中平赴美升學臨行之前，孫將軍諄諄告誡她，去美國唸書，必須謹守三個「不」字：

一、不准入美國籍。

二、不准嫁給美國人。

三、不准不回台灣工作。❸

後來他在每個兒女出國前，都同樣嚴加告誡，要做一個爭氣的中國人。

大女兒中平進美國康乃爾大學，專攻材料工程；長子安平進洛杉磯南加州大學，攻讀材料科學；次子天平進維拉諾瓦大學，研讀電腦科學；么女太平進杜克大學，主修遺傳學。

長子安平在美國南加大取得碩士學位後，即遵父命，束裝回國，在新竹科學園區任積體電路工程師，民國八十年完婚，已生一女。長女中平在康乃爾大學取得碩士後，即為美國國際商業機械公司（IBM）聘用，六十九年七月四日，與在國際商業機械公司同事劉力行在麻省理工學院禮堂結婚，孫將軍卻不能前往主持婚禮。到了七十一年十二月十八日，孫將軍接到美國打來一通長途電話，知道女兒中平生了一個「寶寶」，使他心生歡喜，就在筆記本上寫道：「八十二歲了，終得到第一個外孫，豈不感慨！」

次子天平取得碩士學位後，即爲美國有名科技公司聘用，任電腦網路設計工程師，不久與黃勵童小姐結婚，生下一女，孫將軍給她起個名字叫「孝本」。後來天平服務的公司，派他回台灣，在新竹科學園區，開設分公司。么女太平在取得遺傳學博士學位後，轉到哈佛大學醫學院，任博士後研究員，繼續學術工作。

民國七十二年五月一日，清華大學慶祝校慶，製了一種紀念金牌，準備贈送給畢業整一個甲子的學長，當天「金牌得主」梁實秋、辛文錡、孫立人均未返校領受。五月六日，由楊覺民教授攜往台中孫府贈送，孫將軍站在階前相迎，入室賓主落座。楊教授呈上禮物，開封後但見金光閃閃，上款書「立人學長畢業六十年紀念」，落款書「校長毛高文敬贈」，中間爲紫白相間的校徽，中央金質圖案上鐫有「自強不息，厚德載物」校訓及中英文國立清華大學字樣。孫將軍含笑收下，並表示非常感謝母校及毛校長對他的關懷。他說：「孫氏一門讀清華者不下八人之多，我有四個小孩，三個是清華畢業。」他無時不以清華爲榮。

七十三年初，一天晚間，孫將軍正坐在家中椅子上納悶，忽然接到大女兒中平的長子凱立從紐約家中打來越洋電話，他忙拿起話筒，聽對方說話：「爺爺，你來美國看我們好嗎？」

他忙回答說：「好，好，爺爺來看你，爺爺疼你，乖，要聽媽媽的話哦……」❹

舊曆年期間，長女中平偕夫婿劉力行，攜同長子凱立、次子怡眞回家探親。同時約弟妹們一同回家團聚，這是孫家數十年來最歡樂的時光。孫將軍抱著、哄著孫兒女們，逗著他們玩，疼愛他們，祖孫相處在一起，玩得熱呼呼的。孫將軍說：「他彷彿年輕了。」他又說：「如今我只想抱孫子，全家團圓，其他一切，我都已淡泊了。」

家人短暫的團聚，很快就要分離。行前，四位兄弟姊妹聯名給蔣經國總統上書，懇請准許孫將軍赴美探親。信中寫道：「家父今年八十有五，日薄西山，孤苦零丁，極需要子女之親情與照料，始能相倚爲命，以享餘年。懇求總統准予家父每年來美探親一次，俾得迎養，以盡烏鳥私情。來美時，家父再三叮囑：勿爲政客利用，且絕不將探親之事外傳，尚祈政府派員隨行，保護旅途平安。如蒙恩准，安平等不勝受恩感激。」❺

八月間，孫將軍在美的堂妹孫寧人，又上書蔣經國總統陳情，希望接她的哥哥出來小住，但是信發出之後，政府一點反應都沒有。孫將軍想赴美探親這一點私人願望，都破滅了。

註釋：

❶ 孫安平撰〈我的父親〉一文，載於火炬月刊創刊號。

❷ 〈孫敬婉女士訪問錄〉，載於中央研究院近代史研究所口述歷史叢書《女青年大隊訪問紀錄》第一三二頁。

❸ 曹天拙撰〈孫立人還活著〉一文，載於七十一年七月二十四日出版的新聞天地。

❹ 李文邦撰〈八十四歲的孫老將軍〉一文，載於七十三年八月二十日出版的翡翠周刊六十五期。

❺ 揭鈞著《小兵之父》一書中第十三章第三三四頁。

第二十八章 翻案

一、徐復觀為文悼念

「孫立人事件」發生之後，政府爲了「消音」與「絕跡」，國防部史政局已將抗戰中關於孫立人將軍作戰史實略去或刪改，並毀滅孫將軍在台練兵的歷史文件與紀錄。國軍歷史館中牆壁上所懸掛的歷屆陸軍總司令照片中，找不到孫總司令的照片。圓山太原五百完人紀念碑上，孫立人撰題的紀念文，孫立人姓名也被剷掉。軍中不准任何保留有關孫立人的紀念文字與照片，陸軍總部攝影室燒燬所有過去拍攝的孫總司令的照片與底片，連軍訓班畢業同學錄也不得保存。孫將軍曾送給幼年兵每人一張玉照，都被限令收繳，誰要是不繳出，誰就是孫將軍死黨，那他就有「涉案」的嫌疑，種種恐怖的陰影，罩在每一位孫將軍部屬及學生的心頭上。❶

坊間書店中，不許出售有關孫立人的書籍，報章雜誌更不許報導及評論「孫立人事件」，連當時美國國務院都訓令駐華官員，對「孫案」不得表示任何意見。❷社會上卻流傳著各種謠言，渲染「孫立人兵變案」及「郭廷亮匪諜案」，事態的嚴重，使得民間絕口不敢談論。

中央研究院第一屆院士李先聞博士，是孫立人清華同班（一九二三）同學，留學美國普渡大學的金蘭之交。李博士是植物遺傳學的世界級的權威，他在農業育種方面的貢獻是舉世聞名的。來台後，李博士曾在台糖公司工作，他培育的甘蔗新品種，曾挽救了早期台灣糖業的危機。他居住台灣南部多年，有一次生急病，幸得孫立人伸手援救，始告康復。但李博士的回憶錄中，卻一個字也不敢提他與孫的交情，可見當時政府對言論控制的嚴厲，無怪「孫立人事件」發生後，大多數人都噤若寒蟬，不敢公開表示同情與憤懣。有些官兵只能躲在被窩裡流淚，有些部屬跑到深山原野裡痛哭，這樣幾十年下去，世上還有誰會知道孫立人呢？

在封閉的社會裡，謠言最容易散播。六十九年三月，香港「華僑日報」刊出一則消息說：孫立人已於春節前不久逝世，連名政論家徐復觀先生都信以爲眞，他在四月一日的報章上發表悼念文章，敘述他們相識及規勸的經過情形：

「大概是民國三十八年秋，他的令侄孫克剛先生來港，到民主評論社看我未值，留下孫將軍約我到鳳山演講的一封信，當時他是陸軍訓練司令官，駐節鳳山。年冬，我回台中市度歲，依約前往，到了高雄市，聽朋友向我談及他的一兩件事，我不以爲然，便立即折返台中。三十九年二月前後，孫將軍又派人來台中力邀。同時，有朋友告訴我許多軍人，對美軍顧問常是折節相待，只有孫將軍完全按照軍中儀節，不稍假借。某美國顧問曾有一次不依我國規矩，先在門外喊『報告』，直接進入他的辦公室時，他嚴詞令其退出，先喊『報告』，聽到『進來』兩字後才進來。自此以後，美國顧問和我國軍官都處於紀律下的平等地位。在外國人面前維護國家的體統、尊嚴，當時不是一件簡單的事。爲了表示敬意，我便接受了邀請，這是我們認識之始。」

「他當參軍長後，一到台中，便到我家中坐兩三小時，喜歡發牢騷，我極力想改變話題來安慰。有一次我說：『在總統心目中，我不過是一個有點愛鬥嘴的孩子，算不了甚麼。但你是一個有能力的孩子，總統還會用你的。』他聽了，眞的笑得像孩子樣。爲了使他不發牢騷，不知勸過多少。在他出事的前兩三個月，我曾嚴重地向他說：『無謀人之心，而有謀人之跡者，必死。』他聽後把這句話唸了兩三遍。他出事的前四天晚上，來我家一次；出事的頭一天晚上，又來我家一次，坐下沒有話說。我問：『爲什麼又來了呢？』『陪總統校閱。』『那很好！』他說：『例行故事，有什麼好不好。』我每想到他的愚拙，不能因應環境，心裡常感到難過。聽說他出了事，我絲毫不感到應避什麼嫌疑，還特赴台北去看他，並找吳禮卿（忠信）先生，要他勸告當局爲國家愛惜人才。我平日常以歷史上的道理勸勉他，聽說他被幽居後讀資治通鑑，才嘆息說：『讀得太遲了』。」

註釋：

❶ 袁道合撰〈想起那張照片〉一文，載於《孫立人將軍永思錄》第三一一頁。

❷ 駐華大使藍欽在一九五五年八月廿三日發給國務院的電報，收在一九五五年——一九五七年美國外交國際文件，略稱：他爲孫立人事件，「已指示大使館各單位，包括武官處，在評論此

事時，應特別謹愼。」

❸ 艾思明著《名將孫立人》第一六四——一六九頁，刊徐復觀撰〈謀人之心謀人之跡？——記孫立人將軍〉一文，台北群倫出版社。

二、大象救主

七十三年雙十慶典期間，台北動物園要爲大象林旺慶祝六十歲生日。園方爲使社會大衆瞭解這頭大象的來歷，特邀請早年曾參加緬甸作戰的遠征軍軍官潘德輝等人到動物園共襄盛舉，並向傳播媒體說明大象在緬甸擄獲經過。中國電視公司邀請當年直接參與作戰的師團指揮官攝製錄影，以作介紹。但經久未播出，到播出時，已被修改至面目全非，幾位參與錄影將領的談話，全部被消音，如啞劇一樣，僅在畫面上出現。就這樣透露出來的一點訊息，卻引起全民的關注與同情。大象林旺現在尙能悠遊林園，歡度生日，而帶牠來到台灣的主人抗日名將孫立人將軍爲什麼軟禁這多年而不得自由呢？

大家關心大象林旺的來歷，它確有一段不平凡的經過：

民國三十四年（一九四五）元旦過後，中國駐印軍已打到了中緬邊境的緬北地區，收復了八莫，越過克提克山，要直下南坎市，到芒友去與雲南來的國軍會師，必須克服天障的麗

孫將軍與大象林旺。
林旺為新一軍反攻緬甸之戰利品，孫將軍攜其來台後，轉贈台北動物園。

瑞江，渡河攻擊，好早日攻克南坎重鎮。

當時新三十師奉命擔任正面攻擊，於是各部隊紛紛搜集渡河器材。這時卻有人異想天開，建議抓幾隻大象來，立於河中，作爲橋墩，上面搭上木板，不是成了快速便橋，讓部隊安然渡過？這個法子雖好，到那裡去抓大象呢？因此，命令該師的諜報組，化裝成緬民，偷渡到對岸去尋找，竟然在山坡下的一個竹林中，發現了一群被日軍所徵用，來擔任山地運補作業的象群，大夥高興得不得了。於是要馴象的緬人，把大象趕往河岸邊，交給已泅過河的先遣部隊。當他們牽著大象走到河中作試驗時，因河水過深，又湍流過急而站不穩，這個計畫只好作罷。這大小十三頭象，就成爲新一軍攻擊部隊俘獲的戰利品。

在攻克南坎市的第二天，大象也和俘獲的其他武器—彈藥車輛，一起拿出來展覽，舉行戰地記者招待會，由於大象是特殊戰利品，受到世界各國記者所喜愛，紛紛攝影留照，寄往世界各地發表，轟動一時。爾後大象就隨著部隊前進，繼續任後勤運補工作。

民國三十四年（一九四五）春，中國駐印軍已推進到緬中的時候，奉到政府命令，所有部隊立即空運返國，接受新任務。新一軍的部隊，空運回到雲南霑益縣集結，再轉廣西南寧待命，配合美軍在雷州半島登陸。軍中所有騾馬和車輛部隊，則須沿滇緬公路步行返國。當然這批大象，就只好跟著騾馬部隊，一步一步的行走。經過兩三個月的行程，大象走的較慢，沿途又吃不飽，加之水土不服，在途中，先後倒斃六頭，到達雲南霑益營地時，只剩下七頭了，那時，林旺是最年輕的一頭，已有二十多歲，體格健壯，最受官兵們喜愛。

這七頭大象，經過一段時間的休息調養，交給新三十師特務連負責飼養，由商學清排長，率兵一班，成立大象隊，單獨行動，繼續向南寧趕去。走到貴州安龍附近，日本突然宣佈無條件投降，部隊戰鬥任務解除，舉國歡騰。後來新一軍部隊東進廣州受降，接收廣九。而大象隊殿後，仍須千里跋涉繼續往前走，經過雲南、貴州、廣西、廣東四省，花了七八個月時間，才將這群龐然大物趕到廣州市，完成了長途行軍的任務。

當時新一軍軍長孫立人將軍，為了使全國同胞都能親睹中國遠征軍在緬甸戰地所擄獲的特殊戰利品——大象，分別送給北平、上海、南京、長沙各地動物園一頭，便於國人一睹大象風采。剩下的三頭，除在廣州展覽外，於民國三十六年秋，隨陸軍訓練司令部所招募的學生，在廣州搭「海基」輪，運來台灣，從高雄港登陸，運到鳳山灣子頭飼養。

不久，又死了一頭，孫將軍特將其四隻腿骨，做成四個矮凳，放置在他家客廳裡，作爲勝利紀念品，凡是到孫府作過客的人，都曾試坐過這個象骨矮凳。

剩下的兩頭大象，公象緬甸名叫阿妹，母象名叫阿沛，跟隨新軍官兵，住在灣子頭營房裡，靠放牧過日子。在這段期間，這兩頭大象，曾風光一時，凡是來鳳山參觀新軍訓練的中外名人，都曾見過這兩頭大象，還要和牠倆合影留念。像美國參議員諾蘭，美國大使司徒雷登，前立法院院長孫科，行政院院長宋子文等名人都曾探望過牠們。

民國四十二年間，孫將軍決定將這兩頭大象，贈送給圓山動物園飼養，讓台北市民都可看到大象的風姿。可是天不從人願，沒有多久，母象阿沛卻死了，留下公象阿妹一個，孤零零地，整日與孩子們嬉戲度日。死去的母象阿沛，做成動物標本，存放在台北市新公園的博物館內，供人參觀。

民國七十二年，台北動物園替公象阿妹過生日，各報記者前往採訪，他們認爲公象卻用女性化名字不雅，乃由園方徵獎給牠取個中國化的新名字。「林旺」這個名字含有森林之王的意思，爲牠取名的這個小朋友因而得獎，曾熱鬧一時，各電視台都爲「林旺」祝壽活動傳播，牠即刻成爲兒童們最喜愛的動物明星，聞名全國了。

七十四年，「林旺」大象隨動物園遷往木柵，定居在特爲牠建造的白宮裡，園方又爲牠配了一頭幼象「馬蘭」，過著老夫少妻的生活，悠然自得。

「林旺」大象是國軍在第二次大戰中，所留給台灣人民的一個「活國寶」，牠是國軍勝利的象徵，是中國人的光榮，牠也是國軍揚威國際的標誌，值得我們中國人驕傲。如今，牠可說是「象瑞」了。每年園方爲牠舉辦慶生會，都熱鬧異常。喜氣洋洋的兒童們，來到牠面前表演歌舞，向大象「林旺」爺爺祝賀生日。園方還特別爲它加菜，有牠喜歡吃的甘蔗、香蕉、紅蘿蔔和麵包，讓牠大快朵頤。這是一則充滿人情味的趣味性的新聞，報紙電視爭相報導，引起人們對牠的主人孫立人將軍及遠征軍的懷念。❶

七十六年七月十五日，蔣經國總統明令解除在台灣施行了三十八年的戒嚴，政治氣候開始轉變，不再像以前那樣寒厲冷冽，孫將軍的袍澤們意識到，爲老長官翻案的時機已經來臨了。

當年中國遠征軍的官兵們，而今存活的都已是退休的老兵了。他們所最關心的，不是他們個人的生計與安危，而是恐怕他們在緬甸叢林苦戰中犧牲數萬袍澤的戰績，變爲眞空，他們更關懷率領他們作戰的指揮官孫立人將軍的自由與清白。

他們經過多次聚會商談，並商得當年遠征軍的高級幹部前新一軍參謀長舒適存老將軍、前新三十師八十八團團長胡英傑將軍、前新一軍戰車第一營營長趙振宇將軍、原新一軍第五十師一四九團團長羅錫疇將軍，原新三十八師一一二團團長陳鳴人將軍、原新三十八師一一四團營長彭克立將軍、原新二十二師六十四團團長劉建章將軍、原二十二師六十五團營長李定將軍等十位將軍領銜發起，組織「印緬遠征軍聯誼會」，由前新一軍情報官潘德輝上校爲聯絡人。

民國七十六年（一九八七）冬，「印緬遠征軍聯誼會」在台北三軍軍官俱樂部正式集會，由各地前來參加者五百餘人，當年參與緬甸戰役中央社老記者樂恕人先生亦來與老戰友聚晤，餐會進行氣氛，熱烈溫馨。事先他們曾間接請老長官孫立人將軍頒發訓詞，接到孫將軍的親人帶來口信指示：「大家要愛國，不可搞小組織，不可玩政治而被人利用，並要大家保重身體。」自此之後，大家有了一個共同努力的目標，要爲老長官孫立人將軍爭自由，爲受冤屈的戰友翻案，還給他們清白與榮譽。❷

潘德輝上校爲孫將軍及受害袍澤活動最爲積極，他經友人介紹，懇請無黨派立委黃明和及蔡勝邦先生先後在立法院向俞國華院長提出質詢，要求早日恢復孫將軍自由。行政院的答覆，依然是「政府對孫立人的生活及行動並未限制。」這樣的答覆，不但令立法委員們不滿，更加引起社會大眾的關注與同情。

註　釋：

❶ 羅曼撰〈林旺爺爺來歷〉一文，載於八十二年六月十六日聯合報副刊。

❷ 潘德輝撰〈半世追隨，一生被澤〉一文，載於《孫立人將軍永思錄》第一五一——一五八頁。

三、義子救父

民國三十八、九年，大陸失守，國軍相繼撤退，在兵荒馬亂中，許多年幼的兒童，與家人分散，流離失所，無所依靠，有的隨軍來台。當時陸軍孫總司令憐憫這些失親失學無依無靠的幼年兒童，遂把他們從各部隊集中到台南三份子營房，共有一千零六十餘人，編成爲幼年兵總隊，並按年齡學歷，分爲初小、高小、初中三個班編隊，由隊職幹部擔任教師，教導他們上課讀書，培養他們身心發展。這時孫將軍自己沒有兒女，他對這些幼年兵視同自己兒女一般，倍加愛護，經常去看望他們，親自去教導他們。

孫將軍當初確有將幼年兵總隊，成立爲預備幹部學校的構想，計畫待他們完成普通高中教育後，分送各軍事學校受訓，造成國軍優秀的基層幹部。四十一年冬，先總統於台南空軍機場，校閱南部三軍部隊，看到這一千多名精神飽滿的「娃娃兵」，非常感到興趣，本想當天下午就去視察這批幼年兵，卻有人報告說：「幼年兵爲孫立人成立的私人部隊，企圖培養成爲他個人的基本幹部。」因此國防部下令要解散該總隊，孫將軍認爲他們年紀尚幼，不能勝任戰鬥列兵，再三請示暫緩解散，但上級不允，並以停發糧餉相逼，終於四十二年（一九五三）二月十六日將這一千多名孤苦無依的戰爭孤兒，再度分配到部隊去當列兵。

孫將軍在痛苦之餘，從中挑選五名幼年兵，作爲他的義子，送到鳳山誠正中學去受普通教育，所有生活及學雜費用，由他自己掏腰包出錢提供。這五名幸運兒是張海洲（河南人）、林忠（廣東人）、朱富春（山東人）、毛縉紳（浙江人）和揭鈞（廣東人）。他把這五個小孩，交給辦教育的妹夫王景佑管教，要他們好好讀書，將來爲國家民族服務。在孫將軍去職後的前三年，上面沒有發給他任何薪津，沒有絲毫收入，他自家的生活都無法籌措，自己的兒女上學費用要向親友挪借，可是對這五位義子的生活及教育費，他總設法照常供給。

在這五個人中，後來有兩人中學畢業，去讀陸軍官校，孫將軍知道深感安慰，鼓勵他們在軍中好好幹，將來爲國家服務。揭鈞於高雄中學畢業後，考進台大，後來又入清華研究所，專攻核子工程，兩年後取得碩士學位，當了一年預備軍官就出國深造，獲得化學博士學位之後，在加拿大滑鐵盧大學任教。他們從小沒有父母關愛，幸運受到孫將軍的收養與扶助。孫將軍對他們管教很嚴，從小就要求他們做個正正當當有用的人，要堅強、要上進，使他們在困苦中完成學業，長大成人。他們內心都有一個共同的願望，要爲義父孫將軍辯冤雪誣，這是他們永不放棄的信念，相信總有一天會做到。

民國七十七年（一九八八）元月十三日，蔣經國總統逝世之後，台灣政治氣氛丕變，新聞自由了，人民過去所受的冤屈可以伸訴了。

元月二十五日，揭鈞教授應清華大學邀請，回國講學四個月。揭鈞到台中去探望義父孫將軍，發現這位年邁的老將軍最關心的，不是要擺脫他自身被軟禁的枷鎖，而是台灣人民的生活與安危。他問揭鈞兩件事：㈠台灣會不會亂起來？㈡中共會不會打過來？經揭鈞分析兩者都不會發生，他才放心。這時家人建議要爭取他的自由，他說：「自由對我已經沒有意義了。」

孫公館平時清靜寂寞，家裡養的小黑狗，總是陪著孫將軍在院子裡散步和做運動，見到有人來，牠最高興，守在孫將軍腳邊，然而大多的時間，牠會趴在大門下，把那隻鼻子伸到外頭，注視著來往行人的動靜。

二月初正是農曆新年，家中稍微有點生氣。孫夫人晶英、安平、堂妹孫璧人，揭鈞夫婦等都在家過年，偶然也有親戚來，家人不斷地商量，如何來爲孫將軍爭取自由。爲了這件事，家人戰戰兢兢避著「副官」討論，有時比手劃腳，以免被竊聽器傳出去。原則上孫將軍同意家人去做，他不在乎自己的安危，但是他怕家人受害，叫家人不必爲他冒險，當家人向他分析後果時說，萬一不成功，他的生活將更不好受，將會受「副官」們更多的氣。孫將軍說：「那倒不要緊，還能壞到甚麼程度？」

新年那天，由孫璧人聯絡好，安平開車，與揭鈞三人一同去拜訪自立晚報台中分社李文邦主任，正好林森鴻在場，大家商談如何還給孫將軍清白。

談過話後，李文邦要一同去向孫將軍拜年，揭鈞、璧人都害怕「副官」們找麻煩，但又盼望他眞能見到孫將軍，使事情做起來更有力量，就在這猶豫時刻，李文邦已換好西服，一同走出家門。

李文邦、林森鴻兩位下車時，守衛「副官」非常驚奇，本要擋駕，安平說是他的同學，語猶未盡，兩位記者已經衝進大門，晶英夫人也怕引起麻煩，就說「算了」，但孫將軍還是見了他們，而且談了很久，直到傍晚，安平才開車送他們回去。

李文邦本來應允不發表消息的，待他知道安平挨了「副官」的罵後，不久就把訪問情形在自立晚報上大篇幅報導出來，立即引起朝野人士的關注。過年後，揭鈞教授回到清華，他就以義子身分寫信給行政院、國防部、立法院、監察院爲孫將軍請願，要求政府還給孫將軍自由與清白，深得各界同情，尤以獲得民意代表、立法委員及監察委員們的大力支持，紛紛就「孫立人事件」提出質詢，因而引起了社會大衆要求翻案的熱潮。❶

孫將軍住在北美的部屬們，經過多方聯絡與商議，共同組成「孫立人案美洲後援會」，要求政府還給孫將軍清白，由住在紐約前陸軍副總司令董嘉瑞任召集人。董將軍撰文在各報發表成立「孫案」後援會宗旨，說明「一秉公理情義，爭取歷史公道及孫將軍名譽。共同努力，支援台灣方面各同仁的義舉，務求達到目的。敬盼執政當局澈底澄清此案，還孫將軍清白。」

在這同時，後援會上書李登輝總統，請邱進益副秘書長攜回國轉呈。請願書說明孫立人過去在台練軍建軍，對保衛台灣安全有重大貢獻，祈求李總統實施新人新政，把國民黨過去此一最大污點，洗刷清白，一新世人耳目。李總統看過請願書後說：「祇要不傷及蔣家父子，此事好辦。」

註　釋：

❶ 揭鈞著《小兵之父》第三三六—三四〇頁，台北躍昇文化公司。

四、部長解禁

民國七十七年（一九八八）元月底，揭鈞教授回到孫府，見孫將軍健康情形甚差，家人共同商議決定，要找一位物理治療護士來家照料，依照醫療方法，給他設計一套復健運動。孫將軍認爲這個辦法很好，但是人選和薪金方面，不知如何著手。孫將軍遂叫揭鈞起稿，給國防部長鄭爲元將軍寫封信，請他設法幫助。信稿寫好之後，孫將軍考慮再三，到了三月十二日，孫將軍才簽字蓋章寄出。信的內容如下：

「立人去（七十六）年於榮民總醫院作健康檢查，據醫云尚屬正常，堪以告慰。惟立人以年近九十，主動脈呈硬化，胃腸功能略有障礙，義齒活動情形，隨歲月而增，飲食不便。兩腿因淞滬戰役受傷及靜脈曲張手術，甚感行動無力而不便，無法切適執行適度而充分之運動，以至健康情形，日呈退化，體重減輕。有鑑於斯，爰擬懇請鼎助，惠予指派物理治療專門護士，每週作定期訪問，協助立人作適度而足夠之健康運動，以圖增進新陳代謝作用，促進腸胃功能，俾健康狀況得以維持。如荷　俞允，拜感無涯矣。」

鄭爲元將軍，安徽合肥人，民國二年出生，二十二年陸軍官校八期畢業，二十四歲赴義大利步兵學校受訓，二十七歲返國，歷任排、連、營、團長，因對日抗戰著有功績，獲頒勝利勛章。三十六年，調任駐美陸軍上校副武官，次年，調任駐義大利武官，三十八年回國，晉升國防部第二廳少將組長。四十年，賴名湯廳長向孫總司令推薦，孫將軍見他一表人才，溫文儒雅，對他深爲器重，立即任命他爲陸軍總部第五署署長，主管陸軍部隊教育與訓練。從訓練計畫的擬訂，教材的編纂，步兵操典的修改、各兵科學校的重建，以及部隊訓練方法的改進與督導，一切規章都要他詳加策劃。鄭爲元主持此項繁重工作，有條不紊，雖然孫將軍對於部隊訓練要求極爲嚴格，偶然發現不妥的地方，立刻找鄭署長面談。鄭爲元每次都從容不迫，應對有方，問題一一獲得解決。孫將軍個性剛強，自信對陸軍有一套優良的訓練方法，獨行其是，常與國防部發生齟齬，其間多賴鄭爲元居中協調，使得國軍整編工作順利進行。

鄭部長回憶說：「在陸總任內，爲預籌反攻大陸作戰需要，孫總司令曾向先總統蔣公建議，成立騎兵總隊，當蒙總統同意。在籌編之初，其成員來源，孫將軍屬意於其昔日在鳳山訓練的幼年兵，認爲這批幼年兵，較爲年輕純潔，如加以專業訓練，當可成一勁旅。然而這批幼年兵，早已分發在各裝甲兵部隊服役，並編成裝甲步兵，成軍有時，已屬裝甲兵之建制單位，實不若以另選爲宜。編訓署據此簽報，但未爲總司令所接納，僚屬頗感爲難。羅文浩副署長曾面報說：『不合理的方案不能報，我們署長副署長都是走大路的，不願見孫立人三個字報上去，碰回來。』孫將軍並不以羅的言詞爲頂撞，毫無疾言厲色，指示等待你們署長回來再研究。待我訪問部隊回部後，獲知上情，經分析考量，認爲如將是批幼年兵調回，不但使裝甲兵部隊已安置就緒之序列，發生變動，缺員則又需另行撥補，極易引起裝甲兵部隊之不滿，而受調之幼年兵，原已各安其位，如換一兵種，棄已有之專長，從頭另學，在心理上亦不無反感。且體形大小，身材高低，難期一致，不若訂定標準，如年齡、學歷、身高體重等，就其他步兵師部隊中，選擇體健資優適任騎兵條件者，以連或營爲單位，每單位保送兩三人，由於當時國軍兵員衆多，每一連營保送數人，不致影響原部隊兵力，且可立即組成一素質優良健全之騎兵總隊，同時亦兼顧了裝甲兵部隊大量撥補之煩，保持未來騎兵總隊與裝甲兵部隊間之友好關係，更無總部非用某些曾追隨孫總司令人員不可之誤會。我遂將此一意見，及利弊分析，再向總司令具申，當蒙採納，並表示妥適。由此可見孫將軍對事並不一定固執己見，只要幕僚確有良好意見，他就有接受的雅量，可惜的是在我們的傳統中，位愈高而進言之人愈少，缺少錚友，亦乏直言忠諫之士，使孫將軍未能在若干重要問題上，作最佳之抉擇，也許這是他所應引爲遺憾的！」❶

自是之後，孫將軍非常賞識鄭爲元，保送他進陸軍三軍大學。鄭爲元以第一名優異成績畢業，旋調任陸軍第五軍第十四師師長，從此一帆風順，不久調升第一軍團參謀長、第二軍軍長、國防部第三廳廳長、人事參謀次長、陸戰隊中將司令、第一軍團司令、陸軍副總司令、國防部上將副參謀總長、聯勤總司令、台灣警備總司令、退除役官兵輔導委員會主任委員，直至七十六年四月，升任國防部長。

鄭爲元在國防部長任內，曾多次到台中拜訪老長官孫立人將軍，對於孫將軍的生活及健康，倍加關注與協助。鄭部長看到孫將軍住的日式房屋，多年未修，簡陋破舊，特飭工修葺，並在舊屋旁，加蓋一大間，供孫將軍兒女們分住。有一次，孫將軍緊急赴榮總看病，醫院臨時找不到病床，孫夫人晶英急電鄭部長，鄭立即親自趕到醫院，囑咐院長好好照顧孫將軍，後來又親自指示台中榮總醫院院長，就近對孫將軍身體健康，時加照料。鄭部長對老長官孫將軍的愛護照顧，細心周到，無微不至。

現在鄭部長接到孫將軍來信，說他年邁體弱，請求指派專門護士，爲他作物理治療。鄭部長經與各有關單位作了妥善安排後，於三月二十日星期天上午帶了水果禮物，偕同榮民總醫院副院長，主治醫師及護士，親自到孫府看望孫將軍。接談之下，鄭部長看到老長官身體如此衰弱，責怪在孫府隨侍的「副官」們，未對孫將軍的身體細心照料。當經榮總主治醫師爲孫將軍作初步檢查後表示，孫將軍今後每週需作一次復健。鄭部長隨即指示榮總每週派護理人員爲孫作物理治療。鄭部長並問孫日常生活情形，鼓勵他今後可多到外邊旅遊。孫回答說：「因患腿疾，行動諸多不便，故很少出門。」鄭部長表示，願意提供交通工具，供他出外旅遊，並說他今後可以到任何想去的地方，見任何想見的人。鄭部長還問孫：「是否要撤除陪侍他身邊的三名副官？」但孫表示：這三名「副官」已陪伴多年，彼此感情如同一家人，故不希望撤除，如果撤除，反而令他不安。鄭部長當即指示警衛人員，以後聽從孫先生之命行事。孫將軍就這樣自由了，因而事先根本沒有想到，情緒上受到很大衝擊，晚上也未能睡好覺。

當天中午，中國時報體育記者李廣淮和揭鈞同車從新竹到台中，專程來訪孫將軍，遭到警衛攔阻，但從揭鈞口中獲知：「鄭部長剛來過，說今後要見誰就見誰，要去那裡就去那裡，孫將軍終於恢復自由了！」李廣淮立刻發佈這一個好消息，當晚中時晚報以頭條新聞刊出這則獨家新聞。

孫將軍情緒平靜之後，叫安平與揭鈞兩人上台北回拜鄭部長，代他表達謝意。廿一日，鄭部長在辦公室接見他們兩人說：「孫將軍是我的長官，也是我的鄉長，對於他的身體健康與榮譽，我自應盡力照應維護，但因事情複雜，絕非我個人所能作主，你們不應出面到處陳情，引起無謂麻煩。他年紀大了，生活要安定，不宜過份激動。」

孫將軍見到揭鈞、安平兩人回到家中，大家相擁痛哭出聲。「孫立人恢復自由」的消息，轟動了全台灣，連孫將軍都難以相信爲眞。

過了一個星期，三月二十七日上午十時，鄭部長又來拜訪孫將軍，寒暄之後，鄭部長要孫安平撰寫一封公開信，信中內容說明：「孫將軍生活自由，如今年紀太大，生活極需安靜，不願多見賓客。」揭鈞教授在旁立刻指出，「昨天梁實秋女兒梁文薔女士來訪，未能立即獲准，生活並未眞正自由。」孫將軍也很激動，眼中充滿淚水，他對鄭部長說：「我那時是忠於蔣總統的！我是清白的啊！」鄭部長安慰他舊日老長官說：「請放心休養，我會盡力作妥善的安排。」

這時，全家人異口同聲說，請求鄭部長在孫將軍面前，對「副官」們說清楚，以後孫將軍言行會客，都由他作主，不得受到任何干涉。鄭部長遂把一位平時很少見到的周姓「副官頭」找來，在客廳裡，當面作了如上的交代。當時「周副官」臉色很難看，他心中的憤怒，表現在緊繃著的臉皮上，但是他沒有說一句話，聽完便離去了。

鄭部長離開孫府時，指示不許對外說他這天來過。到了四月七日，門前警衛的「副官」們，突然要撤離孫府，使得孫將軍的生活和情緒，受到很大的煩擾。最後還得商請鄭部長協助，安排民間保全人員來接替警衛工作。❷

註　釋：

❶ 鄭爲元撰〈永懷風儀寄追思〉一文，載於《孫立人將軍永思錄》第一二五—一二六頁。
❷ 揭鈞著《小兵之父》第三三六—三四九頁。

五、監察院公佈調查報告書

民國七十七年三月二十一日，孫立人恢復自由的消息，傳遍海內外。孫家親友終於等到這一天，無不歡欣若狂。孫將軍長女孫中平，隨夫婿住在美國，當她弟弟安平透過越洋電話，爲她帶來這一喜訊時，她先是一怔，因爲她害怕那不是眞的。當安平親口告訴她這消息是眞的。她脫口說出她多年埋在心裡的話：「我終於可以自由自在、痛痛快快和爸爸媽媽通越洋電話了。」孫中平馬上打電話回家，再一次告訴她爸爸媽媽說：「我要接你們到美國來玩玩。」

一天來的興奮，到了晚間，孫將軍的情緒慢慢穩定下來，他認爲個人的自由，已經失去了意義，最重要的是要恢復他的淸白與部屬們所受的冤屈。家人圍坐在一起，商談到午夜兩點。孫將軍決定寫信給監察院院長黃尊秋，要求公佈監察院塵封了三十三年的「五人小組調查報告書」。信的內容如下：

「監察院於三九六次會議中，曹啓文委員等九人提議，組成專案調查小組，公推曹啓文、蕭一山、陶百川、余俊賢、王枕華等五位委員，負責調查。該五人小組並於民國四十四年十一月二日上午九時，於中山北路二段一三〇號貴院與立人作調查談話，至今已三十多年，立人仍未接獲小組所作之任何文件。若該小組調查紀錄和報告尚存貴院，請寄一份給立人參考，同時請將五人小組調查報告公佈。」❶

三月二十日，自立晚報刊出郭廷亮於七十二年三月十六日致蔣總統經國的陳情書。郭廷亮在陳情書中說：當年他受情報局毛人鳳局長的指使，要他假冒匪諜，陷害孫將軍。郭請求蔣總統履行毛人鳳的承諾，給他適度的酬勞，並作妥善的安置。郭廷亮陳情書公開後，整個台灣社會輿論，都要求還給孫將軍清白，並要求監察院公佈「五人小組調查報告書」。

監察委員林純子公開表示，雖然國防部承諾給孫立人行動自由，但是有關兵變事件眞相仍未公開，她將繼續提案要求監察院公佈「五人小組調查報告書」。如果監院仍不公開，她將提案要求重新調查「孫立人事件」眞相。

監察院對於是否公佈「五人小組調查報告書」，院內爆發激烈爭議，黃尊秋院長數度居間協商，爭議仍未平息。數位資深監委，認爲「孫案」牽涉廣泛，監察院卻在對案情不細察及缺乏審愼評估局面下，決定交國防委員會處理，如果公開「孫案」造成不良後果，監察院將難向外界交代。但相對的意見卻認爲，公佈「孫案」報告已蔚爲民意壓力，黃尊秋依職權批辦，並無不妥，雖然交國防委員會處理，極可能造成「孫案」公開，但公開「孫案」是全台灣民意的要求，資深委員不須過慮。

三月三十日下午，監察院國防委員會舉行秘密會議，討論是否公佈「五人小組調查報告書」，兩分鐘後，即開放供新聞記者採訪。由於分發各委員的調查報告書重印本，臨時緊急剪去兩行文字，吳大宇委員發言要求公開當年油印本，以證實兩個版本無異。但主席謝崑山等認爲涉及當年檢舉人姓名，檢舉人目前仍健在，當年原版本以不公開爲宜。謝崑山保證兩個版本內容完全一樣。接著討論孫立人請願案和林純子委員提案。張文獻委員認爲，委員會應先決定是否公布報告書，才能開始宣讀內容，以符程序。這時秘書處人員送來「孫案」報告書重印本，各報紙、電視、廣播採訪記者一擁而上，取閱調查報告。主席謝崑山表示：

「報告書都已被記者們拿走，自然公佈了，還有甚麼公佈與否問題！」他徵求與會委員無異議後，決議通過公佈「對孫立人將軍與南部陰謀事件調查報告書」。對應否同時公佈附件，以及是否推派委員組專案小組重新調查本案，與會監委經兩小時熱烈爭論，決議將調查報告內容函知孫立人，如孫立人有意見，監察院將循覆查途徑，重行調查本案。有關「孫案」報告附件，秘書處將調出後，置放於國防委員會，供委員參閱。❷

孫立人將軍晚年一心向佛。

監察院公佈的「孫立人將軍與南部陰謀事件關係調查報告書」，與陳誠等九人調查委員會所做的調查，兩相參照，主要不同之點是，五人小組認爲「南部陰謀事件」僅爲向當時的蔣總統呈遞改革部隊行政的建議書，並無如刑法第一百條第一項的叛亂意圖，雖其擬議中的手段，顯屬違法，且富於危險性，惟因其缺乏叛亂罪之意思要件。另外，陳誠九人小組調查報告謂「已著手實行」云云，卷查亦無事實，因此，郭廷亮等極少數人，雖有刑責，亦難科以叛亂罪，至在押之極大多嫌疑人犯，或僅知有請願之醞釀，或僅爲郭廷亮等聯絡之對象，多無罪責可言。❸

孫立人看完監察院五人小組調查報告後，初步的反應認爲，該報告並不完整，他將申請監察院複查。他說：「他自己對國家與領袖的忠誠，不應受政工系統的誣陷。郭廷亮絕不是匪諜，民國四十四年五六月間，軍中也未發生「兵變兵諫」，所以，他說：「還他個人的『清白』是不夠的，對於受冤屈的部屬，亦應還他們『清白』。孫將軍對監察院調查報告中，刪掉許多當時檢舉他的當事人姓名，表示這不是對歷史負責的做法。孫將軍說：「事實就是事實，何必隱瞞。」他指責當年誣賴他及他部屬的人，是作風卑劣。孫將軍認爲監察院五人小組，當時無法充分調查他的部屬，可能是受到壓力，他對此深感遺憾。他希望對國防部「違背事實」部分，申請監察院重新覆查。孫將軍說：「監察院只要根據事實，再秉公調查，這樣便可完全眞相大白。」他再三強調：「報告中有任何不公平或歪曲的事實，我們都希望改正過來。」

孫將軍的長子孫安平爲監察院公佈五人小組調查報告書，發表書面聲明，對各界支援的義舉表示感謝。他說：「三十三年來，報章雜誌時常出現有關家父孫立人將軍的消息與事略，有許多人在極度困難的情形下，爲家父仗義而挺身直言，大家不但沒有忘記家父，隨着歲月的增加，反而對他更加懷念。近年來，由於政治趨於民主，許多社會人士對家父之含寃和不自由，更加關心。許多立法委員提出質詢，而政府亦逐漸對家父的限制放寬。尤其是監察院陶委員百川多次表示家父是清白的，他更進而說明家父是忠於領袖的。去年更有許多人認爲家父應該是『完全自由的人』，經過立法委員黃明和、蔡勝邦、黃主文及監察委員林純子等要求政府恢復家父之完全自由，並公佈監察院『五人小組調查報告』，以還家父之清白。國人的義舉，不但使我們至爲感激，家父亦將永爲懷念。……由於事情發生在三十三年前，如今家父已是年望九十的老人，許多過去的事實已無法完全記憶，很難再爲自己辯護。」❹

九月二十二日，監察院經院會通過，孫立人將軍請求還給清白恢復名譽專案結案。二十三日派羅文富監察委員，趨謁孫將軍，說明結案的理由是將軍「並未失去自由」，孫將軍聞言，也只能苦笑了。

輔仁大學歷史系教授尹章義說：孫立人案的開禁，對於孫的家屬、部下，對於執政當局，對於整個國家，都會有正面的作用，表現整個專制體制有鬆動的跡象。台灣正將歷史的包袱拋開，向著更開闊的未來邁去。❺

註釋：

❶ 揭鈞著《小兵之父》第三三五頁。

❷ 民國七十七年三月三十一日台北各報。

❸ 民國七十七年三月三十一日聯合報。
❹ 民國七十七年三月三十一日自立晚報。
❺ 《孫立人冤案平反》第三二〇頁。

六、谷正文詳述「孫案」內情

從民國三十九年初開始，一直負責偵辦「孫案」的前國防部保密局偵防組長谷正文，在他退休之後，撰文回憶他偵辦「孫案」的經過，來龍去脈，敘述得非常詳盡。這篇「谷正文將軍回憶錄」，由他本人口述，黃正明執筆撰寫，在「獨家報導」周刊上連續分期發表。他還在各種公開集會場合，一再說明「孫立人案」的確是冤案，而被設計陷害的「郭廷亮等匪諜案」，也是爲了誣陷孫立人才製造出來的。以下是谷正文回憶錄中的摘要：

谷正文說：「就他的瞭解，『孫案』的發生，是軍中以彭孟緝爲首的黃埔系勢力，加上部分特務系統，有計畫的鬥垮非黃埔系的孫立人，奪取掌握軍中大權。」

「當時海軍政戰部第四科科長袁金貴向第十軍政戰部主任阮成章告密，蔣經國接到報告後，交保密局局長毛人鳳處理。」

「當天，毛人鳳就把袁金貴帶回中山北路住宅，十萬火急把我找去。一進門，毛人鳳便對我說：『孫立人叛變，你好好問問他。』與袁談了兩個多小時，問題一直兜著轉，重複了不知幾次。」

「孫立人確實準備兵變，串聯的人員不多，而且沒有整體部隊加入……』向蔣經國報告一切狀況後，他只說：『這太兒戲了！』」

「六月初，延後一年舉行的『秋校』在屏東舉行。彭孟緝又湊熱鬧地報告說：『虎頭埤砲兵的砲口都已經瞄準校閱場了。』結果派一百多名保密局人員，在山上守了半天，也沒發現甚麼異樣。」

「整個逮捕行動在南部結束時，僅有三十六人落網，被打得不亦樂乎，但是沒有一人承認兵變，後被送到台北『南所』拘禁審訊，蔣經國仍屬意由保密局進行。」

「這時毛人鳳的肺癌已經進入後期，加上我一再勸他不要涉入此事太深，免得日後惹來麻煩，讓他索性赴美治療，一直到十月一日才回國。」

「最後，事情落到了國安局特勤室主任毛惕園身上。」

「毛惕園把他的計畫提出來同我商量：『如果讓郭廷亮承認自己是匪諜，而其工作則是策反孫立人，結果孫立人也同意進行叛變，並交付經費供其串聯。』」

「『郭廷亮願意的話，當然可行，不過，你得小心後遺症！』我並不相信毛惕園有這麼好的說服力，足以說服郭廷亮擔下一切罪狀。」

「而毛惕園之所以如此成竹在胸，原因仍是蔣介石低調處理的原則。毛惕園趁著毛人鳳赴美就醫的機會，找了一個人頭，化妝成毛人鳳。」

「兩人向郭廷亮承諾，只要肯擔下匪諜罪名，則保證他在軍法審判時，得以無期徒刑結案，並在適當時機給予減刑、特赦。此外，政府還會照顧郭廷亮一家老小，並且給他一棟房子；而孫立人部分，老先生（總統）則保證不予追究。」

「事成之後，毛惕園興高采烈地來找我。當時『九人小組』已在陳誠、王雲五等人主持下，籌備完成。」

「『得試一試，將來九人小組還要調查。』我對毛惕園能否妥善處理，還是心存懷疑。爲求謹愼，我們一行人來到延平南路看守所，準備進行一場模擬審訊。」

「我差了一個人去把郭廷亮找來，自己則坐在會議室內，扮起了『主審官』，結果一句話都還沒問，整個事兒就泡湯了。」

「戒護人員以整理服裝儀容爲藉口，對郭廷亮搜身時，在他的長褲襯裡夾層間，找到了一封申訴書。」

「內容大約是說，在九曲堂由阮成章負責的第一次偵訊，全是屈打成招；而毛惕園手上的筆錄，根本是在威脅利誘下所爲，他爲求自保，只得虛以委蛇，全部供詞均非事實。」

「看完了這封信，我搖搖頭就走了。毛惕園仍不死心地又找郭廷亮談了好久。兩個大男人談得涕泗縱橫，泣不成聲。」

「一個責怪對方，不該如此欺騙，口口聲聲說著自己如何費心安排，甚至連毛人鳳都說服了，一切承諾還假得了嗎？」

「而郭廷亮則從頭到尾，大哭著自己是性命攸關，不得不如此。末了，毛惕園想了一個困擾他終生的方法來解決。」

「他寫了一封由『毛人鳳』和他簽名落款的保證書，把一切承諾白紙黑字地交代得一清二楚，還當面將這紙條保證書交給郭廷亮的太太。」

「軍事審判中，郭廷亮被判了死刑，後來改爲無期徒刑，至於減刑、特赦等承諾，則根本無法實現；而郭廷亮一家老小生活及住所問題，則由保密局出資三萬在劍潭附近買了一棟房子。」

「爲了房子吵翻天，最後在桃園買了個房子給郭廷亮一家大小住。同時，郭廷亮的特赦案也一直沒有下文，而郭廷亮的太太一連告了毛惕園好幾狀，弄得毛惕園丟了國安局『特勤室主任的少將缺不說，還被迫提前退休，試圖避開困擾。』，最後他透徹覺悟，遁入空門，在台北松山寺出家拜佛去了。」❶

註釋：

❶《谷正文將軍回憶錄》之(78)及(79)，黃正明執筆，載於「獨家報導」周刊第三〇一期及三〇二期。

七、遲來的正義

台灣嘉義縣民鄭錦玉先生為孫立人將軍申冤，不顧自身安危曾一而再的上書蔣經國總統、李登輝總統、陳水扁總統及監察院委員們，請求平反孫立人案。監察院乃決議委託中央研究院近代史研究所研究員朱浤源博士就塵封四十多年的監察院監察委員曹啟文、陶百川、蕭一山、余俊賢、王枕華五人小組的「孫立人將軍與南部陰謀事件關係案調查報告」再作研究。朱浤源經多方調查研究，在監察院保險櫃中找到民國四十四年十月監察委員曹啟文等五人調查小組對孫立人案的調查報告原稿，並找出五人小組分別寫給蔣中正總統的信函，內容都明白指出孫立人案是冤案，孫立人無兵變叛亂意圖。朱浤源將其所作的研究報告送呈監察院審議。

監察院於民國八十九年十一月二十三日的會議決議，推派監察委員趙榮耀、尹士豪審查中央研究院近代史研究所研究員朱浤源博士所提「監察院孫立人案調查報告文字失落部分委託鑑定研究報告」。趙、尹兩位監察委員於九十年一月八日將審查結果送監察院院會討論審議獲得通過。

監察院民國七十七年公佈的孫立人案調查報告有部分文字失落，經查明還原得知，孫立人案是國防部總政治部民國四十四年一月及五月間分別根據陸軍軍官學校少校校官孔惠農、第十軍政治部暨陸軍步兵學校轉呈該校教材科中尉科員史崇惠、陸軍第十師政治部第四科科長原景輝等密報後成案調查。經監察院審議通過朱浤源博士所提對民國四十四年監察院五人小組對孫立人將軍調查報告進行再研究，確證孫立人當年並無叛亂意圖，郭廷亮亦非匪諜，正式為半世紀以來的孫立人案作一個歷史交待，還給孫立人將軍名節和清白。❶

註釋：

❶ 民國九十年一月九日台灣日報。

第二十九章　九十嵩壽

一、偷寫回憶錄

孫立人自被軟禁之後，他所受的冤屈已無處可以申訴，惟望他過去練兵作戰的經驗，能以留傳，供後人參考。他在緬甸叢林中的作戰紀錄，是叢林戰最佳的教材。他揉合中西軍事教育優點所獨創的練兵方法，是國家練兵建軍的優良範本。他想把它紀錄下來，可是這卻是當時政府所忌諱的，不僅不准他寫回憶，而且要把過去所有與他有關的文字紀錄，完全消滅，讓這段歷史成爲空白。

在三十三年幽居期間，他不能接觸任何人，也不能談任何事。後來他的四位子女先後從大學畢業，尤以么女太平頗有文采。孫將軍常在深更半夜，對子女們講述他一生求學做事奮鬥的經過及帶兵作戰的經驗，由太平筆記下來，加以整理，遇有疑問，再送請他修改。這樣日積月累，經過數年時光，始完成他的回憶錄，一直收藏起來。家裡「副官」，被蒙在鼓裡，毫不知情。

民國七十七年，孫將軍恢復自由之後，才能把他的回憶錄拿出來，交給東海大學柳作梅教授及鄧超上校替他在文字上加以整理。

這時正是台灣翻案風掀起，各報爭相報導有關孫將軍的消息。中國時報董事長余紀忠先生與孫將軍在東北作戰時相識，三十九年，余先生逃難來台，孫將軍愛其才能，聘爲高級幕僚，有意推薦他擔任陸軍總部重要職位，未獲上級批准，余先生憤而自行開創新聞事業。而今知道孫將軍回憶錄要發表，中國時報樂意提供版面，經雙方簽約，由中國時報自七十七年十一月二十二日起獨家逐日刊出《孫立人回憶錄》，獲得海內外讀者熱烈迴響。

在這期間，中國時報董事長余紀忠曾爲慶祝孫將軍九十華誕，致送賀儀五十萬元新台幣，孫將軍當即退回，婉拒接受。

《孫立人回憶錄》在中國時報連續發表二十餘萬字，至孫將軍交卸新一軍軍長職務爲止。後續十餘萬字的訂正工作，因孫將軍年事已高，尚未完成，中國時報決定發表至此告一段落，同時致贈稿費新台幣二百萬元。孫將軍原本要退回，前清華大學訓導長洪同教授在旁說：「過去余先生致贈禮金，你可以拒絕，現在致送的是稿費，你應該接受。」最後孫將軍決定將這兩百萬元稿費，全數捐贈給清華大學，用來爲國家培植人才。清華大學特設立「孫立人獎學金」，自民國八十年起，開始第一次發放，除台大、交大、成大、師大及清華大學各設一名獎學金外，北京清華大學也設有名額。每人獎學金爲新台幣兩萬元，資助各校優秀清寒學生。

二、將軍老矣

孫將軍恢復自由之後，內心舒坦多了，生活亦過得愉快。數十年都不得一見的親朋故舊，而今紛紛登門拜見，暢敘離情積愫，重拾舊誼。在國外的子女們，也都攜兒帶女，回家團聚，看到孫兒們天眞活潑，更令老將軍寬慰。於是身體漸漸胖起來，體重增加了兩公斤，原來嘶啞的聲音也較前宏亮，晚境能有如此順心，過去的困阨也就逐漸淡忘了。

但孫將軍一心所關懷的，仍是他的國家和他的部屬們，對於他的部屬們所受的寃屈，他希望政府能還他們清白，給予他們補償。而他自己現在年歲已高，身體衰弱，雙手發抖，不能執筆，視力減退，閱讀困難，耳朵不靈，失去聽說能力，他已無力再爲他的部屬能做甚麼事哪！因「孫案」坐牢的舊屬們，心內一直有股憤懣難平之氣，幾乎想發動街頭抗議遊行，請求政府當局賠償寃獄，前來徵詢孫將軍意見。孫將軍總是安撫他們說：「不要難過，他們原是想懲我，卻先苦了你們。」還勸阻他們說：「一切要以國家安定社會和諧爲重，自己受的委曲已經過去了，不要走上街頭，增加政府困擾。」孫將軍這番愛國的苦心，逐漸獲得多數僚屬們的理解而認同。

新一軍的老幹部及第四軍官訓練班的學員生們，爲了聯絡感情，組織「立新社」，來爲這批老兵們謀福利，推選徐靜淵任會長，樊仲英任總幹事。一天，徐會長偕同樊總幹事去見孫將軍，報告他們組織「立新社」經過。孫將軍當即指示他們要遵照下列三項方針去做：「㈠沒有國，那有家，處處要以國家為重。㈡做事要憑良心。㈢不要與任何政黨掛勾。」

前砲兵第三團團長伍應煊上校，廣東人，是一位優秀的留美軍官。民國四十年全國陸軍運動大會上，他率領一隊新軍健兒們，赤膊紅短褲，從台南鄭成功廟點燃火把，跑步到鳳山大操場，在全軍熱烈歡呼聲中，他把這一支成功聖火，獻給最高統帥老總統，以表達全體陸軍官兵對領袖的效忠，蔣總統親自接受這支聖火，隨即傳遞給站在身旁的孫立人將軍，當時在場官兵無不感奮，歡呼雷動，伍應煊上校完成這一壯舉，意氣風發，大家認為他將來一定前途無量，就是因為他是孫立人的愛將，「孫案」發生時，也藉故把他關起來，斷送了一生前途。後來他到美國洛杉磯經商，聽到孫將軍恢復了自由，帶著妻子回國，去台中探望孫將軍。孫將軍見到伍應煊，又自責起來，認為像伍這樣優秀的軍官，因為他的緣故，不能報效國家，深表遺憾。伍應煊對孫將軍說：「我們所受的委曲，不但對你毫無抱怨，反而因為我們做過你的部下，終生以你為榮，感到無比驕傲！」

有一位老部下，一天去見孫將軍，數說蔣介石怎樣的不對，他以為這些話可以討好老長官，那知道孫將軍聽後大為不悅，當面指責他說：「蔣介石豈是你可以叫的！」

又有一次，坐了十五年牢獄的潘德輝陪同一位美國新聞記者去見孫將軍。潘德輝開口閉口就是「Damn Chiang!」「Damn Chiang!」，「蔣介石長，蔣介石短。」孫將軍的民族自尊心最為強烈，他最不喜歡中國人在外國人面前說自己政府的壞話，當時他瞪目怒視著潘，使得潘德輝不敢再說下去，這是潘德輝事後常向人提起的一樁親身經歷的事。

當國防部部長鄭爲元來探望時，孫將軍並不要求自身的自由，也不訴說自身所受的冤屈，卻請他派醫護人員去照顧臥在病床上奄奄一息的舊日袍澤李鴻將軍，同時訴說前新三十八師副師長葛南杉患病成爲植物人的可憐情境，要鄭部長設法救助。

三、華誕慶祝會

孫將軍恢復自由了，他的舊日袍澤聽到之後，無不歡欣萬分，三十多年的隔絕，每個部下都想能見他一面，舒解內心的思念情懷。

民國七十七年十一月二十五日（陰曆十月十七）是孫將軍八十九歲誕辰，大家集議，認爲依照中國人的習俗，做壽是做九不做十，準備爲老將軍做九十大壽。當潘德輝面報大家要爲他做壽時，孫將軍一口拒絕說：「我不做壽。」潘德輝頂他一句說：「是我們許多老部下要爲你做壽，答應與否，我們都要做。」

爲孫將軍公開祝壽的活動，很快就得他的門生故舊熱烈響應。在開始籌備期間，潘德輝去見前台灣防衛總司令部副總司令舒適存將軍，報告爲孫將軍祝壽的緣由，並請他擔任籌備會主委，屆時主持祝壽大會，舒將軍毫不猶豫的回答：「這個意思很好，我雖然年逾九十，

民國七十七年十一月二十五日（農曆十月十七日）孫將軍九十壽辰，三十四年來第一次以和煦的笑容與前往賀壽的親朋故舊見面。

左：民國七十七年十一月二十七日孫立人將軍與前往主持慶壽大會之舒適存老將軍見面擁抱的鏡頭。在旁為潘德輝（左）。

身體也不好，到時我走不動，也會爬去主持。」並一再叮嚀要好好的籌備。

舒適存，湖南人，中等身材。陸軍大學第二期畢業後，一直追隨鄭洞國將軍做事，鄭洞國任新一軍軍長時，舒任參謀長，與孫立人將軍並肩作戰，是印緬戰場上的老戰友。舒將軍在作戰時，隨身不忘攜帶一本木刻宋字「唐詩合解」，一有空閒，便拿在手中誦讀，他在印度「遊大吉嶺」一首詩，氣魄雄偉，官兵傳誦：「忙裡偷閒上翠微，看山猶自著征衣，西陲天塹誰拋卻，幾度低徊不忍歸。」❶

孫立人將軍愛其才，邀舒來台共事，舒將軍於民國三十八年五月，由上海飛台，出任陸軍訓練司令部副司令。是年秋，台灣防衛總司令部成立，舒奉派為副總司令兼參謀長，並兼台灣防衛工事建築督導處處長，對於初期台灣防衛工事之設計與構築，有很大的貢獻。後來因為孫將軍未能接納他的意見，引身而退。舒將軍在他的回憶錄中，有這一段記述：

「陸軍總司令兼台灣防衛總司令孫立人，我任駐印新一軍軍參謀長時，他是新三十八師師長，由於他的邀請，我得順利來台，此情可感。然而他性情固執，對國防部命令，常延不執行。我曾面進錚言，不被接受。我又用書面條陳和衷體國的意見，亦未被採納。我更在總部會議時，公開質詢。他說：「這個由我負責。」我既盡了言責，就「不可則止，無自辱焉」了，旋即辭去參謀長兼職，於四十一年，我奉調為國防部戰略計畫委員會委員。……」❷

舒將軍對孫將軍三諫不從而去，但從未對孫有任何怨言，也就因此而未受到「孫案」的牽累。到了台灣政治氣氛稍能允許為孫將軍說話的時候，他立即挺身而出，領導「印緬戰友

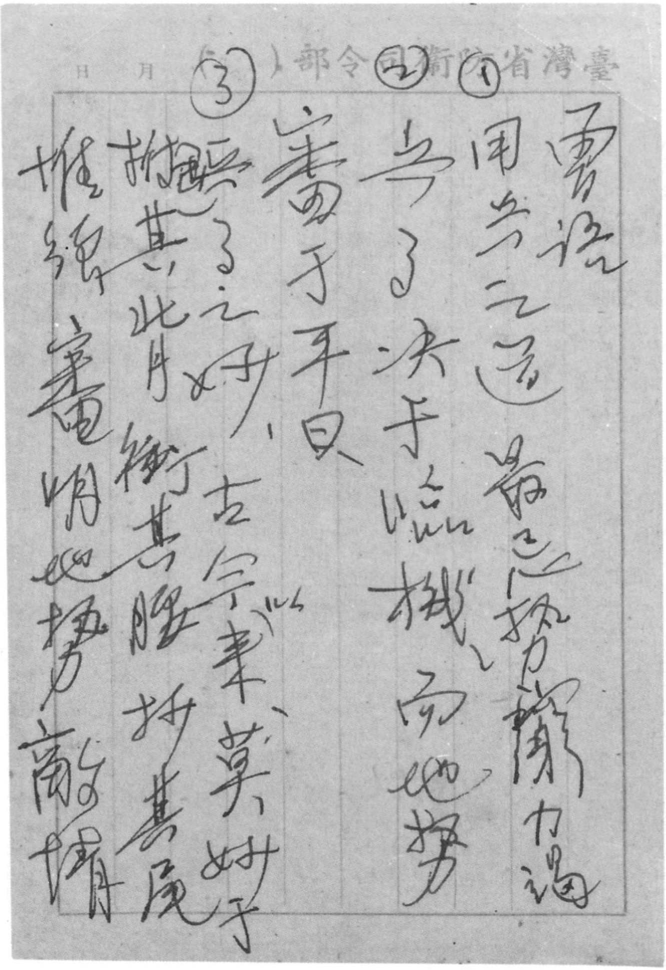

孫立人將軍抄錄曾胡治兵語錄手跡。

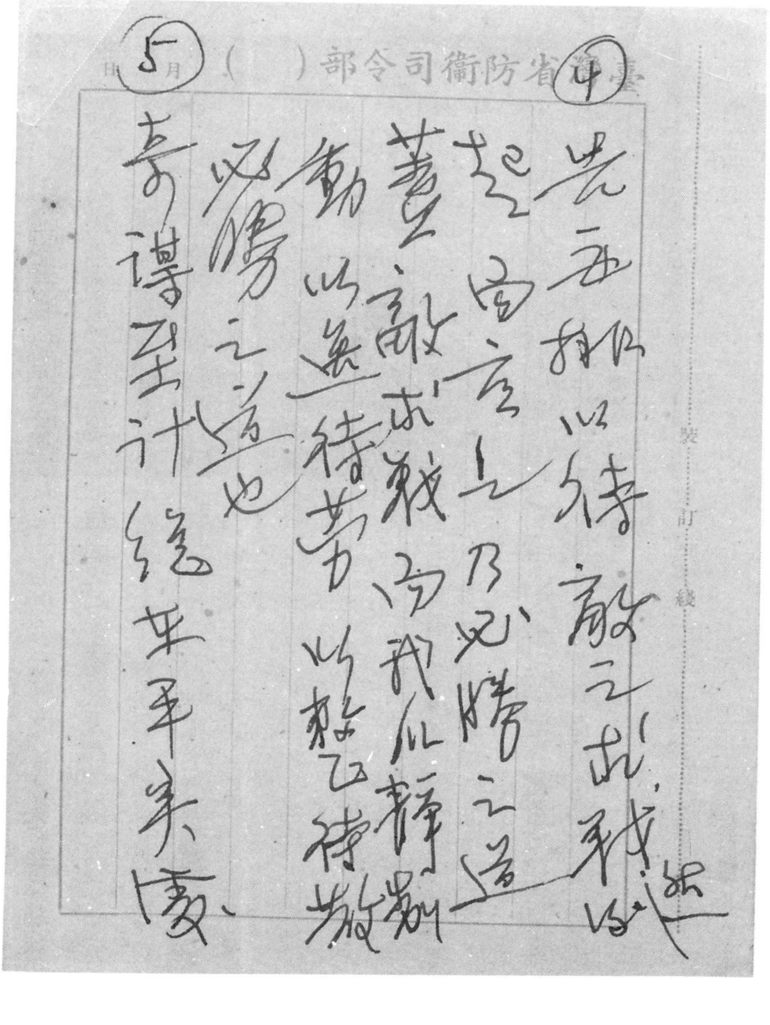
臺灣省防衛司令部（　）
5月

聯誼會」爲營救孫將軍而努力。

十一月二十七日上午十一時，來自美國、澳洲、東南亞、中國大陸、香港、全省各地敬愛孫將軍的人，紛紛趕到，進入會場，把台中市中正國校大禮堂樓上樓下擠得水洩不通，人數有五千多名。台灣省主席邱創煥、台中市長張子源、立法委員胡秋原、許榮淑等政府官員，也親來祝賀。李登輝總統、行政院俞國華院長等政府首長送來祝壽賀詞，掛滿了禮堂四壁。會衆情緒非常熱烈，場面眞誠而感人。

十點四十分，孫將軍由家人和籌備人員陪同進場，門口站一老兵，見到孫將軍，立即跪倒在地，連叩響頭不停，口稱：「總司令好！多年不見了！」家人忙把他扶起。孫舒兩位老將軍久別重逢，相擁而泣良久，立刻激起全場狂烈的鼓掌與問候聲。大家望見孫將軍白髮蒼蒼衰老的容顏，情不自禁的熱淚盈眶。三十年悠長的幽居歲月，已把當年氣蓋山河的英雄摧殘老了。

孫將軍和晶英夫人坐在講台的正中，安平、天平兄弟侍立左右。孫將軍身著藍色西裝，數度激動地站起來，向大家舉手示意，眼神中噙著淚珠晶瑩，很多人忍不住眼淚直流，一再用手帕擦拭淚水。

祝壽儀式開始，九十二歲高齡的舒適存將軍，以渾厚宏量的湖南鄉音，站在台前致祝賀詞，他特別強調：

「在我國的歷史上，郭令公（子儀）號稱七子八婿，福祿壽考，活了八十六歲。乾隆皇帝自號十全老人，活了八十八歲。我們的孫老將軍現在是九十大壽，他有四個優秀的子女，和這麼多敬愛他的袍澤和朋友，他的福氣已超過了郭令公和乾隆皇帝，這就是『天道好還，常與善人』的天理。」

舒將軍致詞後，女青年大隊十位代表上台爲孫將軍朗誦祝壽詩。這批當年軍中的花木蘭，而今都已是做祖母的人了，可是她們響亮的歌喉，齊聲爲「孫立人將軍九秩嵩壽而歌誦：

將軍，敬愛的將軍！
殘害忠良的悲劇不斷重演，
忠臣義士反而受盡了煎熬！
冷酷地面對著夕陽殘照，
卅多年，卅多年了！
夢魘緊壓著您和您的僚屬，
四週迴盪著陰森的獰笑，
終有一天——
終有一天撥雲見日，

春秋大義把沉冤洗掉。
將軍，敬愛的將軍！
您是我們的導師，
您使我們感到榮耀，
欣逢您九秩華誕，
恭祝你松鶴遐齡，期頤壽考。

接著由晶英夫人與安平向大家致謝詞，孫將軍也以蒼啞的聲音向大家說：「我很好，謝謝大家。」

在齊聲高唱「生日快樂」祝壽歌後，全場響起了：「將軍萬歲！」「總司令萬歲！」的歡呼聲。

切完蛋糕後，孫將軍由家人護送回家，祝壽的人們，親眼看望將軍的心願已經獲償了，大家平靜地散去，一場期盼了三十三年的聚會，圓滿順利地結束。孫立人將軍的清白和榮譽，再度獲得國人的肯定。

籌備這次祝壽會出力最大的前新一軍情報官潘德輝，於當晚結束會後，回到孫府。孫將軍非常慈祥的問他：「潘德輝，你爲何老是做傻事？」潘德輝以頑皮的口吻反問道：「仲公，你今天快樂嗎？」孫將軍毫不思索的答道：「我太高興了，數十年來，今天最快樂。」潘德輝仍以開玩笑的口吻說：「仲公，我做傻事的目的已經達到了。」引起在坐的十多人哈哈大笑。

這次慶壽會，孫舒兩位老將軍重逢時熱烈擁抱的鏡頭，已給參加壽慶的袍澤們留下難忘的感人印象。舒將軍會後致孫將軍信說：「吾儕一晤，已足千秋」矣！舒將軍又將其回憶錄「如此一生」贈送孫將軍，書面上題了這樣一段話：

「我在自由世界裡，獲保首領以歿，全出孫老將軍之賜。近讀友人詠李廣詩云：『飛將勛名天下知，朝廷終恨少支持，漢家本與功臣薄，不是將軍老數奇。』感慨系之！」

關於祝壽的活動，國內外媒體都有大幅報導，十二月二日中央日報，以「爲將軍壽・意義非凡」爲題，發表評論說：

「對於過去這一段歷史，經過監察院公佈當年的調查報告，並爲新聞媒體一再檢討後，可說是水落石出，眞相大白。更重要的是，孫立人將軍對國家、民族、領袖的忠貞，再次受到各界的肯定與感佩。」

「誠如古詩所說的：不容青史變成灰。孫立人將軍在抗日戰事，戡亂時期的彪炳戰功，以及在政府遷台初期，對安定台灣，整軍經武的赫赫成就，絕不會因民國四十四年這一段曲折而有所損傷。」

註釋：

❶ 呂德潤撰〈駐印軍的將星群〉一文，載於重慶大公報。
❷ 舒適存回憶錄《如此一生》，自印本。

四、岫巖玉鼎獻壽

在孫將軍九十壽慶過後不久，一個天氣晴朗的上午，遠在東北的老戰友們，合送給老長官一隻岫巖玉鼎的壽禮，自瀋陽空運到廣州，由住在廣州的前新三十八師重砲營少校連長周家楣，派他的小女兒周平和女婿郭眉專程送到台灣，找到新一軍老同事潘德輝與政工隊員阮麗雲陪同前往台中孫府，走進大門之後，他們看到孫將軍正在與家人圍觀九十壽慶的錄影。他們當將這隻一呎高的岫巖玉鼎捧著呈獻給孫將軍時，說明這是留在東北新一軍老部下共同協力贈送的。他們現在散居東北各地，有的是大學教授、講師和研究人員，有的是醫師、護士和演藝人員。當這些老部屬聽到老長官做壽的喜訊後，大家集議要合資買個玉鼎作爲壽禮。當他們在大陸某玉石加工廠尋找到這個美好的玉鼎時，原來標價人民幣二千元，當時經理見年老的顧客們結伴而來，好奇地問他們買去作何用途，這些新一軍的老戰友們照實說來，是要帶到台灣爲老長官孫立人將軍祝壽的禮物。這位經理毫不猶豫的說：「那麼就只算點工資就好了。」自動把價錢減爲六百元。

這些老部下在印緬戰場遠征時，與孫將軍出生入死，袍澤情誼深厚。四十多年別離，不但沒有淡忘，反而久別情深。他們萬里迢迢越過海峽送來這個岫巖玉鼎，實足表現這是從他們心底深處，流露出他們對老長官的眞誠懷念。

五、英美戰友祝嘏

英國史林姆將軍（Gen. Slim.）在緬甸作戰初期，是英軍第一軍團長，當英軍第一師被圍困在仁安羌危急時，孫立人將軍應他的請求，率師將英軍解救出圍，此一英勇戰績，使史林姆對孫將軍的指揮才能，非常欽佩。

他的兒子小史林姆，當時是一個青年軍官，在印度藍伽和蘭琪（Ranchi）曾在孫將軍麾下工作過，孫將軍對他非常好，自是之後，兩家往來甚爲密切。多年前，他曾來過台灣，想盡辦法，要去看看孫將軍，但是那時政府不允許，這種阻擋使他非常憤怒。現在揭鈞教授寫信告訴他，孫將軍自由了，使他喜出望外。他實在太高興了，立即寫信給孫將軍，祝賀他的壽辰，希望他過個愉快的生日。

史林姆子爵（Viscount Slim）寫給孫將軍的信是這樣的：

孫將軍：

從您義子揭鈞來信，知道您自由了，使我無限高興，過去數年中，我曾經去過台灣多次。每次都向政府當局，要求去看看您，但是都被政府拒絕了。我那時心裡非常難過，回想您和家父長期愉快的相處，及您對我們家裡深厚的情誼，未能拜訪到您，令我非常失望。如果我再到台灣，一定前去拜訪您！

給您寫這封信，我爲您的嵩壽而慶祝，祝您生日快樂。同時再度報告您，許多英國陸軍海軍和空軍的戰士們，對您在緬甸作戰的豐功偉績，及對家父和我軍的援助，永遠懷著崇高的敬意。

我同時代表史林姆家族，及緬甸戰友聯誼會的每一位戰友，寄上生日的祝福。在明年的大餐會上，我會將您恢復自由的好消息，告訴大家，讓每一位在倫敦奧柏特大廳（Albert Hall）裡的戰友，同時爲您歡慶！

熱情地祝福您！

史林姆（簽名）

一九八八年十一月九日

另有一位美國退役軍人郝比克（John C. Habecker），在印緬盟軍聯合作戰時，曾在史迪威將軍總指揮部中與孫將軍見過一面，但他一直尊敬孫將軍。幾年前，他來台灣參加雙十國慶時，曾請求去看望孫將軍，官方對他說：「孫將軍住在南部，身體欠佳，不宜去見。」現在他從「緬星雜誌」（Burma Star Journal）中，得知孫將軍恢復自由的消息，令他非常高興而振奮。他寫給揭鈞教授的信中，敘述中美盟軍聯合作戰一段經過說：

「我是他解救出來的盟軍，撤退到印度以後才認識他的。在圍攻密支那前六星期，我是史迪威將軍的空軍聯絡官，駐紮於緬北指揮部，對您義父孫立人將軍，我是永遠感激。由於他的勇氣與鎮定，他堅強而有戰力的三十八師，在密支那北與五千多日本強敵奮戰，將敵人力量分散，無法達成主要攻勢。孫將軍固守加邁（Kamaing），切斷日軍進攻路線，但敵人之攻勢猛烈，比中國軍實力強大十倍以上，孫將軍堅守陣地，不失守土，其精神可佩。那時史迪威將軍估計日軍只有五百名，沒想到他們來了五千人以上。中美聯軍由於長期行軍，疲憊不堪。我們才從原始森林出來，又遇到雨季，美軍方面的看法，是無法擋住任何的進攻，沒想到中國軍隊不但堅守了陣地，而且日軍死傷慘重。簡而言之，我們許多美國軍人，感謝您義父孫立人將軍及他那不怕死的卅八師。」

孫立人將軍和他率領的官兵所代表的中國軍人捨己救人和不怕死的精神，永遠活在英美印緬戰友心中。[1]

註釋：

❶ 揭鈞著《小兵之父》第三七九—三八五頁〈人情無國界〉。

第三十章　中華從此無將軍

孫立人將軍終生最懷念的，是跟隨他戰死在疆場上的戰友。他總認爲這些爲國捐軀的烈士們的忠骸，應該得到安葬，他們的忠魂，應該受到超度安靈；他們的遺族應該得到扶養教育。

孫將軍在印緬及大陸作戰期間，大軍所到之處，無論是雷多、密支那、臘戍、新維、廣州、長春等地，他都建立新一軍陣亡將士公墓，安葬歷次戰役陣亡將士們的忠骸。他認爲這些事都是他對爲國犧牲的部屬們應盡的職責而未有完了的心願，一直到他晚年，他雖已衰老了，他還要盡他一己力之所及，去完成他未了的心願。

一、修復齊學啓將軍墓園

四十多年過去了，歲月的風風雨雨，並未磨去孫將軍對死去多年的戰友齊學啓的懷念。民國七十七年春，孫將軍恢復自由之後，立即派舊屬彭克立將軍乘回鄉探親之便，前往湖南岳麓山查看齊將軍墓園。當孫將軍得知齊將軍墓地在中共文化大革命時已被紅衛兵拆毀，幾乎湮沒，悲慟異常。經邀集舊日袍澤，湊足六千美元，委託彭克立與劉立忠兩人，攜款赴湘，與湖南省有關部門洽商重建齊將軍墓園事宜。修復墓園歷時三個月，於七十八年十月完工。七十九年一月七日，湖南省市有關人員與齊將軍親屬友好六十多人，來到齊將軍墓地，舉行公祭，安慰英靈。❶

孫將軍為了表達他多年來的哀思，特為齊將軍墓園重建撰寫一篇「墓園記」，刻石立碑，樹於墓前，以供後人憑弔：

齊學啓將軍遺照

「中華民國三十四年三月八日，陸軍少將前新三十八師副師長齊公學啓被刺於緬甸仰光之日軍戰俘營。是月十三日以傷重逝世。公之死，去緬境之解放曾不數旬，距盟軍之全面勝利亦只五月，公雖知日寇之必亡，而已不及見矣。溯自日寇入侵，生靈塗炭。民國三十一年，我新三十八師奉調入緬，與盟軍並肩作戰。四月十八日，我以一團之眾，擊潰十倍之敵於仁安羌，解英軍七千餘人之圍。是役也，中外震動，而公臨陣之績實偉。方當乘勝追擊，而盟軍之戰略遽變，公乃率部殿後，掩護友軍轉進。及任務完成，復報命於第五軍指揮部。歸途遇傷病袍澤，不忍棄去，敵騎大至，眾寡懸殊，創重援絕，遂被俘焉。

公之羈於仰光中央監獄也凡三年。三年中，敵僞勸降，無所不用其極，公心堅金石，不屈不撓，獄中同志及英美受難戰友數百人，皆欽佩動容，尊之爲精神領袖，視之爲光明象徵，故卒以此見害於敵。

世之人或以公之在仰光獄與文天祥之在燕京獄相提並論，其浩然之氣與夫所以塞蒼冥立人極者，固無有異也。公之靈柩歸葬故里，余曾親爲執紼，並爲輓辭以述哀。公之葬地在岳麓山之陽，與黃公克強、蔡公松坡兩先烈，隔壠相望，湖湘人傑，後先接武，可謂不忝者矣。

公墓道廢圮，誌表無存，當日袍澤決議重修，所以懷舊德彰忠藎也。以余爲知公者，囑爲數言，以紀其事。余聞之：朋友之墓有宿草而不哭焉，余則過時而悲。嗚呼！死生陵谷，公與諸公俱往矣，神騎箕尾，名在日月，故將與麓山湘水同乎不朽，而余以老耄猶能執筆爲文，有深幸焉，而亦不能不有深慟也。」

生與死是友誼的試金石，這兩位將軍的友誼，已超越了生與死的界限。古人所謂「一生一死，乃見交情，一死一生，交情乃見。」這種生死不渝的人類最眞摯最珍貴的感情，足以爲後人的楷模。❷

註釋：

❶ 齊新撰〈孫將軍義重桃園〉一文，載於，《孫立人將軍永思錄》第一三九—一四〇頁。

❷ 曹濤撰〈當代管鮑，儒將風範〉一文，載於《孫立人將軍永思錄》第二三三—二三七頁。

二、李邦欽遺孤

民國二十六年，抗日戰爭爆發，孫將軍擔任稅警總團第四團團長，李邦欽任該團第一營營長。十一月三日，孫將軍在守上海蘇州河防線時，被敵寇槍榴彈炸傷，於昏厥中，被送往上海醫院救治。部隊交由李邦欽營長指揮，後來李營長，也因受傷，被人由火線上扶了下來。李營長忠勇負責，他發現所部機槍陣地佈置不當，又留下來指揮，不意被流彈擊中要害殉國。當時老百姓非常愛國，自動捐出棺木，李營弟兄將營長忠骸匆匆草葬於戰場。孫將軍並囑咐部下，將李營長葬地繪製地圖，以便將來設法把他的遺體送回湖南故鄉安葬。

孫將軍傷癒後，在長沙重整稅警總團，得知李邦欽營長眷屬住在長沙，孫將軍經常親自或派人去探望他們，後來部隊調往貴州獨山，加上時局兵荒馬亂，就失去了連絡，一直到長沙會戰，李家逃難到重慶，才又連絡上了。這段期間，孫將軍每次到重慶，總叫人來找李家人去見面，並拿錢給他們家用。抗戰勝利後，孫將軍率部隊在東北作戰，李家回到長沙，又失去了連絡。

三十八年大陸局勢動盪不安，這時李邦欽的兒子李嚴已是高中三年級學生，正在徬徨不安，李營長過去的一位同事來看李太太說：「孫將軍曾經找過你們，到處找不著。現在孫將軍在台灣，快跟他連絡，還來得及。」於是李家寫信給孫將軍，很快就連絡上了。孫將軍回信要李嚴趕快去台灣。

李嚴從廣州坐船到達基隆，住在旅館裡，孫將軍派隨從參謀潘申慶接他到鳳山，在辦公室見到李嚴。孫將軍叫李嚴走到身旁，仔細端詳一番說：「你長得好像你父親。」李嚴七歲時，李邦欽陣亡，他父親長得何等模樣，毫無印象，現在聽了，心裡有一種說不出的感觸。孫將軍看李嚴身體瘦弱，就叫丁長富副官送他去檢查身體，當天孫將軍下班時，就帶李嚴一同回屏東公館住。

三十八年秋，一天晚飯後，孫將軍和潘申慶秘書在庭院裡乘涼聊天，潘秘書就問李嚴：「李嚴，你如何稱呼司令官？」李嚴答道：「我不曉得，我沒有叫過他司令官，也沒有叫過孫伯伯。」潘秘書就說；「司令官是你父親的長官，你是晚輩，司令官對部屬的子女，視同己出，所以你對司令官應執子輩之禮，你應該叫司令官爲義父。」李嚴笑了，望著孫將軍也在笑，就叫了他一聲乾爹。

三十八年十月，陸軍訓練司令部在鳳山五塊厝代訓海軍一批學生一百五十人，孫將軍就安排李嚴同這批海軍學生一起受訓，三個月入伍訓練很快就過去了，這批入伍生穿著潔白的海軍制服回左營上課去了，只有李嚴一人留了下來，心裡很不是味道。這時候，代訓他們的隊長把李嚴叫去問道：「他們都是高中畢業生，年齡一樣，海軍官校又是大學教育，既然你跟他們一起受訓，爲甚麼不去進海軍官校？」李嚴想了一想，很有道理。於是李嚴就跟乾爹說：「我想進海軍官校。」孫將軍說：「我是陸軍，你爸爸也是陸軍，爲甚麼不當陸軍，要去當海軍？」李嚴回答說：「陸軍要打野外，很辛苦，海軍制服漂亮。」孫將軍聽了，哈哈一笑。就叫隨從秘書潘中慶帶李嚴去海軍官校報到。校長郭發鰲將軍對李嚴說：「你要用功讀書，守規矩，如果考試及格，就准你繼續讀，否則必須退學。」李嚴苦讀了一年，正式成爲海軍官校四十二年班的學生。四十三年二月一日畢業，掛著海軍少尉官階，帶著幾分希望，幾分傲氣，走出官校大門，上了軍艦，從此開始了海軍生涯。

「孫立人事件」公佈之後，李嚴仍在艦上服務，雖未受到牽累，但卻得到一些特別照顧。由於這些特別照顧，激發他去考大學研究所的志氣。經過五次挫折，終於在第六次，他考進了中央大學天文研究所。民國五十五年，李嚴中大畢業，九月十八日在台中教師會館與白璧女士舉行結婚典禮，孫將軍是主婚人。那一次，恐怕是他幽居期中唯一的一次，在公開場合露面了。

李嚴說：「婚後第二天，妻和我要趕去台北，準備出國深造。當晚，乾爹、乾媽、中平弟妹們，和我們一起共進晚餐。飯後，乾爹和弟妹們又親自送我們去火車站。我們默默地站在月台上，緊緊地握著手，等著火車離開。乾爹一再叮嚀：『在外求學，要好好保重身體。』最後，火車動了，慢慢離開了車站，我頻頻回首，看到乾爹仍舊留在月台上。這一剎那，親情離緒，一起湧上心頭。十幾年來的慈愛與關懷，親情似父，如今一別，何日再沐慈暉？忍不住，我終於流下了眼淚。」❶

李嚴在國外獲得博士學位後，一直留在加拿大學校裡從事教學研究工作。二十四年後，李嚴的兒子已在英國完成大學教育。七十七年，李嚴兒子回國在劍潭海外青年活動中心學習中文，李嚴特別交代他，要他去台中看望孫爺爺。孫將軍發現那孩子完全不會說華語，卻一再表示決心，要親往大陸尋找他祖父李邦欽的忠骸。孫將軍深爲這孩子的孝心所感動，卻耽心他心願難償。這孩子卻滿懷信心表示說：「我不會說華語，但可以帶個說華語的幫助我。」孫將軍也不禁深慶故人有眞正的孝子賢孫了。

註釋：

❶ 李嚴撰〈悼一位慈祥的長者——義父孫立人將軍〉一文，載於《孫立人將軍永思錄》第三三九—三四二頁。

三、張琦烈士的勳章

民國三十一年四月十九日，孫立人將軍親率新三十八師第一一三團，在緬甸仁安羌，爲解救被日軍包圍的七千多英軍，對日軍展開黎明攻擊，第三營營長張琦率全營官兵奮不顧身，向前勇猛衝殺，我軍攻佔的敵陣，三得三失。這時張琦營長身受重傷，仍堅持不退，繼續指揮官兵向前衝，因流血過多，及至送到英軍救護站，竟壯烈成仁。當時孫師長立刻命令劉放吾團長指派蔣元妥爲埋葬張營長忠骸，並告訴蔣元，要將埋葬地點，繪製要圖一份，標記清楚路標的號數。

四月二十二日，因盟軍戰事逆轉，我軍撤離仁安羌五十餘英里，當晚孫將軍手令指示：「一、工兵營連夜造棺木一個，二、着一一三團派步兵一排，配屬戰車二輛，醫官一員，擔架一付，統歸蔣元指揮，前往仁安羌，搶運張營長遺骸。」蔣元連長遵照指示，把張營長遺骸搶運回來。他回報師長，孫將軍非常悲痛地對蔣元說：「張營長遺骸如果不運送到他的家裡，我對不起他的父母。」當面交代蔣元負責辦理。後來戰況急遽轉變，全師從緬甸匆促撤往印度，蔣元未能完成這項任務，孫將軍終生引爲遺憾。❶

第一次保衛緬甸戰役結束，新三十八師因在仁安羌救援英軍出圍有功，美國政府頒贈孫立人將軍豐功勛章。同時追贈殉國的張琦營長銀星勛章一枚。孫將軍代爲領受，並親自保存著這枚勛章，他要帶回國交給張琦家人。從抗戰勝利到政府遷台，及至民國四十四年，孫將軍失去了自由，卻始終沒有找到張琦烈士的遺屬，那枚勛章一直留存在將軍身邊。

民國七十七年三月，孫將軍恢復自由後，他第一件事要做的，就是要把他保存了半個世紀的這枚勛章交給張琦烈士家人。他期望國防部將壯烈犧牲的張琦營長，列入忠烈祠祭祀，頒發褒揚令及撫恤金，並派人去香港將勛章轉頒給張琦烈士親屬。孫將軍這四項願望經中時晚報刊登出來後，舊日袍澤蔣元是張琦營長的湖南祁陽同鄉，及旅居澳洲的胡德華是張營長的副營長，他們兩人分別寫信給湖南祁陽縣政府、公安局及親友，查詢張琦的遺屬及家庭情況。後來接到答覆，知道張琦的母親及父親已在民國五十年及六十二先後亡故，張琦遺有一獨生女張錦蘭，嫁婿楊德規，現服務於祁陽縣標準計量管理所，係科技人員。關於張琦家屬的遭遇，張錦蘭寫給蔣元的信中說：

「我是張琦的獨生兒女，我父親爲我取名爲黔南，因我出生在貴州獨山，母親帶我住過八寨蓮花莊。那時我只有幾個月大，母親時常告訴我，我沒到十個月，父親犧牲了，母親守了三年服，改嫁，以後祖父母帶大我。祖母脾氣大，我受了不少折磨。我將近十二歲開始讀書，讀了五年書，邊讀邊務農，由於祖父母年老，重男輕女，再也沒有讀書，務農爲生。我這半輩子，一無父愛和母愛，又無兄弟姐妹支援，孤孤單單過生活，想起我過去的生活，淚水只能往肚裡流。……」❷

蔣元接到張琦女兒來信，就去報告孫將軍。老將軍知道後，深感欣慰，立即從箱匣中找出張烈士的銀星勛章，命蔣元返鄉探親時，帶回祁陽，轉頒給張烈士的獨生女兒張錦蘭。

蔣元經多次向國防部申請，除將張琦烈士列入忠烈祠祭祀一項得到批准外，他要求按照國家已定的抗日陣亡烈屬的撫恤辦法，一次發放一筆從優的撫恤金，給這位締造仁安羌大捷，壯烈殉國，揚威異域的民族英雄的遺孤，以及頒發褒揚令，都未得到結果。最後孫將軍致贈

慰問金五千美元，連同美國頒贈的一枚銀星勛章，交由蔣元帶回湖南祁陽，致贈給張琦烈士的女兒張錦蘭手中。❸

註釋：

❶ 蔣元著《鷹揚異域紀實》一書中附註之一，自抄本。
❷ 許遜著《百戰軍魂》下集第二六三—二七一頁，附錄二〈遲遲未頒的勛章〉。
❸ 蔣元撰〈我最敬仰的長官孫立人將軍〉一文，載於《孫立人將軍永思錄》第一五一頁。

四、王國華的一隻皮箱

民國三十八、九年間，從大陸逃難來台的人們，一時找不到住所，祇好投靠親友，暫時寄居在親友家裡。當時孫立人住在台北市南昌街，他的公館裡也擠滿了親友，在他家裡吃住，一直等到找到住所之後，才搬離出去。其中有一位是他清華同學王國華，兩人在校時意氣相投，曾在一起組隊打籃球，且結拜爲兄弟。王國華逃難到了台北，就住在孫府。當時住在孫府的還有孫清波等幾位清華同學，大家朝夕相處，談笑歡樂，又恢復到少年時的情景。

王國華從孫公館搬出時，曾將一隻大皮箱留存在孫家，一直沒有拿走。其後不數年，孫將軍被黜，形同囚禁，三十幾年間，親友都失去了訊息。這隻留置在孫府的皮箱子，王國華自己都可能忘了，等他過世之後，子孫更無人知曉。

民國七十七年，孫將軍恢復自由之初，打聽到王國華已經去世，他的兒子王家聲現在高雄中山大學任教授，遂輾轉託人帶口信，請王家聲去台中孫家，取回他父親留存的一隻箱子，了卻孫將軍一直惦記的一樁心事。

到了暑假，王家聲偕同妻子黃碧端驅車到台中向上路孫宅，應門大漢進去通報，他們夫婦站在門前等候，未久看到孫將軍從庭院一端的小徑走了過來。步履安穩，遠遠地帶著微笑，是一位極度清雅而祥和的老人。當時他穿著格子襯衣，米色長褲，腳上穿雙跑鞋，是非常輕便的打扮，他的臉色紅潤，幾乎沒有甚麼皺紋。

孫將軍和顏悅色地接待他們倆人，讓到客廳裡就座，和他倆閒話家常，詢問他們夫婦近況，並追述往事，講了兩三個鐘頭。當孫將軍知道他們兩位都是從國外留學回來，同在中山大學擔任外文系教授，極爲高興。談到他與王國華在清華讀書時的往事，仍歷歷如數家珍。他提到同期有幾位一起打球的同學，後來因爲意氣相投，結拜爲兄弟。王國華長孫立人幾個月，是老大，孫立人居次。

孫將軍住的是日式宅院，屋裡放著唱機，他說：「年紀大了，看書吃力，日常還是聽聽音樂。」屋角放置的一隻凳子是象腿做的，黃碧端教授問孫將軍是不是從緬甸打仗獲得的戰利品？孫將軍笑著說：「是啊！本來是一對，另有一隻我竟不記得下落了。」

孫將軍領著他倆走到屋裡各處看看，有一個小神龕，說是孫太太拜佛用的。說著轉頭問他倆：「你們信不信教？」他倆回說都沒有宗教信仰，他於是放心說：「我也沒有，我只信這裡……」他說時把右手貼在左胸上，表示他只信良心。

走過一大櫃書時，孫將軍停下來說：「這些書是當年從家鄉撤運來的，我正考慮捐給我的母校清華大學，但不知道他們能不能安頓一個好地方，這些都是宋明版的善本書，是他先翁留下來的，隨便放著，壞掉太可惜了。」孫將軍一生戎馬，從他對一櫃書的牽掛，也許可以看出他性情的一斑。

當然，談話並沒有觸碰到「孫案」，他倆祇試探地問：「這多年來，心情一定很受影響吧？」孫將軍看了他倆一晌，淡淡地說：「歷史一定會還我公道的。」他顯然正急切地要在餘日中，把他心中惦記的事情一一清理好，包括那一櫃想捐給清華大學的古書，和那一隻要他倆人來取的一隻箱子。

孫府後院種了不少花草蔬果，孫將軍指點給他倆看，那些花果的品種，顯然是他多年費心照顧成長的。那隻成爲隔代緣會引線的大箱子，就在後院的儲藏間裡。兩位保全人員幫忙抬出來，箱子厚重，生銹的鎖也無鑰匙可用。王國華是陝西人，孫將軍看到箱子還開玩笑說：「這箱子看來還是陝西牛皮做的呢！」但這箱子沒有任何名牌標記，蒙塵銹垢的程度，顯示三四十年間沒有人啓動過，其間孫將軍自己又經過天翻地覆的大變動，家當都是別人在安置他時一併「移送」的，怎麼證明這是王國華的遺物呢？但孫將軍堅持說：「我不會記錯，這是陝西老牛皮做的箱子。」兩名保全人員建議把它撬開看看，其中一個隨即去拿了起子搥子來，孫將軍仍說：「不要，不要，完整地帶回去再處理，你父親怎樣交給我，我就怎樣交還給你！」

他倆於是帶著這隻「陝西老牛皮」的大箱子，一路回到高雄，找鎖匠剪斷了箱鎖。裡頭這樣重，竟只是尋常鍋盤碗碟，已經發硬的衣物，還有一頂蚊帳，一直到找到他的姑母過世的輓聯，才終於證明這隻箱子果然是他父親的遺物。想來這隻箱子是王國華來台時，匆促間胡亂塡充進箱子就帶著走的，來台後在孫府小住，知道裡面並沒有什麼需用的東西，便暫時留在孫宅沒有帶走，後來他出任高雄港務局長，他與孫將軍還常交往，可能連他自己也完全忘了有這隻箱子一直留存在孫家。

然而，這隻箱子，在孫將軍心靈顚沛的歲月中，跟著他謫遷，上面雖然沒有任何標記，他卻清楚地記得是誰的東西，而在九十高齡終於能夠有限度地跟故人通音訊的時候，他要箱歸原主——即便是原主之子。令人不能理解的是，孫將軍如何在三四十年間牢牢記得別人不經意留下的一隻破箱子。❶

註釋：

❶ 黃碧端撰〈孫將軍印象記——兼記一隻箱子〉一文，原載於七十九年十一月二十五日聯合報副刊。

五、返鄉掃墓心願未了

孫將軍自幼受中國文化薰陶，在家鄉是個有名孝子。民國二十一年，他的父親去世，曾兩次回家主持喪禮，並將父母靈柩安葬在安徽廬江縣柯坦鄉的龍燈橋。從此之後，就未回過家鄉，但他對先人的懷念，卻與時增加。

他在台中幽居期間，眷念父母的恩情，無法釋懷。他在八十歲時，選在新春初一，特在家中客廳神龕前，安奉祖宗神主牌位，爲表愼終追遠，曾請台中佛教名法師李炳南老先生來家誦經點主，舉行安座禮。孫將軍身著長袍，恭恭敬敬在祖宗靈位前，上香叩首祭祖。以後每逢年節，他都照樣行禮，祭拜祖先，來表達他的孝思。❶

民國六十八年夏天，孫將軍的堂姪女孫至晶來說：「在美國紐約大學教書的三弟孫至銳，利用暑假返回安徽家鄉探親，看到從小扶養他長大的龔夕濤二媽。大陸淪陷後，孫家是大地主，家人全被掃地出門。龔二媽的弟弟在新四軍擔任要職，給孫家許多照顧。三叔孫衡人（立人胞弟）改名換姓，逃到蚌埠，隱藏起來，不知死於何地。龔二媽在一家國營商店做小職員，未有受到迫害，身體衰老。孫至銳也將二伯（指孫立人）的情形，告訴了龔二媽，龔二媽知道二伯膝下有二男二女，甚感欣慰。」孫將軍聽到了家人的消息，不禁流淚，覺得對不起家人。

後來孫至銳從美國又傳來消息說，龔二媽就在這一年她八十歲時去世。孫將軍知道後，內心甚感愧疚。他對家人說：「我一生沒有做過虧心事，祇是虧待前妻龔夕濤。而今深感歉疚。爲彌補我良心的譴責，決定將長子安平過繼給夕濤爲嗣子。」經和張晶英夫人商議，訂在陰曆七月十五日，在台北善導寺爲龔夕濤夫人做善事三天，要安平在佛堂前爲先母祭拜，請法師誦經念佛，超度亡魂。

在做佛事時，張晶英夫人告訴家人說：「立人父親熙澤府君逝世時，我隨立人回到廬江金牛鎭家中奔喪，親戚鄰里都以白眼看我，獨夕濤夫人待我如同姊妹一般，使我感念一生。」

民國七十七年，孫將軍恢復自由之後，他最大心願就是回鄉掃墓祭祖。

民國七十八年春節，潘德輝登門向孫將軍拜年，他帶了香港大公報登載〈廬江鄉親惦念孫立人〉一篇文章。孫將軍看後，感慨萬分，激動不已。他說：「爲人子不能親拜祖墓，算不得是人。」當天他在筆記本上寫道：「故居所攝照片，曾一再展現，雖舊夢重溫，然亦感慨系之。立人何敢與武穆比，而所遇亦正復相同也。」因而更加深了他回鄉掃墓祭祖的心願。

❷

潘德輝見此情景，就勸孫將軍先把身體安養好，再回家鄉，而且表示他願代表孫將軍，先到廬江查訪孫家祖墳情形。清明時節，潘德輝動身去安徽廬江，孫將軍親寫一函，致家鄉父老說：「一則離家已久，對故鄉思念甚殷，再則祖先墳墓不知尚完好否？亦日夜不能去心也。」四月二十七日，潘德輝到了廬江，經查訪才知孫將軍祖墳，早於民國四十九年，被挖移於月眉山麓大衆墓地，復經一週訪問附近農戶人家，證實十餘土坵中的一坵，確爲孫將軍父母的墓厝。他遂在墓地隆重的焚香祭拜，並拍照帶回，用以慰藉孫將軍思念親情的心靈。當潘德輝回台向孫將軍報告時，孫將軍要向潘德輝行跪拜大禮，潘德輝趕緊抱著老將軍，一再懇求當不起，才獲免去。稍後，孫將軍想親自回大陸家鄉，將他父母墳墓重新移葬於老家金牛山。潘德輝勸他老人家先把身體養好，任何地方都可以去。潘德輝安慰老將軍說：「到時我一定陪你回大陸掃墓祭祖。」

到了第二年，孫老將軍的身體更加虛弱了，他連行走都需要人扶持，而且腳步連走帶拖，站立不穩。在這種情形下，他知道自己是無法回故鄉了。七十九年三月二十九日，孫將軍命其長子安平代他去家鄉，爲先人掃墓祭祖，得到廬江縣有關部門的安排和接待，順利完成任務，將軍內心稍感安慰。

安平回家之後，將祖墳荒涼實際情況一一向他報告，孫將軍想將雙親墓地遷葬於金牛山的念頭，更爲迫切。他於當年五月十五日致函廬江縣對台辦公室主任楊則堯說：

「上月小兒安平回鄉掃墓，諸承接待照拂，深以爲感。立人以身許國，長年在外，於先父母養育之恩，未能報答於萬一。今聞其墓道荒穢，表誌無存，五內崩摧，哀痛莫名，爲謀窀穸之永安，擬由月眉山遷葬於金牛鎭金牛山之陽，既稍盡人子之心，而此地亦先人平昔遊息之地，想千秋萬歲，魂魄必能樂之以爲安宅也。」

九月間，孫將軍要潘德輝再去廬江一趟，爲他父母遷葬安排有關事宜。潘德輝去到廬江，與當地有關單位交涉，親往勘查金牛山麓墓地位置，以及修建計畫與費用，商議妥當，於十月九日夜飛返台北。十一日趕去台中時，孫將軍已入昏迷狀態，滿口囈語。潘在他耳邊連聲說：「我是潘德輝，已從廬江回來了。」梅娘也在旁幫忙叫道：「是潘德輝呀，已從家鄉回來了。」這樣叫了好久，他才有一點反應，喃喃地說：「潘德輝，爲甚麼到今天才回來？我等你好久啊！」接著又昏迷過去。❸

註釋：

❶ 鄭錦玉撰〈一位台灣人心目中的孫立人將軍〉一文，載於《孫立人將軍永思錄》第二三〇—二三二頁。

❷ 楊則堯撰〈孫立人將軍的未了心願〉一文，載於《孫立人將軍永思錄》第三八六—三八七頁。

❸ 潘德輝撰〈半世追隨，一生被澤〉一文，載於《孫立人將軍永思錄》第一五一—一五八頁。

六、我是冤枉的

民國七十七年間，經由新聞媒體連續報導，在輿論不斷要求及朝野人士熱心奔走下，監察院公佈塵封三十三年五人小組調查報告，證實民國四十四年六月六日的所謂「兵變」或

「兵諫」，根本是子虛烏有。從此之後，孫立人將軍才眞正恢復了自由，享受了一段平靜的晚年生活。

美國時報週刊記者杜念中於七十九年八月八日在喬治亞州雅典市訪問八十一歲的美國前國務卿魯斯克（Dean Rusk）後，即以「一場流產的兵變」大標題，在時報週刊上大事渲染魯斯克曾於一九五五年六月初，從間接管道接到一個密訊說「孫立人有政變意圖」。杜念中是根據熊安邦（Thomas J. Schoenbaum）在其所著《從事和平與戰爭》（Waging Peace and War）一書中的敘述，追問魯斯克。魯斯克只是說：「在那時我的確收到這個訊息，但是那不是一個計畫，而只是孫將軍心中的一個想法而已。孫傳來的訊息中既沒有實質，也沒有提到任何組織，或執行政變的方法。」❶這一篇報導，又被台北中國時報於九月二日以「孫立人確有政變意圖」大標題而轉載。

接著台北大成報於九月四、五兩日，連續刊出記者呂安琪訪問魯斯克有關政變的報導。魯斯克說：「當時孫立人並未以書面的文件傳達他政變意圖，我是從第三者的口述而得悉孫的計畫。」後來「新新聞周刊」又連續轉播這一傳聞，「孫案」疑雲再起，餘波盪漾。

不久，台北有關單位即透露一項機密說：「當年在孫立人台北市南昌街的寓所被搜出的中英文聲明，中文主稿人是徐復觀，英文主稿人是曾任中央政校外交系主任陳石孚。內容大致是：『中國大陸的失敗，蔣應負的責任比任何人都重，國府軍隊雖多，但指揮不當，此間所有武裝人員，都有此共同見解，因而最近將有一行動，使蔣解除兵權，如此可能符合你們

的政策，請能給予支持。』兩份聲明，都有孫的署名。」❷

據熊安邦書中說：「這個事必須經總統決定，魯斯克怕洩漏秘密，立即把密訊銷毀了，同時向當時的國務卿艾奇孫（Dean Ascheson）作了報告，要他向杜魯門總統請示。」這麼重要的外交大事，魯斯克能不把原件呈上去，就憑口說，要國務卿去請示總統決定，豈能符合國家辦事的程序。而「孫案」在民國四十四年五月二十五日「郭廷亮」等數百人被捕後，已謠言滿天飛，而孫立人卻不怕洩漏秘密，一直把這兩份三十九年的聲明保存在家裡，等到四十四年八月一日讓偵辦人員去搜查。爲了使人相信這則機密消息的眞實性，有關單位資深人員還特別指出：這兩份聲明送到國安會副秘書長蔣經國桌上時，曾被詢及：「要不要辦主稿的傢伙？」經國先生笑著表示：「別理他們，他們只是想做官，但你們也不必對外說。」當時如有這樣確鑿的證據，爲何不拿出來公佈，還要偵辦單位費盡心機，設計圈套，要郭廷亮扮演假匪諜？

當美國時報週刊的報導傳到國內時，部屬們深怕老將軍受不了這種毀謗和刺激，暫時未讓他知道。到了九月十一日，這些無稽的傳播，演變到影響孫將軍的聲譽，才向他報告。他卻非常冷靜的說：「我本來沒有做這種事，他們要怎麼說，就由他們說吧！歷史會公正裁判的。」惟對傷及已故徐（復觀）、陳（石孚）兩位老友，極感痛憤。這時孫將軍的體力已很衰弱，他已不能再做任何事情，說話也只有微弱的聲音，很難聽清他在說甚麼。❸

徐復觀先生，抗戰時期曾任蔣委員長侍從室秘書有年，出身官邸，後被派至延安，監視共軍活動。民國三十八、九年間，孫將軍在鳳山練軍，聞徐先生是一位學養深厚的學者，對中共有透澈認識，託人邀徐於三十九年二月間到鳳山軍校講學，這時兩人才開始認識，尚談不上有任何交情。徐復觀第一次與孫將軍晤談後，走出孫的辦公室就對人說：「孫立人是個胸無城府的人，有話直說，絕不是叛將！」當然他更不會爲孫執筆撰反蔣文件。至於陳石孚先生，直到民國四十年（一九五一）八月二十九日，才由香港搭海輪抵台，硬說徐陳二人在民國三十九年（一九五〇）六月二十五日韓戰爆發之前，爲孫撰寫中英文反蔣文件，致函美方要求支持其政變，顯與事實不合。

九月十二日，孫將軍請柳作梅代他寫了一封信給中國時報董事長余紀忠先生，略謂「有關時報週刊美洲版之報導，此乃情理之所必無，而亦事實之所不能有者。弟老矣，世間萬事，視若雲煙，本不足與之計較，獨恨陳徐二公亦被波及，不能不爲死去老友抱屈也。」要求予以澄清，中國時報竟置之不理。

九月十三日，孫將軍又發函給住在美國的維吉尼亞軍校校友葉晨暉博士及在國內東海大學任教的許遜教授，對於時報週刊不實的傳播，如需採取法律或其他行動時，即請全權代爲處理。

葉晨暉博士接到信後，立即委託一家律師事務所，致函時報週刊舊金山辦事處，要求於信到三週內，除在該刊及另一家大報上顯著版面刊登更正聲明外，並須向孫立人將軍及美國前國務卿魯斯克提出書面道歉。時報週刊舊金山辦事處始允照辦，後來儘量拖延，迄至孫將軍逝世，不了了之。

芝加哥大學教授康明思（Bruce Cumings）在其所著的《韓戰的起源》書中指出：魯斯克所說的這番話，乃是推卸責任的說法，有意將政變責任推給孫立人，而開脫眞正的禍首——華盛頓（美國政府）。魯斯克是一個詭計多端的「老狐狸」，實際策劃孫立人造反的就是他本人，但他的陰謀計劃一直遭到孫立人的拒絕。

孫將軍在緬甸作戰期間，魯斯克曾在史迪威將軍指揮下的美軍中擔任聯絡官，當時他很少有機會接觸孫將軍。但因他在同一戰場上與日軍作戰，對孫將軍勇敢善戰的才能，甚爲欽佩。

孫將軍義子揭鈞教授於五月三日自加拿大去函魯斯克，要求他對於美國時報週刊關於孫將軍的報導，說明事實。魯斯克於一九九〇年（民國八十九年）九月十二日覆信說：

「親愛的揭鈞教授：

我不希望對於在韓戰爆發之前聲稱是由孫立人將軍所傳來的訊息作任何進一步評論。我並沒證實這項訊息確實是孫立人將軍傳來的，我甚至忘記是透過那一個管道傳來的。

孫立人將軍是一位非常傑出的長官，這樣的謠言無法傷害到他的聲譽。我個人以軍人身份對他具有崇高的敬意，並且對他於二次世界大戰期間在緬甸的戰功深爲感激。」

❹

九月二十五日，「立新社」召開理監事緊急會議，決議將魯斯克來函原件及新聞稿一併以傳眞函，分送中央通訊社及各報社，次日台北各報均將魯斯克來函刊出，澄清孫立人將軍「政變」謠傳。九月二十八日，中央日報在重要新聞版，刊出這則消息的標題是：「孫立人當年意圖兵變之說，魯斯克表示並無證據」。中央日報進一步評論此事說：「坊間的不實報導，是對已癒傷口的刺痛，希望有關媒體，今後對類似報導，應愼重從事，而不要使戰功彪炳，一生忠於國家、民族的孫立人將軍，受到無謂的傷害。」

這時孫將軍身體已經衰弱不堪了。長期幽居，他不能和外界接觸，在家裡又不能發牢騷，忍氣呑聲，內心鬱悶沉痛，始終得不到發洩，積鬱成疾，隨著年歲增長，更加衰老，身體已被摧殘到崩潰的邊緣。突然自由了，見到親友部屬，他已經失去語言表達清楚的能力，觸及往事，徒令他悲傷，情緒激動，不能自己！現在又經此沉重打擊，內心極爲沉痛，但又感無奈，常時喃喃自語說：「當政者應該拿出良心來，不要自私自利，要爲人民著想，否則中國人永無幸福的日子……」❺

十月十一日，孫將軍因患巴金森症，呑嚥困難，人已陷入昏迷狀態，情緒激動，滿口囈語。家人立即通知台中榮民總醫院，速派醫護人員前來急救，並安排病房，辦理住院手續。但他老人家拒絕去住醫院，一直到傍晚，經幾位老部下盡力把他扶入轎車，送到醫院住院治療。到了二十六日，因病情改變，發生呼吸困難，經醫師檢查，發現肺水腫、心包膜及肋膜積水，急速送到加護病房。台中榮總院長彭芳谷立即指派副院長葉慶瀾成立醫療小組，經緊急處理與治療，症狀穩定。十一月一日，轉回一般病房。

這時家人已經覺察到孫將軍大去之期不遠，緊急電話通知在海外的子女及親友。他的長女中平、幼子天平及么女太平紛紛從美國趕回台中，到了病房，見到孫將軍已經垂危，只有暗自飲泣。

孫將軍的病情，時好時壞，但從他表情上，不難察覺他內心的痛苦，和關懷他部下所受的不白冤屈的憂慮。一天，他神志稍爲清醒時，拉著他幼子天平的手臂，發出囈語說：「他們是冤枉的，他們年輕，還有前途，我願承擔一切責任……」天平看著父親痛苦的表情，只是流淚不止。

十一月四日清晨，孫將軍又因肺炎合併敗血症，再度轉入加護病房，五日再度發生肺水腫，須靠呼吸器輔助呼吸，除肺部疾患外，腎功能及心臟功能相繼衰竭，雖經醫療小組全力救治，仍因肺炎敗血症，多種器官衰竭，陷入昏迷彌留狀態。

十一月七日上午，台中榮總皮膚科醫師沈瑞隆檢查病房，走到孫將軍病床前，孫將軍抓著他的手，又情緒激動，發出喃喃囈語，連說數聲「我是冤枉的！」隨即昏迷不醒，站在病床前的幾位護士，聽到他最後的這句話，無不感傷。沈瑞隆醫師說：「孫將軍近年因年老皮膚病變，曾多次到台中榮總診療，因此與他熟識。他家離孫府不遠，他下班後，也經常到孫家與孫將軍及其家人聯天。孫將軍住院醫療時，許多事情都委託他辦理。他對孫將軍訴說的最後遺言，令他難以忘懷。」❻

註釋：

❶ 美國時報週刊第二八八期，杜念中撰的封面故事〈美國前國務卿魯斯克談孫立人案〉。
❷ 七十九年九月二日台灣中國時報記者習賢德刊出當年執行逮捕行動的情治人員，在不願透露姓名的條件下，發表以往的機密消息。
❸ 七十九年十二月八日「中國學生畫報」刊載揭鈞撰〈無信譽的報導否定不了孫立人將軍〉一文。
❹ 同上「中國學生畫報」刊出的魯斯克來信原件及中譯文。
❺ 揭鈞撰〈孫立人將軍精神永存〉一文，載於《孫立人將軍永思錄》第一七五——一七八頁。
❻ 七十九年十二月七日台北聯合報刊出一則消息〈孫立人最後遺言：我是冤枉的！〉

七、中國軍魂

民國七十九年（一九九〇）十一月十九日上午，孫將軍的神志完全昏迷，呼吸極度窘迫，血壓用藥物也無法維持，群醫束手。虔誠信佛的孫夫人和子女經過商量之後，一致希望孫將軍能平靜的在家中去世，於是向院方申請自動出院。十時四十五分，院方派出洪良一、梅明因、馮清世三位醫師和兩位護士，用救護車護送孫將軍回家。孫夫人張梅英偕子女在側照應。在救護車上，醫師不斷替孫將軍打強心劑，並以人工輔助呼吸，藉以維持心肺功能已衰竭的孫將軍生命。救護車到達家門，隨侍醫師護士將孫將軍抬到中庭床上安睡，經量血壓突降，得家人同意，醫師將胃管、導尿管、呼吸輔助器及心肺監視器拔掉，孫將軍平靜地離開人世，時間是上午十一時十五分，享壽九十一歲。

醫護人員離去，請來尼姑數位，圍坐床前唸經超度。孫夫人偕四名子女跪侍床側，連續不停的口誦「南無阿彌陀佛」，祝禱將軍靈魂升天。

跪禱了一個多小時，尼姑誦經畢，隨侍在側的孫將軍秘書沈克勤站立起來，他先打了一通電話給行政院郭組長天佑，請他報告郝院長柏村，孫將軍已於今晨逝世。後來孫將軍三位堂妹菊人、寧人及璧人趕來，會商喪事如何料理，大家認爲這不是孫家可以辦得好的。正在徬徨不知所措的時候，鄭資政爲元將軍聞訊從台北趕來。他向孫將軍行禮後，即邀孫夫人等至隔壁房間，商議喪事問題。他問孫家墓地擇在何處？孫家認爲目前只有暫厝於孫將軍生前經營之東山果園。鄭資政請孫夫人放心，他回台北將向李總統及郝院長報告，由政府妥善爲孫將軍料理喪事。大家焦慮的心情，這才安頓下來。

下午六時許，鄭資政偕沈秘書同車返台北。因爲兩人都是孫將軍舊屬，途中談了許多往事。鄭資政說他在國防部副部長任內，因爲是他業務主管範圍，曾爲孫將軍增建住屋，囑咐榮民總醫院妥善照顧孫將軍醫療，並安排保全公司人員保護孫將軍安全。最近兩年在他國防部長任內，孫將軍終能恢復自由，鄭部長居間調理，所用的苦心，他雖未曾道及，但已爲人所共知。現在孫將軍去世了，鄭資政爲對老長官的照顧，自動前來爲他料理後事。他的部屬們如此愛護他，亦可告慰孫將軍於九泉之下了。

十一月二十日，鄭資政去報告李總統有關孫將軍逝世情形。總統指示：從優安葬孫將軍，喪禮應隆重、樸素、不舖張，以後治喪會就是根據此一指示料理。鄭資政接著又去報告行政院郝院長，院長指示一切依照軍禮辦理。因爲孫將軍曾任陸軍總司令，依例由陸軍總部主辦，國防部及退除役官兵輔導委員會協辦。至於治喪委員會主任委員由誰擔任問題，大家認爲鄭資政最爲適當，可是鄭資政爲人一向謙恭，他推薦安徽鄉前輩楊亮功先生擔任，而且他親自去與亮功先生商議。亮功先生正臥病在床，不能行動，願意名義由他擔任，實際一切喪事料理，還是全靠鄭資政出力。

鄭資政應菲律賓軍方邀請，訂於十一月二十二日啓程前往訪問，在出國期間，指定沈克勤秘書負責與國防部、陸軍總部及輔導會聯絡。二十二日上午，國防部辦公室趙副主任淦成，約集陸軍總部王副參謀長賢志，輔導會馮處長傳勛及沈秘書克勤四人，在台北市南昌街陸軍聯誼社商討孫立人將軍喪事應辦事宜。會商決定墓地設計圖樣，請輔導會榮工處蔡榮祥工程師繪圖設計，交陸軍總部派工兵營建，棺木孫家已選購好銅棺，孫將軍行述及訃聞請柳作梅教授與家屬研商撰述，一切喪葬費用，陸軍總部先行墊付，待鄭資政返國後，請國防部支助。關於呈請總統褒揚令，依例由治喪會備文呈請內政部，轉報行政院，經院會通過，呈請總統頒發。一切商討好，就在陸軍聯誼社共進午餐。此處原是孫將軍初來台灣時故居，觸景傷情，感慨萬千，當年盛況已無迹可尋矣。

孫將軍逝世消息傳出後，政府首長，社會賢達，以及親友舊屬前往台中孫府弔喪者，絡繹不斷，接待照料工作頻繁。孫家親屬及將軍故舊聞訊從海內外趕來，自動前往孫府協助照料，尤以「立新社」同仁，不分晝夜，大家心甘情願，都想給老長官盡一份心力，把喪事辦得盡善盡美，爲老長官爭取最後的榮耀。

鄭資政返國後，於十一月三十日上午九時，在台北三軍軍官俱樂部，約同國防部趙副主任涂成，陸軍總部王副參謀長賢志，輔導會馮處長傳勛及張佛千、沈克勤、孫善治等人會商喪事料理情形，各人就其所辦理事項提出報告，鄭資政一一予以裁決，並就次日召開治喪會應行商討事項，預作一番準備。關於呈請總統頒發褒揚令事，內政部早於一週前已備文送到行政院，而行政院尚未提出院會討論，鄭資政允親自去催辦。

十二月一日上午九時，在三軍軍官俱樂部舉行孫立人將軍治喪會，與會者約有百餘人，推舉鄭資政主持會議。首由台中榮民總醫院彭芳谷院長報告孫將軍病逝經過，繼由與會人員紛紛發言，其中以從美國專程回來參加喪事的前海軍少將徐昇平發言最爲激烈，他指出孫將軍功在國家，政府應予國葬，以慰忠魂。會中決定孫將軍治喪委員會主任委員恭請楊資政亮功擔任，副主任委員推請鄭資政爲元、原子能委員會閻振興主任委員、輔導會許歷農主任委員及陸軍總司令黃幸強上將擔任，凡參加治喪會者均爲治喪委員。美國維吉尼亞軍校代表葉晨暉博士攜來校旗，請求覆蓋維吉尼亞軍校校旗，國立清華大學校友代表洪同請求覆蓋清華校旗，並推請許歷農、溫哈熊、黃幸強、羅本立四位上將覆蓋國旗。另推請陸軍總部王副參

右：台灣各大學教授致送『中國軍魂』輓幛。

上：總統府鄭資政為元將軍主持祭 典。

謀長賢志擔任總幹事，立新社秘書長樊仲英任副總幹事，最後由孫將軍男女公子中平及安平向治喪人員叩謝。

在十二月七日公祭前夕，鄭資政趕往台中，親往墓地察看，見已大體完工，又至台中殯儀館督導佈置靈堂。在場孫將軍舊屬最感焦慮不安的，是總統的褒揚令尚未頒發，直至午夜過後，總統府始派專人送到。這時大家加緊佈置，到了天亮，才算完竣。當天夜晚從海內外趕回來的孫將軍親友舊屬，都齊集孫府，爲將軍守靈。

十二月八日清晨七時，孫府舉行家祭，有家屬舊部百餘人參加，請台中市長林柏榕担任點主，孫夫人及四位子女跪在靈前，泣不成聲，部屬無不淚下，歷一小時，隨即移靈至台中市立殯儀館，陸軍總部派五百名樂儀隊及警衛人員護送。

孫將軍靈前中央佈置總統褒揚令與旌忠狀，兩旁擺設蔣夫人宋美齡女士花圈，以及李總統，嚴前總統，五院院長致贈的輓額，和孫將軍生前榮獲的中外國家頒贈的各種勛章，靈柩周圍佈滿黃白相間的菊花，四周牆上掛滿了輓幛及輓聯，其中最引人注目的，是前監察委員陶百川先生送來一幅「忠義遺憾」輓幛，後來因總統褒揚令頒到，他立即換爲「忠義昭著，公道伸張」八個大字。另有一位仰慕孫將軍的日本打狗縣埤頭市吳明勝送來一幅輓聯：「支那人民多少淚，中華從此無將軍！」在喪禮進行中，一群大學教授，包括東吳大學校長楊其銑、中央研究院近代史研究所所長張玉法、東吳大學經濟研究所所長侯家駒、國立政治大學新聞研究所所長李瞻、政治研究所所長郎裕憲、邊政研究所所長唐屹、歷史研究所所長蔣永

退除役官兵輔導委員許主任委員歷農、陸軍黃總司令幸強、聯勤羅總司令本立及戰略顧問溫哈熊四位陸軍上將共同覆蓋國旗。

美國維吉尼亞軍校校友代表溫哈熊葉晨暉溫子儉共同為1927年級傑出校友孫立人將軍覆蓋校旗。

敬及歷史系主任胡春惠等學術界人士，當場展示一幅紅色輓幛，上面書寫「中國軍魂」四個大字，表達他們的敬意。

公祭從上午九時開始，參謀本部，陸海空三軍總部，當地駐軍和民衆，分別依照各別單位，組織成隊，依序進入靈堂祭拜，尤以孫將軍舊部新一軍，第四軍訓班，女青年大隊，幼年兵總隊官兵及學員生，均行跪拜禮，不少老兵跪在靈前哭泣，由旁人扶著離去。

上午十一時三十分舉行覆旗典禮，先由總統府資政鄭爲元上將主祭，繼由清華大學劉兆玄、李幹、張昌華、洪同覆蓋清華大學校旗，接著由溫哈熊、葉晨暉、溫子儉覆蓋美國維吉尼亞軍校校旗，最後由許歷農、溫哈熊、黃幸強、羅本立四位上將覆蓋國旗。

祭禮由上午九時，進行至中午十二時許，爲時長達四小時，前來行禮的有國防部陳部長履安等近萬人。場面隆重樸素，氣氛肅穆哀戚。

下午一時出殯，由十名憲兵抬起靈柩，緩緩將銅棺放進靈車，由靈堂發引，前往東山墓園。出殯隊伍由十二輛憲兵機車開道，緊接在後的是高懸李總統頒贈的「軫念勳猷」輓額，六輛勳章車，中間是孫將軍靈車，最後是送葬車隊，前後約長一公里，沿途路祭者，紛紛燒香燃炮拜祭。

下午三時，靈車抵達東山墓園。禮兵將孫將軍靈柩安放在墓位上蓋後，家屬故舊數百人在鄭資政率領下，向孫將軍行最後敬禮。山谷中，鳴放葬槍，吹安息號。

八、巴頓、馬歇爾、孫立人

孫將軍逝世消息傳出後，美國維吉尼亞軍校校長約翰凱納普（John W. Knapp）少將於十一月二十七日代表全校師生，致函慰唁孫夫人說：「孫將軍一生英勇犧牲的精神，給他的家國及維吉尼亞母校增添莫大榮耀，我們與你同感哀悼。」❶

旅居美國及加拿大地區孫將軍的親友部屬，商訂與台灣公祭同一天，一九九〇年十二月八日下午，在洛杉磯佛光山西來寺舉行追悼會，從美加各地前來的親友二百多人參加，由佛寺法師誦經，雲鎮教授主持，與祭者一同祭拜，氣氛莊嚴肅穆。禮堂中懸掛一幅「孫立人將軍美洲後援會」的輓幛，上書「百戰軍魂，老兵不死；千秋忠義，浩氣長存。」來表達他們的哀思和敬意。❷

美國維吉尼亞軍校校長約翰凱納普將軍於一九九一年六月初專程來華訪問，特於六月八日前往台中東山孫將軍墓園獻花拜謁，並向孫夫人及長公子安平致意。他說：「維吉尼亞軍校對孫立人將軍懷有崇高的敬意，我以校長身分，獲此殊榮，代表校友，來此表達哀思，全校師生均感欣慰。」

美國維吉尼亞軍校決定，把孫立人將軍生前所穿的軍服、軍帽、皮靴、及畫像、勛章、照片、軍旗、戰利品、紀念冊、與有關印緬戰役的書籍，同該校傑出校友世界名將巴頓將軍

美國維吉尼亞軍校在校史館中特設櫥窗展出孫立人將軍畫像及戰勝日本的勝利品等遺物，供人景仰。（葉晨暉提供）

孫立人將軍墓園全景。

及馬歇爾將軍的紀念物品，並列在該校校史館中永久展覽，以供後人瞻仰。孫立人將軍是該校創校以來一百五十一年歷史中，第一位享此殊榮的外籍學生。第二次世界大戰中三位英雄巴頓、馬歇爾、孫立人，將永遠爲世人所崇敬。

這一幅陳列在維吉尼亞軍校校史館中的孫將軍畫像，是該校一九六〇年畢業校友葉晨暉博士特請中國大陸名畫家劉秉江大師精心繪製的，高四尺，寬三尺。孫將軍畫像白髦戎裝，威儀慈祥的容顏，栩栩如生。

我國駐美大使顧維鈞先生在他回憶錄中說：「我記得我已說過，孫立人很欽佩馬歇爾，因爲他和馬歇爾都是維吉尼亞軍事學校的畢業生，而馬歇爾可能由於同一原因，也讚賞孫立人。事實上，在一九四八年，我同馬歇爾的談話中，他常常提到孫立人，認爲他是國軍中一位傑出的將領。」❸中美兩位英雄，惺惺相惜。

第二次世界大戰行將結束，孫立人將軍應盟軍歐洲統帥艾森豪將軍的邀請，參觀歐洲戰場，孫將軍前往阿爾卑斯山下，拜會美國第三集團軍司令巴頓將軍，巴頓將軍擺列儀隊歡迎，告訴孫將軍說：「只要給我充足的汽油，我便可指揮我的裝甲部隊，直趨莫斯科。」民國三十五年，孫立人將軍率新一軍至東北作戰，一舉攻下四平街，進佔長春。孫說：「若不是政府下達停戰令，我將率軍越過松花江，直搗哈爾濱及佳木斯。」世界兩位名將的豪情壯語，震鑠中外古今。

註釋：

❶《孫立人將軍永思錄》第六〇頁〈美國維吉尼亞軍校的悼念〉。
❷《孫立人將軍永思錄》第五〇頁〈洛杉磯追悼會情況〉。
❸《顧維鈞回憶錄》第八冊第五五三頁。

九、孫立人、曾國藩、岳飛❶

馬全忠

民國的孫立人，清代的曾國藩，與宋朝的岳飛。他們三人生存於不同的時代，前後相距約九百年，但三人生平中有若干相同之處，也有不同之點。

孫、曾、岳都是文武雙全的傑出人物，在民、清、宋三代的歷史中都佔有一頁。宋史中有岳飛傳，清史稿中有曾國藩傳，民國史雖然有待於異日，但孫立人的一生是完全符合於史書裡立傳的人物。

他們都是在萬骨枯的戰爭中成名的，所不同的是，岳飛完全為抵抗異族而戰，曾國藩打的完全是內戰，而孫立人先抵抗外寇，後參與內戰。

他們都先是聰穎的文人，後來成為沙場的名將。不過，一般人以民族英雄稱頌岳飛，以抗日英雄稱頌孫立人，卻極少聽到以內戰英雄稱頌曾國藩，對他最常見的稱讚是「中興名臣」。

他們都是既能練兵又善用兵的傑出軍事將領。雖然有所謂勝敗乃兵家常事的論調，但他們的作戰紀錄中，決定性的戰役都是勝利。他們都深得士卒的擁護，因為他們與士兵共甘苦，上陣時身先士卒，有戰功時歸功於部下，有責任時自己擔當。岳志在直搗黃龍府，孫志在飲馬松花江。

他們都是先獲得主子——君主或總統——的信任，後來遭奸人讒陷而造成悲劇。三人的結果不同的是，岳飛與其子岳雲同時被殺害，孫立人被罷官與囚禁三十三年。曾國藩雖能平安度其餘年，但他也「念權位不可久處，益有憂讒畏譏之心」與「既負重謗，疾益劇」而去世。

他們三人中，岳飛被殺害時只有三十九歲，孫立人遭囚禁時不過五十六歲，曾國藩病逝時得活六十二歲。岳飛傳的最後八個字是：「嗚呼冤哉！嗚呼冤哉！」孫立人在九十一歲去世時的臨終遺言是：「我是冤枉的！」曾國藩傳中說，他去世時「百姓巷哭，繪像祀之」。

他們三人效忠主子之心幾乎無異。岳飛在朱仙鎮大敗金兵之後，被宋高宗趙構一日十二道金字牌招回，有人勸他說：「將在外君命有所不受。」但宋史說他「悲泣，取詔示之曰：吾不得擅留。」

孫立人被囚禁期間，美國政府大員表示願協助他離開台灣，但他婉拒。曾國藩感到政治危機，藉病請假，自動辭職及請求削除封爵，但清帝同治未准。

他們三人都是所謂「功高震主」的實力人物。岳飛在金兵攻陷宋京開封，高宗政府流亡偏安浙江之際，穩定了大局。孫立人在共軍席捲大陸，蔣介石總統政府流亡偏安台灣之際，保住了海島，台灣才有今天。曾國藩在太平天國建立，清廷搖搖欲墜之際，替滿清政府延長壽命五十年。

孫立人、曾國藩、岳飛，都是當時手握重兵，足以做出改變歷史的偉業的人物。但只有曾國藩有政治頭腦，在消滅了洪、楊之後，立即將其湘軍遣散，自請還鄉，消除了被主子猜疑的最大因素，才能夠「壽終正寢」。不知讀者以為然否？

注釋：

❶ 原載舊金山星島日報，一九九八年七月十九日。

附錄一：

孫立人簡歷表

民國前十一年（一九〇〇）　即光緒二十六年十月十七日子時，生於安徽省廬江縣金牛鎮。

民國十二年（一九二三）　清華大學畢業。

民國十四年（一九二五）　普渡大學畢業，獲土木工程學士學位。

民國十六年（一九二七）　維吉尼亞軍校畢業。

民國十七年（一九二八）　任南京中央黨務學校學生大隊副大隊長。

民國十八年（一九二九）　任陸軍教導師學兵連連長。

民國二十年（一九三一）　任陸海空軍總司令部上校侍衛副總隊長。

民國二十一年（一九三二）　任財政部稅警總團第四團上校團長。

民國二十六年（一九三七）　參加淞滬戰役，升任第二支隊少將支隊長，防守蘇州河，身上中彈十三處，在上海醫院急救，轉送至香港醫院復健。

民國二十七年（一九三八）　任緝私總隊中將總隊長，在貴州都勻練軍三年。

民國三十一年（一九四二）任新三十八師師長，率師赴緬甸遠征，仁安羌大捷，解救英軍七千多人，奉命掩護國軍及盟軍撤退，任務達成後，率師撤至印度。

民國三十三年（一九四四）任新一軍軍長，率師反攻緬甸，在野人山區經十八個月連續不停的戰鬥，擊潰日軍五個師團及一個獨立旅團，打通中印公路。

民國三十四年（一九四五）應盟軍統帥艾森豪將軍邀請，訪問歐洲戰場，順道訪問英美軍事學校。

民國三十五年（一九四六）出席在華盛頓舉行的聯合國參謀首長會議。五月奉召返國，率新一軍光復四平街、長春等地。十月任東北第四綏靖區司令兼長春警備司令，擊潰共軍四次攻勢。

民國三十六年（一九四七）任陸軍副總司令兼陸軍訓練司令，在台灣鳳山練新軍。

民國三十八年（一九四九）任台灣防衛總司令，十月二十五日新軍二〇一師古寧頭大捷，屏障台灣安全。

民國三十九年（一九五〇）任陸軍總司令。

民國四　十年（一九五一）晉升陸軍二級上將。

民國四十三年（一九五四）任總統府參軍長。

民國四十四年（一九五五）遭受誣陷，軟禁三十三年。

民國七十七年（一九八八）恢復自由。

民國七十九年（一九九〇）壽終，享年九十一歲。

附錄二：中外出版有關孫立人著作書目

(一)中文部份

孫立人回憶錄　台北中國時報連載
中國軍魂：孫立人將軍永思錄　台北學生書局
中國軍魂：孫立人將軍緬甸作戰實錄　台北學生書局
中國軍魂：孫立人將軍鳳山練軍實錄　台北學生書局
女青年大隊訪問紀錄　中央研究院近代史研究所口述歷史叢書五十六種
小兵之父：孫立人將軍側記　揭鈞著　台北躍昇文化公司
緬甸蕩寇誌　孫克剛著　上海時代圖書公司
印緬遠征畫史　何鐵華、孫克剛編著　上海時代書局
鷹揚異域紀實　蔣元編著　自印本
我們怎樣打進緬甸　戴廣德著　貴陽中央日報
遠征印緬抗戰　杜聿明等　北京中國文史出版社

史迪威事件　梁敬錞著　台灣商務印書館
史迪威與中國　楊耀健著　中國青年出版社
顧維鈞回憶錄　中國社會科學院近代史研究所譯
孫立人將軍與緬甸　方寧著　香港太玄出版社
緬甸遠征記　蘇一葦著（出版者不詳）
孫立人事件始末　諸葛文武著　台北天元圖書公司
孫立人冤案平反　鄧維賢編　新梅出版社
名將孫立人　艾思明等　台北群倫出版社
孫立人研究　李敖編　台北李敖出版社
孫案研究　李敖編　台北李敖出版社
百戰軍魂——孫立人將軍　許逖著　台北懋聯出版社
緬甸，中日大角逐　陳立人著　北京解放軍文藝出版社
藍鷹兵團　羅曼著　台北星光出版社，一九七九年十二月出版
血戰瓦魯班　趙振宇著　台北陸軍出版社
傷痕　黃美之著　台北耀昇文化公司
藍欽使華回憶錄　台北徵信新聞譯印
中國抗日戰爭大畫史　楊德鈞編著　台北北開文化事業出版公司

遼瀋戰役親歷記　中國文史出版社
抗日名將——李鴻將軍　湖南出版社
中華民國重要史料初編——對日抗戰時期　秦孝儀主編
血汗保台灣　李邦芬著　自印本
鷹揚國威　薛慶煜著　台北東大圖書公司
劉放吾將軍與緬甸仁安羌大捷　劉偉民著　自印本
八五自述　袁子琳著　台北太白書屋
俞大維傳　李元平著　台灣日報社
蔣經國傳　江南著　美國論壇社
吳國楨傳　劉永昌整理　台北自由時報
白色恐怖秘密檔案　谷正文口述　台北獨家出版社
牛鬼蛇人　谷正文口述　台北獨家出版
時代的尖兵　郭風著　台北寰球文化服務社
覆瓿贉稿　吳燦禎著　自印本
中國遠征軍入緬抗戰紀錄　戴孝慶、羅洪彰主編　重慶西南師範大學出版社
緬北第一期作戰概述　駐印軍新一軍新三十八師司令部編印
虎關區戰役戰鬥詳報　駐印軍新一軍新三十八師司令部編印

卡盟區戰役戰鬥詳報　駐印軍新一軍新三十八師司令部編印
孟拱區戰役戰鬥詳報　駐印軍新一軍新三十八師司令部編印
八莫及卡的克戰役戰鬥詳報　陸軍新編第一軍司令部編印
南坎區戰役戰鬥詳報　陸軍新編第一軍司令部編印
新維腊戍區戰役戰鬥詳報　陸軍新編第一軍司令部編印
藍鷹　鍾山著（尚未出版）
雪白血紅——國共東北大決戰歷史真相　張正隆著　香港大地出版社
龍舒孫氏宗譜　民國七十一年夏曆壬戌十二月在台重印
軍旅滄桑——孫立人　黃亦兵著　蘭州大學出版社一九九六年四月版

(二) 英文部份

Authors	Title	Date
Barbara W. Tuchman	*Stilwell and The Ameriean Experience in China 1911~45, Mac Millan, New York.*	*1971*
Historical Division, U.S. War Department:	*Merrill's Marauders*	*1945*

M.G. Abhyankar: *The War in Burma*

Louis Allen: *Burma-The Longest War 1941～45* 1984

Leslie Anders: *The Ledo Road: General Joseph W. Stilwell's Highway to China* 1965

Alan Baker: *Merrill's Marauders* 1972

Winifred Beaumont: *A Detail on The Burma Front* 1977

Shelford Bidwell: *The Chindit War: Stilwell, Wingate, and The Campaign in Burma: 1944* 1979

Frank Bonham: *Burma Rifles: A Story of Merrill's Marauders* 1960

S/Sgt. C.M. Buchnan: *The Stilwell Road* 1945

Raymond Callahan: *Burma 1942～1945* 1978

Shankarro G. Chaphekar: *A Brief Study of The Burma Campaign, 1943～45* 1955

J.B. Chaplin: *Action in Burma, 1943～45* 1984

Fred Eldridge: *Wrath in Burma: The Uncensored Story of General Stilwell and Interns* 1946

Ian Fellowes-Gordon: *The Burma War* 1972

Ho-Yungchi: *The Big Circle: China's Role in The Burma Campaigns* 1948

Thomas L. Hughes: *The Burma Campaign* 1943

S. Woodburn Kirby, et al: *The War Against Japan. Volume 4, The Reconquest of Burma* 1965

Geoffrey Matthews: *Thr Re-Conquest of Burma 1943～1945* 1966

Roy Mckelvie: *The War in Burma* 1948

D.D. Rooney: *Stilwell* 1971

Albert C. Wedemeyer: *Wedemeyer Reports* 1958

Theodore H. White. ed: *The Stilwell Papers* 1948

Gen. Harold R.L.G. Alexander: *The Alexander Memoirs 1940～45* 1962

Bruce Cumings: *The Origin of Krean War*

Field Marshal William Slim: *Defeat into Victory, London* 1956

附錄三：我隨侍孫立人將軍的回憶

沈克勤

目錄

一、從軍背景
二、軍訓班教官
三、精忠報記者
四、隨從秘書
五、有責無權的陸軍總司令
六、爲陸軍官兵爭待遇
七、台北高雄的火車上
八、老總生活絕不比士兵多享受一點

九、孫夫人信佛
十、一秉至公、絕不徇情
十一、吳炳鐘的趣事
十二、恂恂儒者陳石孚
十三、英文大師馬國驥
十四、苦讀英文
十五、留美受訓
十六、戰地政務
十七、脫下軍服

我隨侍孫立人將軍的回憶

沈克勤

一、從軍背景

當我十歲能夠記事的時候，正是民國二十年（一九三一）「九一八」事變發生，我記得有一位抗日英雄馬占山將軍，率領東北游擊健兒，在白山黑水間，喋血奮戰，拚命抵抗日軍，最後不支，退到西伯利亞，寧死也不投降。對於這位民族英雄，在我幼小的腦中，留下深刻的印象。

民國二十六年，當我在蕪湖廣益中學唸完初一，暑假回到家鄉合肥城，「七七」事變爆發，日軍大舉進攻蘆溝橋，激起全中國人民的憤怒，點燃了中日戰火。接著「八一三」淞滬戰爭爆發，戰火延燒到南京，學校被迫停課，我回到合肥鄉下家中避難。

二十七年春，轉入安徽省立第二臨時中學，在舒城郊外伏虎寺就讀。一天，日軍飛機突臨舒城上空，盤旋投彈，全城陷於火海，死傷無數。這時全校師生已無心上課，大家結隊走上街頭，宣傳抗戰，呼籲全民奮起，救亡圖存。

二十七年夏，徐州淪陷，學校奉命內遷。師生編成隊伍，成爲流亡學生，徒步穿越大別山，經過武漢，輾轉湘西苗區，到達川東秀山，學校改編爲國立第八中學初中第五部，繼續教學，絃歌不絕。

十月二十五日，武漢撤退，在湖南長沙新成立的稅警第一團，由團長賈幼慧率領，經川湘公路行軍入川，途經秀山，駐防一個多月。我們這些穿破爛軍服的丘九，看到這支裝備精良的丘八，精神抖擻，軍紀嚴明。他們駐進破舊廟宇，不數日，就將髒亂的環境，修整得煥然一新。尤其是這位英姿煥發的賈團長，他是美國留學生，在有名的史坦福大學攻讀歷史，爲了抗日救國，回國投身軍旅。他對我們這些難民學生愛護有加，邀請我們與他們官兵在野外聚餐，鷄鴨魚肉全有，我們這些三月不知肉味的窮學生，大打牙祭。校長顧訪白先生與賈團長交往甚好，常請賈團長來校在週會上講話。當地天主教堂有個美國神父，平時神氣十足，而今見到賈團長卻畢恭畢敬。看在我們這些年輕學生眼中，認爲中國有這樣傑出的軍人，一定能戰勝日本。

三十三年，抗戰進入最艱苦階段，我在中央政治學校讀書，日軍攻陷貴州獨山，重慶震動。這時蔣委員長發動全國知識青年從軍運動，後方各大中學校學生從軍熱潮，如火如荼的展開，當時我因家庭關係未應召從軍，一直是心中憾事。

三十四年八月十四日，日本宣佈投降，抗戰獲得最後勝利，中國列爲世界四強之一，舉國歡騰。當時我興奮異常，十五日一早，從南溫泉趕到重慶市區，參加慶祝勝利遊行。次日天方破曉，人們尚在睡夢中，我趕早回校，走到街頭，看見報童沿街叫賣新華日報，口中大聲呼喊：「共軍下令全面接收淪陷區」。國人剛嚐到勝利的滋味，隨即又開始憂慮內戰的爆發。當時青年攜手返鄉重建家園的夢想，很快就破滅了。

三十六年夏，我從政治大學畢業，奉派到安徽省政府工作。時逢國內戰亂，安徽地方受到土共騷擾破壞，已不安寧，因而我不願意回鄉從事地方工作，暫停留在南京。

一天我在報上，看到一則消息，說「孫立人將軍奉派到台灣訓練新軍」，當時我眼中恍如閃現一線曙光，認為這是我從軍報國的機會。一則我投筆從戎的宿願得償，再則我可到初光復的台灣寶島遍覽熱帶風光。而且孫立人將軍就是在我心中留有好印象的稅警團的領導人，後來他率領新一軍，在緬甸戰場上屢建奇功，打通中緬公路，成為一位戰績輝煌的抗戰英雄。由他來訓練新軍，必為國家帶來新希望。知道他是清華畢業，與政大教務長陳石孚先生是同班好友。我就與同學石遠謀商定，請石孚先生給我倆寫封介紹信，至南京沈舉人巷孫府晉見孫將軍。這次見面，孫將軍看完信也沒多問，就派我倆人為陸軍訓練司令部新聞處上尉科員，從此穿上了軍裝，踏上人生的征程。

二、軍訓班教官

民國三十六年八月一日，我與石遠謀兩人，一同到南京香靈寺陸軍訓練司令部報到，見到新聞處長張佛千少將，他要我們倆人各寫一篇從軍感言，作為語文測驗，通過後，就開始上班。陸訓部是一個新成立的軍事機關，一切尚在草創之中，惟官兵生活都要受嚴格軍事管理。我倆剛從文學堂出來，初踏進軍事機關，一切都不懂，處處受到管束，深感不自在。同事多是軍人，我們在軍中的文職人員，一舉一動，都不合乎軍事要求，他們看不順眼，譏笑我們是「活老百姓」。

陸訓部第一批赴台官員百餘人，於國慶前夕，從上海乘登陸艇，離開黃埔江，駛向台灣海峽，我站在船頭，遙望前程浪濤洶湧，海天一色。這是我第一次看到海洋，心情感到興奮。回顧大陸河山，黯淡蒼茫。離去父母鄉邦，愈行愈遠，心中依戀不捨，久久不能成眠。那裡會料到，此去之後，大陸沉淪，我們便成爲有家歸不得的遊子，我與父母永訣了！

十月十一日午間，抵達基隆碼頭。我們上了岸，看到路邊水果攤林立，搶著買香蕉大嚼。我第一次看到奇異的鳳梨，想買又不知道如何吃法。我們在基隆市逛了一趟，覺得它祇是個樸實無華的漁港。下午賈幼慧副司令官來接，

石遠謀（左）沈克勤（右）在鳳山軍營門前合影（吳紹同攝影）

集合我們訓話，要我們嚴守軍紀，不要給台灣同胞對國軍留下壞印象。可是我們的表現，多少帶有點勝利者的姿態，在街上購物吃飯，有時無意中也許顯得趾高氣揚，難免會引起台灣同胞的反感。

當天晚上乘火車到高雄，第二天清晨，進駐鳳山營房。這是日軍遺留下來的老舊營房，門窗破壞，營區雜草叢生，無電無水，又無桌椅床舖。我們成爲拓荒者，開始披荊斬棘，動手打掃房舍。又從崗山空軍單位，借來老舊桌椅，擺設起來，開始辦公，積極準備新軍訓練工作。

第一批訓練新軍的基層幹部，是從東北新一軍教導總隊調來的四百二十二名學生，擔任示範隊，由趙狄總隊長率領，駐進鳳山營房，立即給沉寂空曠的營區，帶來虎虎生氣。他們穿著美式軍裝，短褲皮靴闊腰帶，精神抖擻，氣宇軒昂，整隊路過街上，步伐整齊，皮鞋發出的嚓嚓聲響，無不引人注目欣賞，稱讚新軍畢竟不同凡響。他們受到老百姓的衷心歡迎，我們也引以爲傲。

陸訓部經過一個多月的籌備，就在鳳山營區內，開辦軍官訓練班幹部訓練總隊，分設將官、校官、尉官及士官四個班隊，調訓在台部隊的各級幹部。這時我應聘爲政治教官，教授將官班的中國憲法。十一月十六日開學，我去上課，軍訓班新聞組組長王景佑上校，恐怕我這個年輕上尉壓不了台，他先上台替我說了幾句話。我剛離開大學校門，我還記得在校時薩孟武老師們講授的政治學理論與學說，臨時拿出來賣弄，頗受學員們歡迎。一天我患瘧疾，自己講話也聽不見，便在課堂內大喊，他們也不介意。後來到部隊上，遇到這些將領們，他們還稱呼我爲老師，內心甚爲得意，因而引起我對教書的興趣。

三、精忠報記者

三十七年二月二十二日，新聞處主辦的「精忠報」出刊，我被調爲採訪記者。從小我就喜歡看報，但做記者卻是外行。而新聞處長張佛千卻是辦軍報的高手，他在淞滬前線曾主辦過「陣中日報」，名噪一時。他對報社同仁要求嚴格，規定每名記者每天撰寫新聞稿不得少於五百字。我每天在營區行走採訪，有時找不到題材，心裡焦急，遇到同事劉國瑞，他也一無所獲，兩人相視苦笑。做了記者之後，孫司令官成爲我們跟踪採訪的對象，我對於他的日常活動，有了親近的機會，對於他的思想行爲，開始有了新的認識。

三十八年九月間，孫司令官奉命兼任台灣防衛司令，陸訓部擴編爲台灣防衛司令部，新聞處擴大爲政治部，我奉派爲宣傳科長，兼任精忠報採訪主任。當時我深感惶恐，不知道如何做好軍中宣傳工作，實際上，每日工作仍以精忠報爲主。光復節夜間，共軍一萬多人，分乘大小機帆船二百多隻，襲擊金門西北角古寧頭，新軍二〇一師六〇一及六〇二兩個團防守第一線，一夜之間，將來犯共軍擊潰，殲敵萬餘，俘虜六千多人。這一勝利消息，於次日傳到新軍基地鳳山。這是新軍訓練的部隊第一次獲得的戰果，作戰單位收到前方傳來的電訊，立即送交精忠報發表。我當將電訊改寫成新聞，一份由精忠報刊出，同時另抄一份，由我騎著單車，送到高雄，交給中央社分社主任張明烈，由他電發至台北總社，供給國內外各大報紙及廣播電台傳播。當時金門沒有戰地記者，所有金門大捷的戰訊，都是由當地駐軍電報台灣防衛司令部，一連十數日，都是由我一手照樣撰稿傳播出去。我發表這樣重要的軍事新聞，爲趕時效，來不及向上級長官請示，我認爲這是宣傳科長份內的事。事後張明烈獲得中央社明令嘉獎，但沒有人知道這是我在宣傳科長任內所做的一件宣傳工作。

爲了配合金門大捷的新聞，我又撰寫一篇「新軍良心訓練」的專文，報導孫司令官在新軍中，教導官兵要發揮良心血性，倡導「意見、人事、財務、獎懲」四大公開，並鼓勵「好人出頭」，養成「軍愛民、民敬軍」的新風氣。這篇報導在十月二十七日中央日報上刊出，當天孫司令官專機飛金門前線視察，在機上看到這篇文章，他問同行的張佛千處長：「這位作者是誰？」我一向做事，盡力做好自己份內工作，人不知，己不慍。

三十八年底，政府各機關紛紛從大陸撤退來台，人心惶惶，台灣處在風雨飄搖之中。當時陸海空三軍主力都集中在高雄附近，鳳山是陸軍基地，左營是海軍基地，岡山是空軍基地。我們在三軍裡工作的政工人員，爲了鼓舞人心，團結士氣，集議糾合高雄新生報、台南中華日報及駐在南部的新聞工作人員，聯合創辦一份雜誌，名曰「力量」半月刊。推舉南部中華日報總編輯陳立峯爲主筆，高雄新生報總編輯歐陽醇爲總編輯，中央社駐南部特派員張明烈爲總經理，於三十九年一月十六日出版。發刊詞中開場白就說：「今日何日？大陸沉淪，神州板蕩。事急矣！時危矣！吾人最後表現力量之時機至矣！……最後高呼：同仁不敏，願天下有作爲，有希望，有理想，有智慧，堅決反共的朋友，熱烈支持我們的主張，用我們的力量，消滅敵人的力量。」創刊號裡刊載的文章，多是陸海空三軍的消息，有我一篇「新軍是怎樣練成的」，和侯家駒一篇「榮譽歸於壯士」，報導新軍上等兵袁林在金門大捷中的英勇故事。

「力量」這本軍事雜誌問世，在當時台灣可以說是首創。我們這幾個文人，畢竟力量有限，又得不到任何方面支持，未經數月，即宣告夭折。我到今天還保存「力量」半月刊的創刊號及第三期，可能是海內外的孤本。我們理想的共同事業，雖然很快就失敗了。可是經歷這次失敗，我與張明烈、陳立峯等人，成了很好的朋友，他們去世已經多年，可是他們在台灣最危險時期，對新聞傳播方面的貢獻，仍值得我永久的懷念。

台灣防衛司令部於三十九年元月三十一日設立研究委員會，延攬從大陸逃難來台的著名學者教授，擔任研究委員。實際上他們並不來部辦公，只是有時邀請他們來鳳山給軍訓班各班隊學員生演講上課。孫司令官認爲現代軍人，必須具有現代社會科學知識，所以他聘請的學者教授，都是一時之選。他調政治部張佛千處長主持研究委員會業務，我與劉垕二人調去擔任秘書。我記得當時應聘擔任研究委員的，有名教授蕭公權、沈乃正、周培智、翟楚等人，應邀前來演講的，有錢穆、牟宗三、徐復觀、胡秋原等人，周培智是合肥同鄉，他來鳳山，由我接待，他對學員生講完課，轉身告訴我：「二三十年後，這些學員生中，將來許多都是國軍中的高級將領。」翟楚教授是我政大老師，他一家五口，初到台灣，生活維艱，由我每月替他代領眷糧，送到府上，因而成了他家中常客。後來翟楚應聘到美國紐約大學教書，民國五十二年我去紐約參加聯合國大會，聖誕節前夕，他邀我到他家裡作客，在座還有哥倫比亞大學錢熙教授夫婦。三十八年，翟老師的長公子翟文伯，在台北中學唸書，後來成爲美國大學的名教授，我和他相處，有兄弟一般的情誼。

四、隨從秘書

民國三十九年三月十七日，孫將軍升任陸軍總司令，仍兼陸軍訓練司令，第四軍官訓練班主任，暨台灣省防衛司令，一身任四要職，這是他一生中掌握軍權最盛的時期。就在這時，我與政大同班同學徐士立調任總司令的隨從秘書，從此隨侍他左右，形影不離，一直到他調任總統府參軍長，長達四年之久。

當時在總司令辦公室有五個人，爲首的是少將高參葉鏡允，儼然是辦公室的頭子，我們也這樣稱呼他。他是政校一期校友，對於我們這兩位初來的後進，給予許多照顧。另兩位隨從參謀是陳良壎和曾日孚。陳是福州人，軍校十七期畢業後，就參加緬甸作戰，跟隨孫將軍多年，孫將軍爲人處事的習性，他瞭解最深，而他本人又極聰明機警，深得孫老總的信賴。曾日孚是美國華僑，自幼受美國教育，說一口流利英語，清脆悅耳，爲人也純眞活潑，專事洋務，與美國人打交道。我和徐士立，初進老總辦公室，祇辦理文書整理，演講或會議紀錄，及生活日記等。

孫老總一生志趣在於練兵，他的目標是要把中國軍隊練成世界上第一流的軍隊，因而他每天除了辦公，接見客人及參加會議之外，一定要抽出時間去看部隊。他走到操場野外，看到部隊演習訓練，精神極爲愉快，好像一個嗜好運動的球員，一上了球場，打起球來，他的精神就來了。

可是我們這幾個隨從，跟著他有時眞苦，不論炎陽烤晒，颱風吹打，白晝黑夜，海角山巓，他都要親自跟隨著演習部隊察看，暴風雨夜，他與官兵同樣不要穿雨衣，我們祇好跟著一同淋雨，衣服濕透了，他叮囑部隊回去後，吃一碗熱的薑湯，而我們連薑湯也沒得吃。校閱部隊時，他喜歡與部隊同吃大鍋飯，每頓吃下兩三碗，有時他忙過了午餐時間，我們只好同他一起挨餓，這是常有的事。他忙完了，想起吃飯，就叫伙伕把剩飯炒一炒，煮碗蛋花湯，幾個人吃起來，反而覺得格外好吃。三四年下來，他的足跡走遍台灣、澎湖、金門的每個角落，我們追隨他左右，吃盡了苦頭。當時孫老總五十左右，體力強健，他不怕苦，我們都還不到三十歲，有苦也說不出了。

我初進南昌街孫公館，以爲是來替孫老總當差的，感到坐立不安，不知如何是好。相處久了，才體會到孫老總看待我們，如同家人一樣。當時他膝下猶虛，我們便成爲他的子弟了。與他同睡同起，同桌吃飯。早餐總是吃稀飯，四碟小菜，花生米、豆腐乳、醬瓜、鹽菜，天

孫將軍向部隊講話，後座紀錄者是沈克勤（吳紹同攝影）

天不變，有時來了客人，加兩個鹹鴨蛋。中午晚上，如果在家吃飯，也是四菜一湯，兩葷兩素，魚肉青菜和蛋花湯，來了客人，也是加一盤炒雞蛋。孫老總對我們從未有過疾言厲色，連重話也未講過，如果我們眞的犯了錯誤，他最多望我們一眼，我們就知道他不高興了。我第一天在竹南國小睡在他住的房門外，要守衛憲兵替我揩拭手槍，他不知道槍內裝有子彈，誤扣扳機，碰然一聲，子彈飛出。我嚇得不得了，認爲一定要受責罵。孫老總就睡在裡面房內，他知道後，一點都沒有責怪。孫夫人信佛每天唸經拜佛，見到我們，總是和顏悅色，笑容滿面。有時她要坐汽車外出，總司令家裡只有一部汽車，曾日孚參謀搶著把車子開走，揚長而去，說是去辦公事。孫夫人還是笑嘻嘻的走出大門，趕搭公車，或是坐人力車，我看到這種情形，心裡總覺得有點過意不去，認爲孫夫人把他們慣壞了。

五、有責無權的陸軍總司令

民國三十九年三月二十五日上午十時，孫將軍仍穿著洗褪了色的草綠卡機布軍常服，赴總統府宣誓就任陸軍總司令。他回到家裡面無喜色地說：「我祇接到一顆陸軍總部的印信，其外一無所有，關於陸總的編制裝備人事經費等項業務，一切均須從頭開始。」他感到責任重大，但是上面並無意給他實權。他知道政府這次要他出來，是要用他來爭取美援，並非要他來掌握兵符，整軍經武。平常人家，逢此喜慶，一定是花籃滿庭，親友道賀不絕，家中充滿了熱鬧氣氛。可是老總平時不喜歡應酬，更不許部屬無事登門逢迎，他榮升這一天，可以說沒有人前來道賀，家裡同往常一樣地冷清。

前三天，我開始上班報到時，就聽說跟隨老總多年的英文秘書潘申慶及黃珏、黃正姐妹，因受到「李朋匪諜案」的牽連被捕，而且是蔣經國親自打電話給孫立人辦的。孫明知道潘申慶和黃氏姐妹絕對不是匪諜，他雖爲他們力爭辯白，也是無效。他這才明白，這是上面有意要給他警告，要他順從聽話。爲此，先把他的親信人員關起來，作爲人質，如不聽話，隨時可以找個藉口制服。潘申慶在保安司令部看守所僅問過一次話，經老總多方設法營救，一年之後，以「過失洩密」罪名，判刑十年。老總再教當時在周至柔總長辦公室擔任英文秘書的衣復得上校，在監外代潘寫了一份「悔過書」，奉准調陸軍總部服勞役，發給准尉半薪。潘中慶從看守所裡放出來，他去見老總，老總一見面就拍拍他的肩膀說：「不要難過，他們原想懲我，卻先苦了你們。」潘出來後，和我同寢室，他住在下舖，我睡在上舖。我見他一天到晚笑嘻嘻的，從未說一句怨言，更沒有透露絲毫案情，他回到房間，就倒臥在床上，打開收音機聽古典音樂，兩年下來，我也被感染，能夠欣賞古典音樂了。最不幸的是黃氏姐妹，這一對金陵女大的高材生，剛走出校門，便遭到無情的政治風暴，把美好的青春與前途給斷送了。

我住在南昌街孫公館第一天，老總交待我辦的第一件公文，就是簽呈總統，保薦前三十八師師長陳鳴人爲陸軍總部營務處長。陳鳴人到差不到一個月，五月初，就被保密局關起來，顯然上面對老總的防範，更加嚴厲起來。

新七軍軍長李鴻於三月間從大陸逃出來，孫老總親自去見老總統，力薦李鴻擔任第四軍訓班主任。老總統召見時，要李鴻就軍校校長與成功軍軍長兩個職位中擇一出任。四月十日下午五時，孫老總陪同李鴻去見行政院陳誠院長，陳院長對李鴻在東北作戰的功勛，還予慰勉。當李鴻回到屛東家中，心裡尚在歡喜的時候，連同他懷孕的妻子，就被台灣保安司令部逮捕了。同時被捕的除陳鳴人外，還有新三十八師副師長彭克立和一一三團團長曾長雲。這四個人都是孫老總的愛將，同時被捕，顯然是上面要削剪孫老總的羽毛。孫老總一生帶兵，最愛護部下，對於這幾位追隨他多年曾在戰場上共過生死的戰友，他眼看他們受冤被關在牢裡，心中感到最大痛苦。結果這四個人被關了二十五年又三個月，罪名是來台「策反孫立人」。

六、為陸軍官兵爭待遇

孫老總自幼受美國教育，養成美國人的習性，遇到不公平的事，就去力爭。後來他也明白，上面認爲陸總部管轄的軍隊太多，權力太大，處處予以限制，不是去爭就可以爭到的。可是他習性養成之後，很難更改，尤其當他發覺陸海空三軍官兵的待遇不同，更是氣憤。他認爲三軍官兵同爲國家服役，爲甚麼海軍官兵的待遇要比陸軍高出一倍？而空軍更高出兩倍？一次，他在總統召集的最高軍事會議中提出，參謀總長周至柔的答覆是，海空軍官兵素質要比陸軍高。孫則氣急敗壞的問：「如何見得？你如認爲海空軍官兵素質比陸軍高，我們可以舉行考試，予以測驗，看究竟是誰的素質高？」兩人爭得面紅耳赤，使得周總長一時下不了台。

當時陸軍官兵待遇實在微薄，每月副食費只有台幣十八元，生活十分艱苦，士兵營養不良，患夜盲症及腳氣病的，比比皆是。孫老總認爲改善陸軍官兵待遇，是他不能旁貸的職責。一天晚間，孫老總到台北長沙街周總長官邸，商談請求增加陸軍官兵待遇，周總長堅持不准，認爲陸軍員額太多，無法調整待遇，兩人又爭吵起來，聲音越講越大，嚇得周家的人不知發生了甚麼事情，結果又是不歡而散。

孫老總一直氣悶在心，他有點孩子氣，遇到周總長連打招呼都心不甘情不願。每週例行軍事會議，孫老總時常後到，因爲先到，他不願向周總長敬禮，後到，他只要向總統敬禮就可，兩人這樣鬧下去，周總長自然也不會讓他，凡是陸軍總部有請求事項就很難過關，孫老總本想在陸軍有一番改革，他處處遭到掣肘，更使得他牢騷滿腹，不論見到任何人，他就發牢騷，傳開來之後，有心人再加油添醋，便很容易引起上峯的猜疑，防範更嚴，流言更多，層峯不察，聞善則疑，聞惡則信，久而久之，便構成罪嫌了。

七、台北高雄的火車道上

台北每週有兩個會議，是孫總司令必須參加的，一個是週四舉行的陸海空三軍首長聯席會議，一個是星期六上午，總統召集的最高軍事會議，其外週日在陽明山舉行的總理紀念週，也得參加，因此老總每週必須在星期三晚上從高雄乘火車北上，星期天晚上再乘火車從台北南下。每週在台北至少須住四天。當時台北已成爲臨時首都，人文會萃，應酬頻繁。他到了台北之後，就免不了許多無謂的應酬，這是他最厭煩的。有些從大陸撤退來台的老官僚，時常成爲孫府的不速之客，他們仍然是過去官場一套老辦法，見面不說心裡要說的話，留在肚裡讓人去猜，一坐兩三個小時，儘量說些閒話，老總雖然聽得不耐，但又不好意思端茶送客。

所以他在台北開完會議之後，馬上就乘火車回鳳山軍營，爲了減少他在台北無謂的應酬，老總提議將陸海空三軍首長聯席會議開會日期，改在星期六下午舉行，獲得通過之後，他就有更多時間，放在實際工作方面。

我們每次來往台北高雄，都是乘晚間十時夜快車，行前通知鐵路局，把他專用的一節車箱掛在夜快車後面。老總在上車之前，家裡客人不斷，經一再催促，不到最後時刻，他總不肯離開，及至匆忙趕到車站，旅客都已上了車，只等他一上車，火車就開始啓動。他每次從台北上車，孫夫人都來送行，與老總手挽著手，送老總上車，夫妻恩愛，好像兩人捨不得分開似的。

我跟著上了火車，解開軍服，就倒在臥舖上睡覺，不到十分鐘，火車還沒有駛到萬華，我已經呼呼大睡了。途中不論車身如何搖動，我都不會被鬧醒，一夜睡得極爲香甜。次晨天亮，車抵台南，醒來起身盥洗，到了高雄下車，回到鳳山營房，照常辦公，並不覺得旅途勞頓。我的同事徐士立兄，他在火車上很難入睡，次晨起來，睡眼惺忪，到部辦公，精神不濟，不堪其苦。

我們最佩服老總的睡覺功夫，他不僅在火車上可以睡覺，就是在任何情況下，只要他放下工作，他就能呼呼入睡。他常在看完部隊之後，乘汽車回家途中，大睡一覺。星期天，許多人要遠離台北，出去渡假，遊山玩水，藉以休息。老總在星期天下午，如果沒有事，便午睡二三個小時，這是他恢復一週來的疲勞最簡單的辦法。

台灣鐵路局特為老總裝製一節車箱，中間除有臥舖外，並設有會客室及辦公桌椅，必要時，可在車上繼續辦公會客。兩邊各有一個房間，每個房間設置兩個上下舖，分由隨從及警衛人員使用。此節車箱於三十九年十月二十三日啓用，老總每於視察鐵路沿線部隊及防務時，便搭夜快車，在車上睡眠，待火車駛到目的後，便將這節專車甩下，他仍可在車上繼續睡覺，直到天亮，醒來盥洗畢，隨即下車，開始工作，節省了許多時間。

八、老總生活絕不比士兵多享受一點

孫將軍帶兵練兵，一向與官兵同甘共苦，生活絕不比士兵多享受一點。老總年逾五十，兩鬢飛霜，他下部隊校閱，一定要與官兵同吃大鍋飯，而且在露天操場，一起蹲在地上進食，自己添飯，吃了一碗，又添一碗，甘之如飴。有一次，士兵以飯代酒，向他敬飯，他滿面笑容，連吃數碗，與官兵同樂。

三十八年六月十六日，是黃埔軍校成立二十五週年校慶，總統親來主持。校慶前一日，孫將軍在鳳山大操場預校入伍生總隊官兵，當時受校的一位入伍生趙靖東，事後記述當時孫將軍陪同官兵淋雨的一段經過，最能表達官兵的感受：

「十五日下午預行演習的時候，忽然天降傾盆大雨，在長官的激勵下，雨下的越大，我們愈發抬頭挺胸，雖然人淋成落湯鷄，但是頭宜正，頸宜直，兩目凝神，向前平視，下顎微向後收，腰幹挺直，小腹後收，兩腳分開約六十度，兩膝併攏，臀部夾緊的立正姿勢，卻絲毫沒有馬虎。槍管裡灌滿了雨水，不停的往外冒著水泡，擦槍油的油漬透出晶瑩的七彩水紋，部隊的行列裡，肅靜的沒有一絲聲音，只有雨水不斷打在我們頭頂所戴的斗笠上，發出唰唰的聲音，每個人都全力以赴，期使這次演習圓滿成功。司令官孫立人將軍在肅穆的立正號聲停止後，以雄健的步伐，上了司令台，團長江無畏上校發出『敬禮』的口令，同學們以閃電的動作行扶槍禮，孫將軍以極標準的姿勢舉手答禮，團長喊完『禮畢』的口令，司令官雙目神采奕奕，注視著全場，英氣逼人，面部的表情嚴肅中充滿慈祥，頷首向總隊長趙遯少將說了一聲『好！』即向司令台正前方跨了一步，立正挺胸陪著我們淋起雨來，總隊長趙遯趕緊踢了一個標準的正步，站在司令官孫將軍的左後方，陪著我們大家淋雨，整個部隊寂靜無聲，濃密的雨點，淋得視線模糊，身上感到一陣冰涼透入心扉，因知司令官要求嚴格，我們立正姿勢絲毫沒有改變，足足淋了一個小時，孫將軍就像一座山屹立在司令台上，令我們從內心肅然起敬。最後說了一聲『很好！』叫總隊長命令部隊趕快帶回去，用紅糖與生薑煮薑湯喝，以防感冒。我們既感動又納悶，司令官檢閱，原來是陪我們淋雨來的，對孫將軍以身教代言教的以身作則，更是備受感動。晚點名之前，司令親來寢室巡視，垂問臨時舖起的床舖會不會潮濕？有時摸著同學的頭，有時按著同學的肩，一一垂詢喝過薑湯沒有？有沒有感到不舒服？淋雨淋了那麼久很辛苦，晚上要睡個痛快覺。有時看到同學筆直的立正姿勢，司令官面露微笑說：『立正姿勢很標準』。離開的時候，連長發『立正』口令敬禮，我們大家高呼：

『司令官好！』孫將軍高舉雙手，回說：『你們大家好！』」

老總在鳳山軍營的辦公室，原是日本人的兵營，設備非常簡單，廁所浴室都是公用的，老總作爲他的辦公室，因陋就簡，沒有作任何增添修改。他的辦公室前，原來有一個防空洞，是日軍留下來的，到了三十九年初，政府加緊防空準備，營務處長張明信嫌這座防空洞不夠堅牢，特派工重修。四月十八日上午，老總到部上班，看到有五六位工人，正在拆除原有防空洞磚牆，大發脾氣，問是誰指使他們做的？至表不滿。他說：「這原是好的東西，爲何把它毀掉重修？這不是浪費是甚麼？」張處長聽到之後，馬上令工恢復原狀。中午，老總出門，看見工人又在修補防空洞原有磚牆，他又罵辦事人沒有頭腦！「飛機炸彈掉在上面，躲在這種防空洞裡有何用處？炸彈不掉在頭上，在防空洞裡與在辦公室一樣，又何必浪費人工金錢？」老總在生活方面要和官兵完全一樣，絕不願比官兵多享受一點。

老總在生活方面，絕不肯比士兵多享受一些，我們跟隨在他左右的侍從人員，更不要想多佔一點便宜，他也不容許我們有一點特殊。當時官兵待遇微薄，我每月支領少校薪九十元台幣，有一次發薪，只夠我在高雄市請吳炳鐘吃一頓館子，以後的日子就囊空如洗。我們每天加班，從未領過加班費，我們經常出差，也從未領過出差費，鞋子是公家發的皮靴，襪子經常是破洞。有一次我用的鋼筆壞了，自己沒錢買，公家又不發，我這個耍筆桿的秘書，深感無用武之地了。

九、孫夫人信佛

孫夫人張晶英女士是一位虔誠的佛教徒，三十七年底，她從南京來到台北，住在南昌街公館，她在二樓上佈置一個佛堂，每天早起，要在佛堂前焚一炷香，誦一部地藏經，拜佛一百零八拜，所以她早晨下樓很遲，很少與我們共用早餐。

孫夫人性情溫和慈祥，面容光潤清秀，對待我們，都是笑嘻嘻的，從未見她發過脾氣，有厲聲厲色的情形。她和老總眞是一對恩愛夫妻，相敬如賓，從未見到他們之間有何爭執或是有相互生氣的時候。

老總每天上班辦公開會，日夜去視察部隊，很少有私人生活。孫夫人有時看到老總太疲累了，就勸老總多多休息，有時晚上家中沒有客人，便強拉著老總去西門町看場電影，我們沾光，跟隨他一同去看，就我記憶所及，一年之中，也不過兩三次而已。有一天晚間無事，夫人拉著老總到大世界看「常使英雄淚滿襟」電影，回來後，張保恆先生問影片怎樣，老總笑道：「我這個人不懂羅曼蒂克」。

老總在家和夫人在一起吃飯，總是閒話家常，絕不在飯桌上談論公事，或評論人事是非。有時說到宗教信仰，老總常用手指著胸膛說：「我不信任何宗教，我只信良心。」夫人聽了也不以爲忤。

三十九年初，蔣夫人發動陸海空三軍軍官眷屬爲前線士兵縫製征衣，指令陸軍眷屬負擔縫製十萬套襯衣褲。蔣夫人交辦的事，沒人敢說個不字。孫夫人就老實地告訴蔣夫人說：「陸軍官兵待遇菲薄，本身生活都不能維持，那裡有餘錢，再來負擔縫製襯衣褲的費用。」因她說這些話是出於她的肺腑，言下不禁流出眼淚，在場的官太太們無不感動。蔣夫人也被她的眞誠所感動，遂將原議取消。

後來蔣夫人決定，由婦聯會提供布料，交陸軍婦聯分會出工縫製。孫夫人拿到布料，就去寺廟內，發動佛教徒縫製，如期完成。有一次婦聯會開會，孫夫人提出工作報告，上台說：「我是佛教徒，婦聯會今天要我作工作報告，我很慚愧，個人沒作什麼事，但是我們佛教徒的力量很大，婦聯會發給我們爲軍人製衣的布料，我拿到寺廟，師父們很熱心，大家分工合作，很快就完成了。他們很了不起，默默的貢獻。請主任委員（蔣夫人）能給他們獎勵。」

孫夫人講完話，蔣夫人站起來說：「在座信仰基督教、天主教的夫人，妳們聽到沒有？剛剛孫夫人說佛教徒這麼熱心，妳們要向她看齊。」蔣夫人走下台來，很讚賞孫夫人的演說，也很好奇地問她：「妳怎能講得這麼好？」孫夫人回答說：「我是在寺廟裡訓練出來的。」

由於大家都知道孫立人的太太是信佛的，因此每遇聚會，總是有人以她爲目標，故意詰難，久了，她也不以爲忤，反而練就了她的隨緣度化。蔣夫人要她改信基督教，前後勸了幾次，她不爲所動，從未改變她的信仰，有時還與蔣夫人互別苗頭，爭取官太太們信奉佛教。

三十八年，大陸淪陷初，逃來台灣的法師和尙們，有的因匪諜罪嫌被捕。她聽到之後，就親自前往警察局去擔保，並義正詞嚴的對他們說：「這些和尙都是忠貞愛國，隨國軍過來的，你們這樣亂抓人，對人民一點保障都沒有，那你們和共產黨差不多嘛！我們的信徒很多，你抓一個和尚，有多少佛教徒心裡不安，因此而影響人心，這可不是鬧著玩的！我不知道台灣有這種法律，人被抓了，還要付一天兩塊錢伙食費，這法律是誰定的？我要了解了解！」警察知道她是孫立人夫人，對她非常尊敬，她要保人，法師們都被保了出來，其中包括星雲法師，當時他還是個小和尚。她又和國大代表李子寬居士等人募集了一筆錢，買下了善導寺，供養大陸來台的法師們居住。

陸軍總部有一位尉官，他有兩個小孩，無力扶養，乃寄養在一位台灣善心人士家中。孫夫人聽到後，大發願心，在台北向佛教信徒們勸募一部分善款，利用屏東招待所的房子，設立一個軍中托兒所，命名爲屏東慈幼幼稚園。老總建議由德籍顧問史坦因夫人主持，因她對兒童教育非常熱心，而且德國人做事，認眞節約，所有工作人員都是義務職，不支任何薪金，不用任何僕役。孫夫人認爲很好，並聘請學教育的堂妹孫敬婉輔助史坦因夫人，務須將托兒所辦好。孫夫人再三叮嚀說：「並不是我好名，因爲托兒所經費，都是我費盡心血，向善心人士勸募來的，我要對他們有個交代。」

十月二十日晚間，老總邀請立法委員胡健中先生在家晚餐，席間談及佛教。孫夫人說：「立人在外帶兵打仗，我與老母在家無力相助，惟有終日唸經拜佛，祈禱菩薩保佑他平安。」孫夫人並舉出兩件事，證明佛祖靈驗。

「抗戰期間，立人在貴州都勻訓練稅警團，有一次他前往重慶接洽公務，當時政府退處四川，汽油來源斷絕，眞是一滴油像一滴血樣的珍貴。孫將軍雖擁有一輛公家的汽車，但爲了節省汽油，乃改搭商車前往，回程行至川黔交界處，他嫌商車遲緩，爲了儘早趕回駐地，適有一部小轎車馳來，他遂往接洽，談起來，知道該車是中國銀行的，孫將軍與其經理相熟，遂獲允改乘轎車。行未多久，得悉原乘的商車，在弔死崖翻車，全車乘客無一生還。立人回到家中，談起來，心有餘悸，而我認爲這是神靈保佑。」

「還有一次，他率領新一軍在緬甸作戰，深夜，立人騎馬行於叢林峭壁中，昏暗中，馬突然驚跳，立人從馬上被摔下來，山澗淵深，果眞掉下去，必將粉身碎骨，不意爲一樹幹托著，未有掉到谷底，後來部屬用繩索將他拉了上來。」

孫夫人在講這兩件事時，語氣極爲懇切。孫將軍聽後，不禁撫著夫人的背笑著說：「妳的誠心足以感動神靈，但絕不能使我信佛。」孫夫人不予理會，繼續對胡健中先生說：「不然，他嘴喜歡如此說笑，實有善根，去年他生日時，我爲他做了幾樣素菜，而隨從人員卻要他吃油葷。我說：「讓你自己選擇。結果，他還是吃素。」胡先生深以爲然地說：「我生日也是吃素。」

孫將軍與胡健中委員過去素不相識，一次在周總長官邸，聽其言談，認爲是國民黨人中的明達之士，從旁探詢，乃知是胡健中先生，特邀來晤談。飯後兩人談了兩個多小時，甚爲投緣。

孫夫人由於信佛的緣故，參透了人生。她來台之初，知道自己不能生育子女，而老總年已半百，膝下猶虛，便到處託親拜友，想爲老總物色一位品貌俱佳的如夫人，幾經波折，三十九年，張美英女士來歸，她內心甚爲歡喜，視同姊妹一般，親切相待，和睦相處，使老總後半生能享受到平靜的家居生活。❶

註釋：

❶ 釋永芸撰〈與孫立人將軍夫人往生前的最後訪談〉一文，載於《孫立人將軍永思錄》第四四二—四四七頁。

十、一秉至公、絕不徇情

孫老總辦事要求極爲嚴格，任何犯了不可原諒的錯誤，給他發現，他絕不寬貸，嚴詞指責，尤其是跟他做事的親戚家人，他一視同仁，絕不殉情害公。他在海州練兵時，發現跟他做事的一位堂叔，在財務上有點問題，他在盛怒之下，要把他關起來從重處罰。所以我看到跟他做事的親戚，在他面前沒有一個不是戰戰兢兢，怕說錯了話，做錯了事，挨他責罵。

有一天，我陪同他從外面回到家，他下了車走進門，看見他的親侄兒孫至京站在走道上，他勃然大怒，拉著他的侄兒嚴厲地說：「給我滾出去，我不要你進我家門！」至京囁嚅不敢發一言。我站在一旁，感到莫名其妙，不曉得至京犯了甚麼大錯誤。後來我聽到他的堂姊妹們私下議論，說至京最近在朋友家打麻將輸了錢，至京嫂特來向二叔告狀，引起老總震怒，認爲至京不求上進，而去賭錢。大家認爲至京嫂爲這點小事來告狀，引起老叔憤怒，實在不應該。

這時老總的大哥伯亨先生從大陸逃難來台，也住在官邸。伯亨先生有時對我們說：孫家本很富有，他弟弟今天貴爲陸軍總司令，可是孫家並沒有沾他甚麼光。他的長子至京從西南聯大外文系畢業，想進外交部，孫老總寫封介紹信給當時外交部長葉公超，請求給他一個比工友高一點的職位。在老總認爲這才是他愛護子弟的做法，要求他們幹任何行業，都要從基層做起。可是他家人的看法則不同，如果一個大學畢業生去做事，要做的職位比工友高一點，則又何必要勞動你去函介紹呢？

這時孫夫人張晶英的結拜姐姐章太太，攜子章超從大陸逃難來台，也住在孫公館。章超在中山大學唸書，尚差一學年沒有畢業，有志從軍，到入伍生總隊受訓一年多。三十九年夏，參加第四軍官訓練班十八期入學考試，因患輕度砂眼及痔瘡而落選。孫夫人及章太太知道後，於六月二十七日早餐時，就跟總司令說情，請他想個辦法。總司令說：「這事我沒有辦法，一切公事都須要依照規章辦理，我也不能徇情害公。」

當天中午，我陪老總乘專機南下，下午一時二十五分降落屏東機場，下機後，即趨車返邸，迎面遇見章超，老總便直接了當的告訴他：「你的事，我不能管。」接著詞色嚴厲的責問他：「爲何擅離營房！」並命令他：「立即回到連上，努力學習，不要到處尋求情面！」

下午五時三十分，到鳳山軍營辦公，儲訓班兩位同學有類似情況要見總司令，請求特准免考進軍訓班，我便將章超的事告訴他們，說總司令希望他的部屬要憑眞本事硬功夫考取軍校，絕不允許任何人講情面。他們怏怏離去，認爲我不肯幫忙讓他們去見老總求情。

我記得陸軍參謀學校在台復校，首次招生，規定須由各部隊推薦高級軍官，經過考試及格，始准入學。這時總統府選派三位參軍，要不經考試直接入學，老總不准，認爲任何人入學都要經過考試，總統府參軍也不能例外。他這種一秉至公六親不認的做法，不知道得罪了多少人，甚至連家人也不能諒解。

七月三日，老總對軍訓班第十八期畢業生講話，他說：「我們革命軍人做事，應當把國家、人民、職責、榮譽四者作爲準繩。我可以告訴大家，我平生行事，祇要是於國家人民有利的，要我犧牲甚麼都可以，甚麼人都是我的好朋友，要是於國家人民不利的，就是我父親做的事情，我也不會贊成。」

十一、吳炳鐘的趣事

三十九年夏，美國名教授喬治先生應邀前來鳳山，在大操場對全體官兵演講，由國立編譯館編譯吳炳鐘陪同前來擔任翻譯。炳鐘從小在北平長大，抗戰期間，在輔仁大學攻讀化學，未有畢業，就去從軍，在范漢傑將軍部隊中任翻譯官，口譯是其所長，說話清晰有力，聲音宏亮，充滿感情，頗得聽講官兵好評，孫老總亦大加欣賞，認爲軍中難得有這種人才，便去函梁實秋館長調用。吳炳鐘請示梁館長，梁當即表示贊同，並鼓勵他說：「去吧！讓你的前途與國運聯在一起。」梁館長認爲孫將軍現在一身繫國家命運，他有前途，國家也就有了希望。

八月十七日中午，吳炳鐘前來總部報到，孫總司令派他爲上校秘書，並同他談及個人志趣。老總說：「打仗完了，國家太平了，我這個學工程的，寧願做個全國監工的，來建設我們的國家。」下班時，老總約吳炳鐘一同回家晚餐，吳篤信天主教，席間，老總詢問天主教會的各種情況。

從此之後，炳鐘就加入我們隨從人員行列，有時一同隨老總出差到南部，與我們同吃同住，空閒時聽他講笑話，葷素並陳，工作之餘，卻增添了許多趣味。

在當時軍中，翻譯人員甚多，可是在口譯方面，無有出其右者。他不但英文好，而且記性更好，美軍顧問講話，不論講多久，他都能很有條理的譯出來，其中提到數字；他不用筆記，都能絲毫不錯一一道出，我很佩服他在這面的天才。一天，他的夫人告訴我，炳鐘每晚在家讀書，非至午夜後二三時不睡。我才知道他有天份，但後天的努力是不可缺的。有一次在林口舉行軍事大演習，總統親臨主持，美方有高級將領前來參觀。演習前，我同他先到達演習場地，演習人員忙得團團轉，氣氛極爲緊張。這時炳鐘從口袋中，掏出一本英文詩，專注的朗誦起來。在這種緊張時刻，他能利用片刻空閒，專心讀書，也是很少人能夠做得到的。

當台灣局勢處在風雨飄搖的時候，自由中國之友美國共和黨參議員諾蘭先生來台訪問，他先到鳳山參觀新軍訓練，孫將軍親自陪同說明，兩人並與大象林旺合影。諾蘭參議員對新軍射擊成績，讚不絕口，認爲是世界上最優越的部隊。他回到台北，應邀在圓山軍官團發表演講，孫將軍指定吳炳鐘擔任翻譯。當老總統蒞臨大禮堂，演講即將開始，孫老總發覺吳炳鐘還未到場，要我立即打電話去催詢，我忙走出去，看到炳鐘珊珊來遲，全場將星雲集，就等他一人。他不慌不忙，隨同諾蘭參議員步上講台。我喘息方定，諾蘭參議員已經開始演講，不便走入會場，我就站在窗口聽講。諾蘭參議員演講的主旨，在鼓勵自由中國軍民要爲反奴役爭自由而奮戰到底。他分析當時國際局勢，條理清晰，經過吳炳鐘的翻譯，聽衆無不感奮。孫將軍回到辦公室，要將諾蘭演講全文紀錄下來，交報紙發表。當場我並未有隻字紀錄，老總既有指示，當時我記憶猶新，就把它紀錄下來，經梅汝璇組長潤色整理，呈老總核定，即由梅組長送給中央日報發表。第二天，老總統在報上看到諾蘭參議員演講全文，認爲對民心士氣鼓舞甚大，詢知是陸軍總部梅汝璇上校送去的，老總統甚爲欣悅，特召見梅組長，當面予以嘉獎。我內心也甚感欣慰，認爲給老總完成一件意想不到的差事。

民國四十年五月一日，美國軍事援華顧問團成立，由陸軍少將蔡斯（William Chase）擔任團長。蔡斯團長來台之後，於七月十四日下午向圓山軍官團發表演講，講題是「美國軍事援華團在台的任務」。蔣總統率三軍高級將領親臨聽講，原擬由吳炳鐘上校擔任翻譯。當時老總約請余伯泉將軍由香港來台，本意是請他來擔任陸軍總部第五署署長，主管陸軍教育訓練工作，因爲他來遲了，署長已發表謝學齊，一時沒有適當職位，余將軍偕同家人就住在孫公館，無事時彈吉他自娛。老總有意推薦他擔任新成立的國防部外事局長，爲增加總統對他有認識，臨時請吳炳鐘將這次翻譯工作，換由余伯泉將軍擔任。余將軍係英國劍橋大學法學士，繼入英國皇家砲兵學校，英文造詣及軍事學養，都是一流人選。蔡斯團長演講，由他擔任翻譯，自無問題，惟他是廣東人，說起官話來，自不及吳炳鐘說北京話道地，清脆悅耳。記得蔡斯演講中曾說到美軍部隊及幕僚人員的關係，說部隊長就是BOSS。余將軍一時找不到適當軍事術語，便將它譯成「老闆」，雖不是軍語，倒很傳神，一時成爲聽衆談資。余將軍不久就任國防部外事局長，從此一帆風順，一躍而爲副參謀總長。

當時陸軍總部，經孫總司令多方延攬，留學英美人才衆多。吳炳鐘在談話間，對於他們的英文能力，很少有欣賞的，惟獨對於溫哈熊的英文才華，他常讚賞。後來陸軍總部成立編譯處，孫總司令派留英學軍事的胡獻群少將任處長，吳炳鐘任副處長。未久，編譯處召開統一陸軍術語會議，陸軍各單位翻譯官選派代表參加，胡處長主持。會中他提出一個軍事術語Last Defense Fire，說是最後防禦火線，吳炳鐘當即指說這是火網，不是火線，胡處長說我是依據英文軍事字典解釋的，吳說字典也解釋錯誤，這樣演成僵局，會議開不下去。胡處長氣得向老總提出辭呈，老總衹好要炳鐘不要幹副處長了。另外要他訂閱英美著名的報章雜誌，搜集有關資料，每天爲老總講述國際局勢半小時。

孫老總清華出身，在美國文武學校畢業，與英美人士交談，自不需用任何人翻譯。當時在他身邊工作的英文高手甚多，撰寫專論文章，有他的清華英文老師馬國驥先生，軍事方面有余伯泉將軍，撰寫英文函件有政大外交系主任陳石孚先生及英文中國郵報總主筆陳欽仁先生，其外還有溫哈熊、曾日孚兩位隨從參謀，擔任對外聯絡工作。吳炳鐘來到老總身邊工作，他的口譯才華，雖然名聲大噪，但未受到重用。後來吳炳鐘調任參謀總長彭孟緝的英文秘書，他的才華才得到揮洒自如，不受約束了。

後來他被世盟理事長谷正綱延聘爲英文秘書，在他隨谷理事長出席在曼谷舉行的世盟會議時，我遇到他，老友相見甚歡。我問他：「谷理事長演講形容詞太多，你如何逐字逐句譯成英文？」炳鐘答得很妙：「他講他的，我說我的。」雖然是句笑話，但亦可看出炳鐘口譯的本領，和他反應的敏捷，他能隨口譯出，引起聽衆熱烈迴應。谷先生每講一段話之後，一經吳口譯出，即聽到全場鼓掌喝采，自以爲是他講得好，才得到聽衆歡迎，甚爲得意，所以谷先生晚年出國參加世盟會議，總是帶著吳炳鐘同行，成爲谷理事長的對外發言人了。

十二、恂恂儒者陳石孚

民國四十年五月一日，美國軍事援華顧問團成立，接著在陸軍總部設立美軍顧問團陸軍組，與孫總司令在同一樓辦公。爲了加強與美軍顧問團協商聯繫，陸軍總部設立編譯處，雙方公文往來日漸加多，老總特聘其清華同學陳欽仁先生爲參議，核閱重要英文函稿。陳先生在美國米蘇里大學專攻新聞學，擅長新聞文學，當時台灣省主席吳國楨聘他爲顧問，擔任英文文稿撰擬工作，因他在省府工作繁忙，每天只能來總部辦公一個小時。

到了八月間，老總得悉政治大學外交系主任陳石孚先生從大陸逃到香港，立即去函邀他來台，聘請他擔任陸軍總部主任秘書，核擬英文文稿。陳石孚先生是老總的清華同班同學，基於同學友情，他樂於前來幫忙。民國四十（一九五一）年八月二十九日，石孚先生搭海輪由港抵基隆，老總派我前往迎接，我站在碼頭上，看到石孚先生在船舷邊，他那清癯的身影，出現在我眼前，我高興的喊叫：「陳老師，我來接你。」他下了船，就坐著軍用吉普車，直接駛到台北南昌街孫公館，作爲他的下榻處。晚間，老總下班回到家中，與石孚先生相見，老友重聚，甚感欣慰，飯後，兩人談到深夜，陳石孚先生不顧旅途勞頓，決定次晨即到部上班。

石孚先生擔任政治大學外交系主任十餘年，我國外交人員大多是他的桃李，我在政大攻讀法政，沒有機會上陳先生的課，現在他的辦公室就在老總辦公室的斜對面，我有隨時請教的機會，有時他核閱的英文稿件，經我轉遞時，每次我都要多看兩遍，想從中學會一點奧妙。後來他應陸軍總部官佐的要求，開設英文課，每週講英文文法兩三個小時，我報名參加，這才正式成爲入門弟子。

有一天，老總約清華同學在家晚餐，同桌有他的清華英文老師馬國驥先生，同班同學陳石孚先生、梁實秋先生、周思信先生，他們都上過馬老師的英文課，席間談笑往日上英文課情形，梁實秋先生說：「馬老師教課嚴格，同學中祇有石孚沒有受過處罰。」周思信要我叫馬老師爲太師爺，因爲我是石孚先生的學生，在與這些清華人的接談中，對於他們高雅的風範，我受益良多。

石孚先生在工作之餘，應蔣總統聘約，將其所著的育樂兩篇譯成英文，出書之後，承他簽名贈我一本，我視爲珍寶，一直保存在身邊，這本譯著可能是陳先生留存世間的唯一著作。

後來石孚先生應蔣夢麟主任委員聘請，擔任農復會英文秘書，待遇較優，在台北金華街租屋居住，生活安定，他閒暇時，從事攝影，家中設有暗房，自己拍攝，自己沖洗，用來消遣爲樂，但我從未見他展現他的攝影作品。石孚先生爲人謙沖淡泊，言談間，自然流露出他深厚的涵養與恂恂儒者的風範。

石孚先生有一獨子，清秀聰俊，在台完婚，育有二子，祖孫三代同居，家庭和睦幸福。後來他的獨子罹病癱瘓，妻室又告仳離，家景陷於淒涼。等到陳師母和他的兒子先後去世，石孚先生老年還要照顧兩個幼小的孫兒，孤苦伶仃，晚景堪憐。石孚先生逝世時，我在國外，多賴蔣彥士先生代爲料理後事，蔣先生還多方奔走，把他的兩個孫兒寄養在孤兒院中。一代人師，下場如此悲慘！天道何在？不禁令人興嘆！

十三、英文大師馬國驥

民國三十八年間，大陸沉淪，逃難來台人士，一時找不到住處，祇好投靠親友。老總見到親友沒有住處，便邀他們到南昌街公館暫住，等到找到房子後再搬出去。先後在孫公館住過的，有他的大哥伯亨先生，清華同學王國華、孫清波、張保恆、陳石孚等人，後來余伯泉一家人，也在孫公館住了一段時間。其中他的英文老師馬國驥先生住得最久，公餘有暇時，我常向他請教，得益最多。

我從多次談話中，知道馬老師是江蘇淞江人。他是上海聖約翰大學高材生，第一批清華留美學生，美國哈佛大學法律系畢業，回國任徐世昌大總統的英文秘書。當時外交總長顏惠慶是他在聖約翰大學的英文老師，愛其才華，調他進外交部，擔任顏外長英文秘書，並有意派他出任駐倫敦總領事，旋因外長換人未果。後來他出國參加國際經濟會議，遂留在英國，進倫敦政治經濟學院，專攻經濟學。返國後應清華大學聘請，教授英文多年。清華原是留美預備學校，人才輩出，其中多是馬老師的及門弟子。

孫老總對馬老師非常尊敬，並沒有給他任何職務，做任何工作，讓他從事自由研究。當時馬老師有六十多歲，我們隨老總上班之後，他就在客廳裡攻讀英、法、德文名著，孜孜不息，看到重要處，便用紅筆劃出，有時還做筆記。我有閒空時，他常找我談天，英、法、德文隨口說出，我聽得莫名其妙。後來相處久了，兩人無話不談，成了忘年之交。我曾向他建議：「馬老師，你精通法律經濟，滿肚子學問，爲何不把它寫出來，讓我們拜讀。」他謙遜回答說：「我要把我的法文學得和我的英文一樣好，把我的德文學得和我的法文一樣好，那時我才開始著作。」我對他的淵博的學識，莫測高深，不過我想等到他把法文及德文學成功了，那時他是否還有體力來從事著述呢？

在清華學人中，大家一致公認最擅長英文寫作的是二陳，就是陳欽仁與陳石孚兩位先生，他倆都是四川人。一天，我問馬老師：「在清華人中誰的英文寫作最好？」他也稱讚二陳，他說：「陳欽仁先生長於新聞文學，陳石孚先生擅長外交文牘。」我又問他：「梁實秋先生英文如何？」馬老師說：「梁實秋擅長中國文學。」我進一步追問：「馬老師你的英文寫作如何？」他毫不客氣的說：「我寫出的英文華麗而且有變化。」我再問他：「如何才算是好文章？」他說：「中外文章都是一個道理，文字要自然流暢恰當。」

馬老師是一位讀書人，整天書不離手，從不管閒事，與人也不多言，祇有談到學問，他好像長江大河，傾吐沒有完時。四十四年秋，「孫案」發生，我聽到流言說：「孫公館內住有一位老教授，是大陸方面派在孫身邊工作的。」我很替馬老師擔心。這時正好國立政治大學在台復校，蒲薛鳳先生出任政大教務長，他深知馬老師是一位有學問的人，遂聘請馬老師去政大教英文。他有這樣出處，我私心爲他慶幸。

一天，我看到馬老師，他聽說孫老總住在台中，公家不發給薪餉，生活十分艱苦，他很想把他節餘的薪金送去，但苦無門路，一再詢問我，有無辦法找到人送去？當時孫老總與外界隔絕，送錢進去，反而會引起麻煩，馬老師這一番心意，令我非常感動。

民國四十九年秋，一次颱風，帶來豪雨，木柵政大校區，竟成澤國，夜間山洪暴發，水漲數尺，教職員宿舍全被淹沒，馬老師幸被學生救出，他受此驚嚇，不敢住在校內。將他節省下來的台幣三四十萬元，要我替他在台北買一間居屋，後來在齊東街買了一間房，我結婚後，他免費讓我居住，一直等到我有了公家配給的房子，他才把這間房子賣掉。後來政府派他赴土耳其大學講學，傳授中華文化。

馬老師在台無親屬，我聽他說，他有一個女兒留在大陸，他去世時，政大學生為他辦理喪事，用他遺留下來微薄的積蓄，在陽明山公墓為他營建一塊墓地。一代大師，埋骨在青山間。清明時節，我去上墳掃墓，荒草殘碑，問徑無人，我眞不禁唏噓。他遺留下來的書籍，是他最寶貴的財產，全部贈給政大圖書館，專櫃保存。他教書一輩子，桃李滿天下，不知世間有無傳人？

十四、苦讀英文

我自從跟隨孫老總身邊做事，內心最感難過的，是自身英文程度太差。每天辦公，難免要和美軍顧問打交道，我的英文派不上用場。老總私人交往的朋友中，以清華人居多，他們都是留美養成了習慣，言談中夾雜著英文。自忖我也學過十幾年英文，為何竟不能開口，有時老美講話，連懂也不懂，自深感愧。

我想我的英文程度如此差，可能與學校教授英文的方法多少有點關係。我開始學英文，老師教拚音，要我們死記單字，學英文文法、造句、背誦名著，從未著重實用。等待與英美人接觸的時候，不敢開口，生怕說錯。也不能開口，因爲在談話間，沒有時間，讓我運用文法，造好句子答覆。我又想到一個兒童，從喃喃學話開始，到會講話的時候，也不過四五年時間，他們並不需要學文法，就會造句講話。假如我現在改用兒童直接學習語言的方法，也不過再花四五年時間。因此我下定決心，重新開始學英文。

在當時要想找到直接學習英文的環境，極爲困難。我想利用工作之餘，直接收聽英美廣播，但是我無力購買一個收音機。一天我和負責通訊的雲鎭大哥情商，他把庫存破舊的軍用收音機修好，借給我使用。我把它放在床頭，下班之後，倒在床上，便打開收音機，尋找英美廣播電台收聽。那曉得這架老舊的收音機，短波沙沙作響，根本聽不清楚。我不管聽懂聽不懂，一直聽下去。一天晚上睡覺時，我打開收音機收聽，不知不覺的睡著了，一覺驚醒起來，已是第二天清晨，收音機仍在沙沙作響，一夜未有關閉，我怕收音機燒壞了，我賠不起。同時還有同事，指責我利用老總關係，使用公物。我一氣之下，把這架老舊的收音機送還回去。後來我積存了幾個月的薪金，才買了一個簡單的收音機，隨身使用。

收聽英文廣播幾個月之後，發覺效果並不很大，我決定改變方法，去參加美國傳教士的英文查經班。這時陸軍總部已遷到台北上海路辦公，利用晚間或是週末，邀約好友黃永世、張復禮、劉錫炳等人去參加浸信會的英文查經班。開始時，是我們這幾個人到中山北路馬偕醫院旁美國傳教士住宅中，去聽英文傳道，後來聽講的人多了起來，就改在教堂內查經，這樣直接聽講，英文確有進步。我白天工作很忙，晚上又趕著去上課，有時疲倦極了，不自禁的竟在查經班上呼呼大睡起來，美國傳教士憐憫我疲累，並不責怪我，反而同情，使我更加奮勉。

我認爲學習外國語文，是給自己在知識領域中開闢一個新的世界。我學英文最起碼的程度，要能閱讀我喜愛的國外書報雜誌，聽得懂外國的名家演講，和英美人士相互溝通意見。我以此爲衡量我英文程度的標準，每年年終，我給自己嚴格打分數，無論是英文閱讀、講話，以及聽寫能力，雖有進步，但都是不及格，鞭策自己不能懈怠。

我不能說好英文，最大的障礙是膽子小，怕說錯了，給人見笑。有一次我在洛杉磯青年會吃早餐，一位美國佬向廚師要一樣早點，重複說了好幾次，美國廚師還是不知他所云爲何物，這位美國佬竟然大發脾氣，兩人吵了起來。美國佬說：「難道我不是美國人嗎？爲甚麼我說話你聽不懂？」這時我才恍然大悟，美國人跟自己人講話都還聽不懂，我們和英美人講話，一時聽不懂，沒有關係，放大膽子儘量去說，多說幾次就會了。

後來我還有一次經驗，增加我說英語的信心。我到巴布亞紐幾尼去訪問，當地沒有一個人會講國語，澳洲人及土人均講英語，華僑都講廣東話，我又聽不懂，和他們交談，只能用英語。一天晚間在深山裡，幾位年輕的華僑約我吃飯，飯後大雨，無法返旅舍。這幾位年輕華僑和我閒談起來，他們指責政府對海外華僑一點照顧都沒有，當地如果發生種族動亂，問我政府有何救援措施。開始我還儘量禮讓敷衍他們，而這些受過西方教育的年輕人，卻不懂中國人的禮讓，處處進逼，我到無處可退的時候，逼得我只有和他們用英語舌戰起來。我問他們：你們的父母，一無所有，一句英語不會講，單憑中國人刻苦奮鬥的美德，經過一生血汗的拚鬥，竟能在外國人圈子中，開闢一個美好的新天地，讓你們受良好西方教育，而今你們自己不去繼續奮鬥，開創你們的事業前途，反而要問政府能給你甚麼？那我不得不要問你們，你們曾爲政府做了些甚麼呢？說得他們啞口無言。我未料到我的英語能力竟能說服這些年輕人。兩個星期訪問回來，我的英語竟然流暢起來，在家裡有時也會不自覺的說出英語。我這才明白，學習外語，環境是很重要的，而用外語說話，是一種習慣，習慣成自然，多加練習，自會成爲習慣，習慣了，說起外語來自然流暢。

十五、留美受訓

自我從軍之後，倏忽過了四、五年，我在軍中發覺軍旅工作，非我志趣之所在。軍隊爲求打勝仗，嚴格要求官兵絕對服從，不容許個人自由發揮其特性與潛能。我既不是以軍人爲終身職業，則應趁早離開軍中，另謀發展。

可是跟隨孫老總做秘書之後，他平日看待我們，如同他家中的子弟一般，我沒有理由，無故辭去。而且我在軍中發現，每個將領都認爲你只要跟隨他就有前途，你要說不幹，那就等於你輕視他，這是將領們最不能容忍的。尤其是孫老總，更是自負甚高，他到處求才，如何能允許他身邊人不幹，除非開小差，辭職只有自討沒趣，我不願不歡而散，祇有俟機想辦法離開。

四十一年，美國軍事援華顧問團同意考選國軍軍官，赴美國各軍事學校受訓，培養軍中兵科教官人才。規定陸軍總部考選各兵科，包括步兵、砲兵及戰車諸兵科，而通信及工兵則由聯勤總部考試。我未曾進過軍校，對於這些兵科所知有限。但跟在老總身邊兩三年下來，每天耳濡目染，自認對於步兵科還不陌生。我認爲這是一個好機會，就去報考步兵科。考試那天中午，老總吃午餐時沒有看到我，問曾日孚參謀：「沈秘書到那裡去了？」曾參謀回答說，他去參加留美軍官考試，老總知道笑了起來。他說：「如果他能考取，人家都不要進軍官學校了。」後來發榜，榜上居然有我的名字。這是在台舉辦的第一屆留美軍官考試，國防部認爲我資格不符，決定取消，我想當正式軍人的夢也就破滅了。

過了幾個月後，陸軍總部再度舉辦留美軍官考試，這次考試增加憲兵科五個名額，我看到其中有一名是「刑事犯罪調查」，並不限定須具有憲兵軍官資格。我認爲我是學法律的，參加這一科考試應該符合資格。我遂鼓足勇氣，再去參加考試，這次給我考中，受訓時間只有三個多月，我想能夠到美國去考察一趟，也是值得的。我怕老總不准我前去，不敢冒然向他報告，想找一個好時機再向他陳情。

一天下午，我陪他去看陸軍總部參謀長趙家驤，到了趙府，我走上前對趙夫人說：「總司令特來看參謀長。」趙夫人回話說：「趙參謀長剛出門，去聽胡適之先生演講。」老總見不到趙參謀長，我們便打道回府。途中，我認爲這是個好時機，便向他報告，我考取留美，受訓時間很短，請他准許。他聽我說完，沒有表示反對，我認爲他已經默許，心裡很高興。後來我才知道，趙參謀長與老總鬧彆扭，上午留下辭呈不幹，老總知道，親去趙府挽留，吃了閉門羹回來，心裡一定不愉快，我要是早知道，決不敢在這時向他提出，但他不知道，我也想藉留美的機會，離開他了。

我們這批考取留美軍官，可能是在台灣派到美國受訓的第一批，政府非常重視。出國之前，老總統要召見點名。一天下午，我們這批留美軍官約有二三十人，齊集總統府辦公室，大家服裝整齊，排成三行，接受總統點名。老總統點到我名字時，我立正答有，注視到總統停頓了一下，在查看點名冊上我的註記，我忙向總統報告：「我是中央政校畢業的學生。」總統連說了兩聲好，算是過去了。

四十二年二月初，經過美軍顧問團的安排，一天上午十一時，我們五個年輕軍官，搭泛美航空公司客機啓程赴美。美國對於軍人極爲優待，我當時是同少校，給我坐頭等艙，坐位寬敞舒適。客機升空後，空中小姐送來各式美酒，我並不善飲，祇覺得機會難得，每種酒都要一杯，淺嚐即止，也分辨不出好壞。坐在窗前，品嚐美酒，遙望天上白雲飄浮，俯看太平洋海浪碧波，心曠神怡。當時泛美客機，還是使用螺旋槳式引擎，飛了四五個小時，才在琉球那霸機場降落，我們下機後，也不要辦出入境手續，無人來管，我們幾個中國軍官，信步走出機場，走進附近美軍營房，只見幾個美軍廚師，正在整理廚房。他們看見來了幾個中國軍官，就打開廚櫃，裡面盡是大塊牛排豬肝，讓我們自由享用。我們這幾個年輕軍官，在台灣軍營裡，從未看過這樣豐盛美好的餐點，便大嚼一頓，吃飽後，揚長而去。回到機場，旅客都已登機，正在尋找我們，我們匆忙上機，客機就啓飛了。

客機飛了一夜，清晨降落東京軍用機場，我們幾個中國軍官，依照規定，須辦理入境手續。我們找了許久，才找到一間破舊的木屋，裡面有兩位日本海關人員，他們剛爬起床，天下大雪，氣候嚴冷，他倆用木柴生火取煖，寒傖的樣子，像是到了山野人家。他們知道我們是來辦入境手續的，也不問一聲，便在我們護照上蓋了章，讓我們通行。我們便由美軍派車，接往東京，住在市中心第一旅館，這是當時美軍的招待所。

當時正是韓戰最緊張時期，東京是美軍的集散地，第一旅館住滿了美軍軍官。從第一旅館可以走到東京市中心的銀座及皇宮，街道髒亂，處處呈現出戰後破落的景象。第二次世界大戰，日本軍閥把國家及人民，打得山窮水盡，連街道上的鐵欄杆及地下水道上的鐵蓋，都被徵收去，熔鑄成武器打掉了，人民生活窮困，還未能恢復，日用品極爲短缺，我們沾盟軍之光，可以到美軍購物中心（PX），自由購買任何物品，享受佔領軍的優遇，顯得很神氣，若是隨手賞給日本侍者一包美國香煙，他會向你鞠躬到地，感激萬分。我在旅館中遇到一位陸軍總部老同事，他到韓國當了兩年翻譯官，初次來東京度假，他把積蓄下來的美金，以一比三百六十的匯率，換成日幣，用紙包成一大堆，提在手中，我一直提醒他小心謹慎，不要給日本人搶去。

在東京等候美方安排飛機期間，承蒙駐日大使館秘書朱震球學長引導我參觀東京市區的風光名勝。有一天我獨自乘地鐵行約半小時，下車去參觀一座植物園，佔地寬廣，松柏參天，環境幽靜，因不是週日假期，遊人甚少，獨自徘徊樹林花叢間，多日來的奔波煩擾，頓時爲之消除。鬧市中有此安靜去處，我一直都在想念著它。

一天上午到羽田機場登機，看到我國軍事訪問團由徐培根將軍率領，團員中有王觀洲、蔣緯國等五位將軍，他們是應美國國防部邀請，前往美國考察軍事。我們同乘一架泛美客機，起飛後，蔣緯國將軍最爲活躍，談笑風生，翩翩佳公子，在機艙內與空中小姐們玩橋牌。我想與這些將領同行，飛行一定安全。正在思念間，機長報告，飛機一個引擎發生故障，須回航東京修理，大家不免一場虛驚。等到引擎修復，再度起飛，俯瞰東京，已是萬家燈火。

經過一夜航行，次晨，飛機降落在威克島（Wake Island），這是太平洋上一個小島，二次大戰期間，美日曾在這裡發生爭奪戰，現在是飛美客機中途站，美日間來往飛機，須在這裡降落加油。我們下了飛機，舉目可以看到小島四週的海洋，島上只有一個機場，幾座營房。徐培根將軍走到休息站門前，蔣緯國將軍一個箭步，走到門前，把門拉開，立正站著，讓徐團長進入室內，其姿勢優美，動作自然，彬彬有禮，給人印象深刻。我們同機旅客，全在這間房內用早餐，席間，蔣緯國將軍對我說：「他在這個團內，身兼數職，既是翻譯員，又是禮賓官。」當時他是裝甲兵旅少將旅長，風度英俊瀟洒，在訪問團中是最活躍而引人注目的一位。

早餐之後，客機繼續起飛，航行了一整天，到達夏威夷，已接近午夜。美軍駐在此間的太平洋艦隊總部派禮賓軍官前來迎接我國軍事訪問團。我們走進機場航空站，聽到夏威夷土風舞的樂曲，就感覺到這裡充滿熱帶情調。大家用完晚餐，蔣緯國將軍走過來，關心我們今晚有無住處。我回答說：「這是我們第一次到夏威夷，睡覺並不重要，我們想利用這個機會，到市區觀光一下，現在夜深，租不到車，請旅長和美軍商量，提供一輛軍車，讓我們到市區海邊走一趟。」蔣旅長滿口答應，回來告訴我們，依照美軍規定，一輛禮車，只能坐三位客人，我們有五個，他們願提供兩部轎車，供我們使用。餐後，我們這五個年輕軍官，午夜在夏威夷市區兜風，最後還到世界聞名的瓦基基海濱泳場逗留一下，這時商店多已打烊，遊客都已散去，祇有我們這幾個年輕人，踟躕沙灘，尋芳問勝，黑夜間，只見燈火閃爍，看不到草裙舞的熱情女郎。

駛回機場航站，稍事休息，天已光亮，客機繼續向東飛，又飛了一整天，到達舊金山上空，已是夜晚十時許，俯首下視，一片燈火，猶如萬顆明珠，在夜空裡閃爍，發出光芒。蔣旅長俯向我的身邊，指著地面燈火閃爍處，告訴我們那裡是金門大橋，那裡是灣區。

客機平安降落，旅客都感興奮，機門打開，走上一位山東大漢，身穿美軍制服，他是上來歡迎我國軍事訪問團的，站在機門口，用英語說明美軍歡迎的程序，講了片刻，蔣旅長看他是中國人的樣子，就走上前問他：「你會不會講中文？」這位美國軍官回答說：「會。」蔣旅長立即厲聲指責他說：「你會講中國話，爲什麼不用中國話報告，我們徐團長聽不懂你講的英文！」這位美軍軍官馬上改口，又用中文重新報告一次。一路上我所見到的蔣旅長的風采，給我留下深刻的印象。

在舊金山停留期間，我找到政大同班同學莫翔興，他是廣東中山縣人，當時他在當地華僑學校當教師，他陪同我到唐人街、漁人碼頭及金門大橋等名勝地區觀光。當時商店中所賣的中國用品，都是日本製的，看不到台灣及大陸的產品。舊金山華僑都講台山話，國語沒人聽懂。有一個星期六上午，屋崙中國文化中心開幕，華僑在市區大遊行，美國警察馬隊在前開道，各華僑學校的學生鼓樂隊排隊在街上行進，隊伍走了一個多小時，汽車停駛，路人站在道旁觀賞。我穿著中國軍服，也在行列中遊行，隊伍齊集到新建成的中國文化中心。建築堂皇，美倫美煥；揭幕典禮，由駐舊金山總領事張紫常主持，鑼鼓宣天，禮堂內擠滿華僑，熱鬧異常。典禮之後，每人發餐券一張，憑券可以到附近中國餐館用餐，免費招待。我能參加這一盛會，深感華僑在國外的奮鬥，給國人帶來莫大的榮耀。

我受訓的美國憲兵學校，地址在南部喬治亞州的奧古士塔（Augusta），美國軍方安排我搭乘火車前往。一天晚間，美軍派員把我送上火車，我的坐位是頭等臥舖，上車解衣就寢，因我坐慣了火車，一夜睡得很舒適。清晨醒起，已抵達鹽湖城，下車、在車站外觀賞街景一番，即回到車上，到餐車上用餐點，遇到兩位從台灣來美國讀書的學生。他們告訴我，他們是從台灣搭海輪來美，海上風浪很大，船身顛動得厲害，十幾天不能進食，也無法睡眠，其中一位女生，瘦弱不堪，想到中國留學生的痛苦，我不勝同情，當天晚上我把臥舖讓給她睡，我換坐她的座位。夜間我照睡不醒，第二天起來，她苦著臉告訴我，她受不了火車的顛動，仍然是睡不著。我想她這樣嬌生慣養的習氣，如何能夠到美國留學。

火車抵達芝加哥，他們繼續向東行，我要轉車南行。利用轉換火車在芝加哥有半天停留，我乘興到市區歷史及自然科學博物館去參觀。當天大雪紛飛，寒冷異常，我出進暖氣房間，又到室外觀賞風光，待到晚間，再上火車，我已有點感冒。睡在臥舖上，甚感溫暖，隔著車窗，欣賞車外天空雪花飛舞，一片北國景色。途中不知火車停在何站，上來幾位旅客，我順便問他一句，外面雪下得怎樣？他說：「你睡在暖室裡，怎會知道外面的寒冷！」

火車駛到亞特蘭大城，氣候已顯得溫暖，這裡是喬治亞州的首府，也是美國南部的大城市，都市建設頗具規模，市容整齊美觀。從這裡轉車到奧古士塔，經過幾個小時就到了。下了車，美軍派員接我到學校，安排我和一位美國軍官住在同一房間內，床位分開，共用一個浴室，一同上課，一同用餐，他給我很多方便，很多指點，使我在受訓期間，沒有遭遇任何困難。一天下雨，他要利用雨水洗車，開車到南卡羅里納州（South Carolina）玩了一趟。

我們從台灣來到美國憲兵學校受訓的一共有五人，除我之外，還有勞謙上校，何文俊中校，及鄭越豪少校，他們三人就讀高級班，謝秉忱上尉就讀初級班。我們到齊之後，一天同去拜見憲校校長，在國內這是非常嚴肅的時刻，可是這位校長和藹可親，他和我們有說有笑，不感覺到有一點拘束。在校內上課，也沒有國內軍營裡緊張氣氛，但是軍風紀還是很好，上下都很有禮貌，對於外國來受訓的軍官，更是格外優待，當時我的班上，有菲律賓和埃及的軍官，相處都很和諧。

奧古士塔是美國南方的一個小鎮，人民非常保守，對黑人仍存有歧視，許多白人同學，勸我不要和黑人來往，白人用的公共廁所，不許黑人進去。一天中午，我和兩位德裔美人同桌吃飯，席間他們在大罵美國人不好，給鄰座一位美國軍官聽到，站起來質問他們是那國人，弄得場面很尷尬。我想美國是個多民族的國家，各族之間的融合，確實是個很大的問題。

當時在奧古士塔只有幾個中國華

謝秉忱（左一）何文俊（左二）勞謙（右二）沈克勤（右一）與美國憲兵學校校長合影

僑，他們聽到祖國來了五位軍官在美國軍營裡受訓，感到非常光彩。一個星期天，他們開車到營區來接我們出去吃飯，主人是位老華僑，他單身在這裡經營一家中國餐館，邀來全市幾位重要的僑領，共同來歡迎中國軍官。席間，他用台山話致詞，講到激昂處，他吟起中國詩來，熱淚盈眶，當時雖聽不懂他在說甚麼，但他這番熱情，卻使我們感動。鄰座華僑告訴我們，他是隻身來到美國，經過一生艱苦的拚鬥，現在年老，才稍有積蓄，他的家小都留在大陸，不能出來，他的事業沒人繼承，看到我們這幾位從祖國來的軍官，不禁感觸悲傷起來。

受訓期間三個多月，生活過得挺舒適，功課又無困難，每天吃牛排大餐之外，還比照美國軍官待遇，領取日用金（per diem），一百多天的日子，很快就過去了。我結業的時候，正是春光明媚的時光，奧古士塔小城，街道花木扶疏，市中心建有李將軍銅像，美國南北戰爭時，他曾率領南軍，幾乎席捲北方城鎮，直到今天，南方各州仍然崇敬李將軍（Gen. Lee）。當我離開時，我對這裡的風光，卻依戀不捨。

回程，我搭火車從亞特蘭大城向西行，沿著墨西哥灣，穿過米西西比河口大橋，到達紐奧良市，在這裡逗留半天，我曾到海港及市區觀光。這裡最早是法國移民開發的地方，商店街景充滿法國情調，我走到一家咖啡店，店名叫「兩姐妹」（Two Sisters），在庭院樹蔭下，品茗咖啡，情調極為幽美，我一直難以忘懷。

火車繼續西行，進入德州境內，沿途觸目所見，盡是黃沙遍地，人煙稀少，車行約兩天一夜，才到邊境艾爾巴梭（El Pass），這裡和墨西哥交界，走出車站，就看到墨西哥的市街，充滿西班牙的風光。火車停留時間甚短，我無法前去觀光。

又過一夜車程，到達加州重鎮洛杉磯，我停留三天，觀光好萊塢電影城，參觀電影拍攝現景，又到電影名星住宅區的碧富邑（Beverly Hill）山城，遙望山間一棟一棟的花園洋房，院中有碧水照人的游泳池，想像伊嫩蕙蓮絲的「出水芙蓉」的鏡頭，不啻是人間仙境。

我回到舊金山，住進屋崙美軍營房。當時韓戰在激烈進行，美軍調動頻繁，不容易得到機位，我要求改搭海輪返台，想領略太平洋上的風光。最後美方還是安排我搭乘客機，原道飛回台北。

十六、戰地政務

美國憲兵學校有一個班隊，名稱叫「軍政府」（Military Government），我知道之後，立刻引起我的興趣。我詢問軍政府的性質和功能，美方告訴我，這是美軍在歐洲軍事佔領地區，實施軍管，一方面要安定後方，救濟流亡人民，同時要動員佔領區人力物力，支援前方作戰。我認爲美軍此項制度，對於將來國軍反攻大陸光復區的重建工作，有極大的參考價值。又鑒於我國沒有選派人員前來學習這門課程，結業前，我向校方索取「軍政府」班的全部教材，帶回國內，也許可以提供有關單位參考。

回國之後，憲兵學校在台北三重埔復校，校長是吳志勛少將。我們五個在美國憲兵學校受訓回來的學員，依照國防部規定，一定要到憲兵學校服務兩年，擔任教官，把在美國憲兵學校所學的課程，轉授給我國學員。

四十二年夏，憲兵學校在台復校伊始，一切都在草創中。我們這五個留美軍官，成了擬訂教學課程計畫的主力。同時美軍顧問團派來一位上尉顧問，常駐學校辦公，我們五人又成了學校當局與美軍顧問之間的聯絡官。

我們到憲兵學校報到之初，學校班隊尚未開課，吳志勛校長要我們先把美國憲兵學校的教材翻譯出來，作爲課程參考，學校酌給翻譯費。我向吳校長報告，我帶回有美軍「軍政府」的教材，詢問學校有無需要？吳校長是湖北省選出的國大代表，他曾參加大陸光復設計委員會工作，聽到有這方面材料，要我儘量譯出，供給他參考。

所謂「軍政府」是佔領軍在佔領敵國領土之後，在過渡期間所實施的有效軍事管轄，使佔領地區內的人民，服從軍事管理，維護公共秩序，保護佔領軍安全，以及制定爲治理佔領區所必須的各項法令。爲達成軍事佔領的任務，第二次世界大戰，盟軍統帥艾森豪將軍率軍佔領歐陸之後，即任命葛萊將軍（Gen. Clay）爲盟軍佔領區軍政府長官，對於軍政府人員的編組及其職掌的業務，均有明確的劃分，且有一套標準作業程序，對於盟軍佔領歐陸後，恢復地方秩序，撫輯流亡人民，管理佔領區資源，維護佔領區原有的經濟財政結構等，都曾發揮極大的效用。美軍軍政府在歐洲佔領區實施的經驗，後來在韓戰期間，用來維護戰區內的交通及安撫流亡人民，也發生很大效果。

我把美軍「軍政府」的教材譯出之後，吳校長極爲欣賞，要我把美軍「軍政府」的理論與實踐，寫成一篇報告，陪同他到陽明山實踐研究院去演講。後來爲國防部總政治部所採用，改爲「戰地政務」，考選學員，赴美進「軍政府」班學習。回國後，在政工幹校設立「戰地政務」班，召集各級政府官員前來受訓，研討光復大陸地區戰地政務如何實施，作爲反攻大陸的準備。

後來這許多發展，都非我當初始料所及，但我赴美受訓，能獲得一點成績，私心引以爲慰，覺得不虛此行。

十七、脫下軍服

我在憲兵學校教書期間，仍把台北南昌街孫公館視同我的家，課餘有暇，星期假日，我都會回到孫公館，繼續爲老總服務，有時還隨同他出差。孫家也沒把我看成外人，遇到吃飯時間，就多加一雙筷子，與老總同桌吃飯。

國防部新規定：三軍總司令任期，一任兩年，一人最多不能超過兩任四年。民國四十三年六月底，孫老總任期屆滿，當時新聞傳播，一致推測孫老總會升任參謀總長。新命發表前夕，老總爲同事徐士立兄證婚，陸軍總部參加喜宴的同事，都在宴席上，談論老總榮升，大家都認爲這已經是確定的事，全場充滿了歡樂的氣氛。

次晨報紙發表總統命令，海軍總司令桂永清升任參謀總長，陸軍總司令孫立人調任總統府參軍長，消息大出意外。孫老總在陸總四年任內，爲了他的整軍建軍的理想，不免得罪了許多人，傳說黃埔將領曾聯名上書總統，反對孫老總升任參謀總長，因而老總統臨時改變主意。孫老總得悉後，他自己倒不在意，可是對陸軍官兵的士氣，像是在熱頭上，澆了一盆冷水，大家失望極了。

在交接典禮的前一天上午，孫老總到桃園主持六十七軍新任軍長佈達式，我陪同他乘車前往途中，向他說出我心中的感受。我說：「總司令這幾年辛苦練軍建軍，現在陸軍已經像幼苗般的茁壯起來，倘能繼續培植下去，定可爲國家建立一支強盛的軍力。今後如後繼乏人，不能繼續培植，則總司令多年來的心血成果，也很容易就會被摧殘掉了。」老總聽了，默然無語。我想老總所關心的，還是他的建軍理想未能順利完成，至於職位高低，他倒毫不縈心。

我陪同老總完成他總司令任內最後一項任務，回到家中，可算我追隨老總告一結束，我內心有一份輕鬆感。當天下午，陸總部全體官兵在大操場，歡送老總，我就沒參加，我認爲今後應是我脫下軍服的時候了。

孫老總在參軍長任內，除了陪同總統參加重大典禮及軍事會議外，並無實際工作可做。一個忙慣了的人，突然清閒下來，自然很不習慣，這時開始練習打高爾夫球，生活卻悠閒多了。

民國四十四年夏，社會上散佈著各種流言，有的說老總的部下某某人是匪諜被捕了，有的說陸軍某單位發生兵諫，影射著部隊中的這些不安情況，多少與老總有關連。這時我也常到老總家裡走動，看不出有何異樣，也不便私下打聽。老總還是和往常一樣，遇到他看不慣的事情，仍是直言無諱，發發牢騷。

七月三十一日傍晚，我走進孫公館，庭院空寂，樓下室內沒有一人，原來門口的警衛人員，換成了憲兵，我感覺到情況有變，就去找陳良壎，想問個究竟，他竟到他表兄家吃飯去了，我內心還在責怪他，現在發生了事情，他們爲何一點警覺都沒有。

第二天我再去孫公館探視，已經不許任何人進去了，我打電話去查問，電話也不通了。我又打電話給溫哈熊家裡，溫太太告訴我：「昨晚哈熊就沒有回家，不知道發生了甚麼事情，心裡非常焦急。」我又打電話去台北醫院問老總堂妹璧人，才知道老總被軟禁了。至於爲何被軟禁，沒有任何人知道，不過從當時情勢看來，是非常的嚴重。

一天我去看陸總老長官張佛千先生，老總堂侄孫克寬教授也在座，三人談論半天，都無從判斷發生了甚麼事情，也想不出任何挽救的辦法。最後張佛千先生說：「老總一生待人寬厚仁慈，遇有災難，應可逢兇化吉，生命絕對安全，我們無庸憂慮。」自然無法可想，那祇有聽天由命了。

過了一個多月，台北大華晚報刊載一則外電簡短消息，說孫立人將軍受部屬牽累，生活自由受到了限制，語焉不詳，從中也得不到實情。一直到十月二十日，總統府正式發佈新聞，說孫立人因受「郭廷亮匪諜案」牽累，免除其參軍長職位，並任命九人委員會予以公正調查，消息見報之後，引起海內外輿論震驚。迄至後來九人委員會調查報告公佈，老總雖未被議處，但交由國防部隨時監管。

四十五年新春元旦，我照舊到孫府去給老總拜年，推門進去，憲兵警衛未曾注意到。看到孫府已經來了許多家人親戚，老總身穿絲棉袍，瀟洒從容，和往常一樣，談笑自若，閒話家常，沒有人談及案情，到了中午，一家人圍坐在一起吃年飯，氣氛格外顯得熱鬧，飯後，我搭乘孫至晶伉儷的便車一同離去，發現後面有一部吉普車跟踪，我在半途下車，不知道是否逃過他們的監視。

在此期間，我照常到熟人家走動，有的朋友勸我生活要檢點些，以免引起麻煩。我心想我跟隨老總期間，從來沒有做過任何不法的事情，而且也從來沒有利用過老總的威權，得罪過任何人，包括士兵工友，也沒有無故說句重話，所以我內心很坦然。「孫案」發生之後，憲兵同事都知道我做過孫老總的隨從秘書，但從未有任何人查問過我。

這時我覺得不能再在軍中幹下去了：第一，軍人的工作與我的志趣不合，軍人要求絕對服從，不能發揮一個人的專長及潛能。第二、我又不是學軍事的，一個文人在軍中混不出任何名堂，更談不上甚麼前途了。第三、以孫老總這樣卓越的文武全才，在軍中流血流汗苦幹了一輩子，爲國家建立了無數的汗馬功勞與不朽的功績，結果連自身的自由都失去了，怎不令人灰心！

當時三重埔家庭工廠林立，環境污染嚴重，空氣污濁，加以我的心境壞，情緒低。四十五年九月間，我經醫檢查，竟染上肺病。我遂藉此理由，請求搬出學校，在台北愛國東路租屋居住休養，以免傳染他人。

我每天清早起來之後，步行到台北植物園散步。見園內花木扶疏，生趣盎然，路旁高聳的大王椰子，枝葉搖曳生姿，充滿南國風光。我想天生萬物，祇要有適當的生存環境，就會得到充分的發展。樹木花草，有陽光水露的滋養，就會茂盛生長，人何不然？祇要養生有道，不要任意摧殘，身體自會健壯，因而我有了恢復健康的信心與希望。

我回到斗室之中，僅容一床，孤單一身，仰臥終日，面對天花板，空思遐想。有時我會假想我已死去，我還有何求？每當有此想念時，心靈中一片空白，未幾，就感覺到胸膛內滋生一股暖流，在腹內循環流動。我覺得這是人體內的自然生機，平時爲俗務雜念所淹沒，而不自覺，等到夜深人靜，萬念俱空的時刻，生機自會顯現！

我在美受訓期間，視察美國是一個工商業發達的社會，人人都有平等發展的機會，各展所長，進步快速。中國自古以來的政治，就像黃河的水一樣，每代人都期望它清明，但水清何日？槍桿子雖曾出過政權，但未曾拯斯民於水火。過去的文人學士，都是家天下的附屬物，邀寵取幸，獲得一官半職，炫耀鄉里。近百年來，中國人所要追求的，是要建立一個現代化的富強國家。今天中國知識份子，要救國救民，須從工商業做起。一個社會工商業發達了，政治才會民主，人民才能享有自由富足安樂的生活。

我有了這種覺醒之後，下定決心，要脫下軍服，走入社會，從事工商業，即使從擺地攤做起，也要重新創造一番事業出來。小可開設一個商店，僱用數名店員，解決幾個人的生計，大可創辦一個工廠，提供許多人的就業機會，絕不再在軍中鬼混，白吃國家糧餉，誤盡一生時光。

當時軍中尚無退休制度，我想盡辦法，請求離職，均得不到批准，我可以不去上班，就是不准辭職，我無路可走。

這時同班好友黃天才，在韓國美軍中做了幾年翻譯官回來，賺了些美金，在台北杭州南路買了一棟新居。幾個同學，商議一下，就在天才家的客廳中，擺了一張桌子，在大門口掛起一個招牌，開設「台灣翻譯服務社」，爲客戶翻譯中英文件，按照字數，收取翻譯費，由我每天值班，接收文件工作。當初參加的友人，有黃天才、陸以正、唐賢鳳、楊隆章、何顯重、方有恆、沈杉幾個人，每人出資新台幣五百元，就做起生意了。

年輕人做事，野心大而不務實，大家認爲賺取翻譯費，數額有限，不如開個英文補習班，教授學生英文，在當時台北補習班尚未興起的時候，我們就在杭州南路租間教室，招生上課，開始時，學生不成問題，而我們幾個創辦人，都是兼職，臨時誰有空閒，誰去上課，天天換老師，學生覺得奇怪，因爲沒有專任教師，辦了幾個月，補習班只好關門大吉。

楊隆章、黃天才、方有恆幾個人，又異想天國，要辦一份中英文對照的半月刊，選取世界名著，譯成中文，比照刊出，提供學習英文人士的參考，取名「中英文滙」（Gems of Our Times），於四十四年二月一日出版，發行了幾期，因爲銷路有限，被迫自動停刊。

在中國日報（China News）服務的陸以正和沈杉兩位編輯，建議辦一份英文商情三日刊（Commercial Bulletin），把每天台灣的商情，摘要譯成英文，打字在臘紙上，油印數頁，集合訂成，專供在台外商參考，每月訂價二百元，訂戶約二三十家，收入足夠開支，而且還有多餘，因而一直維持了很長時期。

老總統著的「蘇俄在中國」一書英文本在美國出版，唐賢鳳獲得陶希聖先生的支持，「台灣翻譯社」取得在台灣的獨家發行權，各機關學校訂購的甚多，賺了一筆錢，便在台北愛國東路與上海路口租了一間店面，開創「聯合書局」，代客訂購外國書籍及科技雜誌，業務日見興隆。我一個人辦理業務，感到人手不足，乃邀請老友劉國瑞兄前來參加，協助書局工作。

一天下午，憲兵司令部派來兩名軍官，告訴我說：「警務處王介艇處長，要我去上班。」我以爲他們是派來抓我的，便乘坐他們開來的卡車，到達憲兵司令部，王處長說：「憲兵司令特來查勤，責問你爲何不來上班，而竟在外面開辦書局！」我回答說：「我是奉准在外養病。」王處長是我的鄉長，一向愛護我。他勸告我說：「你現在調爲憲兵司令部附員，你就在我處理上班。」我無從選擇，只有聽命了。

我每天到憲兵司令部警務處上班，處長也不分配工作給我做，整天坐冷板凳，滋味實在不好受，心情壞到極點，情緒更是低落。我在上班時間，無事可做，便埋首苦讀一本英文「林肯逸事」，給我精神上莫大慰藉與鼓勵。美國總統林肯一生都是在困境中奮鬥，我眼前所遭遇的挫折，與林肯的困境相比，實不足道，因而我力求上進的精神，再度振發起來。

正在窮途末路的時候，承蒙老友劉厚予兄向總統府副秘書長黃百度先生推薦，黃先生很禮遇，約我去他家裡吃晚飯，席間談得很愉快，同意我調到總統府第一局工作，我報到之後，上了兩天班，事情發生了變化。大概是總統府人事單位發覺我曾跟孫老總做過隨從秘書，認爲安全有問題，不同意我到府裡工作。黃副秘書長打電話問憲兵副司令吳志勛少將，吳副司令說：「沈某人安全沒有問題，我願以生命擔保。」黃百度先生遂報告張群秘書長，張秘書長說：「我們辦事要崇法務實，跟在總統身邊辦事，不能有絲毫差錯。」因此我調職的願望落空了。

一天，我在報上看到中央社招考編譯人員，我就去報名應試，幸運獲得錄取。我請求憲兵司令部准我離職，憲兵司令部不但不准，反而責怪我未經報准，擅自參加營外考試。我申復說：「我自願參加黨營事業的考試，有何不可？」憲兵司令部派員通知中央社，不得讓我去做事。中央社答覆說：「你們可以命令沈某人不來工作，但中央社不能聽你憲兵司令部命令，不許沈某人來社工作。」當我去中央社報到時，中央社把此情形告訴我，問我的意願如何？我說：「中央社編譯工作時間，是在晚間八時至午夜十二時，並不影響我白天到憲兵司令部上班，只要中央社許可，我絕不顧後果，願來中央社學習。」從此我在中央社編譯部學習新聞翻譯工作，一直幹了四年多。

中央通訊社是一個現代新聞的專業機構，在蕭同茲社長創辦領導下，業務分工，已有了良好的規模，各人站在自己崗位上，勤奮工作，養成一種樸實苦幹的風氣。我每天晚飯後，步行上班。到社後，即由領班分稿翻譯，整整工作四個小時，沒有人偷懶，到了午夜下班，坐交通車回家。我在中央社工作四年，沒有感覺到有任何人事糾紛，只有工作成績好壞之分。我在新聞翻譯方面，沉潛學習了四年，使我的中英文有了很大的進步。

民國四十六年冬，同班好友潘明志告訴我，他已考取外交官，即將離開立法院，去外交部工作，他原在立法院外交委員會擔任的秘書職務，正在覓人接替，問我如果有意願，可以找一位相熟的立法委員，推薦我去工作。我知道後，非常高興，就去看政大學長吳延環立法委員，他很熱心替我籌劃。他說：「立法院慣例，各委員會任用職員，必須徵得三位召集委員的一致同意。」他遂安排我去見外交委員會三位召集委員的謝澄宇、謝仁釗、陶鎔，我分別拜見之後，他們三人竟然沒有異議，在召集委員開會時，一致同意我接替外交委員會秘書職務，並且要我立即上班，由立法院備文去函憲兵司令部，徵調我到立法院工作。

我在立法院工作了三個多月，當時朱建民老師在外交委員會擔任專門委員，主任秘書是詹行煦，他們對我非常關照，我在立法院工作很順利，慢慢獲得許多資深立委的欣賞。一天突然接到立法院人事室的通知說，憲兵司令部覆文來了，因我係留美軍官，不准我離開軍職，而且要我即日歸建，回原機關服務。這時我楞了，好像一聲雷響，打斷了我的生機！

詹主任秘書聽到消息之後，他比我還著急，就去和當時的召集委員王靄芬、李秀芬兩位商議，要立法院再去函國防部要人，公文正本送憲兵司令部，副本交由王靄芬及李秀芬兩位委員拿著去見參謀總長王叔銘上將，當面情商調用。李王兩位女委員向王總長說：「你們軍中有數十萬人，立法院因工作需要，僅向軍中調借一人，請破格特准。」王總長允交主管人事單位研辦。我又將我現在的困境，報告憲兵副司令吳志勛少將，希望憲兵司令部不要阻難。吳副司令對我處境非常同情。他說：「國防部主管人事次長鄭爲元將軍，是他在軍校八期擔任區隊長時的學生，他願拿著憲兵司令部同意借調的公文，親自去見鄭次長，請他一定要幫忙。」我聽了這番話，覺得吳副司令爲我調職事，這樣不辭煩勞，親自去奔波，使我終生感念。其實鄭次長是我在陸軍總部同事，相處甚好，但現在我不願去找他，因爲我們兩人都跟過孫老總做過事，恐怕增添他的困難。就在這幾天我內心焦慮不安，如果再不能脫離軍服，我不知道我是否還有勇氣，再回到軍中幹下去。一天下午，我正在立法院伏案沉思坐立不安的時候，鄭爲元次長親自打來電話給我說：「國防部已同意我調職，公文已經發出。」我像犯人得到釋放的消息一樣，軍服終於脫掉了。

就在我拼命掙扎要離開軍隊的時候，有一天聽說孫老總住在三軍總醫院醫病，我去醫院探視，在隨護人員不注意下，給我溜了進去，看到孫老總臥在病床上，我站在病床前，探詢病情，我想找幾句話來安慰他，看到孫夫人坐在一旁，一時靈感，我就對老總說：「佛家主張忘我，一個人在病中或在困境，倘能忘我，則可消除一切煩惱苦難。」我話還未說完，但見老總突然用手向桌上一拍，大聲的責怪我說：「大家都忘我了，國家由誰去救！」我聽了，心中一陣酸痛，幾乎掉下淚來。我想「國家已經不要你了，你還要去救國！」我還能再說甚麼呢？就辭退了出來。

附錄四：悲劇時代　悲劇英雄

——讀沈克勤著《孫立人傳》

彭歌

「孫（立人）將軍的英雄悲劇，就是苦難中的中華民族的縮影，也是中國現代化進程的歷史寫照。」《孫立人傳》的作者，曾任孫將軍隨從秘書的沈克勤在該書的自序中發出如此的感慨。本文作者閱讀過沈著《孫立人傳》之後，也產生了無窮的浩嘆，並認為透過該書作者詳盡的鋪陳，後人對孫將軍的心路歷程，是非功過都能有更深一層的了解，同時也可供後世史家評鑑。

近來讀書，有遠離現實的詩集，也有反映現實的小說。古老的，新近的，皆在人情之中。太與人情背狃的，無論它怎麼出名，怎麼流行，總是讀不下去。

這幾天，讀完了沈克勤兄編著的《孫立人傳》，內心有無窮感慨。國人皆知，孫立人是我們這個悲情時代裡的一位悲劇英雄。他的生平遭際，波瀾起伏，奇譎處超過小說家的想像。

讀罷全書，又有一種說不出來的悲壯蕭索的詩情，「夜闌臥聽風吹雨，鐵馬冰河入夢來」，放翁豪邁的詩句，卻越發令人感到芸芸眾生，皆是一夢而已。

我正是以讀詩、讀小說一般的心情，讀完了這上下兩卷、一千零九十五頁、上百萬言的傳記。對孫立人生平事蹟，我自以為知道不少；讀此書以後才發現，不知者不可強以為知。不但是許多相關的事實並不清楚，就是有關孫本人的性格和心境，也是得之傳聞和資訊，都太表面化了。

作者與傳主的關係

沈克勤是政大法政系十三期的學長。法政系和新聞系同學交往密切，但他比我高兩屆，所以在校時並不相識。我只知道他曾任職中央通訊社，再進入外交界，在泰國服務多年。我某年在曼谷見到他，彼時他已擔當方面，從容樽俎之間。我不曉得他早在一九四七年初到台灣，就曾追隨孫將軍鳳山練兵。他對孫將軍「強兵強國」的信念和坦率性格十分傾倒，孫也對他勤敏負責的工作態度和能力極為欣賞；尤其自一九五〇年孫將軍出任陸軍總司令之後，沈調任隨從秘書，「每日隨侍左右，親炙謦欬，同食共居，形影不離，風雨無間」，如是者四年之久，所以對孫立人的立身行事，以至其家人師友，都有相當深刻的認識。

一九五五年夏秋之間，發生孫立人涉有重大罪嫌的疑案，外間所知似乎是與「匪諜」和

「兵變」有關。以當年的環境，軍中和社會上雖有耳語流言，但公開的報導和評論甚少。一般多認為，以孫將軍的背景和勛業，應不致有那樣犯法絕情的事。不過，自大陸變色末期到播遷台灣之初，國共雙方從事生死存亡的鬥爭，彼此「用間」，無所不至。中共之運用「地下黨」，統帥部裡的劉斐、胡宗南身邊的熊向暉，都是很「成功」的例證。一九五〇年代初期，台灣曾破獲多起重大諜案，最令各方震驚的是國防部參謀次長吳石案，和蘇共派遣的李朋、汪聲和案。當時台灣海峽風雲險惡，雙方海空軍常有接觸，金馬前線更頻生狀況。在那「風聲鶴唳」的背景之下，一般人對於「中共亟圖犯台」的前提信之不疑，對於鬼影幢幢的匪諜疑案，往往採取「只可信其有」，以防萬一。孫案鬧得那樣嚴重，與當時的時局和氣氛有關。

嗣後政府指派九大員合組委員會，公布調查報告，孫立人交由國防部察考，自是被幽居台中三十三年，至一九八八年獲得自由。一九九〇年十一月十九日，孫立人病逝，享年九十一歲。

沈克勤在「自序」中說，孫將軍出生於二十世紀初，去世於二十世紀末，畢生追求的目標，在於建立國軍現代化，強兵強國。他認為：「孫將軍的英雄悲劇，就是苦難中的中華民族的縮影，也是中國現代化進程的歷史寫照。」沈先生退休以來，花費了七年時光，寫成全書。一大部分是根據他親身見聞和訪談材料。另外則得之於近百種中外專書、中央研究院和史丹佛大學胡佛研究所的公私文獻。他很謙虛地用「編著」而不說是獨力之作，正顯示這本傳記綜攬眾說、自成一體的特色。這是我所讀過有關孫立人最完整的一部傳記。

孫立人的出身背景

全書架構共分三十章，大部分以編年為主，從其家世背景，在國內外求學，以至練軍備戰的經歷。上冊以遠征緬甸的戰功為主。下冊則以受命來台灣練兵，總綰陸軍兵符，以至蒙冤受謗的事件為主。震驚中外的「孫案」經緯及其影響，是作者著力的重點。作者的心願是，讓讀者能「瞭解孫將軍一生奮鬥的心路歷程及其是非功過，和這一代中國人所受的艱辛苦難，並供後世史家評鑑」。

由於全書情節甚繁，篇幅甚多，我只選擇幾個重點，略敘我的觀感。

孫立人求學的過程相當特殊，他於一九二三年在清華大學畢業，一九二五年在普渡大學畢業，獲土木工程學士學位。一九二七年，又從維吉尼亞軍校畢業（第二次大戰時運籌帷幄的美軍參謀長馬歇爾，即為該校校友）。這幾項學歷，可說得上是兼資文武、學貫中西；在當時，甚至到今天，也都是很少有的。但這與眾不同的學歷背景，對他來說，既是資產，也是負債。說不定負面的作用更大些。

國軍的高級將領，大體是以保定、黃埔兩處軍校出身者為主。保定在前，包括蔣總統、陳誠、周至柔等，人數較少而位高權重。黃埔則有「天子門生」的身價，人多勢眾。此外則被視為雜牌，至於像孫立人這樣，既有國內外大學畢業的資格，又在美國讀軍校。實在少之又少，回到軍中被視為「異類」，並非意外。就是到了二十世紀末葉的今天，從外國軍校畢業後下到部隊，能否和本國訓練的軍官們水乳交融，毫無隔閡，恐怕也是一個問題。

某些人具有共同的背景（如同學、同志、同事、同鄉或同屬某種團體），彼此間建立情誼，互信互敬，交若金石，這是良性的發展。但若過分強調小圈子，便會形成落伍的幫會意識，內而勾結互利，外則排斥賢能，圈子越嚴密，內容越腐化，絕非成功之道。

孫立人與某些位黃埔出身的將領之間，相處不甚和諧，原因非止一端；彼此所受的教育和文化背景不同，因而形成某些觀念上的差異。由小而大，積少成多，以至不能相容，恐怕雙方都有責任，不是單單一個「派系」排斥所能解釋的。

孫立人怎樣帶兵

由於他受的是美國軍事教育，一般人誤以為他可能在軍事上也要推行美國化，其實不然。從本傳中讀到幾處記載，令我甚為感動。

孫立人深感我們是工業落後國家，自己不能製造足夠的械彈裝備，大部分仰賴外國，所以要特別珍惜。當他在海州練兵時，官兵習慣使用隨槍附有的鐵通條擦槍。他認為鐵通條易於磨損槍膛，尤其是槍口，且不易把來復線中的塵垢擦乾淨，所以他主張改用竹子通條。在孫立人部隊中，擦槍都是用竹子通條，大竹籤、小竹籤，大毛刷、小毛刷，大方布和小方布，而小方布又分油布與乾布，此事看來微不足道，可見他並沒有沾染上美國「少爺兵」的氣息，很能掌握實際情況，找出最好的解決方法。（七十二頁）

一九四七年，蔣總統指示孫立人，積極籌備練兵，要他儘量調選新一軍幹部協助。孫報告說，「新一軍現在東北作戰重要，幹部不宜抽調，祇需從新一軍教導總隊中，調撥四百名學生……他們使用的毛瑟步槍，是十多年前稅警總團時發的舊槍，雖經過在印緬和東北作戰，還有七八成新，槍口未有損壞，來復線依然明顯，請求將這四百名學生攜帶這四百支舊槍，調到台灣擔任訓練部隊的示範教育就夠了。」（四六五頁）從這件事可以看出國軍在受挫後重新在台灣站起來所經歷的窘況，也可看出「竹子通條」的功效。

孫立人練兵要求嚴格，特別重視基本訓練，「立正要收緊小腹與下巴，顎下顯出七條皺紋，兩肘自然下垂，微微向前半彎。姿勢作不對的，尚須『貼牆壁』，出特別操」。（四八〇頁）

又如走路，「後頸要緊貼後衣領，行進時兩眼不要左顧右盼，步伐速度每分鐘要快於一一五步，要有頂天立地的架式。」（八十一頁）

強兵要強其體魄，日夜行軍、搜索、游泳、爬山，都是日常功課，尤其重視射擊與劈刺。從一九三〇年代海州練兵到一九五〇年代鳳山練兵，都是如此。

江西剿共時期，孫立人任稅警第四團團長。當時參與剿共的四十八個單位，在南昌舉行射擊總比賽，稅警第四團獲得團體總分第一；個人成績前十名射手中，該團占了七位。

一九四二年間，孫部改編為新編第三十八師。軍政部校閱組，校閱西南各省四十個師。校閱的第一個項目，就是實彈射擊，士兵照平日規定。「揹背包，全副武裝，戴鋼盔，射擊距離一五〇公尺，臥射有依托，每人一次連射五發，一次報靶，共三十五秒」。

結果校閱官評定，四十個師。「以新三十八師戰力為最好」。（一三四頁）

平日訓練嚴格，作戰才能充分發揮威力。遠征軍在緬甸、印度艱苦作戰，孫立人部自仁安羌一役以寡擊眾，重創日寇，救出被圍的英軍，一時聲譽大噪，英美軍方都對國軍的英勇精神和堅強戰力，刮目相看。

八年抗戰，孫立人有三年多在國外作戰。反攻緬甸是他軍事生涯中重要的一頁，本書記述甚詳，圖文並茂，較正史更為周全。戰略戰術上的問題，一般讀者不易瞭解，書中都有深入淺出的說明。也有些小插曲，像「王國授贈榮譽國民」一節，甚富人情味。原來是孫立人的部屬在戰亂中救出一個青年人，後來才發現他是錫金的王子；這一段經過以前未經報導，亦可見中國的「仁者之師」，域外作戰，受到外人支持和重視的原因。

「匪諜案」與「兵變」經緯

孫立人一生所遭受的最大挫折，就是在他兩任陸軍總司令任滿，奉調總統府參軍長之後未久，就爆發了郭廷亮案；案情涉及「匪諜」、「兵變」等，政府指派文武九大員組成調查委員會，監察院也有五人小組專案調查。

到一九五五年十月二十日，總統令中根據九人委員會的報告，「一致認定該上將不知郭廷亮為匪諜，尚屬事實，但對本案實有其應負之重大咎責。姑念該上將久歷戎行，抗戰有功，且於該案發覺之後，即能一再肫切陳述，自認咎責，深切痛悔，茲特准予自新，毋庸另行議處，由國防部隨時察考，以觀後效。此令」。（八一七頁）

孫立人此後移居台中，幽囚了三十多年。本書自二十二章以後，都是有關孫案前後經過，有關文件及國內外各方反應，以至全案平反後的情形，篇幅約占全書三分之一（自六九三頁至一〇二三頁）。讀者從這些資料中，自可得到自己的結論。

我無意從回溯歷史的觀點來作評論，而只想以傳記文學的角度，透視孫將軍的性格與內心世界，為什麼像他這樣一位「久歷戎行，抗戰有功」的名將，會有這樣的遭遇？

本書在分析「遭受整肅的原委」時指出，孫之為「美國人的偏愛」；在一九四九年大陸局面逆轉之時，美國有一些官員，提出「棄蔣保台」的構想，並試探以孫立人取代蔣總統的可能性。「根據已解密的檔案顯示，孫立人對美國的遊說，至少有三次斷然予以拒絕」。這三次遊說都發生在一九四九年，分別在三月、秋天（日期不詳）和十二月。美方承諾「要錢給錢，要槍給槍」。孫的答覆是，他效忠蔣總統，不應臨難背棄。他將在蔣總統的指導下，負起保衛台灣的重任。（六九八頁）

一九五〇年蔣總統在台北復行視事，三月間明令孫立人為陸軍總司令；可見對他整軍經武的業績頗為嘉賞。至於說為了「爭取美援」，可能並非最重要因素。就在那年六月間，韓戰爆發，遠東局勢丕變，華府與台北的關係也完全改觀。不過，美方既曾有「以孫代蔣」的說法，自蔣總統以至軍政首長們對孫抱著懷疑的看法，亦在人情之中。

孫立人在陸軍總司令任內，講授統御學，曾召各部隊長聽講，許多老將領也都戴著斗笠，坐著小板凳，在驕陽之下聽講。中部防守區司令劉安祺最為反對，並批評孫，「他甚麼都好，就是線裝書讀得太少」。孫不以為忤，兩人更以性格相近，無話不談。

劉安祺說，他剛到台灣時，老先生曾當面對他說，「我要孫立人作陸軍總司令，你要聽話」。（七一一頁）

這段記載甚關重要。各國軍中多多少少都有「論資排輩」的傳統。當時國軍中資歷與孫相若、或在孫以上者，人數不少。蔣總統為了增強孫的地位而一一疏導，可見對他的重視和培植的苦心。別的人不講，劉安祺講出來。由此可以理解到，蔣公的識拔、孫立人的效忠，都是真誠的。

不過，孫立人的直率性格，有時會引起誤解。一九四九年四、五月間，京滬相繼易手。蔣公以執政黨總裁身分，在島內巡視。六月一日，乘太康艦到高雄，見到來迎的孫立人時就問：「我在這裡安全吧？沒有人講甚麼吧？」

孫立人答：「我在這裡負責軍事，由我保護，誰敢講甚麼！」

後來孫對清華同學吳國楨談到這段往事，吳連連搖頭，告訴孫：「你應該說，台灣是總統的地方，當然安全。為甚麼要說由你保護呢！有英雄氣質的人，不喜歡別人看到他狼狽情形，更不喜歡在他落難時，聽別人說可以保護他。」吳之為人，機巧有餘，固不足取，但他的這番分析倒是很近人情的。（五六二頁）

在出掌陸軍之前，孫立人曾奉命出任台灣防衛司令官，他希望他有動員民力之權，當時東南軍政長官陳誠責備他事還未作，就來爭權。孫氣憤之下，決定不肯出席第二天的就職典禮。這時，副司令官董嘉瑞與他徹夜長談。再三諫勸，最後歸結到兩大理由：「第一，蔣總統現為失勢在野之人。此時違抗不從，恐遭物議，負不忠不義的惡名。第二，中共揚言血洗台灣，不就台灣防衛總司令之職，國人必以為你孫立人怕死圖逃。」孫最後接受諍言，如期就職。（五六三頁）

由此可以證明孫的本性耿直，有時率性而行，易遭誤解。不過他仍有相當強烈的傳統觀念，崇尚忠義精神。要身邊時時有人敦勸提醒，道理講得通，他倒也並非過分偏執的人。問題是，如果當時沒有人「旁觀者清」，或者看出不對處也不敢講，就要出大毛病。這一類事情也正是上級對他不能完全放心的原因。

國軍內部的紛爭

至於他和老將領們之間發生的齟齬，有些是可以解釋消弭的，不幸卻因彼此情感上「隔了一層」，誤會也就越積越深。黃埔將領們可能出於「團體意識」，本來就對孫有意見；孫自己有些言行，可能考慮未周，說出來不免傷人。本書中有幾個例子：

孫在陸軍總司令任內，周至柔為參謀總長。為了一項軍援報銷的方式爭執不下，周認為孫不通權變，說：「我們軍中有個傻瓜。」孫當眾回駁：「那個大傻瓜就是你。」

杜聿明在緬甸和東北戰場，兩度是孫的上級指揮官，兩人對戰略運用有不同的看法，孫對杜很看不起，他曾批評杜：「他的才能祇夠當一個排長。」

彭孟緝有一次請孫到士林馬場，並介紹日軍留下的軍馬，孫很不耐煩，當面指斥：「你不要在這兒冒充內行了。」彭當時面紅耳赤。（七〇八頁）

這些事情似屬瑣細，但從人性心理學去分析，小怨積成大仇，也許就在這不經意的情況下發生。孫與黃埔諸將之間本來就缺少感情基礎，嫌隙一生，彼此皆難相處。書中這些記載，很詳細也很傳神。孫這樣的作風，愛敬他的人認為他是「率直的軍人性格」；不喜歡他的人便以為他是「恃寵而驕，目中無人」。

孫立人建軍的理念是「軍以戰為先」，作戰最高目標是求勝，為達到勝利，部隊長的權威不可動搖。所以他對軍中政工人員與部隊長爭奪領導權，頗不以為然。蔣經國來台之初。和孫交往甚密。無話不說。後來成立的政工幹部學校校址「復興崗」，就是由孫建議而選定的。

一九五一年，美國軍援顧問團成立，團長蔡斯認為政工制度是蘇聯的監軍作法，對軍心士氣無益，因而建議取消；在獲得美國務院與國防部支持後，他就要強制執行。此中原委，具見顧維鈞回憶錄。此事引起蔣經國的憤怒，且怪罪孫立人「從中作祟」。（七一七頁）孫若非維吉尼亞軍校出身，當不致有這種猜疑發生。

一九五三年，艾森豪就任美國總統，孫立人致函申賀，並邀其訪華。此事經有關單位查悉，報告蔣總統，總統大為震怒，面斥孫說：「你憑甚麼去函邀請美國總統訪華？」（七〇二頁）

此事有逾分際，其過在孫。如果他坦然認錯就沒事了，但他爭辯說是「為政府作事」。誤會就更加深。上有所疑，下有所忌，於是孫立人的處境危矣。

到一九五五年，郭廷亮案牽連，孫立人遭撤職軟禁的處分。本書自第二十三章之後，都是記述有關的事實。孫的遭遇，世間多已知曉；至於同案受嫌的許多人的下落，本書綜合而完整的記述，可能是在別的相關著作中未有的。

讀罷此書，令人無窮浩嘆。這是在悲劇時代中發生在一個悲劇英雄身上的事。這樣的案情，是孫將軍以及所有相關受牽連者的不幸，也更是國家和軍隊的不幸。

人間的恩恩怨怨，百年後終告消沉。我特別感到印象深刻的是，在監院五位委員調查所表現的公正無私的風骨。在九人專案調查時，法學專家王寵惠強調犯罪要以證據為主，犯人的口供與自白書，僅能作為佐證，不能作為判罪的依據。所以後來報告書中謂：「本於罪嫌惟輕之旨，本委員會不作孫將軍為變亂行動主謀之認定。」

另一委員許世英為孫將軍的鄉長，在簽呈上加「罪疑惟輕，恩出自上」八個字，呈請總統核示。（八一四頁）顯示出東方政治的一種溫厚人情味。

蘇東坡〈賈誼論〉，開宗明義便說：「非才之難，所以自用者實難。惜乎賈生王者之佐，而不能用其才也。夫君子之所取者遠，則必有所待；所就者大，則必有所忍。古之賢人，皆有可致之才，而卒不能行其萬一者，未必皆其時君之罪，或者其自取也。」賈誼如果能作到「使天子不疑，大臣不忌。然後舉天下而唯吾之所欲為，不過十年，可以得志」。孫立人的時代與賈誼的已完全不同，可是「自用之難」，古今同慨。

孫案有關人物，多已作古。沈克勤先生此書之出，是要讓讀者們瞭解孫立人的心路歷程，是非功過，和這一代中國人所受的苦難，並供後世史家評鑑。由於作者的辛勤耕耘，這目標已充分達到了。

附錄五

英文孫立人傳

General Sun Li-Jen

1. The Incident on the Tsingtao Seashore

One Sunday afternoon, in the early summer of 1909, a group of German boys were playing with their parents on the Tsingtao beach. Not far from them, three Chinese boys were marveling at their recent rare find, a brilliant and red shell. Boys being boys, the German children immediately joined the Chinese infantile connoisseurs. Suddenly, one of the German boys, with very swift movement and a contemptuous glance, snatched the precious shell from the eldest Chinese boy, who answered with nothing but a gasp and drooping hands.

This forerunner of the modern blitzkrieg enraged, however, the youngest of the three Chinese boys, a handsome boy in a dark blue swimming suit. Carrying his seven or eight years of age with great dignity, he demonstrated righteously and strongly against this outrageous attack. The German children were nonplussed

and withdrew. This, evidently, did not quite measure up the standard of behavior that was expected of the German boys; for one of the parents, who had been hovering around in the background, now stepped forward menacingly toward the youngest Chinese boy and boxed him soundly on the ears. Being up against overwhelming superiority in might, the youngest Chinese boy swallowed the bitter pill. He did not even tell the incident to his parents, who were people of considerable position and consequence, even in Tsingtao. It took him one sleepless night, however, to figure out the whole matter. Like scenes in a picture show, everyday evidences of German imperialism presented themselves before his mind's eye. He finally concluded that the root of all the evil was the inability of the weak Chinese Government to protect its citizens. Having satisfied himself with his own conclusion, he steeled the burning rage in his young breast into stern determination. The boy determined to take up the study of military art and science as his future profession.

That boy is now the well-known General Sun.

2. Ancestry, Education and the Shanghai Wars

About a thousand years ago, in the middle part of

the tenth century, a Tang Dynasty General by the name of Sun Wan-Teng was ordered to supress the rebellion in Cochin-China, Which task he successfully accomplished. That General was General Sun's direct forbear forty generations removed. It is very interesting to note that the two generals achieved military fame on the same peninsula. Maybe history does repect itself!

General Sun Li-Jen is a native of Shucheng, Anhui, China, born of generations of learned parents who taught their offspring to be diligent and frugal. Because Gen. Sun's father was a government official, General Sun had to accompany his parents from post to post. In that way he learned about the poverty of the masses. Although he was born of a bourgeois family. his social contacts imbued him with revolutionary thinking even in his teens.

His formal school education started with his admission into Tsinghua College, Peking, 1914. During His eight years of stay there, besides applying himself studiously to his school work, he observed closely the political, economic and military developments in and outside of China. He also excelled in athletics. During the Fifth Far Eastern Athletic Meet, he played on the Chinese basketball team which came

out as the champion.

After graduating from Tsinghua in 1923, he went to Purdue and got his C. E. degree, 1925. After his graduation from V.M.I. in 1927, he was immediately ordered to tour Europe to make personal observations concerning the British, French, and German military systems, for Chinese Government's reference.

His return in 1928 found China ridden with cliques. And his rise from a corporal to a general was beset with obstacles. He remembered very well all the time the advice on perseverance which his father gave him, when he left for the U.S.A. to Pursue higher studies. He was often heard to lecture his comrades-in-arms about perseverance being compounded of fortitude and endurance. It takes fortitude to get to places. But it requires endurance to stay there. Endurance further supplies flexibility to the cutting edge of fortitude, in the same way that iron has to be treated with tungsten to produce tempered steel. General Sun Was speaking from personal experience,—the result of the many years of service in the Chinese Army.

In 1932, as a regimental commander defending the Soochow Creek in Chapei, he gave the Japanese invaders, for the first time, a foretaste of what they were later to expect in Burma.

In 1937, when the Japanese again invaded Shanghai, General Sun's three crack regiments gave the famous Japanese Kurume Division such a whack that a tablet was afterwards erected in Ting-chiachiao by the Japanese bearing the following frank inscription: " Here the stiffest Chinese resistance was encountered by the Mikado's Army." Along the Soochow Creek, he repulsed seven successive enemy attacks. During the seventh and last time, he presented himself on the very front line. There he was seriously wounded in thirteen different parts of his body by Japanese machine gun bullets and shell fragments. It was with hasty transfusion of blood that his life was finally saved.

3. Reasons for His Success

April, 1942, the New 38th Division of the Chinese Expeditionary Force in Burma achieved a phenomenal success near the oil-fields of Yenangyaung. With only one underfed and poorly equipped regiment of the said Division, General Sun was able to annihilate ten times that number of enemy troops (the Japanese 33rd Division) and saved ten times that number of Allied troops (the British 1st Burma Division). General Sun's name suddenly burst into international eminence. Nor

was this all. The New 38th Division under General Sun was later successfully to cover the retreat of one hundred thousand Allied troops from all over Burma and, with a very much limited supply of ammunition and food, beat back two Japanese pincer attacks and extricated itself from an attempted Japanese envelopment. And on top of these all, the New 38th Division was to arrive in New Delhi in time to participate in the Allied review in which the armies of fourteen countries were represented. This Division came out the first, too.

"What are the reasons back of the tremendous successes?" one is tempted to ask. It is especially pertinent now to inquire into the reasons, if we bear in mind the present task of General Sun, the task of training New Chinese armies. In a word, what are his training secrets?

General Sun is especially strong in training. Before the New 38th Division left China for the expedition, it had undergone more than two years of strenuous training in Kweichow. General Sun rose early and retired very late day by day. He could be seen everywhere—on the drill ground, in the field, in the classrooms, during the night exercises, at his office and on the march. He was meticulous in his corrections. He wished to have every detail done right, from rifle

cleaning to trigger squeeze, and from squad drill to division maneuver.

When Major General (now Marshal) W.J. Slim, General officer commanding the 1st Burma Corps, asked General Sun, before the battle of Yenanyaung, whether he was sure of his regiment, General Sun said that he could always count on the 38th Division or parts thereof. "Unless we are annihilated, We will annihilate!" General Slim thereupon grasped General Sun's hand in a hearty hand-shake and said, "It's a gentleman's agreement." General Sun is Justified in his self-confidence and in the confidence that he places in the troops under his training.

4. A Genius in Leadership and strategy.

After arriving in India, the New 38th Division was reorganized into the New First Army of the Chinese Expeditionary Force in training at Ramgarh.

The counter-offensive in Burma was the turning point of the whole Far Eastern Theatre, the starting point of a series of victories that finally ended in the unconditional surrender of the Japanese. In this campaign, in which hundreds of battles were fought, General Sun was the actual commander, from the start in Ledo to the opening of the Ledo Road to traffic. He

exploited to the full his talent for leadership and command. Most of his time he spent in the advance command posts. When he came back to his own command post, he would gather his staff members and discuss the plans with them or inquire about the supply conditions. At times he would keep very late hours in a dugout, reclining in the improvised sofa chair of tin can boxes, with closed eyes and in deep meditation. Suddenly he would stand up, with a red pencil in one hand and a light in the other, making markings on the maps that hung on the dugout walls.

General Sun always rose earlly. The first thing he did was to examine and evaluate intelligence report that has arrived during the preceding night. Then he would attend to the command and disposition of troops. Next he would take care of important official correspondence and telecommunications. After breakfast, as was habitual, he would start, with the war-plan staffs, for the first lines. He often lunched in regimental and battalion command posts. During the evenings, he would visit the nearby tents, to see whether any officers or men were too tired to properly put up their mosquito nets. If necessary, he would himself, with all care, do it for them. In case any guard was doing duty without a mosquito hood, he would

order him immediately to put it on. The next day the officers or men concerned would be seriously reprimanded.

Fighting in malaria-infested territories, one cannot be too careful in guarding against mosquitoes. General Sun would rather exert himself a little more on what others would consider as "trifles", so as to preserve the health of those soldiers fighting under him. He would devote half a day in every month, no matter how busy he was, to visiting personally those hospitalized, to see whether they were getting better, to make sure that they were being properly paid and to inquire further whether there was anything that could be done for them. Many were moved to tears.

In such complex terrain obtaining in northern Burma, where jungles and ridges abound, General Sun could and did give full play to his genius for leadership and strategy. He served the enemy dainty dishes of surprise attacks. Oftentimes the most daring approach proved to be the safest in the end. And oftentimes even such a battle-hardened general like Jeseph W. Stilwell would only accept his proposed plans after much heated discussion.

The battle of Kamaing and Mogaung may serve as an example. Mid-May, 1944, Northern Burma was already on

the verge of the monsoons. Battles in the counteroffensive were then raging in the Hukawng Valley. Although the New 38th Division at the left was achieving success after success, the New 22nd Division was being halted at Malakawng. Repeated attacks on the part of the New 22nd Division did not do any good. It seemed that the Chinese Army there was destined to weather the coming monsoon season high up in the mountainous country, with planes grounded and without any supply of food and ammunition. General Stilwell was greatly worried over this dangerous possibility.

Fortunately at this juncture, General Sun came to possess certain captured documents purporting to show that the enemy was rather depleted in its rear. Thereupon General Sun conceived of the bold plan of capturing Kamaing and Mogaung by a very circuitous approach, before Japanese reinforcements could be brought up from the far rear. By this surprise move, he expected to get to the Hukawng Valley before the monsoon season set in and to launch a concerted attack on Myitkyina, where Allied attacks werw not making any progress.

That plan General Stilwell at first considered to be too bold. But we had the following entry in his diary:

MAY 20 Last night Sun (Li-jen) in with plan to take Kamaing. O.K. by me. I kidded him along and then agreed.
Anything to get the 38th (Division) moving.

The plan was carried out as it was planned, almost to the letter. The New 38th Division advanced along three routes, each regiment taking one. The 112th Regiment took the one that was the most circuitous. Carrying only four days' supply of hard rations and one unit of ammunition, it pierced through line after line of enemy defense, often climbing trackless peaks and ridges, and at one time swimming across a river a thousand meters wide with fast running currents. It arrived at Seton, in Kamaing's rear, in scheduled time, i.e., six days. The enemy was greatly surprised and took the members of the 112th Regiment to be airborne or paratroops. In three days, Japanese casualties amounted to four thousand. More than fifty warehouses and depots changed hands. All Japanese transportation, communication, supply, and other logistic installations in the Hukawng Valley were destroyed. Suppose that it had failed to reach its destination in time, it would surely have perished, if of nothing else, surely of hunger. That was why General Stilwell disapproved of

the plan at first. But it did not fail. Its success greatly facilitated the advance of the other columns, made up of the other regiments. The 113th Regiment launched a frontal attack from the right and together with the New 22nd Division, took Kamaing. The 114th Regiment, using the mountain ranges as cover, wedged straight for Mogaung. As a result of concerted attacks, Mogaung and Kamaing fell within twenty days. The whole Hukawng Valley was occupied before the monsoons. The concerted attack on Myitkyina could begin.

This is but an instance among many. General Sun and General Stilwell are very close friends. But on matters of supply and war planning, heated discussions often occurred between them, Because General Sun was able to carry out whatever and whenever he promised, he was always able to carry his point. Close friends always, they have great admiration for each other.

The northern Burma campaign greatly enhanced the General's reputation as a military leader. His name was on everybody's lips, even that of the enemy. The 18th Japanese Division even went so far as to give out detailed descriptions concerning the General's age, figure and features so as to enable snipers to get at him, On that account, he was many times in danger.

5. Japanese Surrender and After.

With the capture of Mongyu by General Sun's troops, January 27, 1945, and the opening of the entire stretch of the Ledo Road, the mission of the Chinese Expeditionary Force was accomplished. The New First Army was concentrated at Myitkyina, waiting for orders to return to China, to Join in the general counter-offensive on the mainland. At that moment, an invitation to visit the European battlefield was extended by General Dwight D. Eisenhower, the Supreme Allied Commander in the European Theatre. General Sun started for Europe when his troops started to get back to China. In three weeks' time, he did fifty thousand miles of traveling, as a guest of General Eisenhower and General Charles E. de Gaulle. Picturesque and fire-eating General George S. Patton posed with him for a picture in front of his jeep, the "Iron Horse". He witnessed numerous demonstrations put up by air-borme, paratroop, tank, infantry and other units. He also reviewed the French tank and Moroccan units. In Normandy, he inspected what is left of the famous landing operations. He also made observations on topics ranging from Allied military occupation to the future of Germany. In London, he paid great attention

to wartime control measures which contributed greatly to victory.

While General Sun Was abroad, his troops were being airlifted from Burma to Nanning, Kwangsi, to be ready to participate in the campaign for the recovery of the Laichow Peninsula, Kwangtung province. It was at this time that Japan consented to surrender unconditionally, as demanded in the Potsdam Declaration. The new mission of the New First Army was to go to Canton to accept the local surrender. After partaking a family supper with ths Slims in London, he flied to Canton. Only to be sent away again, this time as a senior member on the Chinese Delegation, Military Staff Committee, United Nations.

When General Sun came back to China, it was in the midst of the Szepingkai battle in Manchuria. In Changchun, as cormander of the New First Army, commanding general of the 4th Pacification Area and Garrison Commander, he rolled back four successive waves of Communist assaults on a grand scale. The wide prevalence of the following song among the Communists testifies very eloquently to the degree of regard that they then hold toward the New First Army:

'Tis best to take the heart of cabbages, if we

do eat,
'Tis best to single out the New First Army, if we fight.
Only then can we hope to occupy Manchuria,
Having destroyed the nucleus of Nationalist might.

May, 1947, General Sun was relieved of the command of the New First Army. For a while he served as Deputy Commander - in - Chief for the Nine Northeastern Provinces (Manchuria). July, he became Deputy Commander - in - Chief of Chinese Ground Forces and, concurrently, Commanding General, Chinese Ground Forces Training Command, Taiwan. September, 1949, he was appointed Commander of Taiwan Combat Command. March 1950, he rose to the position of Commander-in-Chief of Chinese Ground Forces and concurrently Commander of Taiwan Combat Command.

When the Communists finally completed the occupation of Manchuria October 1948, the New First and the New Seventh Armies were completely wiped out with the fall of Changchun. The New Seventh Army had originally branched out from the New First Army. The disintegration of the two armies came as a big surprise. With an unrivalled war record behind them,

with each and every individual unit capable of standing on its own, it is simply unthinkable. Think of the many brilliant military exploits in Burma. Think of the successful defense of the Sungari bridgehead for a whole month by a single platoon, against twenty times its adversary. If General Sun were still in command, I am sure that the disappearance of two crack armies into the thin air could have never happened.

6. The Cradle of the New Chinese Army.

The methods and formulas used by General Sun in training the new troops must be on the mind of everybody; for Taiwan, on that account, has been often called the cradle of the new Chinese Army. The gist of the whole matter was once aptly described in a newspaper despatch from Peiping where the discipline of the units trained at Taiwan was noticed by the local populace. General Sun puts great emphasis on discipline; for the people's army must possess a high degree of discipline. He has "Six Don'ts". "Don't molest the populace", the most important, comes first. Once a second lieutenant was caught in the act of forcibly stopping a bus. Carrying a piece of cloth on his back with the offence committed clearly written on

it, he was ordered to walk the street for three days. Frequently when there were common people present in a meeting or gathering, General Sun would ask them to help him to enforce discipline by naming the culprits, if they should happen to know any. Besides "Don't molest the populace" the other "don'ts" are as follows:

Don't dissipate,
Don't gamble,
Don't be greedy,
Don't be dishonest, and
Don't be lazy.

His favorites are those who do live up to the standards and are therefore called "heroes" or "good men". "Heroes" and "good men" are living models to their comrades-in-arms. "Let the 'good men' be known" and "Pay the 'heroes' proper respect" are some of his slogans. Head-cook Corporal Yen Hsupiao is a good example.

His unit is stationed in Pingtung. On one of his trips to the vegetable market, he happened to pick up one million two hundred thousand Taiwan dollars (the equivalent of U.S. $30,000). He waited until an old woman came to claim the amount. The money meant life or death for the whole family of the old woman. When

General Sun found out the matter, Corporal Yen was introduced in a big meeting so that everybody could have a good look at him. He was promoted three grades and ordered to receive OCS training. The movement is at present gathering great strength and momentum.

General Sun thinks that the army should properly belong to the nation, that those in the army should treat one another as members of the same family, that the army should put the rights and privileges of the people and the interests of the nation before everything else, and that life in the army should be on a democratic basis. He abolished the so-called " little kitchen". Everybody is now eating the same kind of food and wearing the same kind of uniform. Punishment can now reach officers and rewards can now get to the enlisted men. Aside from carrying out official duties, there should be no difference between officers and men. In private life, they should meet as equals.

The officer cadre, General Sun thinks, plays a decisive role in military affairs. Battles are won and lost in the classroom and on the drill ground, not necessarily in actual warfare. It is either insufficient training or faulty command on the part of the officers that brings defeat. One cannot very well

blame the man under them. That is why in training the new army, he is more strict with the officers than with the enlisted men. He personally conducts some of the officers' classes. It his lecture on "Leadership", he often talks for many hours on a stretch. No matter how busy he may be, he never misses any of his classes.

General Sun also puts great emphasis on physical training, "the soldier's capital being his sound body". Combat Proficency Tests" are held semi-annually. Among the items are relays, marks-manship tournaments, pole-climbing, obstacle races, cross-country run and grenade-throwing contests. In these tests whole units are required to participate. It is often a test on a mass scale, with units pitched against units.

General Sun often keeps a twelve-hour day. He drills and exercises with the troops. In marksmanship and the care of weapons, he is almost meticulous to a fault. He would make personal corrections one by one, in that tiresome posture as anybody that has done it knows. In interviewing the students, he would often forget his time. He wants the details. He spends but very little time in official correspondence, or in talking with guests. Most of his time he spends on the students.

General Sun is now fifty years of age, rather tall

for a Chinese, with a ruddy complexion and very handsome features. His hair has started to turn grey. With his hat on, he could easily be to be thirty-ish. Just the other day a physical examination showed that his heart compares very favorable with that of a 25-year old. He is erect and athletic in bearing. In him we place great hopes for the successful building of a new army for a new China.

按：本篇英文孫立人將軍傳（Ceneral Sun Li-Jen），係出自馬國驥、陳石孚教授等英文名家之手，並經孫將軍親自審閱定稿，附於本書，以饗讀者。

國家圖書館出版品預行編目資料

孫立人傳

沈克勤編著. – 增訂一版. – 臺北市：臺灣學生，2005
面；公分

ISBN 978-957-15-1255-6 (精裝)
ISBN 978-957-15-1256-3 (平裝)

1. 孫立人 – 傳記

782.886　　94008809

孫立人傳（全二冊）

編著者：沈克勤
出版者：臺灣學生書局有限公司
發行人：楊雲龍
發行所：臺灣學生書局有限公司
臺北市和平東路一段七五巷十一號
郵政劃撥戶：〇〇〇二四六六八號
電話：（〇二）二三九二八一八五
傳眞：（〇二）二三九二八一〇五
E-mail: student.book@msa.hinet.net
http://www.studentbook.com.tw

本書局登記證字號：行政院新聞局局版北市業字第玖捌壹號

定價：精裝新臺幣一八〇〇元
平裝新臺幣一二〇〇元

一九九八年二月初版
二〇二三年六月增訂版三刷

78292

ISBN 978-957-15-1255-6 (精裝)
ISBN 978-957-15-1256-3 (平裝)